收听率调查与应用手册

Radio Audience Measurement (RAM) & Ratings Application Manual

（第二版）

徐立军 主编

中国传媒大学出版社
·北京·

《收听率调查与应用手册（第二版）》
编写委员会

主　　编　徐立军

副 主 编　郑维东　肖建兵　肖海峰

编写人员　（排名不分先后）

梁　帆　王辛远　周欣欣　吕一丹　胡文慧

龙长缨　吴　东　解永利　杨金姝　丁爱军

王建平　马　超

目　　录

前 言

随着市场对收听率及其作用认识的不断深入，广播电台、广告公司等业界机构和人士对收听率服务的需求已经不只是收听数据本身，他们迫切需要掌握如何更好地利用收听率数据进行收听市场分析、节目编排和调整、节目评价以及广告投放决策。为满足业界的这些需求，作为中国最专业、最权威的视听率调查公司，CSM 媒介研究于 2009 年 7 月编写出版了《收听率调查与应用手册》一书。

在《收听率调查与应用手册》正式出版将近八周年之际，CSM 媒介研究决定对该书进行修订并再次出版，主要是基于以下几点考虑：首先，近年来，新媒体和移动互联网的快速发展，对传统广播媒体的影响加深，听众的收听行为也发生了变化。为更加全面、准确地测量听众的收听行为，CSM 媒介研究推出了全新的虚拟测量仪技术。除了在收听率调查领域进行创新外，CSM 媒介研究在收听数据应用研究领域也有较大的创新。这些新技术、新思路、新成果应该系统地呈现给业界相关人士。其次，CSM 媒介研究牵手 Kantar Media 集团，对原有的收听率分析软件——InfosysRadio 进行了全面升级与优化，推出了功能更为强大的收听率分析软件——InfosysPlusRadio。本书的修订与出版，将会有利于业界人士尽快掌握新版软件。最后，2009 年 7 月出版发行的 3000 册《收听率调查与应用手册》于几年前就已发售完毕，近年来不断有客户询问这本书，因此，本书的修订能够很好地满足业界人士的需求。

《收听率调查与应用手册》(第二版) 分为上、下两编。上编是收听率调查，包括四章：第一章介绍收听率调查的流程与方法；第二章介绍基础研究的内容与执行；第三章介绍固定样组的建立与维护；第四章介绍收听率调查中的质量管理。下编是收听率应用，包括三章：第五章介绍收听率指标体系；第六章介绍收听率分析软件——InfosysPlusRadio 的使用方法；第七章分别介绍收听数据在收听市场分析、节目编排、节目评价以及广告投放决策中的应用。

《收听率调查与应用手册》的修订并再版具有非常重要的现实意义，它既可以为我国收听率调查行业提供关于收听率调查理论、方法及具体执行过程的指导，又可以为广播电台、广告公司等业界机构提供收听率指标体系、软件使用以及在市场分析、节目编排、节目评价和广告投放决策等领域的应用思路与方法。《收听率调查与应用手册》的再版是我国收听率调查与收听数据分析与应用的一个新的里程碑，对促进我国收听率调查业、广播媒体和广告业的发展必将起到积极的推动作用。

编 者

2017 年 3 月

上编：收听率调查

Part One: Radio Audience Measurement

第一章

Chapter One

收听率调查的流程与方法

RAM Procedures and Methods

第一章

收听率调查的流程与方法

收听率调查在中国已经有近二十年的历史。无论是在广播媒体经营产业化迅速发展的阶段，还是在如今随着移动互联网的高速渗透传统广播媒体不得不面对的“融媒体”时代，收听率调查数据都非常重要，它不但是广播媒体了解听众收听状况的重要来源，更是帮助广播媒体、广告公司等业界机构和人士了解媒体市场竞争态势，进行收听市场分析、节目编排和调整、节目评估以及广告投放决策的重要依据。

收听率调查是一种抽样调查，同其他抽样调查一样，收听率调查的基本流程包括样本抽取、数据采集和数据处理三大环节。下面我们在对收听率调查进行概述的基础上，详细介绍收听率调查中这几个环节以及在每个环节中所采用的方法。

第一节　收听率调查概述

国际上收听率调查已走过80多年的风雨历程。收听率调查技术的每一次革新都为这个行业带来一次深刻的革命。根据调查技术的发展，收听率调查的发展历程可以划分为电话调查和面对面访问时期、日记卡调查时期、收听测量仪与日记卡调查并存时期。

一、电话调查和面对面访问时期（20世纪30~50年代）

20世纪30~50年代，由于广播的普及与发展，电台与广告公司亟须了解听众的收听行为，因而收听率调查出现第一次高峰。但是此时的调查技术比较简单和粗糙，一般采用电话调查和面对面访问的方式采集收听数据，并通常与电视、报纸受众调查联系在一起，调查和报告公布的时间也往往不确定，有时一年一次，有时一年两次，最短一季度一次。

电话调查的方式是以电话簿作为抽样框、以打电话的方式作为调查手段而进行的收听率调查。最早是应用于20世纪30年代美国的电话回忆法。电话调查在一天分四个不同的时段进行，被访者应要求回忆过去3~6个小时内所收听的节目。为了提高电话访问的准确性和可靠性，摆脱对人们记忆力时常出错的依赖，电话回忆法演变为实时电话调查法，即在节目播出的同时对节目及频率信息进行电话调查，一般每隔15分钟进行一次。其内容主要包括：受众是否正在听广播、收听什么节目、所收听的节目来自哪家电台、节目中插播哪一家广告主的广告以及电话铃响起时家里正在收听广播的人数等。由于以电话簿为抽样框，电话调查方式忽略了对无电话家庭用户的调查；同时由于其受电话线路、通话质量以及电话方式更容易被拒访等问题的限制，电话调查方式仅仅是广播收听率调查最初阶段使用的数据采集方式。

为了弥补电话调查方式中对无电话家庭明显忽略的缺陷，收听率调查开始引进面访方式。面访（Personal Interview）又称亲身访问，是指访问员对受访者进行面对面访问的一种方法。根据不同实施方法，面访又有节目单回忆法、参与观察法和住户问卷法等形式。节目单回忆法是指访问员在听众（受访者）收听完节目的一段时间内对他们进行面访，访问时需向受访者出示节目单，以帮助受访者回忆过去四五个小时、前一天甚至过去一周内收听过的节目；参与观察法是指一定时间内派出访问员深入受访户家中，以观察访问的方式直接调查当时的收听情况，由访问员亲耳听见或亲眼看见受访户的收听收视行为，眼见为实，进行记录；住户问卷法即访问员亲自到受访户家中进行访问，并将问卷留置给受访户，由受访户自行记录，并由访问员对记录完毕的问卷进行回收处理。这种住户问卷法在今天的各种市场调查中仍被广泛使用。

二、日记卡调查时期（20世纪60～90年代）

20世纪60年代中期，电视等其他媒体的数量激增，竞争激烈，时刻准确把握媒体市场的脉搏是各媒体制胜的法宝之一，这就对收听率提出了更高的要求。随着收听率调查方法的不断成熟，日记卡调查法呼之欲出，并且大多数西方国家很快将其应用到听众调查之中。

所谓日记卡调查法，简单地说就是在被抽中的样本户家中留置事先印好的固定格式的日记卡，请样本家庭中的每一位成员在收听广播时每15分钟记录一次，填写出一周内自己收听广播的情况，内容包括听众姓名、收听的频率（多数情况下是由受访者根据公司提供的频率代码对应关系记录频率的代码）、收听的时间等。

从某种形式上看，日记卡调查法实际上也是一种问卷留置法，只是它更科学地设计了受访户的记录方式，比住户问卷法更加先进。

三、收听测量仪与日记卡调查并存时期（20世纪末以来）

20世纪末，世界上开始出现收听测量仪调查技术，但目前在国际上，日记卡调查法和测量仪调查法并存，且以日记卡调查法为主；在中国内地应用最广泛的、主流的方法还是日记卡调查法。CSM媒介研究早在2000年就在中国内地开始了日记卡调查法的试水，2004年开始大规模商用；该方法目前仍是CSM媒介研究收听率调查使用的最主要方式之一。

日记卡调查法的优势和劣势都十分明显：其主要优势是调查成本较低，被调查者在培训后容易完成填涂工作，日记卡的设计科学合理，不会干扰被调查者的正常工作和生活，不会对被调查者带来负担等。但是劣势也十分明显：调查时间一久，被调查者合作度下降，记忆力失真会提升人为误差；数据结果提供周期较长、时效性差；数据颗粒度粗、精细度差。随着广播用户越来越依赖于用数据进行内部精细化管理、节目生产和广告营销，尤其是在互联网和移动互联网平台对传统广播产生听众分化、节目分享、广告分流的态势下，现存的日记卡调查法明显跟不上时代节奏，在这种背景下，收听测量技术就成为市场的迫切需求。

20 世纪末，美国和英国出现了真正意义上的收听测量仪。收听测量仪被样本户家庭成员中的听众携带，以分钟或秒为记录单位，可监测样本对象的收听广播状态及换频情况，并将收集的信息存储在仪器的内存中，然后通过特殊渠道回传到数据处理中心。这种实时测量样本的技术提高了收听调查的精度和时效。整个系统包括以下四个设备。编码器：该设备需要安装在节目传播实体（电台）上，并在电台传输的声音流中加入一个不被听众听到但可以被便携式人员测量仪所捕捉的识别码；便携式人员测量仪（PPM）：由样本个人随时随身携带，它会接收并记录下样本个人收听到的所有节目携带的无音识别码；充电器：每天晚上每个样本个人都需将 PPM 放到充电器上进行充电，充电的同时，就会把该 PPM 上收集到的所有媒体使用识别码传送到数据采集设备“户集成器”；户集成器：负责收集家庭户中所有样本个人由充电器传输过来的识别码，并在晚间通过电话线将其传回调查公司的总部进行处理和分析，从而得出收听率。

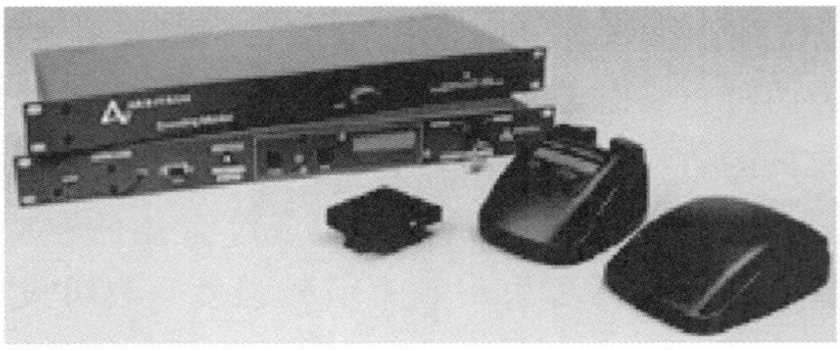

图 1.1.1　PPM 收听测量仪样式

CSM 媒介研究于 2008 年使用 PPM 这项技术对国内部分频率进行过测试工作，但是这种方法需要对目标市场中的所有频率进行全面测量，需要业界的广泛共识和协作以及政府相关部门的支持，因此，当时因条件不成熟、执行难度较大而难以为继。

近几年来，随着新媒体和移动互联网的快速发展、对传统媒体的影响加深以及听众收听行为的变化，市场对广播收听测量方法有了更高的要求。CSM 媒介研究顺应市场的这种需求，适时推出了全新的虚拟测量仪技术。该项技术是基于智能手机、由以色列开发研制、CSM 媒介研究引进的目前世界上最先进的音频虚拟测量技术。智能手机被作为虚拟测量仪的载体。CSM 媒介研究人员会在样本个人的智能手机上安装一个手机应用，该应用开机即自动开启，并保持后台运行。在运行过程中，这个应用会采集环境当中的声音，并转化成不可解读、不可还原的数字音频特征码。这些数字音频特征码被实时传回公司的服务器。与此同时，公司的音频采集系统会全天 24 小时不间断同步录下各个广播频率的音频，并将其转化为数字音频特征码。当样本个人的数字音频特征码传回服务器后，专业系统程序会对二者进行后台比对和匹配，准确识别样本个人收听的频率。

该项技术不仅能精准测量传统广播平台上的听众价值，同时也能测量广播媒体在更多平台、更多终端上聚合的人群价值，从而有助于推动广播媒体在增量发展中实现价值变现，更完整地反映广播媒体的市场价值全貌。CSM 媒介研究首次采用搭载在手机上的虚拟测量仪开展广播收听率多终端调查业务，并于 2016 年在北京、上海、深圳三个城市实现了商用，成为继美国、德国、韩国、波兰之后又一重要的虚拟测量仪商用市场。虽然中国内地广播收听率调查的历史不长，但在对先进技术的引进和应用上以及在数据调查及生产中坚持国际化、规范化的标准上，CSM 媒介研究的虚拟测量仪调查进入了国际前列。

除了 CSM 媒介研究之外，目前中国内地还有几家收听率调查公司也都各自采取相应措施，积极探索新型收听测量技术，力图在收听测量技术上有所突破，以满足现在及未来对受众测量的需求。

赛立信媒介研究公司率先在国内推出自主研发的 BSM 一体机频率识别测量仪。这种技术是采用植入式方法采集数据，即在收音设备里安装探测和记录广播频率的专用仪器或者芯片，记录广播频率的开启、关闭和转换等信息。该技术于 2009 年年底研制成功并推向市场，目前在十几个城市中得到应用。对于车载收听行为的测量是用一体机置换车载收音机，这样会受到车载收音机本身的限制及车辆保全因素的影响。①

2013 年年末，尼尔森网联正式发布了基于智能音频识别系统的 Listen Box 收听率测量仪。这种测量仪分为两种：一种是针对家庭及便携收听环境，通过收音机本机频率的探测记录家中不同成员的收听行为；另一种是针对车载收听环境，通过实时音频比对的方法记录车载听众的收听行为。两款仪器形成综合化的收听率数据，可以实时、自动发回中心处理器。该技术同时可采集频率信号强度、收听设备位置的信息，监测传输信号的覆盖状况。②

第二节 样本抽取

样本抽取是收听率调查的第一个环节，也是最基础的一个环节。所选样本对于广播听众总体是否具有代表性，对能否保证收听率数据的准确具有十分重要的意义。在收听率调查中样本抽取过程一般包括确定调查总体、确定样本容量和抽取样本三个具体环节。

广播收听率调查主要采取日记卡调查法和测量仪调查法两种不同的调查方法，它们在样本抽取过程的三个具体环节上存在差异。

---

① 牛存有：《广播收听率调查技术的应用探讨》，《中国广播》2014 年第 8 期。

② 吕海媛：《新时代新测量：电波媒体的精细化发展进程》，《中国广播》2014 年第 8 期。

一、确定调查总体

所谓调查总体，就是指由所有被调查对象所组成的整体。抽样调查的具体目的、指标、方法不同，调查总体也就可能不同。在采用日记卡调查法的收听率调查中，调查总体一般被界定为目标区域内所有拥有可正常使用的收听设备或者过去3个月有成员收听过广播的家庭中10岁及以上的常住人口（符合国家统计局口径）。这个界定包括以下三个要素：第一，目标区域。目标区域由所要调查收听率的范围决定，可以为全国、省、市、县，也可以为某一特定区域。第二，拥有可正常使用的收听设备或在过去3个月内有广播收听行为的家庭常住人口。由于广播具有非独占性的特点，所以，只要家中有正在使用的收听设备或有人在过去3个月内有过广播收听行为，我们就将其家中成员都包括在总体范围内。之所以必须是家庭人口，主要是因为收听率调查是一种连续性调查，要求被调查家庭人口的稳定性较强，这样没有收听行为的家庭人口、集体人口及流动人口就被排除在收听率调查总体之外了。第三，年龄下限。在收听率调查中一般要求被调查者必须是10岁及以上，主要是考虑到收听行为相对比较个人化，年龄小的人基本不具备独立收听的能力。同时，由于广播针对儿童的节目少，不能像电视卡通片那样吸引儿童，因此，儿童收听很少。CSM媒介研究在2000年开始试行的收听率调查范围是4岁及以上人口，后来发现4~9岁人口的收听行为非常少，所以，经过研究决定，将10岁作为年龄下限。

在采用测量仪调查法的收听率调查中，调查总体则被界定为过去3个月内收听过广播的15岁及以上的常住人口。与采用日记卡调查法相比，测量仪调查法中界定的调查总体不包括家里有收听设备而本人3个月内没有收听过广播的人口，因而更贴近广播日常听众群体；年龄下限提高到15岁，主要有两方面的考虑，一方面是因为携带智能手机的10~14岁小学至初中低年级学生较少（CSM媒介研究的测量仪调查法以智能手机作为数据收集的载体），另一方面是因为10~14岁人群的广播收听量较少，在收听总量中占比很小。

确定调查总体除了为收听率调查提供一个样本抽取范围之外，对于正确解读收听数据也具有十分重要的意义。例如在采用日记卡调查法的某城市中，某天某一节目的收听率为20%，这个数字表明在该市进行收听调查的区域内，所有拥有可以正常使用的收听设备或者过去3个月内有家庭成员收听过广播的家庭中10岁及以上人口中，有20%的人收听了该节目，而不是说在该市所有区县所有人口中有20%的人收听了该节目。

二、确定样本容量

1. 确定样本容量时考虑的因素

从抽样理论来讲，我们在确定样本容量时主要考虑以下几个因素：

第一，调查总体中个体的差异程度。如果调查总体中各个个体的差异程度越大，为保证达到一定的抽样精度，所需调查的样本容量也应该越大；反之，如果调查总体中各个个体的差异程度越小，为达到一定的抽样精度，所需调查的样本容量就越小。

第二，允许误差。如果在抽样调查中的允许误差越小，即以样本标志值对总体标志值进行推断时的精度越高，则所需调查的样本容量就应该越大；反之，如果允许误差越大，则所需调查的样本容量就越小。

第三，抽样方法。抽样方法不同，其效率也不同。如分层抽样要比简单随机抽样具有更高的效率，因而在其他条件不变的情况下，为达到同样的抽样精度，分层抽样所需调查的样本容量就要小于简单随机抽样的样本容量。

第四，经费、人力和时间等。在抽样调查中所需要投入的经费、人力及时间随着样本容量的增加而增加，因而针对某一项抽样调查所能投入的费用、人力和时间就成为决定样本容量时必须考虑的一个重要因素。

在实际工作中，对于某一个特定总体进行抽样调查样本容量设计时，调查总体已确定，因而调查总体中各单位的差异程度也已确定，同时抽样方法也会确定，这样在上述确定样本容量时一般要考虑的四个因素中，只有允许误差和经费、人力、时间因素未定，而这两大因素之间是一种此消彼长的关系，即允许误差越小，所需调查的样本容量越大，成本也就越高；允许误差越大，所需调查的样本容量越小，成本也就越低。在抽样调查的实践中，样本容量的大小实际上是抽样精度（抽样误差）与成本之间相互平衡的结果。

2. 收听率调查中样本容量的计算

收听率调查是一种成数（比率）调查；在简单随机抽样设计中，样本容量的计算公式为：

$$n = t^2 p\ (1 - p)\ / M^2$$

其中：n 为样本容量，p 为收听率，M 为允许误差，t 为概率度。

在收听率调查样本容量的计算公式中，收听率 p 一般取 50%，这是因为此时 p (1 - p) 在所有可能的收听水平中达到最大；置信水平一般取 95%，此时对应的 t 值为 1.96，这样在上述公式中，样本容量 n 的多少就取决于允许误差 M 的大小。表 1.2.1 和图 1.2.1 揭示了样本容量 n 与允许误差 M 之间的变动关系。

由表 1.2.1 和图 1.2.1 我们可以看出：随着允许误差的降低，所需样本容量增加，但是样本容量的增加与允许误差的降低二者之间的关系并不是简单的线性关系。当允许误差较大时，随着允许误差的降低，所需样本容量增加，但增加幅度不大；当允许误差较小时，随着允许误差的降低，所需样本容量大幅增加。如将收听调查的允许误差由 4% 降为 3%，所需样本容量由 600 人增加到 1067 人；但如果将允许误差由 3% 降为 2%，则所需样本容量由 1067 人增加到 2401 人（增加了 1 倍多）；如果将允许误差由 2% 降为 1%，所需样本容量由 2401 人增加至 9604 人（增加了 3 倍）。上述样本容量与允许误差的变动关系说明，当允许误差降低到3%时，再降低允许误差，所需要的样本容量成倍增加。样本容量的成倍增加就意味着调查所需成本的大幅增加，换言之，样本容量和成本的大幅增加所能带来的抽样误差的降低非常有限，这时再增加样本容量就是不经济的。权衡抽样误差（精度）和成本之间的关系，在收听率调查中，一个比较合理的样本规模是1067人，按现在3.5左右的户规模计算，即300户。根据上述理论分析并参考收听率调查的国际经验，CSM媒介研究在采用日记卡调查法的城市收听调查网中，样本规模一般为300户，对于部分小城市，考虑到客户的经济负担能力，样本规模确定为200户或100户；而在采用测量仪调查法的城市调查网中，样本规模一般为600人。具体样本容量的确定与客户的经济负担能力有关，如北京这样的大城市，样本规模可达到1200人，而有的城市样本规模可能为500人。

当然，我们也必须考虑到，上述计算是基于简单随机抽样设计，收听率调查固定样本组的抽取是以家庭作为一个群而进行的整群抽样，从这个意义上来说，抽样误差计算还需要考虑家庭成员收听行为上的相互关联带来的设计效应。但即使考虑了设计效应，日记卡调查法的300户和测量仪调查法的600人也应该是一个可以接受的样本规模。

表 1.2.1　不同允许误差水平所需的样本容量

（置信水平95%，收听率 p = 50%）

允许误差（%）	样本容量（人）
1	9604
2	2401
3	1067
4	600
5	384
6	267
7	196
8	150
9	119
10	96

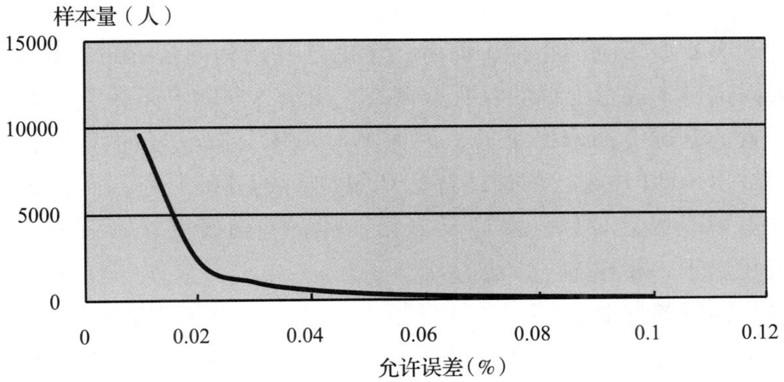

（置信水平95%，收听率 p = 50%）

图 1.2.1　样本容量与允许误差的关系

三、样本抽取方法

我们以 CSM 媒介研究为例，阐述收听率调查中样本的抽取方法。CSM 媒介研究目前拥有两种类型的收听率调查网，即城市收听调查网和省级收听调查网。城市收听调查网采用日记卡和测量仪两种不同的调查方法，而省级收听调查网则只采用了日记卡调查法。不同调查方法下各类收听调查网的样本抽取方法简述如下。

1. 城市收听调查网的样本抽取方法（日记卡调查法）

采用日记卡调查法的 CSM 城市收听调查网的调查总体是调查城市市辖区中 10 岁及以上的广播家庭人口。目标区域的确定之所以限定为市辖区，主要是因为目前我国实行的是“市领导县”的行政管理体制，即在一个城市中，除了市辖区之外还包括部分县，由于城市收听调查网主要是调查城市居民的收听行为，所以有必要将调查的目标区域限定在城区。

CSM 媒介研究在收听调查网建立前以及建立后每年都要进行一次大样本量的基础调查（我们通常称为基础研究），因而城市收听调查网的抽样包括基础研究的抽样和固定样组的抽样。收听率调查中样本的抽取分为基础研究样本的抽取和固定样组样本的抽取，其理论依据就是抽样理论中的二相抽样（或称为二重抽样）。所谓二相抽样是指先从总体中抽取一个大样本（一相样本），对其进行某些指标的调查，而后根据调查得到的信息，再从这个大样本中抽取用于进行经常调查的样本（二相样本）。我们通过一个例子来说明在收听率调查中为什么要以二相抽样为理论依据。假定某个城市有 10 万户居民，我们现在要抽取 300 户进行收听率调查，那么如何抽取样本，才能保证这 300 户居民对整个城市的 10 万户居民具有代表性呢？很显然，如果抽取这 300 户样本时已经考虑了 10 万户居民中每户关于对收听行为有重要影响的指标，如家庭收听设备拥有情况，家庭规模，家庭成员的性别、年龄、文化程度，等等，那么这 300 户样本对总体肯定具有较好的代表性。但是问题是这 10 万户居民中每户居民的上述指标是未知的，这样就产生了抽样需求与信息短缺之间的矛盾。二相抽样为解决这个矛盾提供了一个可行的办法，即先从这 10 万户居民中抽取一个大样本（比如 1000 户），调查每户有关对收听行为有重要影响的指标，而后在考虑这些指标的情况下，从 1000 户中再抽取 300 户作为固定样本进行连续的收听率调查。由于这 300 户是在考虑了对收听行为有重要影响的因素的基础上抽取出来的，因而其对总体具有较好的代表性。在上述例子中，从总体中抽取 1000 户进行调查，就是 CSM 进行的基础研究，而从基础研究样本中抽取出来的样本就是固定样组。对应于二相抽样，基础研究样本就相当于一相样本，而固定样组就相当于二相样本。

除了为固定样组的抽取提供一个抽样框外，基础研究还具有另外一个十分重要的作用，即为固定样本的轮换和控制提供依据。同其他大规模、连续性调查一样，收听率调查同样也要进行样本轮换。样本轮换主要是为解决样本老化所造成的代表性降低和由于被访者厌倦造成的数据质量下降这两个问题。在样本轮换过程中，退出固定样组的样本户一般根据已参加调查的时间确定，即让那些被调查时间最长的样本户先退出，而进入固定样组的样本户就不是随便选取了，必须要挑选那些能够保证固定样组的配额指标结构与总体指标结构相一致的户进入固定样组，这样才能实现固定样本组对总体的代表性。这些配额指标的具体数值就来源于基础研究的结果。

（1）基础研究样本的抽取方法

CSM 城市收听调查网基础研究样本抽取所采用的方法是“二阶段、概率与规模成比例、整群抽样”，也就是由二阶段抽样、概率与规模成比例抽样和整群抽样组合而成的一个混合抽样。

二阶段抽样

它是指整个抽样过程不是由一个阶段完成的，而是分为两个阶段。例如，要在一个拥有 10 万户居民家庭的城市中抽取 300 户进行收听调查，我们可以编制一个 10 万户居民家庭的抽样框，从中抽取 300 户，这个抽样过程是在一个阶段中完成的，我们称其为一阶段抽样。在实际工作中，要编制一个拥有 10 万户居民家庭的抽样框，一是工作量太大，二是也没有必要。为了便于实际操作，我们可以将上述抽样过程分为两个阶段，即第一阶段，从这个城市所有的居（家、村）委会〔假定该城市共有 3000 个居（家、村）委会〕中抽取 30 个居（家、村）委会；第二阶段，在每个抽中的居（家、村）委会中，再分别抽取 10 户，这样总样本量仍为 300 户。与一阶段抽样相比，二阶段抽样既保证了相同的样本量，也将整个抽样工作大大简化。

概率与规模成比例抽样（Sampling with Probability Proportional to Size）

即 PPS，是效率较高并且应用非常广泛的一种抽样方式。下面我们以城市抽取居（家、村）委会为例来说明 PPS 抽样的具体过程。

第一步：编制抽样框。从民政局、统计局或其他单位查抄全市调查总体范围内居（家、村）委会名单及户数，所有区、街道及居（家、村）委会按自然标志排列，形成抽样框，见表 1.2.2。

第二步：计算抽样间距 K。抽样间距 K = 全市调查总体范围内居（家、村）委会总户数/拟抽选居（家、村）委会数。在本例中，某市居民累计总户数 = 33570，拟抽选居（家、村）委会数 = 10，则 K = 33570/10 = 3357。

第三步：确定起点。在 0 ~ 3357 之间随机选取一个数，如随机数为 3212。

第四步：抽取居（家、村）委会。在表 1.2.2 中“累计户数”一栏找到第一个大于等于 3212 的累计户数，对应的居（家、村）委会即是第一个被抽中的居（家、村）委会。而后计算 3212 + K，3212 + 2K，3212 + 3K，……，3212 + 9K，分别在“累计户数”一栏找到第一个大于等于上述数值的累计户数，则对应于这些累计数的居（家、村）委会即是被抽中的居（家、村）委会。

表 1.2.2　某市利用 PPS 抽样抽取居（家、村）委会示例表

全市共有 3 个区、53 个居（家、村）委会

区	街道	居（家、村）委会	抽样框户数	累计户数	R + K	被抽中的居（家、村）委会
1 区	曹山街道	东站居委	624	624		
1 区	曹山街道	长滩居委	175	799		
1 区	曹山街道	钢山锥子山	571	1370		
1 区	曹山街道	曹山	458	1828		
1 区	宏业村街道	宏业村三村	761	2589		
1 区	宏业村街道	宏业村四村	661	3250	3212	1
1 区	宏业村街道	宏业村一村	789	4039		
1 区	宏业村街道	雪华一村	500	4539		
1 区	宏业村街道	雪华二村	514	5053		
1 区	宏业村街道	宏业六村	522	5575		
1 区	宏业村街道	雪华三村	675	6250		
1 区	解放街道	二钢	997	7247	6569	2
1 区	解放街道	解放路	865	8112		
1 区	解放街道	大桥	736	8848		
1 区	解放街道	二钢二居	892	9740		
1 区	解放街道	革新居委	749	10489	9926	3
1 区	解放街道	淮河新村	765	11254		
1 区	解放街道	海航	887	12141		
1 区	解放街道	建新	699	12840		
1 区	解放街道	解放三路	647	13487	13283	4
1 区	解放街道	建华	1058	14545		
1 区	解放街道	曙光九巷	643	15188		
1 区	解放街道	建明	379	15567		
2 区	胜利街道	红旗一中	555	16122		
2 区	胜利街道	红旗二路三巷	719	16841	16640	5
2 区	胜利街道	航运干休所	482	17323		
2 区	胜利街道	机场	397	17720		
2 区	胜利街道	航英	354	18074		
2 区	青年街道	华丰街	668	18742		
2 区	青年街道	华大街	741	19483		
2 区	青年街道	保安里	730	20213	19997	6
2 区	青年街道	青年街	738	20951		

续表

区	街道	居（家、村）委会	抽样框户数	累计户数	R+K	被抽中的居（家、村）委会
2区	青年街道	奋勇	454	21405		
2区	青年街道	同乐园	748	22153		
2区	青年街道	菜市	549	22702		
2区	青年街道	中平街	547	23249		
2区	青年街道	太平街	516	23765	23354	7
2区	青年街道	南山	702	24467		
2区	纬二街道	先进里	708	25175		
2区	纬二街道	蒋岗巷	493	25668		
2区	纬二街道	爱国巷	528	26196		
2区	朝阳街道	淮河	371	26567		
2区	朝阳街道	新建	445	27012	26711	8
2区	朝阳街道	新兴	397	27409		
3区	张公山街道	长征路	491	27900		
3区	张公山街道	张公山一村一居	538	28438		
3区	张公山街道	张公山一村二居	970	29408		
3区	张公山街道	张公山二村二居	617	30025		
3区	张公山街道	张公山四村一居	772	30797	30068	9
3区	大庆街道	长影	826	31623		
3区	大庆街道	纺织厂二居	548	32171		
3区	大庆街道	纺织厂三居	1093	33264		
3区	大庆街道	长青新村	306	33570	33425	10

整群抽样

是指先将总体分为若干个群体，而后从中抽取部分群体，并对抽中群体内所有个体都进行调查的方法。例如，在某个居（家、村）委会中要抽取100人进行某项调查，我们可以先从这个居（家、村）委会的全部家庭户中抽取30户（将每户看成是一个群体），并对这30户中的所有人员进行调查，则这30户的总人数基本上为100人。

整群抽样的最大优点就是便于实际操作和节约成本。有些人认为，收听行为是个人行为，所以，在抽样时不应该先抽家庭，而应该直接抽个人，这样抽样效果会更好一些。这种说法是有一定道理的，但从实际操作和节约成本的角度来讲，采用整群抽样的方式更好。因为调查的直接成本，如样本户礼金、访问员劳务费是按户计算的，即使一户只有一个人合作，成本也跟整户合作基本一致，也就是说，如果采用抽选个人的方式，要么样本容量变成原来的三分之一，要么成本变成原来的三倍左右。国际上收听率调查的样本抽选通行的方式也是先抽选户，而不是直接抽选个人。

综上所述，采用日记卡调查法的CSM城市收听调查网基础研究样本的抽取方法为“二阶段、PPS、整群抽样”，具体按照以下步骤进行：

第一阶段：由城市抽社区、居（家、村）委会，用 PPS 抽样法抽取 a = 100 个社区、居（家、村）委会。

第二阶段：由社区、居（家、村）委会抽样本户，在每个被抽中的社区、居（家、村）委会中，用随机等距抽样方法抽取 b = 10 户家庭户，最后对被抽中家庭户中的所有常住人口都进行调查。

最终样本量为：$a \times b = 100 \times 10 = 1000$ 户。

（2）固定样组的抽取方法

采用日记卡调查法的 CSM 城市收听调查网固定样组的规模一般为 300 户（在部分小城市，根据客户需要，也可以为 200 户或 100 户）；为操作方便，一般规定每个社区、居（家、村）委会抽取 5 户，这样 300 户就分布在 60 个社区、居（家、村）委会中。固定样组的抽取包括两个环节。第一个环节是抽取固定样组社区、居（家、村）委会：对于 300 户城市来说，就是在基础研究样本的 100 个社区、居（家、村）委会名单中随机等距选取 60 个作为固定样组社区、居（家、村）委会。第二个环节是抽取样本户：在基础研究样本户中，去掉非固定样组社区、居（家、村）委会所包含的样本户后，按照对收听行为具有重要影响的指标（家庭户规模、收听设备台数、地区、日用品主要采购者的年龄及家庭户收入）排序，形成抽样框，最后随机等距抽取 300 户家庭户形成固定样组。

2. 城市收听调查网的样本抽取方法（测量仪调查法）

采用测量仪调查法的 CSM 城市收听调查网的调查总体是调查城市市辖区中 15 岁及以上的广播人口，其抽样也包括基础研究样本的抽取和固定样本组的抽取两个环节。

（1）基础研究样本的抽取方法

采用测量仪调查法的 CSM 城市收听调查网基础研究样本的抽取方法为“二阶段、PPS、整群抽样”，具体操作如下：

第一阶段：由城市抽取社区、居（家、村）委会，采用“隐分层”的方式，将城市中各市辖区按城镇化比例由大到小排序，采用随机起点 PPS 抽样方法抽取 a = 100 个社区、居（家、村）委会。

第二阶段：由社区、居（家、村）委会抽取样本户，在每个被抽中的社区、居（家、村）委会中，用随机等距抽样方法抽取 b = 10 户家庭户；在每个被抽中的家庭户中，对所有年龄在 15 岁及以上、符合国家统计局常住人口口径的成员都进行调查。

（2）固定样组的抽取方法

采用测量仪调查法的 CSM 城市收听调查网的固定样组规模一般为 600 人。具体抽样步骤为：将符合调查总体界定的基础研究样本按照对收听行为具有重要影响的指标（即控制变量，包括所在市辖区、年龄、性别、最常使用的交通工具、日均收听时长等）进行排序后形成抽样框，随机等距抽取三套样本人员，以第一套样本为主，对于拒绝参与调查的样本人员，依次从第二、第三套样本中采用同号替换的方法补充样本人员，形成固定样组。如果采用上述方法选取的样本不能满足固定样组组建的样本规模或者样本结构，将以控制变量的基础研究结果为目标，采取配额抽样、样框抽样来补充样本。

3. 省级收听调查网的样本抽取方法（日记卡调查法）

CSM 省级收听调查网采用日记卡调查法，其调查总体为全省广播信号覆盖区域内所有 10 岁及以上的广播家庭人口。省级收听调查网的抽样也包括基础研究样本的抽取和固定样本组的抽取两个环节。

(1) 基础研究样本的抽取方法

CSM 在省网基础研究中样本的抽取方法为"分层、三阶段、PPS、整群抽样"，样本规模为 1690 户。由于城乡居民的收听行为存在差别，为提高抽样精度，我们首先将全省划分成省会城市市辖区、其他地级市市辖区、地级（或以上）市中的县级市（县、旗）三大层。其中省会城市市辖区和其他地级市市辖区组成城域，地级（或以上）市中的县级市（县、旗）组成乡域。

在省会城域（省会城市市辖区）中样本的抽取方法为"二阶段、PPS、整群抽样"。第一阶段：城市抽取社区、居（家、村）委会，将省会城市的各市辖区按城镇化比例由大到小排列，用随机起点 PPS 抽样方法抽取 100 个社区、居（家、村）委会。第二阶段：社区、居（家、村）委会抽户，在每个被抽中的社区、居（家、村）委会中，用随机等距抽样方法抽取 10 个家庭户。省会城域样本总数为 $100 \times 10 = 1000$ 户。

在其他城域（其他地级市市辖区）中样本的抽取方法为"三阶段、PPS、整群抽样"。第一阶段：在其他城域抽区，首先将地级（或以上）市按离省会城市的距离以顺时针方向由近到远排列，在每个城市中再按城镇化比例将各区由大到小排列，然后采用 PPS 抽样抽取 10 个区。第二阶段：区抽社区、居（家、村）委会，在每个被抽中的区中，用随机起点 PPS 抽样方法抽取 3 个社区、居（家、村）委会。第三阶段：社区、居（家、村）委会抽户，在每个被抽中的社区、居（家、村）委会中，用随机等距抽样方法抽取 10 户家庭。其他城域样本总数为 $10 \times 3 \times 10 = 300$ 户。

在乡域中，样本的抽取方法也是"三阶段、PPS、整群抽样"。第一阶段：乡域抽县级单位，首先将地级单位按离省会城市距离以顺时针方向由近到远排列，在每个地级单位中再按城镇化比例将各县级单位由大到小排列，然后采用 PPS 抽样抽取 15 个县级单位。第二阶段：县级单位抽社区、居（家、村）委，在每个被抽中的县级单位中，用随机起点 PPS 抽样方法抽取 2 个社区、居（家、村）委。第三阶段：社区、居（家、村）委抽户，在每个被抽中的社区、居（家、村）委会中，用随机等距抽样方法抽取 13 户家庭。乡域样本总数为 $15 \times 2 \times 13 = 390$ 户。

(2) 固定样组的抽取方法

CSM 省网固定样组的抽样方法同样为"分层、三阶段、PPS、整群抽样"；固定样组规模为600户，城乡各300户。首先按区县级单位将全省分为城乡两域〔标准同基础研究：城域是指地级（或以上）城市中的市辖区，乡域是指地级（或以上）市中的县级市、县、旗〕。在城域中，将各城市按地理位置及城镇化比例排序后，采用PPS抽样抽取3个样本城市；在每个样本城市中，采用PPS抽样抽取20个社区、居（家、村）委会；在每个居（家、村）委会中随机等距抽取5户。在乡域中，将各县级单位按地理位置和城镇化比例排序后，采用PPS抽样抽取3个县级单位；在每个被抽中的县级单位中，采用PPS抽取10个居（家、村）委会；在每个被抽中的居（家、村）委会中，随机等距抽取10户。

第三节　数据采集

一、CSM日记卡调查法

1. CSM日记卡调查法介绍

CSM媒介研究在中国内地地区进行收听率调查使用的日记卡调查法中最重要的两部分是收听率调查日记卡和日记卡专用夹。在收听率调查日记卡上有记录样本人员所收听广播频率的代码和收听时段的内容；一张日记卡可以记录一名样本人员一周7天的收听情况。日记卡的记录时段被设定为15分钟，即以15分钟为一个记录单位；当样本人员在15分钟内收听某一频率的累计时间超过8分钟时方可记录；在日记卡专用夹中附有对该项调查的简要说明、日记卡的填写细则及举例。为帮助样本人员准确区分所收听的广播频率，日记卡夹中还有频率名称、代码提示表。

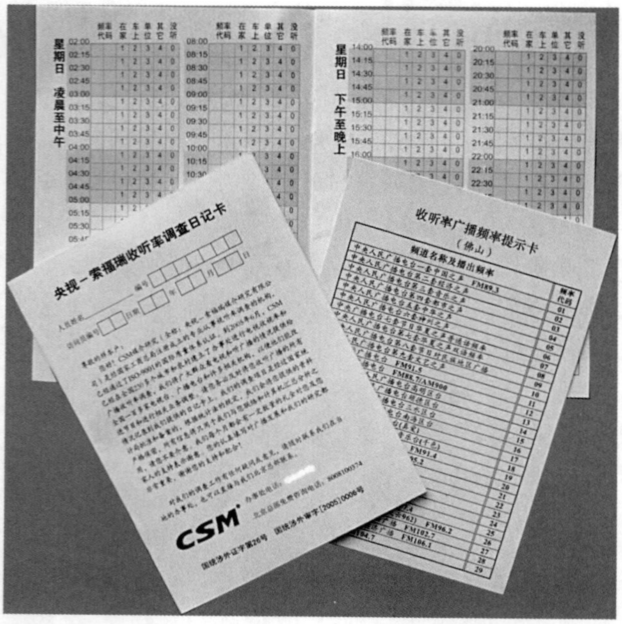

图1.3.1　CSM媒介研究收听率调查所采用的日记卡

2. CSM日记卡调查法的优缺点

日记卡调查法的优势在于成本低、样本户置换较容易、不必依赖电话线传送数据、抽样的代表性更强。日记卡调查法与虚拟测量仪调查法相比，其缺点是数据采集过程中依赖人工处理的环节多，容易出现错误操作和偏差。

二、CSM 虚拟测量仪调查法

1. CSM 虚拟测量仪调查法的工作原理

CSM 媒介研究采用的是目前国际最新的基于智能手机的虚拟测量技术——“MRL 虚拟测量仪”（MRL Virtual Meter）技术，它使用虚拟测量软件对听众在不同场所使用不同收听设备的全部收听行为进行完整测量。具体操作流程是：首先在手机上安装一个 APP 软件，手机开启后，虚拟测量仪就自动启动开始工作；它仿佛是人的耳朵，可以采集到周围所有的声音，自动接收音频信息；然后把接收到的音频实时转换为不可解读、不可还原的数字音频码，通过无线 3G、4G 和 Wi-Fi 等方式传送到后台，并与广播节目数字音频码资源库进行匹配，过滤掉冗余信息，最终准确识别出听众收听的频率。

2. CSM 虚拟测量仪调查法的技术特点

第一，这种测量方法不改变样本人员的收听设备或收听方式，不影响样本人员的收听行为，保证样本人员可使用自己原有的收听设备自主收听，客观记录样本人员的收听行为。该调查方法严格遵循不改变样本人员收听习惯、不影响样本人员收听行为的收听率调查基本原则，符合国际调查标准。

第二，这种测量方法对听众个性化的收听进行全覆盖测量；无论是收听直播节目、点播节目，还是时移收听，都能被完整、准确地记录下来。

第三，无论听众在哪里收听、使用什么收听设备——收音机、手机内置广播、手机 APP、车载音响、数字电视等，该测量方法都能够对其进行完整的测量。

第四，对于采集到的数字音频码不可还原为原始声音，这样既能有效保证样本的隐秘性，同时也能有效提高数据的安全性；而且数字音频码的占用空间很小，使数据能方便、快捷地回传到公司后台。

第五，这种测量方法采用有专利的算法，能高效、精确地与数字音频码匹配，准确率高达 95% 以上。

3. CSM 虚拟测量仪调查法的优缺点

相较于日记卡调查法，虚拟测量仪调查法自动采集音频信息，不像日记卡需要人工配合来填涂，减少了人为误差；虚拟测量仪数据可以精细到秒级，目前能够处理的数据最小单位为 1 分钟，比日记卡的 15 分钟要精细很多；虚拟测量仪可以实现隔夜提供数据，而日记卡是隔周提供数据，因此大大缩短了数据提供周期；虚拟测量仪调查法对于重大事件、节目调整和广告投放变化的反应更清晰、更敏感，但是投入和维护成本也更高。

三、日记卡调查法升级为虚拟测量仪调查法后调查数据的变化特点及原因

（一）日记卡调查法升级为虚拟测量仪调查法后调查数据的变化特点

随着经济及广播行业的发展，世界上也有不少国家开始用测量仪取代日记卡进行收听率调查。在这一过程中，测量仪和日记卡调查收听率的方式不同，因而使调查数据具有差异性。研究表明，测量仪调查数据和日记卡调查数据之间的差异具有很强的规律性。

根据 CSM 媒介研究 2016 年在北京、上海两地对由日记卡转换为测量仪后收听率数据的同期比较分析，可得出以下几点发现：

1. 收听率下降，听众规模上升，人均收听时间缩短

北京、上海两地表现出同样的变化规律。从收听率来看，两地测量仪数据均低于日记卡数据；从听众规模（周平均到达率）来看，测量仪数据均明显高于日记卡数据；从听众收听量（人均收听分钟数）来看，测量仪数据均明显低于日记卡数据（见表 1.3.1）。

表 1.3.1　2016 年北京、上海两地相关收听指标日记卡数据与测量仪数据对比

指标	北京		上海	
	日记卡	测量仪	日记卡	测量仪
收听率（%）	5.0	3.7	5.0	2.6
周平均到达率（%）	70.6	88.0	81.1	89.4
人均收听分钟数	72.0	53.0	72.0	37.0
人均收听分钟数（听众）	134.0	83.0	110.0	60.0

数据来源：CSM 媒介研究

2. 全天收听率走势更加平滑

在北京、上海两个地区，运用两种测量方法得到的全天的收听率走势基本一致。测量仪数据全天的走势更平滑，早晚高峰时段没有日记卡数据表现得那么突出，尤其晚高峰时段更加明显；基本在早间 6:00 之前和夜间 23:00 以后时段，测量仪数据略高；体现出黄金时段下降而非黄金时段上升的特征（见图 1.3.2、图 1.3.3）。

3. 强势电台市场份额下降，弱势电台市场份额上升

北京、上海两地整体的变化规律一致。在日记卡数据中，强势电台的市场份额在测量仪数据中有所下降，如北京台、上海台；而日记卡数据中市场份额较低的电台，如中央台、中国国际广播电台的市场份额在测量仪数据中均有不同程度的提升（见图 1.3.4、图 1.3.5）。

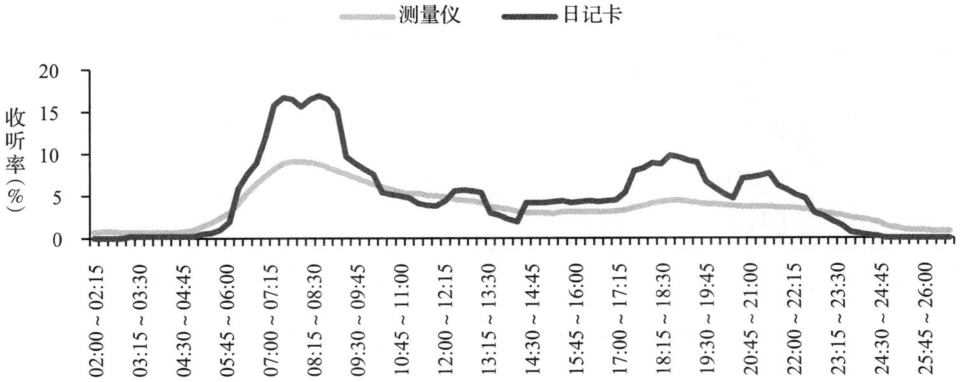

数据来源：CSM 媒介研究

图 1.3.2　2016 年北京市场日记卡数据与测量仪数据全天收听率走势对比

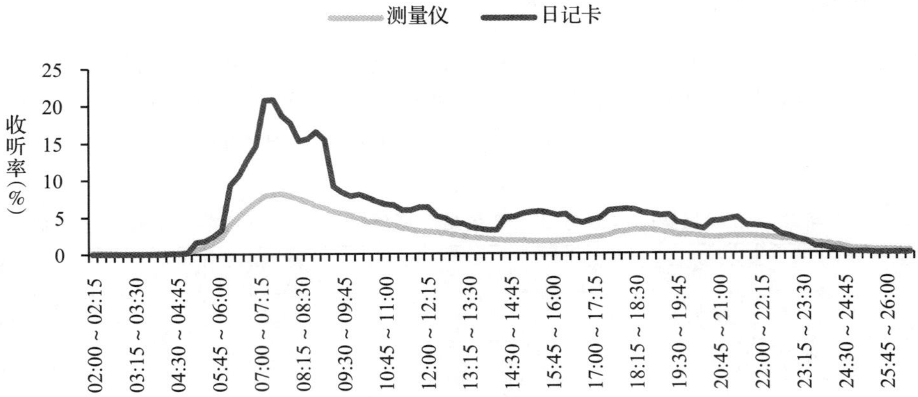

数据来源：CSM 媒介研究

图 1.3.3　2016 年上海市场日记卡数据与测量仪数据全天收听率走势对比

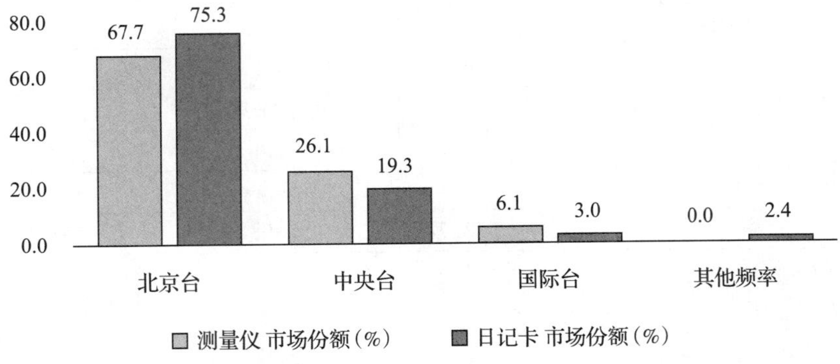

数据来源：CSM 媒介研究

图 1.3.4　2016 年北京市场各类频率市场份额测量仪数据与日记卡数据对比

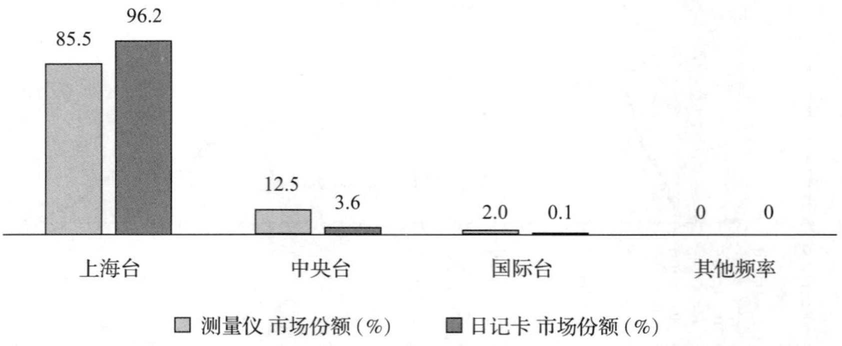

数据来源：CSM 媒介研究

图 1.3.5　2016 年上海市场各类频率市场份额测量仪数据与日记卡数据对比

4. 主要频率相对竞争地位变化不大

以北京市场为例，从北京市场主要频率的市场份额排名来看，测量仪数据与日记卡数据中进入前五位的频率相同，只是在第四位以后位次上略有差别；两种测量方法数据前十五位频率占 90% 以上的市场份额，频率重叠度高达 80%（见表 1.3.2）。

表 1.3.2　2016 年北京市场测量仪数据与日记卡数据市场份额（%）排名前十五位频率对比

排名	测量仪		日记卡	
	频率	市场份额	频率	市场份额
1	北京交通	29.3	北京交通	28.3
2	北京文艺	16.3	北京文艺	16.4
3	北京新闻	8.7	北京新闻	10.3
4	中国之声	7.5	北京音乐	8.3
5	北京音乐	6.4	中国之声	4.7
6	音乐之声	6.0	经济之声	4.6
7	中国高速公路	4.6	文艺之声	3.2
8	环球资讯	3.7	北京体育	3.2
9	经济之声	3.4	北京长书有线	3.0
10	文艺之声	2.2	音乐之声	2.9
11	北京体育	2.1	北京城市	2.4
12	都市之声	1.7	中央娱乐	1.4
13	劲曲调频	1.6	都市之声	1.3
14	北京动听	1.5	北京故事	1.3
15	北京城市	0.8	劲曲调频	1.2
累计		95.8		90.1

数据来源：CSM 媒介研究

5. 强势频率峰值回落，弱势频率时段收听回升

由日记卡法改为测量仪法后，频率全天收听走势一般会有两种变化。第一种变化是，在日记卡数据中表现强势的频率，在测量仪数据中都会有较大幅度的下滑，尤其是高峰时段更加明显，但是在非高峰时段，两者相差无几，甚至有些时段，测量仪数据的表现还较为突出（见图 1.3.6）。

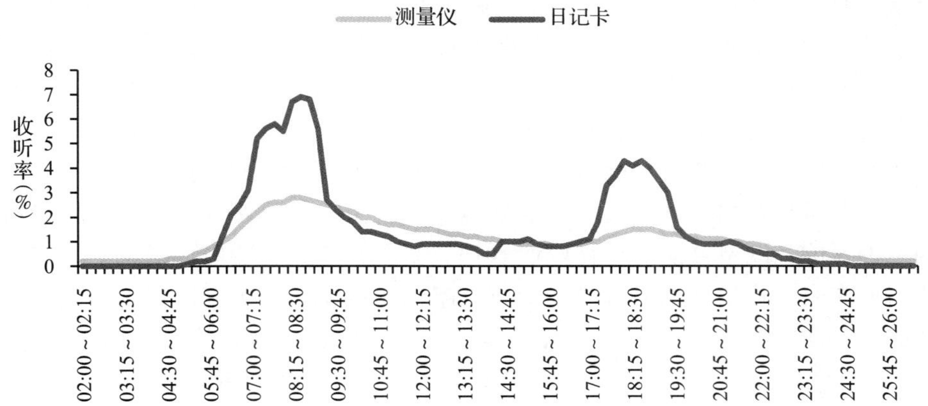

数据来源：CSM 媒介研究

图 1.3.6　2016 年北京人民广播电台交通广播测量仪数据与日记卡数据全天收听率走势对比

第二种变化是，在日记卡数据中表现弱势的频率，在测量仪数据中会有较大幅度的提升，尤其是在全天时段细节上更加明显，这完整地还原了在日记卡数据中被低估的收听情况（见图 1.3.7）。

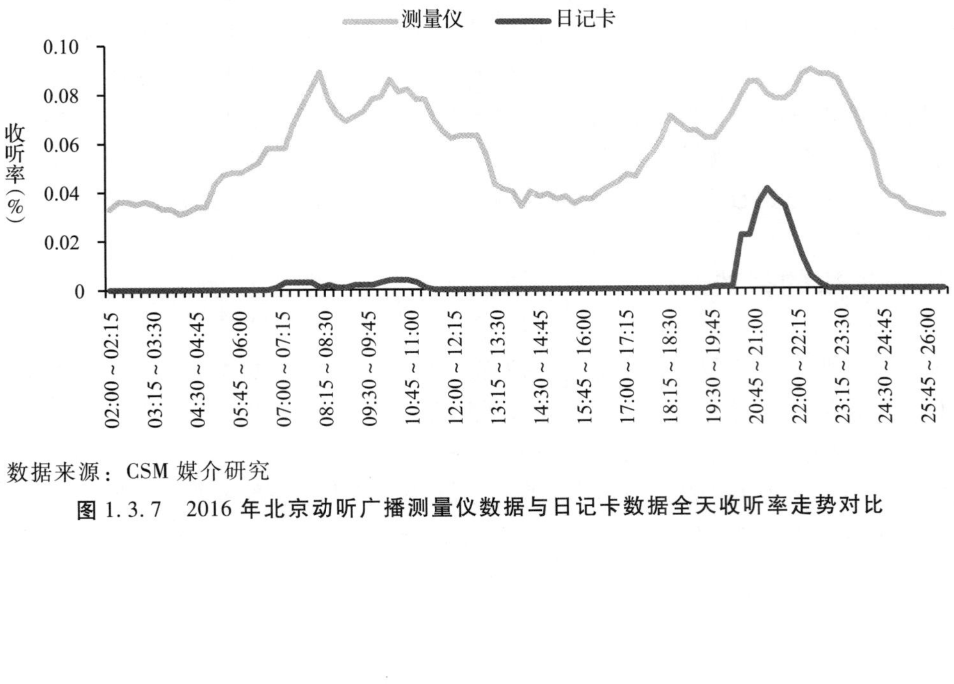

数据来源：CSM 媒介研究

图 1.3.7　2016 年北京动听广播测量仪数据与日记卡数据全天收听率走势对比

（二）日记卡数据和测量仪数据产生差异的主要原因

日记卡调查法和测量仪调查法数据产生差异主要是由日记卡调查法自身不可避免的弊端和测量仪调查法的科学性二者相结合导致的。

首先，日记卡数据夸大了整体收听水平。因为日记卡数据最小记录单位是 15 分钟，按照日记卡的记录规则，收听 8～15 分钟都被记录为 15 分钟，使得收听率整体水平被夸大。

其次，日记卡数据夸大了主要频率、高收听率时段和知名度较高的节目的收听率，低估了次要频率、低收听率时段和知名度不高的节目的收听率。日记卡每 15 分钟对应一个频率，有些样本人员只能靠“回忆”来填写收听情况，因此，记忆不准确和主观判断往往会夸大主要频率、高收听率黄金时段和一些知名度较高节目的收听率，而忽略或减少次要频率、非黄金时段和一些知名度不高的节目的收听时间。

最后，测量仪数据客观、真实、准确地反映了受众的收听情况。仪器记录排除了人为因素的影响，既不可能对整体收听水平、主要频率、黄金时段及知名度较高的节目收听时间有夸大作用，也不可能减少或忽略次要频率、非黄金时段及知名度不高的节目的收听时间，而且能够清晰展现个体多元化的收听选择，使测量结果更加科学、准确。

第四节　数据处理

一、数据处理流程

收听数据处理流程包括以下三个环节：第一，收听调查原始数据（包括样本人员背景资料和日记卡数据）输入计算机后，要进行数据的净化，以确保原始数据的完整及合理；第二，净化后的收听数据、样本背景资料库及节目资料库合并形成一个更全面的“收听率资料库”；第三，在这个“收听率资料库”的基础上，以年龄和性别（采用日记卡调查法或测量仪调查法的城市网）或年龄、性别和城乡比例（省网）作为加权变量，对原始数据进行各种加权计算，便产生各种收听率数据。

二、加权的目的

加权是收听数据处理过程中的核心环节，其目的在于对样本结构与总体结构的偏差进行校正，以取得能够准确反映总体收听情况的数据。

现举例说明：假定某市经过基础研究调查发现，总体广播收听人口为 10 万人，其中男性占 48%，女性占 52%；收听率调查所抽样本人数为 1000 人，男性占 42%，女性占 58%；由于样本性别结构与总体性别结构发生了偏离，导致男性权值（样本中的一个男性在总体中所代表的人数）与女性权值不同：

男性权值 = 总体中男性人数/样本中男性人数 = 48000/420 = 114. 3
女性权值 = 总体中女性人数/样本中女性人数 = 52000/580 = 89. 6

假定样本中收听某节目人数为 500 人，其中男性 180 人，女性 320 人，则：

总体中收听该节目的人数 = 样本中男性收听人数 × 男性权值 + 样本中女性收听人数 × 女性权值 = 180 × 114. 3 + 320 × 89. 6 = 49246 人

则该节目收听率 = 49264/100000 = 49. 3%（而不是 500/1000 = 50%！）

上例中加权变量只有一个（性别），而在实际工作中加权变量往往不止一个，这样计算权值的过程就比较复杂，需依靠计算机才能完成。CSM 媒介研究在各种收听调查网中均采用边际加权（Rim Weighting）方法对收听调查的样本数据进行加权，在城市收听调查网中以性别、年龄为加权变量，在省网调查中，再增加城乡作为加权变量。表 1. 4. 1 就是通过边际加权（Rim Weighting）方法得到的某城市的性别、年龄权值表，表中每个数值的实际含义为在某个特定的人口统计区间内每个样本人的权重。如 10. 30435 意味着在该城市中，样本中一个年龄为 10 ~ 14 岁的男性在总体中代表 10. 30435 千人。

表 1. 4. 1　某城市样本中各种特定人口的权值表（千人）

性别	年龄						
	10 ~ 14	15 ~ 24	25 ~ 34	35 ~ 44	45 ~ 54	55 ~ 64	65 +
男	10. 30435	8. 945205	8. 415584	6. 911765	5. 583333	6. 128205	7. 933333
女	9. 222222	7. 925373	7. 430233	6. 058252	4. 825	5. 333333	7. 022222

三、收听率的计算

在找到权值表后，收听率的计算就非常容易了。例如：根据某一城市某周收听监测记录（见表 1. 4. 2），在某一特定时段内收听某一节目的 10 岁及以上的样本人数为 178 人，这 178 人中的每个人总可以在权值表中找到其对应的位置，即分别属于某一特定的人口统计区间；将每个特定人口统计区间内的样本人数分别乘以相应的权值，就可以得到在总体中收听了该节目的各类听众人数。假定在收听节目的 178 人中有 13 人是 25 ~ 34 岁的男性，则在总体中共有 8. 415584（千人）× 13 = 109（千人）收听了该节目。以此类推，计算总体中收听节目的各类人数并汇总，就可得到总体中收听该节目的人数，即加权后的收听人数为 959 千人；用 959 千人除以总体中 10 岁及以上听众总人数 6256 千人，便得出该节目的收听率为 15.3%。

表 1.4.2　某城市某周某节目收听率计算表

	样本中收听人数	加权后收听人数（000）	目标听众总数（000）	收听率（%）
10 岁及以上	178	959	6256	15.3
男 10 岁及以上	101	523	3307	15.8
男 25～34 岁	13	109	648	16.9

第二章

Chapter Two

基础研究的内容与执行

Establishment Survey

第二章

基础研究的内容与执行

基础研究是开展收听率调查的重要环节。在收听率调查中进行基础研究的主要目的是：第一，通过更大样本范围、更多指标的调查，了解所调查地区人口和媒介的基本情况，对该地区人口状况和收听设备的拥有情况作一个总体的把握；第二，为收听率调查固定样组的抽取提供抽样框，从而使得收听率调查固定样组可以从基础研究被访问的样本中抽取；第三，为固定样组的控制与轮换提供依据，使收听率调查固定样组的各项特征与调查地区总体的特征保持一致，从而保证样本的代表性。

第一节　基础研究的内容

一、设置基础研究内容应考虑的因素

基于基础研究的目的，我们在设置基础研究内容时就必须考虑影响听众收听行为的主要因素。影响听众收听行为的因素既有宏观因素，也有微观因素。CSM媒介研究在进行基础研究抽样方案设计时已经综合考虑人口、社会、经济、地理等宏观方面的因素，因此在基础研究内容设置方面需要考虑影响听众收听行为且通过其他途径难以获得的微观因素的各种信息。

从微观角度来讲，影响广播听众收听行为的因素主要有三类：第一类是收听设备拥有情况及可接收频率情况，因为收听设备拥有情况及频率接收情况是听众收听行为发生最基本的前提条件，普通收音机、车载广播、数字电视广播、网络收音机、播客下载收听设备等的拥有和接触情况，均会对收听行为产生重要影响。第二类因素是听众个人特征。与电视收视相比，广播收听更具有典型的个性化特征。由于广播的可移动性，使得听众无论是在家里、车上，还是在工作场所均可收听广播。收听行为是一种个性化消费行为，因而听众的性别、年龄、受教育程度、职业、收入等个人背景变量对收听行为的影响很大。第三类因素是家庭特征，包括户规模、户结构等。广播收听虽然是一种个性化行为，但家庭规模、构成等家庭特征变量会直接影响家庭中各个不同成员的生活习惯和收听行为，包括在哪些时间听广播、用哪些设备收听、听什么

内容等。上述三类因素是就是收听率调查中基础研究内容设置时需考虑的主要因素。

二、基础研究的内容

基于以上因素的考虑，CSM 媒介研究在收听率调查基础研究中设置的内容主要包括收听设备拥有情况、收听习惯、家庭户规模及结构、个人情况、家庭收入、家庭主要耐用消费品拥有情况、语言及生活习惯等几个方面。

1. 收听设备拥有情况

- 收听设备总量
- 普通收音机拥有情况
- 数字广播拥有情况
- 网络广播拥有情况
- 小汽车拥有情况
- 其他收听设备拥有情况

2. 收听习惯

- 收听广播的地点
- 收听广播的途径
- 收听广播时长及时间段
- 喜欢收听的内容
- 最常收听的频率

3. 家庭户规模及结构

- 家庭常住人口数量
- 家庭构成

4. 个人情况

- 性别
- 年龄
- 民族
- 受教育程度
- 职业
- 工作制
- 个人收入
- 是否是日用消费品购买决策者
- 是否是耐用消费品购买决策者

5. **家庭收入**

- 家庭月平均总收入

6. **家庭主要耐用消费品拥有情况**

- 房屋权属及类型
- 家庭其他主要耐用消费品拥有情况

7. **语言和生活习惯**

- 家庭日常沟通用语言
- 家庭各成员普通话、广东话及英语等的听说能力
- 家庭各成员普通话的阅读和书写能力
- 家庭各成员的主要交通工具及支出
- 饲养宠物情况

第二节　基础研究的现场执行

对于保证基础研究调查数据的可靠性而言，除了要有一个好的抽样方案和合适的调查内容外，高质量的现场执行是非常关键的环节。随着人们生活水平的提高、时间观念增强以及更加注重隐私等，现场执行工作压力和难度逐渐增加，在这种状况下，如何保证高质量的现场执行已经成为各个市场调查公司面临的重要问题。

CSM 媒介研究遵循欧洲民意与市场研究协会（ESOMAR）的相关标准，在基础研究现场执行的前、中、后期均制定了严密的质量控制体系，以尽可能降低执行误差。

一、基础研究现场执行的人员配备及要求

对任何工作的顺利开展而言，人员是最基本的前提和保证。在基础研究现场执行过程中，主要需要督导、访问员和复核员三种岗位的工作人员。

1. **督导**

督导是在基础研究现场执行过程中负责现场执行管理和质量控制的人员，他（她）对项目负责人或总部项目协调人员负责，依照作业指导书规定的作业流程在当地负责基础研究项目执行的各个方面，包括访问员、复核员的招募与培训、管理、工作分配、进度控制、质量评估及其他问题协调等。督导是全职人员，有时由于项目的需要，会招聘兼职督导辅助督导做部分工作。CSM 媒介研究要求基础研究的督导具备以下素质：

- **质量第一的意识**。质量是企业的生命，督导作为一线指挥现场作战的人员，首

先需要有质量意识，很难相信没有质量意识的领导能组织员工生产出高质量的产品来。

- **丰富的专业知识和项目执行经验**。只有具备丰富的专业知识和项目执行经验，才能对访问员和复核员进行高质量的培训，使访问员和复核员产生认同感和信服感，顺利安排访问和复核工作，在访问及复核工作出现问题时给予正确的指导和处理。
- **较强的管理和组织协调能力**。基础研究访问属于一次性访问，短时间内集中了大量访问员和复核员等临时性工作人员，如何让他们按照规则并富有效率地工作，就需要督导有较强的管理和组织协调能力。
- **良好的责任感和职业道德**。任何工作都需要员工有良好的责任感和职业道德，只有这样，才能做到一切以工作质量为基点；在出现作业流程没有规定的特殊情况下，员工能本着保证数据质量的原则进行沟通和处理。
- **较强的沟通和应变能力**。督导每天不但需要面对许多访问员和复核员，有时还需要面对被访者的质疑，担当任务上传下达的角色，因此，如何有效沟通就显得非常重要，否则，上级的工作指令难以准确地下达到一线执行人员，出现问题或矛盾不能及时应变、恰当处理，项目管理就会出现混乱，必然影响项目整体质量。
- **较强的自律能力**。自律能力对督导来讲也非常重要，作为一线项目的最高领导，掌握着项目的人、财、物等“大权”，只有严格要求自己、以身作则，才能对其他人员产生潜移默化的影响，即所谓“身教胜于言传，佩服强过制服”。
- **较强的职业敏感性和工作自觉性**。行业在不断发展，督导只有具有较强的职业敏感性和工作自觉性，才能随时捕捉并分析来自社会及项目工作过程中的所有信息来提高自己，并且通过交流、提建议等方式，提高现场执行的整体水平。

2. 访问员

访问员是经过严格培训筛选出来的、按照作业指导书流程和项目问卷等要求在规定的时间到指定地址完成特定访问内容的人员。访问员一般为兼职人员。

访问员是基础研究项目执行最前沿的人员，由于数据收集工作全部由他们完成，所以也是对项目质量具有最直接影响的人。CSM媒介研究的访问员需要具备以下素质：

- **正直和诚实**。访问员要认真执行调查过程的每一个操作环节，尊重调查结果的客观性。正直和诚实是对访问员的基本要求，也是调查质量乃至整个调查业奉行的生存之本。
- **高度的工作责任感**。访问员肩负完成调查项目的重任，其使命远不止是一个项目那么简单。项目往往会影响企业的决策，决策的成败可能关系到一个甚至数个企业的生命，所以访问员必须具有高度的工作责任感。
- **较强的自信心**。访问中访问员经常遇到被访者的质疑或不合作，这时较强的自信心会提高被访者的信任度；当被访者不合作时，自信心会对访问过程中遇到的挫折产生抵抗力。

- **踏实和吃苦耐劳的精神**。基础研究的访问工作是一个需要耗费大量时间和精力的工作，多数要求在晚上或节假日工作，加上访问过程中不可预知的各种因素的影响，访问工作非常辛苦，因此，只有具备踏实和吃苦耐劳精神的访问员才能按照要求完成工作。
- **较好的应变能力**。访问过程中随时都有遇到意外事件的可能，这要求访问员能在规则指导下进行应变、控制局面，保证访问任务的圆满完成。
- **细心**。在访问过程中访问员需要察言观色，注意被访者与访问有关的细微反应；有时被访者说的话可能代表其他甚至是相反的意思，这时访问员需及时追问并详细记录。
- **较好的表达和沟通能力**。如果要了解别人，就先要让别人了解。被访者对访问工作的接受与否，主要取决于访问员是否能对被访者的疑问等给出合理、令人信任的解释，在访问员清楚说明访问目的的情况下，一般很少有人会拒绝访问，因此，访问员具有较好的表达和沟通能力非常重要。
- **较好的理解和文字记录能力**。在基础研究现场执行工作中，访问员需要在较短的时间内理解并熟练掌握项目要求进行访问，之后在问卷中忠实记录访问结果。有时候被访者的回答内容会很多，所以，理解和文字记录能力对访问员来讲也很重要。
- **良好的方向感**。访问一般都需要访问员到居民区进行实地访问，由于各地的情况不一，地理位置情况往往会比较复杂，这就要求访问员具有良好的方向感，以随时把握方向。

3. 复核员

复核员是对访问员工作进行抽查、复核的人员。复核可以使督导对访问员工作进行全面评估，发现访问工作中存在的问题，并及时采取相应措施，从而保证现场执行质量。复核员是特殊的访问员，一般为兼职人员。

CSM 媒介研究对复核员基本素质的要求与访问员相同。为保证复核效果，访问员与复核员不能互相认识。

二、基础研究现场执行的操作流程

基础研究现场访问的执行是一个系统工程，只有所有访问员都严格按照统一的流程进行访问，数据才是可比的，所以，严密的操作流程是基础研究现场执行质量的根本保证。CSM 媒介研究在遵循欧洲民意与市场研究协会有关标准的基础上，进一步提高要求，确定了基础研究现场执行的流程（如图 2. 2. 1），并由通过了 ISO9002 质量体系认证的作业指导书来指导实际操作。

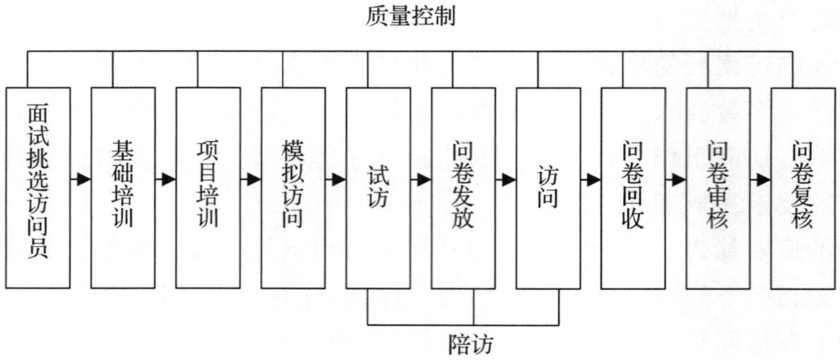

图 2.2.1　CSM 基础研究现场执行的操作流程

1. 面试挑选访问员

让应聘者在指定时间到 CSM 公司指定地点参加面试，面试工作由督导来主持。首先，应聘者需要填写基本情况登记表，以便面试督导了解其基本情况，并方便督导对应聘者进行评估和以后联系。面试主要了解应聘者的基本交流和沟通能力、从言谈举止体现出的基本道德水准、衣着打扮等外形条件是否让人觉得可以信任以及参加应聘的动机等。符合基本要求的应聘者在指定时间参加公司安排的基础培训。

2. 基础培训

基础研究现场执行的响应率高低，会影响到执行结果对该地区整体情况的代表性，响应率越低，误差可能越大。根据 CSM 媒介研究的经验，对访问员扎实的培训可以有效降低拒访率而提高响应率，其中基础培训的作用很大。因此，CSM 媒介研究非常重视对访问员的基础培训。

基础培训是对访问员关于基础研究调查的基本知识和技巧的培训。通过基础培训，访问员可以了解公司的基本情况、管理理念及文化、访问员管理制度、访问工作的意义及难度、访问及记录等知识和技巧以及卡片/入户地址表等访问资料的使用方法等内容。

培训重点为 CSM 公司情况介绍、访问员管理制度（奖励和惩罚）、收听率调查的意义、基本访问知识（如入户地址表的使用、不同类型题目的提问和记录方法、随机地址表和随机勾的正确使用方法）、访问技巧等。

在基础培训后，公司要对访问员进行考核，通过口头及书面方式了解每位参加基础培训的人对基础培训知识的掌握情况。通过讲解基础培训问卷或其他项目的问卷并进行试访，督导逐一陪同访问员入户，重点考察访问员对基础培训知识及技巧等的掌握情况，并淘汰不合格的访问员。

3. 项目培训

项目培训是对某一特定项目的培训。CSM 媒介研究规定，接受项目培训的所有访问员是经过基础培训筛选后合格的访问员。项目培训包括项目及问卷讲解、模拟访问和试访三大环节。

- **项目及问卷讲解**。介绍基础研究的背景及目的、时间要求、问卷大概情况、费用标准等，对愿意参加的访问员进行详细问卷培训，逐一讲解问卷中每一道题目询问及记录方法。
- **模拟访问**。模拟访问是在办公室由督导充当被访者对即将进行的访问的一种模拟。其重点在于告诉访问员在访问中遇到各种常见疑难问题时该如何解决。由基础研究督导充当被访者，能使访问员了解在访问中如何使用问卷。督导应根据问卷访问中可能出现的各种情况、问题指导访问员予以解决，让每个访问员实际操作一遍。模拟访问中督导可随时打断访问，对当时出现的问题予以纠正并进行讲解；模拟结束后进行小结，汇总模拟中出现的各类问题，再次向访问员统一讲解。在此环节也要淘汰不合格的访问员。
- **试访**。试访是对访问的实战演习，借以使访问员对问卷及项目有更深的理解并收集可能出现的来自被访者的其他问题。试访地点应避开正式访问包含的居（家、村）委会；访问员的亲友应排除在被访者之外；每个访问员试访 1 ~ 2 户，不可多个访问员同访一户；试访需要安排参与项目的督导对访问员进行陪访；试访后，负责人集中审核每份试访问卷，并进行试访小结，对出现的问题及时纠正，以引起所有访问员的注意，避免类似的问题再次发生。在此环节再次淘汰不合格的访问员。

4. 发放相关资料、正式访问

对于经过项目培训后合格的访问员，对其发放相关访问资料，并要求其按照规定进行正式访问；应先派给访问员 2 ~ 3 份问卷，完成后应尽快交回办事处，由办事处督导进行查阅无误后，访问员方可再次领取多份问卷、礼品，并按地址进行入户访问工作；不允许访问员问卷完成后一次性交回问卷，以避免由于问卷大量下发导致访问员同类型错误的大量出现；应严格按照督导规定时间交回问卷，如果不能按时交回，应与督导及时联系；第一批问卷最好能统一规定时间交回，督导针对出现的问题进行串讲，以避免其他人出现类似问题。

5. 项目质量控制

除了在上述环节随时严格控制质量以外，一般在基础研究现场执行中还另外有陪访、问卷审核、问卷复核、手工统计等主要质量控制手段。

(1) 陪访

陪访就是项目督导陪同访问员入户进行访问。

陪访目的：发现访问员的访问质量问题、被访者对问题的特殊反应、项目问卷设置是否有不符合当地情况需要予以特殊处理等。

陪访要求：陪访应该主要安排在项目前期进行，并在项目中、后期安排适当比例陪访。实施陪访的督导需要参加项目的培训会，这有助于督导正确了解问卷、访问目的及抽样方法。督导在新访问员入户前应多给予鼓励，不要让访问员过于紧张，这样有利于提高访问员的访问质量。

陪访发现问题的处理办法：

- **一般性问题：**督导在访问员离户后予以提醒及辅导。这类问题例如：
  - 对问卷结构不熟悉；
  - 问题追问不充分；
  - 卡片出示不规范；
  - 问卷/地址表答案记录不清楚；
  - 对调查现场的干扰处理不够得当；
  - 让被访者看问卷；
  - 未做到“微笑访问”等。
- **比较严重的问题：**督导可以在访问中立即进行纠正，或访问到问卷末尾时让访问员再进行补问，注意纠正的方法应为帮助询问式，使被访者表面看上去好像是督导对该问题产生了兴趣，而不要让被访者认为督导是在监督访问员的工作使其产生不愉快。这类问题例如：
  - 出现漏问；
  - 不出示卡片；
  - 不按问卷原题进行提问；
  - 复选题和单选题提问方法不正确。
- **严重的问题：**需要督导中断访问员的访问，当即提醒访问员改正，或在户外立即进行串讲，模拟合格后再进行访问。这类问题例如：
  - 不按“入户地址表”的顺序寻找被访户；
  - 不按项目规定程序访问；
  - 访问不是“地址表”中登记的住户；
  - 甄别被访者有误；
  - 个人回答的问题由家人代答；
  - 诱导被访者给出答案；
  - 严重的漏问（例如没有打开收音机记录频率等）；
  - 对态度不好的访问员应予以辞退（对提醒过的问题，要看访问员在下一户是否有改进，如反复提醒仍无改进，则应辞退）。

陪访量：不低于总样本的5%。

（2）问卷审核

- 访问员将访问成功的问卷及时交给督导，由督导进行100%问卷一审和100%二审检查，并在问卷上作标记。
- 一审和二审应该由不同督导进行，以防止由于惯性思维导致部分问题没有被发现。
- 督导要逐项检查入户接触记录表的填写和使用情况，是否完全按督导指定的地址顺序进行访问，问卷是否出现逻辑错误，问卷填写是否整洁、清晰、完整，等等。

- 有错漏及逻辑矛盾的问卷可请访问员再次入户或电话访问填写完整。

（3）问卷复核

问卷复核目的：发现访问员在基础研究访问过程中不符合要求的地方和问题，及时处理，提高问卷访问质量。问卷复核的主要效果体现在前期威慑，即对收回的问卷尽早复核、严肃处理并通告全体访问员，以达到预防效果。

问卷复核主要内容：

- 地址使用情况。地址是否被正确使用，防止地址被随意更换，以保证样本的代表性。
- 被访者选择。被访者选择是否符合要求，保证访问质量。
- 收音机等收听设备情况。
- 访问时间长度。在合理范围内控制访问时间，时间过长或过短均可能会出现质量问题。
- 抽查家庭耐用消费品拥有情况等其他问题。
- 在回收问卷时，如有以下问题的，要注意进行有针对性的复核，例如：
  - ■ 问卷中，小问题出现较多；
  - ■ 多数问卷答案较少，或开放题内容少/雷同；
  - ■ 某访问员的问卷均无电话或较少；
  - ■ 访问时间过短或与入户地址表不吻合；
- 入户成功率出奇地高，或在非休息时间访问仍然保持较高成功率。

问卷复核方式：问卷复核主要采取入户复核和电话复核相结合的方式。

- 入户复核
  - ■ 优点：准确、真实，可发现一些不容易被发现的问题，是电话复核不可替代的。如可以发现访问员未入户或随意换户，以及访问员和一些熟人或朋友串通作弊，或未按入户接触记录表登记的地址访问等问题，这些是电话复核不容易发现的。
  - ■ 缺点：时效性不如电话复核，因地址分散，复核员需要花费较多的时间用于路上。
  - ■ 要点：按抽取地址准确入户，需要找到被访者本人进行复核，以避免由于被访者不同而产生的误差。
- 电话复核
  - ■ 优点：适合对地址过于分散、过于偏远、交通不便而且时间紧的项目和一些特殊情况进行复核，还可以对复核员和访问员的工作进行再次确认，以提高对入户复核的质控效果，并且可以根据项目的不同要求灵活增加复核内容。
  - ■ 缺点：不能面对面与被访者交流，不能检查访问员使用入户地址表时存在的问题。

- ■ 要点：需要与被访者本人直接通话，不允许让家人在电话中代答，以避免由于被访者不同而产生的误差。

问卷复核比例：复核比例需要大于总样本量的30%，其中入户复核比例大于15%。

问卷复核发现问题的处理：

- 一般性问题：请访问员入户或电话补充采访得到正确答案后予以更正。这类问题例如：
  - ■ 出现漏问、漏圈；
  - ■ 个别问题逻辑不符。
- 严重的问题：部分问卷作废；增加1倍的复核量；对访问员提出警告。这类问题例如：
  - ■ 未按抽中的地址进行访问，擅自更改被访户；
  - ■ 不按要求甄别被访者，任意请家中一名成员接受访问；
  - ■ 家中无符合条件的被访者，却对其户进行了访问；
  - ■ 逻辑关系严重不符；
  - ■ 没有按照要求将被访者家中可以接收的频率完全、准确地记录下来；
  - ■ 人员/收音机台数等重要指标不符；
  - ■ 访问时间太短（说明操作极不规范）；
  - ■ 私自截留礼品（问卷不需要作废）。
- 非常严重的问题：作废该访问员全部问卷并取消其访问资格。这类问题例如：
  - ■ 访问员在入户访问中，做与访问无关的事，如推销等；
  - ■ 未经同意，请他人代为入户访问；
  - ■ 不按要求对被访者进行面访，而是采取电话访问或将非留置问卷留置等形式；
  - ■ 不按要求入户，而是将被访者召集在居（家、村）委会等地方集中访问；
  - ■ 伪造问卷。
- 对问题大的访问员，需要由督导亲自有针对性地入户复核。

(4) 手工统计

手工统计的目的：了解重要指标的数据情况及趋势，及时发现问题，并采取相应措施对现场执行进行调控。

手工统计的内容：收音机台数、有线户比例、主要频率覆盖率、被访者年龄/性别/职业等。

手工统计的数量：前期回收的40%问卷。

三、基础研究现场执行结束后的总结

在基础研究现场执行完成后，督导应该及时总结当地在执行基础研究项目时取得的经验和教训，并与其他督导及访问员等进行交流，逐步提高当地及公司的总体执行水平。

- 分析访问地址使用情况，以便今后提高地址有效使用率。
- 根据访问员的表现进行客观、公正的奖励和惩罚；可以通过开展类似访问员联谊活动等方式，增加访问员对公司的忠诚度，提高其工作责任感。
- 督导之间进行交流，总结管理经验。
- 鉴于CSM媒介研究基础研究一线执行人员多在异地，因此，总部要加强与他们的交流，以便将经验和教训推广到全公司，提高执行人员的整体执行力。

第三节　基础研究的数据处理及报告

基础研究现场执行结束后，需要将合格的问卷提交给公司数据处理人员进行数据处理，并完成基础研究数据报告。数据处理过程包括编码、录入、数据清理和运行数据完成报告四个环节。CSM媒介研究收听率调查基础研究数据处理所有环节的操作要求都符合欧洲民意与市场研究协会的相关标准，并通过了ISO9002质量体系的认证。

一、编码

1. 定义

- **问卷编码：**把问卷中所有开放题和半开放题的答案归类为供录入使用的代码（一般为数字），并把此代码填写在问卷的相应位置上。编码要遵守唯一性原则，即一种答案有且只有一个数字代码。
- **开放题：**指无备选答案、被访者自由作答的题目。
- **半开放题：**指有部分备选答案、被访者可补充作答的题目。

2. 编码的注意事项

- 编码员编码时遇到错答、漏答、前后逻辑错误等不确定答案的问题时，根据可确定的有筛选性质的题目的结果进行判断。通过判断可以确定的问题，由编码录入主管确认后用红色圆珠笔圈改答案；通过判断无法确定的问题，交由编码录入主管返回现场项目督导解决。
- 编码员必须使用红色圆珠笔进行编码，重新编码时需换成其他颜色的笔（如绿色等）。编码字体必须清楚、醒目，以便录入。
- 新加码不允许和原有码重合，也不允许使用已删除的代码。

3. 编码

- 对已有标准编码表的题目，严格按照编码表给定的数码进行编码。
- 对没有标准编码表的题目，严格按照唯一性原则进行编码（即对出现的答案要逐个进行编码）。在数据报告中，除标准编码外，一般对其出现频次超过问卷总量3%以上的答案予以保留，总量小于3%的答案不出现在报告中，但要留作备查。

- 整个项目编码完成后，编码员要及时整理出此项目完整的项目编码表，记录所有本项目中使用过的编码和内容。
- 对于由其他部门提供的已有的标准编码表，必须按照其更新周期及时用最新的文件更新编码表。

4. 编码的复核

为了确保问卷编码的正确性，减少编码员编码错误，在编码完成后，要随机抽取编码员的该项编码问卷进行编码复核。

- 随机抽取5%的问卷进行编码复核，如果编码错漏率 $<0.5\%$，则该项目问卷编码为合格，并按照正确答案对原始数据进行纠正。
- 当编码错漏率 $\geq 0.5\%$，则再次随机抽取问卷总量的5%复核，如平均编码错漏率 $<0.5\%$，则合格通过，并按照正确答案对原始数据进行纠正；若平均编码错漏率仍然 $\geq 0.5\%$，则本批次问卷编码为不合格，需要重新编码。

二、录入

录入是将问卷答案输入计算机的过程。CSM媒介研究对录入的要求如下：

- 录入员需要经过培训熟悉录入程序界面。新的项目试录不低于20份。
- 编制录入软件时，对录入的流程和逻辑及变量的取值进行控制。
- 对同一录入员同一项目的录入，随机抽取5%进行复录，5%不足30份时，抽取30份复录。
- 如果错误率 $<0.15\%$，为该项目问卷录入合格；如果错误率 $\geq 0.15\%$，则再随机抽取5%复录，如错误率 $<0.15\%$，则合格通过；如错误率 $>0.15\%$，则要核对复录与首次录入出错数据是否为首次录入错误，如果确实是首次录入错误，且错误率 $>0.15\%$，则该批次录入为不合格，需要重新录入。复录的结果计入录入质量报告，定期对录入员的录入质量进行评估和督促。

三、数据清理

数据清理是通过计算机设置一些筛选或逻辑关系项目以进一步检查现场执行、编码和录入质量的一个重要环节。CSM媒介研究对基础研究数据清理的内容主要包括：

- 对宏观变量（如城市、区、城乡等）进行过滤，样本量在该变量的分布是否符合设计标准。
- 对个人变量（性别、年龄、婚姻状况、受教育水平、个人收入、职业、工作制等）进行过滤，并检查是否符合现场配额要求，剔除不符合要求的样本。

- 对有逻辑错误的数据分析错误原因，并对被访者答错、访问员记录错误、编码错误、录入错误的答案进行确认并更正；对于无法更正的有逻辑错误的样本予以剔除。
- 对各种主要变量进行交叉分析，对于不合理问卷，经综合分析后进行处理。

在清理中如果出现样本容量小于设计标准样本容量，则抽取备用样本补足。数据的清理标准由问卷设计人员或研究人员确定，清理结果需要进行详细的记录。

四、运行数据并完成报告

经过数据清理后，运行数据并完成基础研究数据报告。

- 将数据报告交客户服务部门并提交给客户。
- 根据新的基础研究报告，制定加权文件，交给数据处理部门。
- 根据新的基础研究报告，制定配额文件，交给现场执行部门，用于建立或调整收听率调查固定样组，使收听率调查固定样组各项指标与总体各项指标保持一致，保证收听调查固定样组对总体的代表性。

第三章

Chapter Three

固定样组的建立与维护

Panel Recruitment and Maintenance

第三章

固定样组的建立与维护

在收听率调查中，固定样组就是用于进行收听率调查的样本户。固定样组的建立与维护是收听率调查中最重要的环节之一。本章主要以 CSM 媒介研究的收听率调查为例，来说明固定样组的建立与维护。

第一节 固定样组的类型及运作人员构成

一、固定样组的类型

收听率调查固定样组可按不同的分类标准分为不同的类型。CSM 媒介研究目前拥有的收听率调查固定样组可按数据采集方式、调查周期和样本推及总体分别进行分类。

根据数据采集方式的不同，CSM 媒介研究拥有的收听率调查固定样组可分为日记卡固定样组和测量仪固定样组。日记卡固定样组就是采用日记卡方式进行收听率调查的固定样组；测量仪固定样组就是采用测量仪法进行收听率调查的固定样组。目前 CSM 媒介研究测量仪法采用的是在样本人员手机上安装测量软件来进行收听率测量。

根据调查周期的不同，CSM 媒介研究拥有的收听率调查固定样组可分为连续调查和波次调查两类。连续调查是指全年 365 天每天都进行调查；波次调查是指每年调查几个波次，每个调查波次持续一定时间。根据客户要求及国际通行做法，CSM 媒介研究的波次调查一般执行每年 4 波、每波 3 周的收听率调查，调查起始时间一般为 2、5、8 月的最后一个周日和 11 月第一个周日。

根据样本推及总体的不同，CSM 媒介研究拥有的收听率调查固定样组可分为城市调查网固定样组和省级调查网固定样组。城市收听率日记卡调查网固定样组的规模一般为 300 户；省级收听率日记卡调查网固定样组的规模为 600 户，其中城乡各 300 户。城市收听率测量仪固定样组的规模一般为 600 人，具体根据不同城市及客户的预算等情况设定。

二、固定样组的运作人员构成

1. 日记卡固定样组的运作人员构成

日记卡固定样组的运作需要以下三类人员：

督导：日记卡固定样组运作中的关键岗位。督导负责对访问员进行管理，包括招聘、培训和质量控制；负责对当地所有样本户合作情况进行监督检查；保证原始收听数据的质量。督导必须是全职工作人员。

访问员：从事日常入户访问和日记卡收发的人员。访问员需要熟悉访问要求和日记卡填写规则，对所负责样本户合作情况进行监督检查，保证原始数据的顺利回收。访问员主要是非全职工作人员。

录入员：执行原始数据录入、传输等工作的人员，需要熟悉各录入传输软件的使用。录入员可以是非全职工作人员。

2. 测量仪固定样组的运作人员构成

测量仪固定样组运作需要以下四类人员：

督导：与日记卡固定样组一样，督导是测量仪固定样组运作中的关键岗位。督导负责对访问员的管理，包括招聘、培训和质量控制；负责对当地所有样本人员合作情况的监督检查；负责原始收听数据的质量。督导必须是全职工作人员。

数据检查人员：测量仪固定样组运作中进行原始数据检查和处理的工作人员。他们主要负责与存在质量问题的样本人员初步进行沟通，按问题数据的类型对督导和技术人员进行工作分配；负责对当地固定样组数据的整体质量进行跟踪和预警。

技术人员：在收听率测量仪固定样组运作中，技术人员主要负责收听测量软件的安装和样本人员合作初期使用软件的培训，负责解决由于设备或安装造成的数据问题。

访问员：从事日常样本人员招募的工作人员。访问员需要熟悉访问要求和测量软件安装方法。访问员主要是非全职工作人员。

第二节　日记卡固定样组的建立与维护

一、日记卡固定样组的建立

收听率调查日记卡固定样组建立的主要环节包括制订工作计划、人口和频率资料的收集、抽样及访问、访问员及样本户培训、质量复核、数据监测、项目评价及总结等。

1．制订工作计划

同完成其他任何项目一样，收听率调查日记卡固定样组的建立，需要有明确的任务要求，并在此基础上对所有资源进行详尽的考虑和统筹。一般来说，日记卡固定样组建立的任务要求应包括以下几个方面：

- 固定样组建立完成的时间，或者正式提供收听率数据的时间。
- 固定样组的规模、性质、抽样方法。
- 固定样组建立的主要步骤及相应的时间和方法要求。

在明确上述任务要求的前提下，应对建立固定样组所需要的人力、财力、设备等进行统一规划，制订固定样组建立的详细工作计划，这对完成整个固定样组的建立工作具有非常重要的意义。

2．人口和频率资料的收集

事实上，人口和频率资料的收集工作，应当在为固定样组建立而进行的基础研究开始之前就进行，否则基础研究的工作将无法开展。因为前面第二章论述的主要是基础研究的内容与执行，故将人口和频率资料的收集工作在这里论述。

人口资料作为进行收听调查样本抽取的基本资料，应当来自于样本地区正式的最新统计出版物，如当年的统计年鉴等；也可以从被行业认可的权威机构获得，如样本地区的各级统计局、民政局、公安局以及街道办事处、居（家、村）委会等。所需收集的资料内容根据抽样方法的不同而有不同的要求。例如按 CSM 媒介研究所采取的 PPS 抽样方法，对于城市调查网而言，需要收集的人口资料应包括样本地区全部社区/居（家、村）委会名称以及每个社区、居（家、村）委会所包含的家庭户数（或人口数）。人口资料收集要求必须完备，否则将会导致 PPS 抽样方法可靠性下降。

频率资料是收听率调查的重要资料，收集渠道为样本地区的广播电台或其他广播管理部门，并要通过实际监测进行核实。收集的频率应当包括当地实际可以收听到的所有广播频率，包括自办频率、转播频率和其他通过长波、中波、短波、调频、数字广播等常规方式可收听到的所有频率，具体包括频率名称、频率类型/主要内容、播出方式、播出时间等。当然，真正开始收听率调查时，并不是所有当地自办频率都会被列入被调查之列，事实上只有样本所在地的城市（县）级以上台才会在日记卡中的频率台标提示卡上出现，而更低一层的非主要频率则通常被记入“其他”类而不再细分。

3．抽样及访问

CSM 媒介研究收听率调查日记卡固定样组建立时样本的抽取方法在不同的调查网中不一样。城市收听调查网（日记卡法）的样本抽取方法为：在基础调查样本户中，去掉非固定样组社区、居（家、村）委会所包含的样本户后，按对收听行为具有重要影响的指标（家庭户规模、收听设备台数、地区、日用品主要采购者的年龄及家庭户收入）排序形成抽样框，然后随机等距抽取三套样本地址，每套样本地址的户数均与固定样组规模相当，剩余地址作为备选地址。在实际入户访问时，首先选择第一套地址使用；当遇到不愿合作的家庭户时，则利用第二套样本地址中相同序号的地址进行替换；如果该样本户也不愿意合作，则利用第三套样本的同号地址进行替换；在三套地址使用完毕后仍无法取得样本户时，则在备选地址中任选一户。固定样组中80%的样本户按此种方法完成，其余20%的样本户采用配额抽样完成，即以配额指标的基础研究结果为目标，在所有未接触的地址中选择样本户，使得固定样组的配额指标结构与基础调查结果一致。

与城市收听调查网（日记卡法）固定样组抽取方法不同，CSM媒介研究省级收听调查网（日记卡法）固定样组的样本并不是来源于基础调查样本。CSM媒介研究省级收听调查网基础调查样本分布于全省1个省会城市、10个市辖区（其他地级城市）、15个县级单位（县级市、县、旗），而固定样组样本则分布于6个市县（其中城市和县各3个）。这主要是考虑到基础调查的目的是要准确了解全省总体的情况，要求样本分布要尽可能地广一些；固定样组是用于连续性收听率调查，出于调查成本方面的考虑，固定样组的样本要相对集中。

CSM省级收听调查网固定样组的抽样方法具体为：首先按区县级单位将全省分为城乡两域，城域是指地级（或以上）城市中的市辖区，乡域是指地级（或以上）市中的县级市、县、旗。在城域中，将各城市按地理位置及城镇化比例排序后，采用PPS抽样抽取3个样本城市；在每个样本城市中，采用PPS抽样抽取20个社区、居（家、村）委会；在每个居（家、村）委会中随机等距抽取5户。在乡域中，将各县级单位按地理位置和城镇化比例排序后，采用PPS抽样抽取3个县级单位；在每个样本县级单位中，采用PPS抽样法抽取10个居（家、村）委会；在每个被抽中的居（家、村）委会中，随机等距抽取10户。

无论是在城市还是在农村，在由居（家、村）委会抽取样本户这一阶段，首先要建立完整的家庭户名单和地址抽样框。在抽样框内以各种随机方式（如随机数表等）确定抽样起点，以固定的抽样间距抽取数倍于设定样本数量的地址进行访问。按此方法选取一定比例的样本后（例如CSM对于省网规定为70%），其余样本根据基础研究结果，采用配额抽样方法抽取。

在固定样组的样本抽取过程中，采用同号地址替换以及配额抽样方法，目的在于提高样本的代表性。不同地区的响应率会随着当地的经济条件、治安状况以及风土人情而有显著的差别。但不论是在什么地区，总有一些特定的家庭类别属于响应率很低的人群，例如年轻人和社会、经济地位较高的人群，这就使得同号替换和配额抽样很有必要。

CSM媒介研究在收听率调查日记卡固定样组中的配额指标包括以下六个：性别、年龄、家庭户规模、日用消费品主要购买者年龄、是否拥有小汽车和家庭月总收入。

对于所有符合上述要求且愿意合作的被调查户，我们都需要做一份《样本户基本资料问卷》，以了解其家庭及人员的基本情况，包括人员年龄、性别、职业、受教育水平、收入、民族、语言、收听设备情况等内容。

4. 访问员及样本户培训

除抽样访问外，固定样组建立在前期工作中的另一个非常重要的任务是对访问员及样本户进行收听率调查记录的培训。这个工作应该在一开始就被重视起来。对访问员及样本户前期培训的质量将直接决定固定样组所提供数据的质量。

- **访问员填涂培训**

日记卡样本户培训的执行者是访问员，因此，对访问员的培训和考核尤为重要。固定样组建立的访问员肩负着与基础研究访问员不同的责任，他们除了要熟悉问卷外，更需要牢固掌握日记卡的填写方式和要求，以便对样本户进行准确的培训。考核达到要求的访问员方可上岗工作。

- **样本户填涂培训**

鉴于收听行为的个体性和流动性特点，CSM 媒介研究采用的收听行为记录日记卡为个人日记卡（每人一个小册子，可以随意装入衣兜），以便于样本人员随身携带和填写。对样本户填涂培训的具体要求是：

- 尽量选择全部家庭成员在家时进行培训，如晚间或周末。
- 对每一位家庭成员逐一培训，要求至少保证其中一名家庭成员完全掌握填涂规则。
- 培训时应结合收听事例及提供给样本户的频率提示卡进行讲解。
- 当场要求各家庭成员试填，确保培训质量。
- 由于收听广播更主要的是个人行为，对于每个人什么时间收听什么内容，其他人无从知晓，所以，必须注意强调每个人及时填涂，并在后续工作中跟进。

- 试填期间跟进培训

根据以往经验，样本户在初期合作的一两周内，由于自觉是“被访者”身份而有意识地改变自己的收听行为，使调查结果失去真实性。因此，所有日记卡方式的收听率调查均规定了一定的试填期（一般为 2 周）。一方面，这使其后的收听数据变得更加真实；另一方面，也给接受填涂培训的样本户一定的消化期。在试填期间，访问员需要进行跟进培训，对无法掌握填涂方法的个别样本户重新进行培训或轮换。

5. 质量复核

对固定样组建立质量的复核包括固定样组访问质量的复核、频率资料收集质量的复核、样本户填涂质量的复核三个方面。

- **固定样组访问质量的复核**

对固定样组访问质量的复核，请参考本书第二章基础研究的内容与执行中第二节基础研究现场执行中关于“问卷复核”的部分。

- **频率资料收集质量的复核**

由于国内各地自办频率繁多和转播、覆盖情况复杂，一般而言，在固定样组建立前及波次调查每波开始前，均需要收集和监测当地可以接收到频率的情况，然后与前期收集的频率资料进行比对，及时调整不完整或不准确的频率信息。

- **样本户填涂质量的复核**

样本户填涂质量的复核相比前两项复核，不仅是在固定样组建立期间的必要工作，更是固定样组维护期间的重要工作内容之一。样本户填涂质量的复核包括：

- 样本户收听填涂中出现了新的频率，是否是真实的收听行为。
- 样本户收听填涂中在没有节目的时段出现了收听记录，是否是错填了。
- 通过电话对样本户进行抽样访问并记录收听行为，与样本户最终的填涂记录作比对，查看样本户的填涂正确率。

6. 数据监测

前述的各项质量复核是针对固定样组访问、样本户填涂等各个具体环节进行的细节质量控制。而对固定样组试运行期间收听率数据的监测和分析，则能够直观地看出最终的收听率数据结果、电话抽查的样本户收听习惯和频率偏好与当地对频率偏好的已有看法之间是否一致。当然，当地对频率偏好的已有看法由于被了解对象的不同而不是一个十分准确的概念（否则我们就没有必要进行收听率调查了），但仍可作为一种比对的参考。比对的结果是否一致并不重要，对对比结果的分析才是目的所在。

此处所谈及的对固定样组试运行期间收听率数据的监测与分析，主要目的是判断收听率数据与电话户访结果及主要频率节目排期的变化之间是否吻合。对于收听率起伏不定的情况，应作进一步的分析，以最终判断固定样组建立的质量是否可靠。

7. 项目评价及总结

作为项目的结束工作，对项目的执行时间、执行质量等进行统一的评价，并总结可能对固定样组维护具有持续影响的各种因素，为固定样组由建立期转入维护期做好充分的准备。

二、日记卡固定样组的维护

与固定样组的建立不同，固定样组的维护不再是一个独立的、有特定时间限制的项目，也不再是一环扣一环的渐进式工作，它的所有环节都是同时并存且相辅相成的。固定样组的建立期强调的是按时、保质保量地完成任务，而维护期则强调持续不断地保证和改进质量。

日记卡固定样组的维护主要包括人员培训和访问员管理、样本户轮换、样本户背景资料及频率信息更新、样本户激励等。

1. 人员培训和访问员管理

培训工作在日记卡固定样组的维护中当被列为首要工作。日记卡固定样组运作中人为环节较多，从选样到数据采集无一不是人在执行，因而人员培训的质量对最终的数据质量具有决定性意义。人员培训一方面可以强化已有的业务流程和操作要求，改正或改进原来不完善的环节；另一方面可以使相关人员了解新的业务规定。

人员培训包括三个层面的培训：督导/录入员培训、访问员培训和样本户培训。具体方式包括定期全面培训、特定业务内容培训以及针对性较强的个别培训等。所有培训都必须进行考核，以确保培训取得预期效果。

- **督导/录入员培训**

定期对在岗督导进行全面培训，是为所有在岗督导提供一个共同学习和交流的机会。特定业务内容培训和针对性强的个别培训，旨在提高在岗督导某一方面的执行能力。对新聘督导应进行调查行业的入门基础培训、收听率调查的专项培训、固定样组维护的培训；对新聘录入员应进行专用录入软件的培训。

- **访问员队伍的管理和培训**

访问员由督导负责招募，除关于基本素质方面的要求与基础调查对访问员的要求相同外，作为固定样组的访问员还要求必须能够保证在每周固定的时间收取和提交日记卡，必须与任何一方广播台工作人员无较密切的关系。

由于访问员是采用日记卡法进行收听率调查的枢纽所在，故对访问员队伍的管理是所有环节的重中之重。日记卡固定样组维护质量的好坏，很大程度上取决于督导管理访问员的水平和能力。督导应制定对访问员的管理条例，最基本的要求是：应根据访问员的表现进行适当的、有理有据的奖惩；对于访问员出现的错误应及时指正并再次培训；及时把握访问员工作执行中可能出现问题的动向；对出现严重问题并无法改进的访问员进行及时的更换。

对访问员的管理，有效的手段是督导跟随访问员进行收卡工作；督导通过与样本户的直接接触了解访问员的工作态度和质量；还可以通过各种质量数据对访问员工作进行监督和控制。正如其他管理工作一样，督导对访问员的管理也是“麻雀虽小，五脏俱全”，仅仅通过详细规定无法实现管理目标。

- **样本户培训**

我们在前面固定样组建立期间已经谈到了对样本户填涂的培训，在固定样组维护期间这种培训分为两部分：一部分是对新样本户的填涂培训；另一部分是对老样本户出现的问题进行再次培训。对督导和访问员的培训，最终目的都是为了使样本户培训达到要求的标准。

2. 样本户轮换

作为进行连续收听调查的固定样组，其样本户和样本人员并不是完全固定的，即必须要进行样本户的轮换。样本户轮换在所有采用固定样组所进行的连续调查中是一项非常重要的制度。随着合作时间的增长，样本人员对收听调查工作的兴趣可能会降低，这就造成填写日记卡质量和数据质量的下降。为了防止这种情况的发生，同时适应总体的变化，以保证固定样组对总体的代表性，需要遵循一定规则对固定样组的样本户进行轮换。

CSM 媒介研究收听率调查全年 365 天连续调查的调查网样本轮换以周为单位，每周保持固定的轮换比例，按每年有 50 周换户计算（春节期间的两周一般不换户），平均每周需更换2%的样本户。分波次调查的调查网，每波更换50户样本，既保证样本相对稳定，又达到逐步更新。新进入固定样组的样本户，要求与出网样本户处于同一个居（家、村）委会，以最新基础研究结果为依据，对其采用配额抽样的方法选取。样本轮换时的配额指标与日记卡固定样组建立时的配额指标一致。

3. 样本户背景资料及频率信息更新

样本户在为期一年左右的合作时间内，家庭情况可能会发生各种各样的变化。固定样组维护工作之一就是及时了解这些变化，并将之反映在样本户背景资料中。这种家庭情况的变化可以在访问员每周入户收取日记卡的过程中获得，也可以通过督导与样本户的直接接触获得，同时也应使样本户懂得如果家庭情况发生了变化，应该及时将这些变化反映给调查人员，以保证收听调查数据的准确性。

对收听调查具有重要影响的样本户背景资料的变化主要集中在两个方面：一是收听设备的改变，二是家庭人员的增减或居住时间的变化。而其他背景资料的变化，例如样本人员工作情况和使用交通工具情况的变化等，相对而言对收听调查的影响不大。因此，对样本户家庭背景资料变化的更新应重点关注收听设备、家庭人员数量及居住时间的变化等方面。

在固定样组维护中，另一个需要重点关注并更新的信息是样本户接收频率的变化。频率变化的信息，除通过广播电台等各类媒体获知外，还可以通过当地的调查人员对广播频率的密切关注和监测获得。频率信息的变化要及时、准确地反映在样本户用作填涂依据的频率提示卡上，这是保证日记卡法收听率调查数据准确性的基本前提。在频率变化频繁的地区，这种频率维护、更新工作需要更加细致和及时。

4. 样本户激励

为了保证固定样组样本户的合作度，样本户的激励工作是非常重要的一个手段。在所有激励方式中，物质激励总是扮演着最重要的角色。定期给予样本户一定金额的礼金或一定价值的礼品是经常使用的方法。给予礼金或礼品的一个基本原则是，不能影响样本户的经济水平和收听习惯。通常，给予礼金在收入较低的地区不被推荐，尤其在农村地区，现金形式的礼金几乎会直接改变低收入样本户的经济水平而使这些样本户变得过于依赖调查，改变原本应当互惠合作的关系。同样，礼品的选择上也应注意，不能选择可能替代收听设备的传媒物件，例如收音机或者电视机，这会直接影响样本户本来的收听行为；也不能选择带有偏向某一广播电台的物品，例如印有某广播电台标志的纪念品或报纸、刊物等，这将使样本户在无意中加强对某一电台或频率的偏好，使收听率调查出现偏差。

第三节　测量仪固定样组的建立与维护

一、测量仪固定样组的建立

测量仪固定样组建立的主要环节包括制订工作计划、资料收集、人员培训与考核、广播服务器的搭建、抽样访问、测量软件安装、样本人员资料录入、安装完成后的数据监测、质量复核和撰写固定样组建立总结报告等。制订工作计划和资料收集两个环节与日记卡固定样组的建立相同，在此不再赘述。

1. 测量仪专业人员的培训与考核

相对于日记卡固定样组的建立而言，测量仪因为技术含量较高而对执行人员提出了更高的专业知识要求。因此，督导、技术人员、数据处理人员和访问员只有通过了测量仪专业知识培训及考核后才能上岗，完成后续工作。下面具体介绍上述四个岗位工作人员的培训内容及考核方法。

(1) 督导

对督导的培训工作由负责建站的督导来完成。培训内容主要涉及以下几个方面：

- 访问员的管理与培训：对访问员访问问卷的发放、回收、验收；访问礼品及资料的管理。
- 固定样组选取：按照固定样组分套地址表的顺序发放问卷。
- 配额控制：在测量仪安装期，每天对样本人员的各项指标进行汇总、控制，保证安装结束后固定样组整体配额情况符合目标配额。
- 固定样组预约与安装：熟悉预约样本人员及安装的流程。
- 固定样组礼金（卡）管理：及时为样本人员建立账户、发放礼金（卡）。
- 维护/撤户工作流程：保证安装与维护工作顺利进行。

培训结束后，督导需要通过书面考核及模拟预约样本人员流程合格后方可上岗。

(2) 数据处理人员

数据处理人员由总部数据处理支持人员进行培训，培训内容包括收听率测量仪软件运行的基本知识及工作原理、样本人员资料的录入、对系统报出错误数据的处理及日常工作流程。通过综合考核后，在固定样组测量仪安装初期，总部应派有经验的数据处理支持人员与其共同完成初期的工作；经考核能完全胜任工作后，数据处理人员方可独自上岗进行数据处理工作。

(3) 技术人员

技术人员由总部测量仪技术支持人员进行培训。培训内容涉及收听测量软件运行工作原理、手机原理的相关背景知识、安装测量软件的流程等。技术人员在单独完成模拟测试并在有经验的技术人员指导下工作一段时间后，方可独自指导样本人员在其手机上安装收听测量软件。

(4) 访问员

测量仪固定样组的访问员只负责样本人员的招募；样本人员招募完成后，安装、培训和日常维护均由全职人员完成。对访问员的管理和培训规定，与日记卡固定样组基本相同，这里不再赘述。

2. 广播服务器的搭建

广播服务器的搭建是 CSM 媒介研究收听测量仪固定样组建立的关键环节之一。CSM 媒介研究收听率调查使用的是虚拟测量仪，是在样本人员手机上安装的可以进行收听监测的测量软件。测量软件运行中，可以将手机周围或手机中播放的声音转化成特有的声音曲线，并通过手机的自有网络或 Wi-Fi 传输到 CSM 数据中心。CSM 需要在本地搭建广播服务器，对调查的每个频率的声音进行采样录制。样本人员传回的数据与服务器的数据进行匹配，从而得到样本人员不同时间收听广播频率的数据。

3. 抽样访问

CSM 媒介研究收听测量仪固定样组的样本来自于基础研究样本。基础研究抽样到户后，进行的是整群抽样，即被抽中的家庭户内所有人的信息均会被记录。在固定样组抽样阶段，收听日记卡固定样组抽样同样是抽样到户，进行户内整群抽样；而收听测量仪固定样组抽样则有较大不同，是直接在基础研究样本户所有符合条件的家庭成员里再进行抽样。

收听测量仪固定样组样本的具体抽取方法是：首先将基础研究样本人员按对收听率有重要影响的指标（所在市辖区、年龄、性别、最常使用的交通工具、日均收听时长等）排序后形成抽样框，而后随机等距抽取三套样本人员，以第一套样本为主；对于拒绝参与调查的样本人员，依次从第二、第三套样本中采用同号替换的方法补充样本人员，形成固定样组。如果采用上述方法选取的样本不能满足固定样组组建的样本规模或者样本结构，将以控制变量的基础研究结果为目标，采取配额抽样、样框抽样来补充样本。

在抽样访问环节，尽可能保证高响应率是一个非常重要的要求。与基础研究和日记卡固定样组的建立中抽样访问工作不同的是，在测量仪固定样组建立的抽样访问中，访问员除完成基本的公司介绍、项目介绍和问卷访问外，因为测量软件需在样本人员的手机上进行安装操作，较日记卡方式对样本人员的影响更大一些，故访问员还需特别向样本人员介绍测量仪软件的工作原理及安装流程。这就要求访问员在具有较好访问技巧的基础上，对测量软件有较好的理解，从而保证测量仪固定样组抽样访问具有较高的响应率。

4. 测量软件安装

安装收听测量软件是建立固定样组的中心环节，也是与样本人员建立合作关系的第一步。在访问员完成问卷后，工作人员可以在适当时间安排进行测量软件安装。软件安装可以通过电话指导样本人员自行安装；样本人员自行不能完成安装时，督导需要安排技术人员入户协助样本人员完成。安装完成后，工作人员需要检查数据回传情况，数据不能成功回传的需重新联系安装；还需要对样本人员进行培训，使样本人员熟知测量软件的运行。

5. 样本人员资料录入

测量仪固定样组建立后，需要将样本人员资料录入数据库系统，之后，系统根据回收的数据进行数据处理。录入系统的资料包括样本人员的年龄、性别、职业、收入等。录入系统的样本人员的收听数据，需要在无异常的情况下才能被用于正式有效数据。数据处理人员要每天及时处理回收的数据，以保证数据的稳定性。

6. 安装完成后的数据监测

收听数据系统将我们认为不正确的数据设定一个标准。当样本人员的某种行为数据达到设定的标准时，系统会报出工作单，提醒数据处理人员加以注意。数据处理人员根据工作单的类型，对错误数据进行处理，通常通过打电话与样本人员沟通或请督导及技术人员入户处理等方式解决问题。

7. 质量复核

(1) 录入正确率复核

为了确保所有样本人员的资料能够被正确录入数据库系统，必须对全部资料进行录入复核，具体方法是由第二个人100%审查录入资料是否准确（比如交叉复核等）。

(2) 样本人员背景资料复核

在全部样本人员测量软件安装完成两到三个星期后，为了检查样本人员资料的可靠性和真实性，CSM媒介研究北京总部会随机抽取整个样本量的10%对影响收听行为的重要指标进行电话复核。根据电话复核情况，我们不仅可以判断出样本人员资料的真实性、准确性，还可以根据复核情况的变化，预知以后要重点关注的问题。

8. 撰写固定样组建立总结报告

收听测量仪固定样组建立项目结束后，由项目负责人撰写固定样组建立总结报告，确保新建固定样组向维护期平稳过渡。

总结报告内容包括项目执行时间、人员招聘及培训考核情况、固定样组建立软件安装情况等方面的总结，指出建站过程中的不足和需要解决的问题。总结报告还要涉及预算的执行情况、耳机线等设备的管理情况、样本人员资料录入系统的复核情况、质量复核情况、数据测试情况等。

二、测量仪固定样组的维护

根据测量仪固定样组的特点，其维护工作主要包括及时发现与解决数据采集过程中的问题、样本更换、相关背景资料更新、广播频率变化情况监测、数据质量控制、日常回访与培训、样本人员激励等。

1. 及时发现并解决数据采集过程中的问题

在数据采集过程中，及时发现并采取有效措施解决问题，是收听测量仪固定样组维护过程中非常重要的一项工作，这项工作做得好与坏直接影响到收听数据的质量。CSM 媒介研究目前采用的虚拟测量仪技术是通过在样本人员手机上安装测量软件的方式进行收听数据的采集。一般而言，数据采集过程中出现的问题主要集中在数据无法按时回传；针对问题产生的原因分别采取措施，可以有效解决这些问题。如样本人员方面的原因可能会有：样本人员把测量软件关闭，导致测量软件无法进行数据采集和回传；样本人员手机欠费停机；手机信号弱或没有网络，导致采集的数据无法回传。针对这类问题的解决途径是：与样本人员电话沟通，并再次对其进行培训，对不能配合的样本人员进行撤换；对于电话不能解决的问题，需要安排入户解决。

2. 样本更换

与日记卡固定样组不同，测量仪固定样组由于样本的合作老化周期较长，不需要进行定期轮换与更新。一般而言，测量仪固定样组的样本更换分为主动更换和被动更换两类。主动更换是指由于配额指标需要调整或者其他方面的原因，由调查方主动提出中止与样本人员继续合作的协议，进而更换样本；被动更换则是由于样本人员不愿继续合作而导致的样本更换。

3. 相关背景资料更新

在与样本人员合作期间，由于样本人员的相关各方面信息是动态变化的，为了确保其资料的准确性和有效性，需要进行实时更新、维护。这种更新可以通过样本人员主动打电话或其他方式告知调查人员，也可以通过调查人员电话回访或者入户回访获知。

4. 广播频率变化情况监测

对于测量仪固定样组，需要重点关注频率对应关系、作为匹配标准的服务器的正常运作及所监测频率的准确性。CSM 媒介研究采用虚拟测量仪进行收听率调查的城市有两套服务器互为备份，各地工作站每天至少两次监测上述情况的变化，确保数据准确。

5. 数据质量控制

除前述固定样组建立时期的频率复核外，数据检查人员对数据质量的控制是日常维护工作中非常重要的组成部分。在日常维护工作中，对数据质量的控制主要包括对超长收听（样本人员连续收听时间或全天累计收听时间超过系统设定阈值）、长时间无收听（样本人员很多天没有收听广播）、回传监测数据时间过短（防止样本人员为省电、省流量等原因人为关闭软件）的控制，及时采取相应措施予以核实，并解决存在的问题。

6. 日常回访与培训

对样本人员的回访可以加强调查方对固定样组的监控和管理、与固定样组样本人员的沟通和联系。在回访过程中，调查人员可以了解到固定样组样本人员的相关信息等的变化情况，掌握固定样组样本人员测量软件的使用情况，得到其对调查方的建议和要求，从而提高数据质量。

- 回访执行人：样本地区的督导或技术人员。
- 回访形式：分为入户回访和电话回访两种。入户回访又分为常规入户和临时入户两类。电话回访是对常规入户回访的补充。
- 回访原则：站内人员应根据站内数据质量、维护等情况安排回访计划，尽量平均分配全年回访量；应在优先完成临时入户回访工作后，安排常规回访。
- 回访后续工作：站内人员通过回访发现样本人员相关信息变化导致不符合整体配额要求，则要执行撤换；如符合整体配额要求，则修改相关质量记录并将数据转交给检查人员，完成系统修改。对于样本人员不合作、不能正确使用收听测量软件等严重问题，回访人员应当场解决、及时培训，并在规定时间内再次回访，跟踪改进情况。

7. 样本人员激励

与日记卡固定样组的样本人员激励方式相似，测量仪固定样组的样本人员同样可以采用赠送礼金、礼品等方式进行激励。收听测量软件进行数据传输时需要使用较多的流量，因此，调查方不但需要考虑给样本人员支付礼金，而且需要支付样本人员高额的网络流量费用，且在测量软件技术条件下，礼金和流量费用是以人为单位支付的，不同于日记卡固定样本的以户为单位。收听测量仪调查方式的样本人员激励费用支出非常高昂，约是日记卡方式的 10 倍。

第四章

Chapter Four

收听率调查中的质量管理

RAM Quality Management

第四章

收听率调查中的质量管理

在收听率调查过程中进行质量管理是确保收听率数据客观、准确的主要措施，任何一个规范的收听率调查机构都会建立一整套完善的质量管理体系。本章在分析收听率调查中进行质量管理必要性的基础上，对收听率调查中质量管理体系进行详细阐述。

第一节　收听率调查中质量管理的必要性

一、几个基本概念

前面各章谈到了收听率调查中的质量控制，也阐述了现场执行过程中各环节的质量控制手段，但仅仅做好质量控制就足够了吗？在回答这个问题之前，我们先了解几个基本概念。什么是质量？什么是质量控制？什么是质量管理？

什么是质量？在这里，我们引用ISO9000～2000版的定义：质量是一组固有特性满足要求的程度。由此可见，要提高质量，首先要了解向客户提供的产品的特性是什么。

什么是质量控制？什么是质量管理呢？我们同样引用ISO9000～2000版的定义：质量控制是质量管理的一部分，致力于满足质量要求。质量管理是在质量方面指挥和控制组织的协调活动，通常包括制定质量方针和质量目标以及质量策划、质量控制、质量保证和质量改进。

可见质量管理概念的外延远远大于质量控制，做好了质量控制只是做好了质量管理工作的一个环节。我们之所以提质量管理的概念，而不是简单地提质量控制，是因为对收听率调查的质量不只是需要“控制”，更需要“管理”。

二、收听率调查中质量管理的必要性

在收听率调查中之所以要进行质量管理，是因为收听率调查具有如下特性：

1. 收听率调查需要多类人员共同参与

收听率调查的业务结构可以分为管理层、执行层和被调查层三个层次。管理层负

责制定抽样方案、操作规则，并对执行层中的日常工作给予指导；执行层，顾名思义，主要职责就是将管理层的要求贯彻执行，同时针对实际运作中出现的情况及时汇报，从而使管理层能够及时了解情况，有针对性地改进工作，提高管理水平；而被调查层（受众）是数据的来源，执行层工作质量的好坏、细致程度直接影响受众的合作度，而受众的合作度会直接影响数据的真实性。可见，就质量管理的“人（人员）、机（机器设备）、料（材料）、法（方法）、环（环境）”五要素而言，“人”在收听率调查中对质量的影响程度最大，其中执行层是质量管理的重点，被调查层是质量管理的难点。管理层和执行层的质量意识很重要，只有提高了他们的质量意识，才能提高其日常工作中对质量的重视程度，并通过他们管理和影响我们的样本户，提高样本户日常的合作度。而提高质量意识的有效方法之一就是制定质量方针和质量目标，并宣传、贯彻到每个岗位，辅以质量检查和评价来强化员工的质量意识。

2. 收听率调查是抽样调查

收听率调查是抽样调查，即抽取样本、调查样本并根据样本的情况来推断目标总体情况。在我们确定了调查目标总体后，具体抽取哪些人员作为样本，以便对总体情况进行最准确的推断，就需要进行质量策划，因为好的抽样方案可以最大限度地减少抽样误差。确定了调查样本后，如何培训样本户、如何采集收听数据、如何控制录入等都要进行质量策划，提出管理目标以整体把控收听率调查的质量。

3. 收听率调查数据不能重复生产

收听率调查的本质就是调查 5 个 W，即什么人（Who）、在什么时间（When）、在什么地点（Where）、通过什么频率（Which）、收听了什么节目（What）。后期的数据处理及分析也是基于上述变量进行交叉分析来获得研究者和经营者想获得的信息的。其中很重要的一点是什么时间（When）。由于时间一去不复返，我们不能回到过去再重新收集数据，所以我们只能通过保证流程执行的正确性来给最后的数据结果提供质量保证；而建立文件化的质量管理体系，保留质量体系各环节运行的证据，对收听率调查来说就显得尤其重要了。

4. 收听率调查数据结果无精确的对错判定标准

收听率调查数据结果是一种无形的信息产品，它不同于硬件产品可以简单地从尺寸、外观、性能等方面判定产品的好坏。一般加工类产品可以从配件尺寸、加工精度等方面来确定其误差控制上限（UP CONTROL LIMIT，UCL）和下限（LOW CONTROL LIMIT，LCL）；组装成成品后，对其外观及内在性能都有相应的判定标准和试验规范来验定其是否达到质量要求。而收听率数据本身是统计数字，它没有预先设定的准确值来控制其上下限，也就是说，某时段的收听率相对过去此时段特定周期收听率均值产生异常波动，并不能判定为不合格。这就更加凸显了质量改进的重要性，只有不断地改进调查技术、管理方法、控制手段，提高质量要求，才能使调查结果越来越无限接近实际存在的“真实值”。

综上所述，在收听率调查业务结构中，“人”的因素非常重要。提出质量方针和质量目标并通过培训让员工知晓，强化员工的质量意识并影响和管理样本户，是确保收听率调查质量的基础；通过质量策划，尤其是制定好的抽样方案，是确保收听率调查质量的关键；建立文件化质量管理体系，是收听率调查执行过程质量的保证；不断进行质量改进，是收听率调查的内在要求。所以对于收听率调查而言，仅仅做好质量控制是不够的，而是要从质量控制走向质量管理，确保收听率调查的质量不断提升。

第二节 收听率调查中的质量管理措施

一、确定质量方针

所谓质量方针是“组织的最高管理者正式发布的该组织的总的质量宗旨和质量方向”，它应该与组织的行业和产品特点密切联系。针对收听率调查的特点，“公正”是调查公司生存的基石，而数据准确性和数据报告的时效性是满足客户要求的重要因素，因此在制定质量方针时要考虑以上因素。如 CSM 媒介研究的质量方针是“公正、透明、及时、准确”，这就很好地体现了收听率调查的特点。

质量方针同时是组织经营活动和质量活动的指导原则和行动指南，是组织内部所有员工质量活动的根本原则，因此，组织要对质量方针进行分解和宣贯，并在实施过程中使质量方针具体化，通过对不同产品和服务的质量策划，使其转化为产品生产和服务提供过程中明确可行的质量目标，落实到组织的每一个业务和管理流程。

二、进行质量策划，确定质量目标

质量策划是质量管理的一个关键步骤，它主要通过制定质量目标并规定必要的运行过程和相关资源以实现质量目标。具体而言，质量策划分为产品策划以及管理和作业策划。产品策划要求对产品质量特性进行识别、分类和比较，并建立其目标、质量要求和约束条件，而管理和作业策划包括提供物资和人员保障，并做出质量改进的规定。传统的日记卡法收听率调查中各个流程阶段的关键节点（质量点）如表 4.2.1 所示。

表 4.2.1 日记卡法收听率调查中各个流程阶段的关键节点（质量点）

流程阶段	关键节点（质量点）
抽样方案制定	居（家、村）委会抽样框资料完备性检查
基础研究现场执行	访问员模拟访问效果评定和监测
	访问员试访问效果评定和监测
	电话复核/实地复核准确率
基础研究数据录入及报告	编码错漏率
	录入错误率
	报告结果趋势审查
固定样组建立	第一套地址使用率
固定样组维护	样本户入网培训效果
	日常收卡再培训效果
	主控配额指标 OK 率
	优化配额指标 OK 率
	数据回收量
	入户检查率
	样本户合作度（填卡正确率）
数据录入及处理	录入正确率
	报告检查正确率

资料来源：CSM 媒介研究

由于新兴的测量仪法收听率调查是将 APP 装入合作样本人员的智能手机中，通过 APP 记录节目声音，回传后通过与事先建立的各个实时频率的声音库比对来获得样本收听的节目及时长，因此在测量仪法收听率调查中，除了一些与传统日记法收听率调查中类似的控制节点（质量点）外，还有一些不同的控制节点，如：

1. 主控配额控制

由于移动收听的特点，增加了样本中家庭小汽车及出租车使用比例的控制指标。

2. 样本合作层面

由于装入样本人员智能手机中的 APP 软件工作时长不仅仅是衡量样本人员合作度的指标，同样也是考量记录样本人员收听行为完整率的一个重要指标，因此样本 APP 软件工作时长是测量仪法收听率调查中一个重要的控制节点。

确定了质量点以后，通过了解行业规则和客户的需求确定各质量点的要求，即质量目标，并建立相应的质量目标信息采集渠道，来保证各质量点的实际情况处于受控状态，并定期收集相关信息，为以后发现问题、解决问题和实施质量改进提供切入点和依据。

三、提供质量保证证据，建立文件化的质量管理体系

前面提到收听率调查数据不能重复生产，因此如何让客户、公司管理者和第三方确认收听率数据生产中的质量过程管理满足了要求呢？这就要求组织进行质量保证活动。

质量保证活动的实质是“提供证据”，有如下两种方式：

第一，提供必要、充分的证据和记录。证据分为实物质量测定证据和管理证据。对于收听率数据而言，实物质量测定证据显然无法提供，因此，管理证据（如作业规范、解决方案、过程记录）就显得更加重要了。

第二，接受评价。如接受用户（第二方）、第三方（如政府主管部门、行业协会、独立的质量认证公司等）、公司管理者（第一方）组织实施的质量审核、质量监督、质量认证等。

质量保证按照目的不同，可分为内部质量保证和外部质量保证。内部质量保证是指为了使本组织的最高管理者“信任”本组织满足产品质量要求的能力而进行的活动，如产品质量审核、产品质量管理体系审核等，在合同环境和非合同环境下都可以开展；而外部质量保证主要存在于合同环境，组织应向用户和第三方提供有关质量管理体系能满足合同要求的证据，如质量手册、程序文件、质量计划（作业指导书）、质量记录等。

可见，进行质量保证活动要求建立文件化的质量管理体系，保留质量管理体系有效运行的证据，如各种质量记录；同时要求在收听率调查中周期性地进行质量审核工作（包括内部质量审核和外部质量审核）。建立文件化的质量管理体系可参照下面的流程图（图 4. 2. 1）进行。

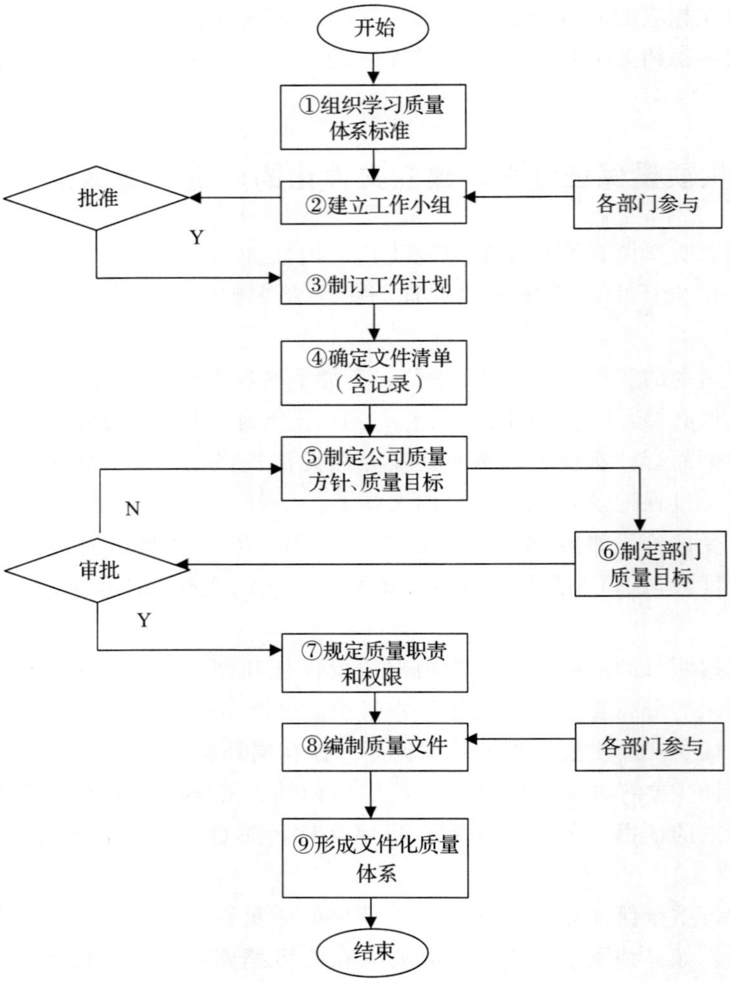

资料来源：CSM 媒介研究

图 4.2.1　文件化的质量管理体系建立流程

四、进行质量控制，并在此基础上进行质量改进

第二章和第三章已经详细阐述了收听率调查中几个重要环节的质量控制方法，本章第一节也对质量控制的概念做了说明，而质量控制的目的在于监视过程并排除质量各环节中导致不满意的因素，以达到客户要求。可见，质量控制的对象应该是产品或服务质量形成过程中的每一个环节，并且主要依据现有质量管理体系的要求使过程、活动、资源处于受控状态；而质量改进虽然也受现有质量体系的约束，但其目标是超越现状，使过程、活动、资源在更高、更合理的水平上重新处于受控状态。对于收听率调查而言，从制定抽样方案、执行基础研究访问、基础研究数据录入及处理，到按

照基础研究配额建立固定样组、固定样组日常维护、数据回收及处理等环节都应该建立质量信息收集方法并周期性对数据进行分析，同时通过内部质量审核和外部质量审核交替进行来找出质量执行环节中的问题，从而达到不断改进质量的目的。在收听率调查中实施质量改进可参照以下流程图（图 4.2.2）进行。

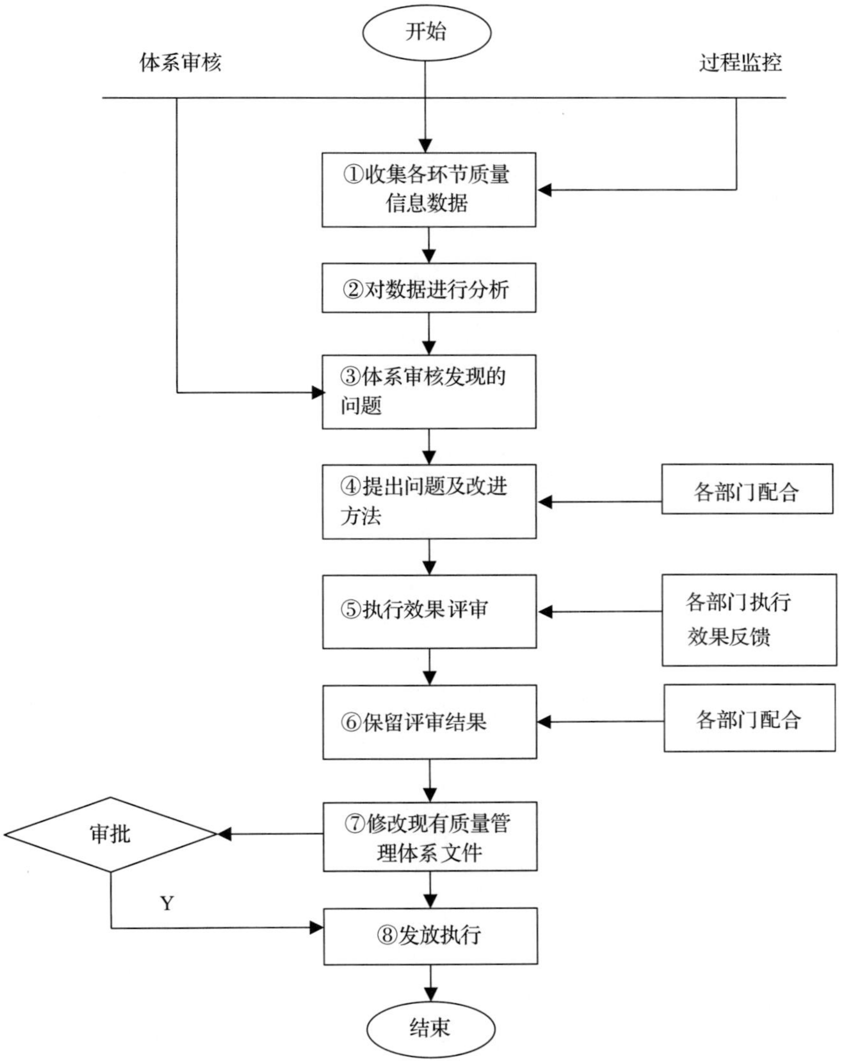

资料来源：CSM 媒介研究

图 4.2.2 收听率调查中的质量改进流程

下编：收听率应用

Part Two: Ratings Application

第五章

Chapter Five

收听率指标体系

RAM Glossary

第五章

收听率指标体系

准确了解和把握收听率指标体系及其中各项指标的具体含义，是做好收听率分析与收听数据应用的重要基础。本章主要介绍收听率的作用、收听率指标体系以及收听率指标体系中几组重要的关系。

第一节　收听率的作用

收听率调查在中国已经有近二十年的历史，无论是在国内广播媒体经营产业化迅速发展的阶段，还是在如今随着移动互联网的高速渗透传统广播媒体不得不面对的“融媒体”时代，收听率都非常重要，且在广播媒体的机构运作、广告经营、节目创新等方面都不可或缺。

收听率缘何受到如此的重视呢？这应该从广播媒体自身的经营特点说起。从表面来看，广播媒体经营可以被描述为：一方面，广播电台经营频率和节目，听众收听电台节目；另一方面，广播电台把时段卖给广告商，获取广告收入，广告商对广告产品进行广告创意和制作，把广告投放在购买的时段上，提供给广大听众，并从广告主身上获取利润。广播电台经营的是频率和节目，与广告商/广告主交易的是播出时段（节目），但仔细分析，播出时段（节目）并不能直接为媒体经营者和广告商带来效益，媒体经营最终效益的实现，是因为经过了“听众”这一环节。从本质上来看，在广播媒体经营中，媒体与广告商之间交易的是听众，也就是附着在交易时段和节目上的“听众注意力”。

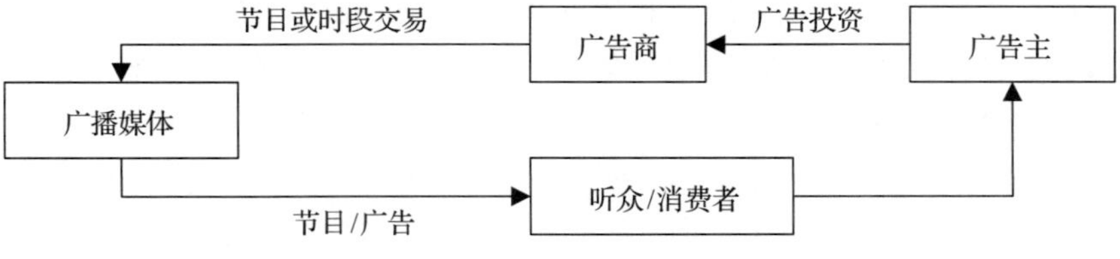

图 5.1.1　广播媒体、广告与听众

如图 5.1.1 所示，广播媒体经营频率和节目，以此来吸引听众，然后，把附着在节目和时段上的“听众注意力”卖给广告商，广告商和广告主寄希望于广告在时段和节目上的投放能够吸引附着的听众，使之成为广告产品的实际消费者，从而达到促销的目的。

在听众注意力或时间资源从广播媒体被售卖到广告主、广告商或节目交易方的过程中，收听率对于从占有听众时间资源的角度量化、确定“听众注意力”的实际市场价值具有不可替代的作用。要想达成广播媒体与广告商/广告主双赢的局面，关键在于对听众的认识、开发和经营。收听率，是对听众收听行为的科学量化和评价，因而收听率就必然会在广播媒体的整个经营过程中起到举足轻重的作用。

收听率为广播媒体经营者经营频率和节目提供了重要的参考。如前所述，广播媒体经营者经营频率和节目的目的，是为了吸引听众的注意力，因此，要想吸引更多听众，就必须了解听众的收听习惯和偏好等，并以此为依据，制作相应的节目内容，调整和优化频率节目的编排。收听率数据来源于对听众的科学调查，是对听众收听行为、收听结构等方面的描述和反映，因此，它越来越成为广播媒体经营者经营频率和节目的“谋士”。

广告商注重的是广告投放的效果，因而，他们关注的重点不是节目的内容和形式，而是收听这些节目的听众群体的“质”和“量”。他们强调广告产品的目标定位与听众群体的结构力求一致，以保证广告投放的针对性；强调一定的听众规模，以扩大广告传播的范围；强调听众群的稳定性，以增加广告信息传播的深度，使听众尽量记住广告内容，最终去购买广告所宣传的产品。因此，收听率数据也是评价广告投放效果的客观依据。

相比之下，广告主的目的最为单纯和直接，他们投放广告的目的就是为了产品促销。事实上，收听率调查最初正是在广告主（企业主）的推动下产生的。广告主最关心的是广告的收听听众在多大程度上能成为产品的直接消费者。收听率调查可以帮助他们进行广播收听听众与产品消费者之间的关系研究，进而优化广告投放策略和产品的市场促销策略。

听众、节目、广告是广播媒体经营的三大核心要素，它们之间存在着相互制约、相互影响的关系，媒体经营就是三大要素不断变化、组合的过程。广播媒体通过节目与听众的组合，优化节目听众定位和节目编排；通过听众与广告的组合，优化媒体的到达，最终以优化的媒体传播计划吸引广告商的投放，获得回报。收听率数据的作用就是为这三大要素的优化组合提供科学、客观的依据。

在今天的“融媒体”时代，广播媒体的经营环境变得更加复杂，竞争也更加激烈。技术的发展，带动广播收听方式和途径的多样化，实体音频播放设备、虚拟移动客户端层出不穷，广播收听可以实现“无时无刻、无所不在”。但是，听众的注意力却在不断被分散，收听行为更加“碎片化”。在移动互联的技术背景下，广播媒体的传统广告经营模式（听众注意力售卖模式）向“跨平台、跨媒体”转化，企业主、广告商与听众之间的联系途径更加多元化、更直接，传统意义的听众已演变为“用户”。在这个大背景下，广播收听率在媒体经营中的作用变得更加重要。无论是广播节目的直播线性收听，还是点播、回听等非线性收听；无论是传统广播频率平台上的收听行为，还是跨媒体、跨平台、多终端的收听行为，都需要用收听率以及“类收听率”的指标来反映和评价。“融媒体”时代，更需要收听率来全面“捕捉”听众（用户）的碎片化收听行为，了解听众（用户）注意力资源的分布，从而全面展现广播电台节目传播的全媒体价值，为广播媒体在节目制作、节目购销、广告运作、媒体经营等各方面提供强有力的数据参考和决策支持。

第二节　收听率指标体系

一、收听率指标体系

就广播听众收听行为而言，不外乎包括两个最基本要素：一是谁在听；二是听了多长时间。二者也构成了收听率这一概念最基本的要素。因此，在我们描述收听率各指标之间的关系时，把“到达率”（反映谁在听）和“人均接触分钟数”（反映听了多长时间）作为收听率指标体系的“源头”，由它们得出收听率这个指标，并派生出更多的收听率分析指标。关于收听率指标体系以及各指标之间的关系见下图 5.2.1。

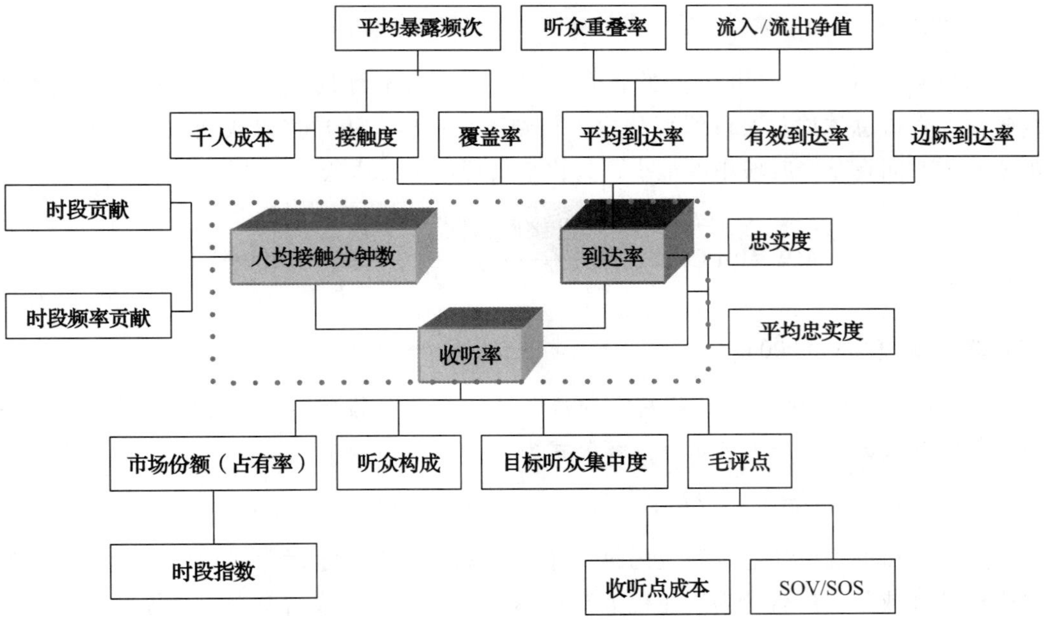

图 5.2.1　收听率指标体系

二、收听率指标解释

1. 到达率

(1) 到达率（Reach%）

到达率（Reach%）是指在特定时段内符合到达条件的接触总人数占总体推及人口的百分比。其中到达条件一般是“至少收听了1分钟”，用户可以改变收听的最小分钟数或收听时间在整个时段中的最小百分比来自行定义到达条件。计算公式为：

$$到达率（Reach\%）=\frac{\sum_{i=1}^{n}接触人_i^{特定时段}\times 权重_i}{总体推及人口}\times 100\%$$

(2) 到达率（Reach（000））

到达率（Reach（000））是指在特定时段内符合到达条件的接触总人数，一般以千人来表示。计算公式为：

$$到达率（Reach（000））=\sum_{i=1}^{n}接触人_i^{特定时段}\times 权重_i$$

(3) 覆盖率（Cov%）

覆盖率（Cov%）是指特定的媒介计划（广告投放计划）实施时所能到达的不重复听众人数占总体推及人口的百分比。与到达率一样，用户可以改变收听的最小分钟数或收听时间在整个时段中的最小百分比来自行定义到达条件。计算公式为：

$$覆盖率（Cov\%）=\frac{\sum_{i=1}^{n}接触人_i^{媒介计划}\times 权重_i}{总体推及人口}\times 100\%$$

(4) 覆盖率（Cov（000））

覆盖率（Cov（000））是指特定的媒介计划（广告投放计划）实施时所能到达的不重复听众人数，以千人表示。计算公式为：

$$覆盖率（Cov（000））=\sum_{i=1}^{n}接触人_i^{媒介计划}\times 权重_i$$

到达率和覆盖率都是时间上的纵向累积指标，考察特定时间段内听众收听某一频率或栏目（或某一广告计划所能覆盖）的不重复的人数（或占听众总规模的百分比），反映了接触媒介的听众规模和媒介计划传播的广泛性。

到达率与覆盖率虽然在本质上含义是相同的，但称谓的不同反映了概念表达的主客体关系的不同。到达率的主体是听众，即反映听众接触某一频率或栏目的规模；覆盖率的主体是媒介计划，反映了广告计划执行所覆盖听众的范围（广泛性）。

(5) 有效到达率 (EffRch%，EffRch (000))

对于一套广告插播计划而言，到达率一般设定的到达条件是听过 1 次就算到达。在实际的广告投放效果评估中，人们通常认为，如果听众仅听过 1 次并不能对广告形成有效的认识和印象，这样就提出了有效到达的概念。

有效到达率被表示为“n+到达率”，指至少听过 n 次某广告的目标听众的百分比(或千人)。对于不同的广告，“n”的设定是不同的。如果收听广告 3 次以上才有初步印象，那么我们认为“3+到达率”是有效到达率。

(6) 平均到达率 (AvRch%)

平均到达率(AvRch%)是指在特定时段内平均每天符合到达条件的接触总人数占总体推及人口的比例。到达条件一般是“至少收听了 1 分钟”，用户可以改变收听的最小分钟数或收听时间在整个时段中的最小百分比来自行定义到达条件。计算公式为：

$$\text{平均到达率(AvRch\%)} = \frac{\sum_{i=1}^{n} \text{接触人}_i^{\text{特定时段}} \times \text{权重}_i}{\text{总天数} \times \text{总体推及人口}} \times 100\%$$

(7) 平均到达率 (AvRch (000))

平均到达率(AvRch (000))是指在特定时段内平均每天符合到达条件的接触总人数，以千人表示。计算公式为：

$$\text{平均到达率(AvRch (000))} = \frac{\sum_{i=1}^{n} \text{接触人}_i^{\text{特定时段}} \times \text{权重}_i}{\text{总天数}}$$

平均到达率与到达率的区别在于，平均到达率将每天到达的人数之和平均分配给所计算日期的每一天，不区分每天的到达人口是否有重复；而到达率则是所计算日期长度内的完全累计，剔除了天与天之间的重叠部分。

(8) 周平均到达率 (AvWkRch (000))

周平均到达率(AvWkRch (000))是指在特定时段内平均每周符合到达条件的接触总人数，以千人表示。计算公式为：

$$\text{周平均到达率(AvWkRch (000))} = \frac{\sum_{i=1}^{n} \text{接触人}_i^{\text{特定时段}} \times \text{权重}_i}{\text{总周数}}$$

(9) 周平均到达率 (AvWkRch%)

周平均到达率(AvWkRch%)是指在特定时段内平均每周符合到达条件的接触总人数占总体推及人口的比例。计算公式为：

$$\text{周平均到达率(AvWkRch\%)} = \frac{\sum_{i=1}^{n} \text{接触人}_i^{\text{特定时段}} \times \text{权重}_i}{\text{总周数} \times \text{总体推及人口}} \times 100\%$$

(10) 边际到达率（ExcRch%）

边际到达率（ExcRch%）是指在媒介计划中，去掉某条广告插播或某个载体而损失的到达率（000）占总体推及人口的百分比。计算公式为：

$$边际到达率（ExcRch\%）=\frac{到达率（000）_{整体媒介计划}-到达率（000）_{不包含指定载体的同一套媒介计划}}{总体推及人口}\times 100\%$$

(11) 边际到达率（ExcRch（000））

边际到达率（ExcRch（000））是指在媒介计划中，去掉某条广告插播或某个载体而损失的到达率，以千人表示。计算公式为：

$$边际到达率（ExcRch（000））=到达率（000）_{整体媒介计划}-到达率（000）_{不包含指定载体的同一套媒介计划}$$

边际到达率的意义与经济学上边际贡献的意义类似，从损失的角度反映了指定载体（广告插播）对整个媒介计划的作用和贡献。

2. 人均收听分钟数

(1) 人均收听分钟数（AvMins）

人均收听分钟数（AvMins）是听众日平均收听时间（分钟）与总体推及人口的比值，可针对特定频率或时段进行计算。计算公式为：

$$人均收听分钟数（AvMins）=\frac{\sum_{i=1}^{n}收听分钟数_i\times 权重_i}{总天数\times 总体推及人口}$$

需要注意的是人均收听分钟数是把收听听众的总收听时间平均分配给了总体推及人口，而不是分配给总体收听人口。

(2) 人均收听总分钟数（TMins）

人均收听总分钟数（TMins）是指在一定时期内，听众总的收听时间（分钟）与总体推及人口的比值，可针对特定频率或时段进行计算。计算公式为：

$$人均收听总分钟数（TMins）=\frac{\sum_{i=1}^{n}收听分钟数_i\times 权重_i}{总体推及人口}$$

(3) 人均收听分钟数（听众）（AvMins（View））

人均收听分钟数（听众）是听众的日平均收听时间（分钟）与实际收听人口的比值，可针对特定频率或时段进行计算。计算公式为：

$$人均收听分钟数（听众）（AvMins（View））=\frac{\sum_{i=1}^{n}收听分钟数_i\times 权重_i}{总天数\times 实际收听人口}$$

该指标反映的是平均每天每个实际听众的人均收听分钟数。

(4) 人均收听总分钟数（听众）(TMins (View))

人均收听总分钟数（听众）是指在一定时期内听众总的收听时间（分钟）与实际收听人口总体的比值，可针对特定频率或时段进行计算。计算公式为：

$$人均收听总分钟数（听众）(TMins（View)) = \frac{\sum_{i=1}^{n} 收听分钟数_i \times 权重_i}{实际收听人口}$$

该指标反映的是每个实际听众的人均收听总分钟数。

3. 收听率

(1) 收听率 (Rtg (000))

收听率（000）是针对某特定时段（节目），平均每分钟的收听人数（千人）。计算公式为：

$$收听率（Rtg（000)) = \frac{\sum_{i=1}^{n} 收听时长_i（分钟）\times 权重_i}{该时段总时长（分钟）}$$

(2) 收听率 (Rtg%)

收听率（Rtg%）是指针对某特定时段（节目），平均每分钟的收听人数占推及人口总体的百分比。计算公式为：

$$收听率（Rtg\%）= \frac{\sum_{i=1}^{n} 收听时长_i（分钟）\times 权重_i}{该时段总时长（分钟）\times 总体推及人口} \times 100\%$$

收听率反映的是在特定时段收听某一频率或某一节目的人数在总体推及人口中的百分比。当听众被锁定为总体推及人口的一部分时（如55～64岁的听众），收听率就是人们通常所说的目标听众收听率。

4. 收听段数

(1) 平均收听段数 (AvNumSes)

平均收听段数（AvNumSes）是指针对某特定时段（或节目），平均每个听众每天的收听段数。计算公式为：

$$平均收听段数（AvNumSes）= \frac{\sum_{i=1}^{n} 收听段数 \times 权重_i}{总天数 \times 总体收听人口}$$

其中总体收听人口是指满足到达条件的人口。

(2) 平均每段收听时长（分钟）(AvSL (Min))

平均每段收听时长（分钟）（AvSL（Min)）是指针对某特定时段（或节目），平均每个听众每段的收听分钟数。计算公式为：

$$平均每段收听时长（分钟）（AvSL（Min））=\frac{\sum_{i=1}^{n}分钟\times 权重_i}{总段数\times 总体收听人口}$$

5. 听众构成（TgSat%）

听众构成（TgSat%）是指对于特定频率（或节目），目标听众平均每分钟的收听人数（千人）占参照听众平均每分钟收听人数（千人）的百分比。参照听众一般指 10 岁以上所有人。计算公式为：

$$听众构成（TgSat\%）=\frac{\sum_{i=1}^{目标听众}收听时长_i（分钟）\times 权重_i}{\sum_{i=1}^{参照听众}收听时长_i（分钟）\times 权重_i}\times 100\%$$

该指标反映的是特定频率（时段/节目）的收听听众结构，回答了“谁在听该频率（节目）”的问题。

6. 市场占有率（Shr%）

市场占有率（Shr%）是指特定时段内收听某一频率或某一节目的人数占同一时段所有收听广播电台人数的百分比，即特定时段内某一频率的收听率占所有频率总收听率的百分比。计算公式为：

$$市场占有率（Shr\%）=\frac{收听率\%_{某频率}}{收听率\%_{所有频率}}\times 100\%$$

该指标考察的是收听某一频率（节目）的人数占当时所有收听广播电台的人数，数值越大，表明该频率（节目）在该时段的市场竞争力越强。

7. 听众集中度（TgAfin%）

听众集中度（TgAfin%）是指对于特定时段（节目），目标听众（如 25～34 岁人群）收听率（百分比）与参照听众（如 10 岁以上所有人）收听率（百分比）的比值。目标听众收听率和参照听众收听率对应同一时段和同一频率，两组听众均可自定义。计算公式为：

$$听众集中度（TgAfin\%）=\frac{收听率\%_{目标听众}}{收听率\%_{参照听众}}\times 100\%$$

听众集中度表示目标听众相对于参照听众的收听集中程度，以此来反映目标听众对特定频率（节目）的收听倾向，回答“谁更爱听这个频率（节目）”的问题。

8. 听众忠实度

（1）忠实度（Loyalty%）

忠实度是指特定频率（时段/节目）的收听率与到达率的百分比值。计算公式为：

$$\text{听众忠实度（Loyalty\%）}=\frac{\text{收听率\%}_{\text{频率}}}{\text{到达率\%}_{\text{频率}}}\times 100\%$$

(2) 平均忠实度 (AvLoyalty%)

平均忠实度是指特定频率（时段/节目）收听率与平均到达率的百分比值。计算公式为：

$$\text{平均忠实度（AvLoyalty\%）}=\frac{\text{收听率\%}_{\text{频率}}}{\text{平均到达率\%}_{\text{频率}}}\times 100\%$$

(3) 周平均忠实度 (WkLoyalty%)

周平均忠实度是指特定频率（时段/节目）收听率与周平均到达率的百分比值。计算公式为：

$$\text{周平均忠实度（WkLoyalty\%）}=\frac{\text{收听率\%}_{\text{频率}}}{\text{周平均到达率\%}_{\text{频率}}}\times 100\%$$

上述三个指标的区别在于忠实度以考察日期内总到达率为参照，而平均忠实度则以平均每天的到达率为参照，周平均忠实度则以平均每周的到达率为参照。三个指标数值的变化幅度都在0~100%之间，数值越大，则表明听众对该频率（时段/节目）的忠诚程度越高。

9. 时段指数 (TBIndex%)

时段指数（TBIndex%）是指同一频率的特定时段的市场占有率与同一频率参考时段的市场占有率的百分比值。计算公式为：

$$\text{时段指数（TBIndex\%）}=\frac{\text{市场占有率}^{\text{特定时段}}_{\text{频率}}}{\text{市场占有率}^{\text{参考时段}}_{\text{频率}}}\times 100\%$$

通常所考察的特定时段包含在参考时段内。该指标描述了特定时段的市场竞争力对参考时段市场竞争力的影响。

10. 时段频率贡献 (CTTV%)

时段频率贡献（CTTV%）是指特定频率特定时段听众收听时间与该市场所有频率在参考时段听众总收听时间的百分比值。计算公式为：

$$\text{时段频率贡献（CTTV\%）}=\frac{\left[\sum_{i=1}^{n}\text{收听时间（分钟）}_i\times\text{权重}_i\right]^{\text{特定时段}}_{\text{特定频率}}}{\left[\sum_{i=1}^{n}\text{收听时间（分钟）}_i\times\text{权重}_i\right]^{\text{参考时段}}_{\text{所有频率}}}\times 100\%$$

时段频率贡献反映了特定频率特定时段的听众收听时长对同期所有频率听众总体收听时长的贡献，数值越大，贡献越大。

11. 时段贡献 (Cchn%)

时段贡献（Cchn%）是指特定频率特定时段的听众收听时间与该频率参考时段的

听众总收听时间的百分比值。计算公式为：

$$时段贡献（Cchn\%）=\frac{[\sum_{i=1}^{n}收听时间（分钟）_i \times 权重_i]_{特定时段频率}}{[\sum_{i=1}^{n}收听时间（分钟）_i \times 权重_i]_{参考时段频率}}\times 100\%$$

时段贡献反映了某一特定时段（节目）对本频率总收听时间的贡献，数值越大，贡献越大。

12. 接触度

(1) 接触度（Cont (000)）

接触度（Cont（000））是指特定载体所到达的人次，以千人次表示。“接触”的条件从属于到达率的设定条件，一般“接触1分钟以上”为到达。计算公式为：

$$接触度（Cont（000））=\sum_{i=1}^{n}接触人_i^{载体}\times 权重_i$$

“载体”可以对应特定的时段、特定的节目以及广告插播计划中的特定载体。

(2) 累计接触度（AcCont (000)）

累计接触度（AcCont（000））是指多个载体所到达的总人次，以千人次表示，即多个载体的接触度之和。接触的条件与接触度的定义一致。计算公式为：

$$累计接触度（AcCont（000））=\sum_{载体}接触度（000）_{载体}$$

13. 平均暴露频次（OTS）

平均暴露频次（OTS）是指在广告排期或载体计划中每条插播被听众平均收听的次数。计算公式为：

$$平均暴露频次（OTS）=\frac{累积接触度（000）}{到达率（000）}$$

平均暴露频次经常用于对广告投放计划传播深度的评估。

14. 毛评点（GRP）

毛评点（GRP）即总收听点（Gross Rating Point），是指在广告媒介计划中，特定时期内某一广告数次插播的收听率之和。计算公式为：

$$毛评点（GRP）=\frac{累积接触度（000）}{总体推及人口}\times 100\%=\sum_{i}^{n}收听率\%_i=到达率\%\times 平均暴露频次$$

毛评点是广告媒介计划最主要的量化测评指标之一。

15. 千人成本（CPM）

千人成本（CPM）是指在广告媒介计划中，载体每到达一千人次的听众量所花费的成本，以货币单位表示。计算公式为：

$$千人成本（CPM）=\frac{广告成本}{接触度（000）}$$

千人成本可用于评估广告投放的经济效益，适用于不同市场广告投放成本的比较。

16. 收听点成本（CPRP）

收听点成本（Cost per Rating Point，CPRP）是指每得到一个收听率百分点所花费的成本，也称每毛评点成本，以货币单位表示。计算公式为：

$$收听点成本（CPRP）=\frac{广告成本}{毛评点}$$

该指标与千人成本一样，也是反映广告成本效益的指标，适用于同一市场广告成本的比较。

17. 媒体占有比重（SOV）、媒体投资比重（SOS）

媒体占有比重（Share of Voice，SOV）是指某品牌商品广告的总收听点占该类商品广告总收听点的比重；媒体投资比重（Share of Spending，SOS）是指某品牌广告的媒体投资额占该类商品广告媒体投资总额的比重。计算公式为：

$$媒体占有比重（SOV）=\frac{GRP_{某品牌广告}}{GRP_{该类商品广告}}；媒体投资比重（SOS）=\frac{广告花费_{某品牌}}{广告花费_{该类商品}}$$

SOS 用于评估广告投资情况，SOV 则量化广告投放的传播效果。这两个指标可以为制定广告投放策略提供重要参考。

18. 听众重叠率（Duplication）

听众重叠率（000）是指两个载体之间的重复听众人数，听众重叠率（%）则是指两个载体中重复的听众人数占所考察载体听众总量的百分比。

听众重叠率反映了两个载体（时段/节目）之间听众群的相似程度，也是反映听众忠诚程度的指标。

19. 听众流动

听众流动是指听众在不同频率之间转换、同频率节目播出进程中的离开或者加入的行为。听众流动是听众收听行为的主要特征之一。

听众流动主要有三种：当听众在某一时间段内持续收听某一频率的节目时，称之为“顺流”；反之，当听众从本频率转向另一频率时，称之为“溢流”；若听众从其他频率转往本频率，则称之为“入流”。

在收听率分析中，用于分析听众流动的指标有听众移动（Mig（000））、听众移动（Mig（%））和听众移动净值。

(1) 听众移动（Mig（000））

听众移动（Mig（000））是指在特定时段内，从其他竞争频率流入本频率的听众数量，或从本频率流出至其他竞争频率的听众数量。

(2) 听众移动（Mig（%））

听众移动（Mig（%））是指在特定时段内，从其他竞争频率流入本频率的听众数量占本频率听众总数的百分比，或从本频率流出至其他竞争频率的听众数量占本频率听众总量的百分比。

(3) 听众移动净值

听众移动净值是指从其他竞争频率流入本频率的听众数与从本频率流出至其他竞争频率的听众数之差。计算公式为：

$$\text{听众移动净值} = \text{流入本频率的听众数} - \text{从本频率流出的听众数}$$

听众流动系列指标是从动态角度反映频率竞争力状况的重要指标，可用于考察在一定时间内听众的流向。在某一节目播出过程中，从其他频率流入的听众越多，流出到其他频率的听众越少，就显示该节目对听众的吸引力越强，相对于同时段其他节目的竞争力也就越强。

20. 播出比重（%）与收听比重（%）

播出比重（%）是指某类型节目的播出时间占所有节目的总播出时间的比例。收听比重（%）是指某类型节目的收听时间占所有节目的总收听时间的比例。计算公式分别为：

$$\text{播出比重（\%）} = \frac{\text{某类节目的播出时间}}{\text{所有节目的总播出时间}} \times 100\%$$

$$\text{收听比重（\%）} = \frac{\text{某类节目的收听时间}}{\text{所有节目的总收听时间}} \times 100\%$$

这两个指标主要是用于考察各类型节目播出比重与收听比重之间的平衡关系，进而反映各类节目的资源使用效率状况。

三、收听率相关指标计算示例

为更好地理解收听率相关指标，现举一例来说明收听率指标体系中几个主要指标的计算。为此特做如下假定：

- 某地区共有 ABCDE 五个频率，这五个频率构成了该地区的总体收听市场。
- 该地区共有 1、2、3、4……10 个人，奇数为男性、偶数为女性。
- 选取一天中的 19:00～20:00 这个时段，在该时段中，假设 1 号收听了 A 频率 10 分钟，5 号收听了 A 频率第二个 10 分钟，7 号收听了 B 频率 50 分钟，以此类推（如图 5.2.2）。则各收听率指标的计算如下：

时段/频率	A频率	B频率	C频率	D频率	E频率
19:50~20:00		7	8		
19:40~19:50		5 7		10	
19:30~19:40		4 5 7			
19:20~19:30	6		2	9	1
19:10~19:20	5	7	3		
19:00~19:10	1	7			2

图 5.2.2 收听率指标计算示例

1. 收听率（Rtg%）

总收听率（Rtg%）$=\dfrac{(10\times18)}{60\times10}\times100\%=30\%$

目标听众收听率：

男性（Rtg%）$=\dfrac{(10\times12)}{60\times5}\times100\%=40\%$

女性（Rtg%）$=\dfrac{(10\times6)}{60\times5}\times100\%=20\%$

各频率收听率：

A 频率收听率（Rtg%）$=\dfrac{(10+10+10)}{60\times10}\times100\%=5\%$

B 频率收听率（Rtg%）$=\dfrac{(10\times2+10\times5+10)}{60\times10}\times100\%\approx13\%$

C 频率收听率（Rtg%）$=\dfrac{(10+10+10)}{60\times10}\times100\%=5\%$

D 频率收听率（Rtg%）$=\dfrac{(10+10)}{60\times10}\times100\%\approx3\%$

E 频率收听率（Rtg%）$=\dfrac{(10+10)}{60\times10}\times100\%\approx3\%$

2. 到达率（Rch%）

A 频率（Rch%）$=\dfrac{3}{10}\times100\%=30\%$　　B 频率（Rch%）$=\dfrac{3}{10}\times100\%=30\%$

C 频率（Rch%）$=\dfrac{3}{10}\times100\%=30\%$　　D 频率（Rch%）$=\dfrac{2}{10}\times100\%=20\%$

E 频率（Rch%）$=\dfrac{2}{10}\times100\%=20\%$

3. 市场份额（Shr%）

A 频率（Shr%）$=\frac{5\%}{30\%}\times 100\% \approx 16.7\%$

B 频率（Shr%）$=\frac{13\%}{30\%}\times 100\% \approx 43.3\%$

C 频率（Shr%）$=\frac{5\%}{30\%}\times 100\% \approx 16.7\%$

D 频率（Shr%）$=\frac{3\%}{30\%}\times 100\% = 10\%$

E 频率（Shr%）$=\frac{3\%}{30\%}\times 100\% = 10\%$

4. 人均收听分钟数（Min）

A 频率（Min）$=\frac{10+10+10}{10}=3$

B 频率（Min）$=\frac{10\times 2+10\times 5+10}{10}=8$

C 频率（Min）$=\frac{10+10+10}{10}=3$

D 频率（Min）$=\frac{10+10}{10}=2$

E 频率（Min）$=\frac{10+10}{10}=2$

5. 忠实度（Loyalty%）

A 频率（Loyalty%）$=\frac{5\%}{30\%}\times 100\% \approx 16.7\%$

B 频率（Loyalty%）$=\frac{13\%}{30\%}\times 100\% \approx 43.3\%$

C 频率（Loyalty%）$=\frac{5\%}{30\%}\times 100\% \approx 16.7\%$

D 频率（Loyalty%）$=\frac{3\%}{20\%}\times 100\% = 15\%$

E 频率（Loyalty%）$=\frac{3\%}{20\%}\times 100\% = 15\%$

6. 时段频率贡献（CTTV%）

如果我们选取 19:00 ~ 19:10 作为主时段，19:00 ~ 20:00 作为参照时段：

A 频率（CTTV%）$=\frac{10}{18\times 10}\times 100\% \approx 5.6\%$

B 频率（CTTV%）$=\frac{10}{18\times 10}\times 100\% \approx 5.6\%$

如果我们选取 19:30 ~ 19:40 作为主时段，19:00 ~ 20:00 作为参照时段：

A 频率（CTTV%）$=\frac{0}{18\times 10}\times 100\% = 0$

B 频率（CTTV%）$=\frac{10\times 3}{18\times 10}\times 100\%\approx 16.7\%$

7. 时段贡献（Cchn%）

如果我们选取 19:00～19:10 作为主时段，19:00～20:00 作为参照时段：

A 频率（Cchn%）$=\frac{10}{30}\times 100\%\approx 33.3\%$

B 频率（Cchn%）$=\frac{10}{80}\times 100\%=12.5\%$

如果我们选取 19:30～19:40 作为主时段，19:00～20:00 作为参照时段：

A 频率（Cchn%）$=\frac{0}{30}\times 100\%=0$

B 频率（Cchn%）$=\frac{30}{80}\times 100\%=37.5\%$

8. 时段指数（TBIndex%）

以 B 频率 19:30～19:40 时段为例，以整个时段（19:00～20:00）为参照时段：

时段指数（TBIndex%）$=\frac{100\%}{44\%}\times 100\%\approx 227\%$

9. 听众构成（TgSat%）

对所有听众来讲：

男性（%）$=\frac{120}{180}\times 100\%\approx 66.7\%$　　女性（%）$=\frac{60}{180}\times 100\%\approx 33.3\%$

对频率 A 来讲：

男性（%）$=\frac{20}{30}\times 100\%\approx 66.7\%$　　女性（%）$=\frac{10}{30}\times 100\%\approx 33.3\%$

10. 集中度（TgAfin%）

对所有频率不同性别听众来讲：

男性（%）$=\frac{40\%}{30\%}\times 100\%\approx 133\%$　　女性（%）$=\frac{20\%}{30\%}\times 100\%\approx 66.7\%$

对频率 B 不同性别听众来讲：

男性（%）$=\frac{23\%}{13\%}\approx 177\%$　　女性（%）$=\frac{3\%}{13\%}\approx 23\%$

第三节　收听率指标的几组关系

一、收听率与市场占有率

从概念上讲，收听率指的是在某一特定的时段里，收听某一特定频率或某一特定节目的人数占总体推及人数的百分比。市场占有率（市场份额）是指在某一特定的时段里，收听某一特定频率或某一特定节目的人数占总体收听人群的百分比。就同一市场、同一时段的某个频率而言，二者的差异就在于百分比的分母部分，收听率的分母是该市场的总体推及人口，既包括已有收听行为的群体，也包括未发生收听行为的群体；市场占有率（市场份额）的分母则只包括在该时段内有收听行为的听众群体。因此，从数值上讲，市场占有率（市场份额）的值要大于收听率。

市场占有率（市场份额）可以当作收听率的派生指标，它实际上是某一时段某频率（节目）的收听率与同时段总收听率的比值，反映了该频率（节目）在该时段的市场竞争力。

二、收听率与到达率

收听率是指在某一特定的时段里，收听某一特定频率或某一特定节目的人数占总体推及人口的百分比；到达率则是指在特定的时段内，接触过（收听过）某一频率（节目）的不重复的听众人数（到达千人）或其占总体推及人数的百分比。二者的区别在于收听率既要考察听众的规模（人数），也要考察每个听众的收听时长，而到达率只关注收听听众的规模（人数）。因此，对于一个频率（节目）而言，无论听众的收听时长如何，到达率只关心听众是否“接触”到了这个频率（节目）。

到达率有设定条件，收听多长时间才被视为“到达”，可以根据不同的情况来设定。一般而言，到达率的条件被设定为“收听过 1 分钟及以上”。

从数值上看，相同时段/频率/节目的收听率的值始终小于或等于相应的到达率。这是因为，收听率实际上是一个“平均”的概念，是指在时段（节目）播出长度内，平均每一最小时间单位（通常为 1 分钟）上的听众有多少；而到达率是一个“累计”的概念，它反映的是在时段（节目）播出长度内，至少收听过 1 分钟（视到达率设定条件而定）的听众人数有多少。

三、到达率与忠实度

到达率是指在特定的时段内，接触过（收听过）某一频率（节目）的不重复的听众人数或其占总体推及人数的百分比；忠实度是收听率与到达率的比值，其值在

0～100之间，值越高，则该频率（节目）聚合听众的能力越强。

到达率与忠实度可以视为对某一频率（节目）收听评价的两个维度。到达率表示某一频率（节目）的收听听众规模，即有多少不同的听众“接触过”该频率（节目），反映了收听的广度；而忠实度则表征着收听的深度，反映了某一频率（节目）到达的听众中有多大比例是从始至终收听了该频率（节目）。

到达率与忠实度的乘积就是收听率，即收听率＝到达率×忠实度。

四、到达率与接触度

在特定的到达条件下，到达率是指在一段时间内某频率（节目）的到达总人数，而接触度则是不同水平上到达的总人次，同样是累计，前者累计的是不重复的人数，后者累计的是总人次数，而不考虑是否是相同的人。因此，一套广告插播计划总的到达率不等于总的接触度，总接触度是所有到达的听众在不同水平上接触度次数的累加，即“1＋”“2＋”“3＋”……的和，而到达率则滤掉了其中重复的部分。

五、听众构成与集中度

听众构成是指特定节目（时段）目标听众的收听量在该节目（时段）总收听人口总收听量中的比例，反映了该节目（时段）的收听听众结构；听众的集中度则是目标听众的收听率与该节目（时段）所有听众平均收听率的比值，描述了目标听众收听水平与总体听众收听水平的差异。

两个指标都是对目标听众收听行为的刻画，区别在于，听众构成是对特定节目（时段）的收听听众结构的客观描绘，回答“什么人在收听这个节目”的问题；而集中度则是通过比较目标听众收听率与所有听众平均收听水平的差异，来判断目标听众的收听倾向性。集中度本身是一个指数，值大于100%，表示目标听众的收听倾向高于平均水平，回答“什么人更爱听这个节目”的问题。

第六章

Chapter Six

InfosysPlusRadio 软件使用简介

InfosysPlusRadio Manual

第六章

InfosysPlusRadio 软件使用简介

InfosysPlusRadio 是 CSM 媒介研究牵手 Kantar Media 集团，汇集 Kantar Media 全球 InfosysRadio 软件开发与服务的经验，同时吸纳国内广大媒介专业人士的意见和建议，优化升级后新推出的一款收听率数据分析软件。

InfosysPlusRadio 使用全新的软件页面与个性化的报告格式，采用用户共享机制，将时期、节目、广告多种分析功能完全融合。从分析功能上看，它不仅包括“时期”“节目”“广告”等最基本的分析模块，还包括“载体”“竞争分析”“听众移动”“节目牵引”“竞争频率时段分析”“每分钟节目分析”“曲线”“计划”等高级分析模块；从报告的展示形式来看，它不仅包括“数据”报告，还包括“图表”“最终报告”“记事本”“Excel 表格”等多种形式的报告。InfosysPlusRadio 是一款功能强大的收听率数据分析软件。

本章将从时期分析、节目分析、时期与节目高级分析、广告分析、计划分析五个方面（五节）详细介绍 InfosysPlusRadio 软件的功能。每一部分都采用问答的形式，答案中不仅给出了解决方案中涉及的指标，同时讲解了软件的具体实现过程，并对数据结果进行解读，使用户可以从指标选用、模板设置、实现步骤和数据解读等方面全面了解分析功能，为用户应用该软件解决实际问题提供翔实的学习案例。

第一节 时期分析功能

Q1. 如何计算特定地区的听众规模?

一个市场听众规模的大小通常可借助于与“到达率”相关的指标来反映。“到达率”的相关指标包括“到达率”“平均到达率”“周平均到达率”等。在 InfosysPlusRadio 中，在计算一段时期内累计的听众规模时，使用“到达率”指标；在计算每日平均或每周平均的听众规模时，使用“平均到达率”或“周平均到达率”。

举例：计算北京地区 2016 年上半年听众到达率、平均到达率和周平均到达率。

新建模板，设置模板中的各成分：目标听众（十岁及以上所有人）、地区（北京）、频率（所有频率）、时间段（全天）、单位（到达率%、平均到达率%、周平均到达率%）、日期（2016 年 1 月 1 日 ~2016 年 6 月 30 日）、报告（时期），如图 6.1.1。

图 6.1.1　模板设置页面

计算模板，得到北京地区 2016 年上半年的听众规模，如图 6.1.2。从报告结果中可以看出，2016 年上半年北京地区总体广播推及人口中，有 85.84% 的听众收听过广播（到达条件为至少收听了 1 分钟），平均每天有 52.90% 的听众收听过广播，平均每周有 69.92% 的听众收听过广播。

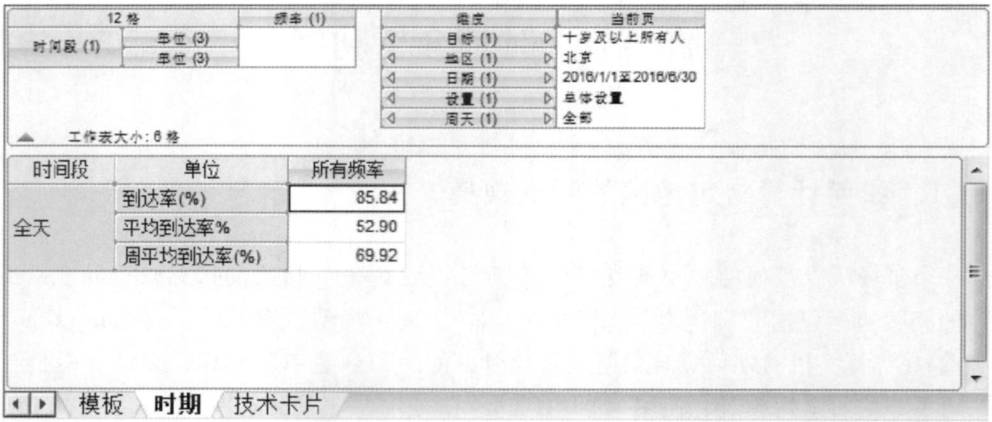

图 6.1.2　特定地区到达率、平均到达率、周平均到达率计算结果报告页面

Q2. 如何计算不同地区的听众收听量?

一个地区听众收听量的大小通常可借助于与“人均收听时长”相关的几个指标来衡量。“人均收听时长”的相关指标包括“人均收听时长”“人均收听时长（听众）”“人均收听总时长”“人均收听总时长（听众）”等。“人均收听时长”指所有推及人口中平均每人每天收听广播的时长，而“人均收听时长（听众）”则指在实际发生了收听行为的人群中平均每人每天收听广播的时长。“人均收听总时长”与“人均收听总时长（听众）”则表示累计多天（如一个月、一年）的“人均收听时长”与“人均收听时长（听众）”数值。

举例：计算北京、上海、广州 2016 年 10 月人均收听时长和人均收听时长（听众）。

新建模板，设置模板中的各成分：目标听众（十岁及以上所有人）、地区（北京、上海、广州）、频率（所有频率）、时间段（全天）、单位〔人均收听时长、人均收听时长（听众）〕、日期（2016 年 10 月）、报告（时期），模板设置图 6.1.3。

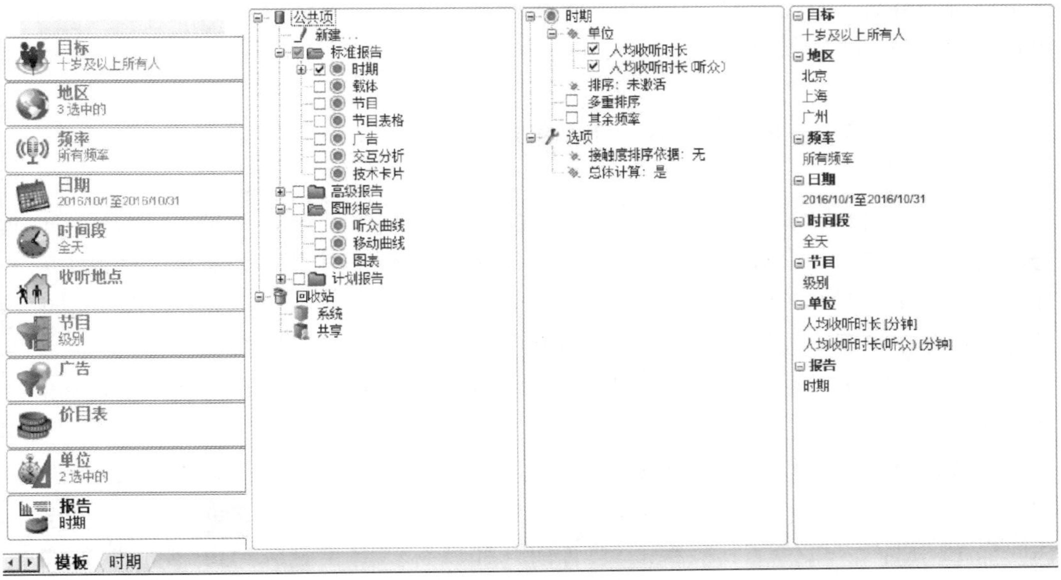

图 6.1.3　模板设置页面

计算模板，得到北京、上海、广州三地的人均收听时长与人均收听时长（听众），如图 6.1.4。从报告结果中可以看出，2016 年 10 月北京所有广播推及人口平均每人每天收听广播 68.60 分钟，实际收听了广播的听众平均每人每天收听 132.15 分钟。同期上海地区人均收听时长与北京接近，但实际收听了广播的听众每人每天收听时长仅为

107.11 分钟，与北京存在一定差异。广州地区无论是人均收听时长还是人均收听时长（听众）都比北京、上海短。

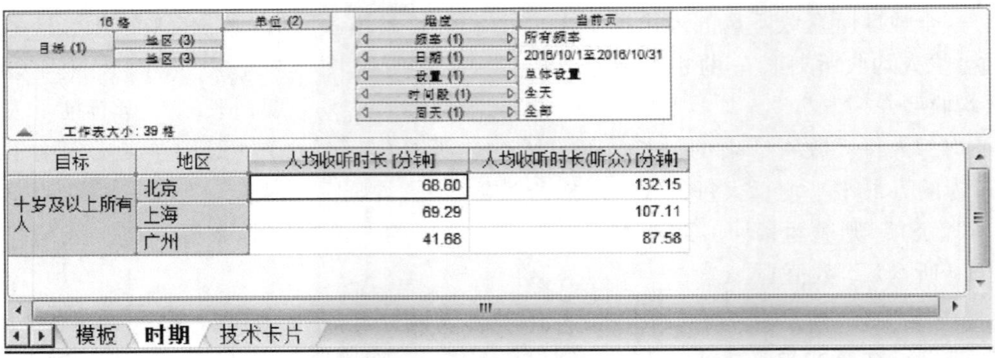

图 6.1.4　听众收听量计算结果报告页面

Q3. 如何计算特定市场一个/多个频率的收听率？

在考察特定市场/特定广播频率的收听率时，通常可以从特定市场/特定频率的全天各时段收听率、一段时期每周收听率、平时与周末收听率以及各收听地点收听率等多角度进行分析。下面的例子将从这几个角度分别举例说明如何在 InfosysPlusRadio 中进行相应的操作。

举例 1：计算多个频率全天各时段的收听率。

计算多个频率（或某个频率）全天各时段收听率时，首先需要设定全天时段的细分间隔。对于使用日记卡方法测量收听率的地区，可选择间隔每 15 分钟或每半小时来计算其收听率；而对于使用测量仪方法测量收听率的地区，最小收听变化单位精确到分钟，因此用户可以选择间隔每分钟计算其收听率。下面以计算北京地区 2016 年上半年部分本地频率全天每 15 分钟的收听率为例，介绍在 InfosysPlusRadio 软件中的具体操作方法。

新建模板，设置模板中的各成分：目标听众（十岁及以上所有人）、地区（北京）、频率（多个本地频率）、时间段（选择“全天”，在其选项“间隔”中，设置具体间隔 15 分钟）、单位（收听率%）、日期（2016 年 1 月 1 日～2016 年 6 月 30 日）、报告（时期），如图 6.1.5。

计算模板，得到时期报告结果，如图 6.1.6。为了便于用户查看数据结果的差异，InfosysPlusRadio 提供了利用颜色与图形区分数值大小的功能。用户通过多次点击工具栏中的“单元格颜色”，可以选择不同显示风格，本例中选择的是曲线风格。从报告结果中可以清楚地查看到北京地区 2016 年上半年多个本地频率全天每 15 分钟收听率的变化情况。

图 6.1.5 模板设置页面

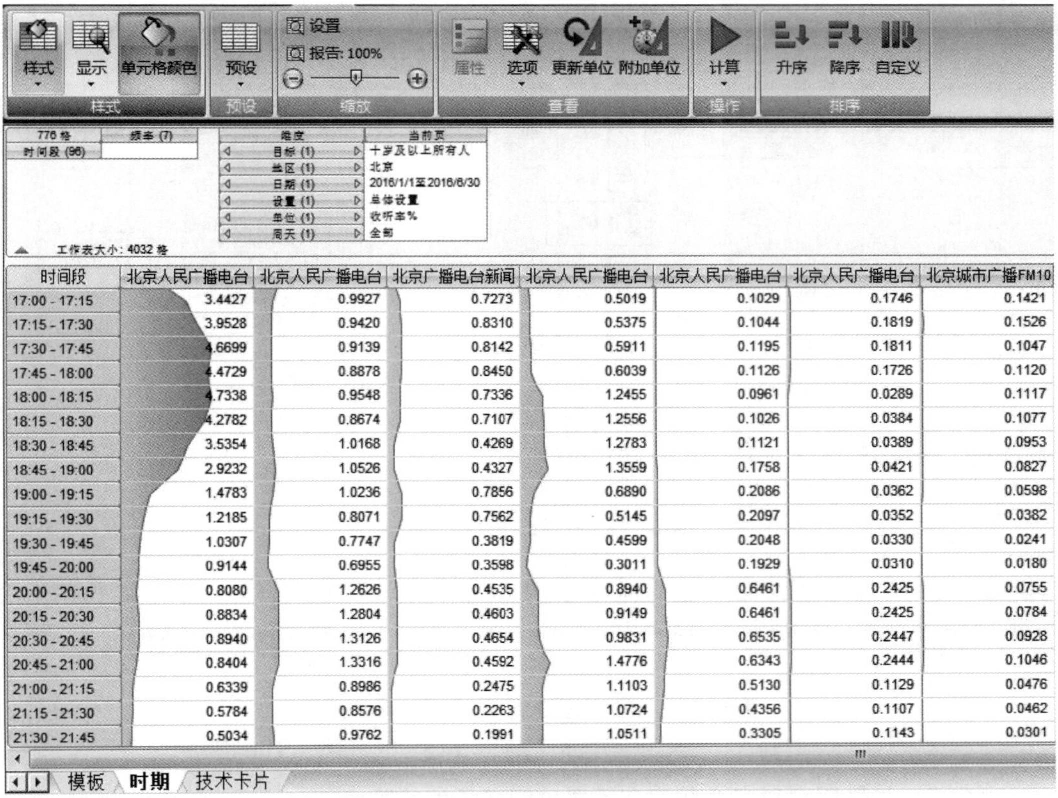

时间段	北京人民广播电台	北京人民广播电台	北京广播电台新闻	北京人民广播电台	北京人民广播电台	北京人民广播电台	北京城市广播FM10
17:00 - 17:15	3.4427	0.9927	0.7273	0.5019	0.1029	0.1746	0.1421
17:15 - 17:30	3.9528	0.9420	0.8310	0.5375	0.1044	0.1819	0.1526
17:30 - 17:45	4.6699	0.9139	0.8142	0.5911	0.1195	0.1811	0.1047
17:45 - 18:00	4.4729	0.8878	0.8450	0.6039	0.1126	0.1726	0.1120
18:00 - 18:15	4.7338	0.9548	0.7336	1.2455	0.0961	0.0289	0.1117
18:15 - 18:30	4.2782	0.8674	0.7107	1.2556	0.1026	0.0384	0.1077
18:30 - 18:45	3.5354	1.0168	0.4269	1.2783	0.1121	0.0389	0.0953
18:45 - 19:00	2.9232	1.0526	0.4327	1.3559	0.1758	0.0421	0.0827
19:00 - 19:15	1.4783	1.0236	0.7856	0.6890	0.2086	0.0362	0.0598
19:15 - 19:30	1.2185	0.8071	0.7562	0.5145	0.2097	0.0352	0.0382
19:30 - 19:45	1.0307	0.7747	0.3819	0.4599	0.2048	0.0330	0.0241
19:45 - 20:00	0.9144	0.6955	0.3598	0.3011	0.1929	0.0310	0.0180
20:00 - 20:15	0.8080	1.2626	0.4535	0.8940	0.6461	0.2425	0.0755
20:15 - 20:30	0.8834	1.2804	0.4603	0.9149	0.6461	0.2425	0.0784
20:30 - 20:45	0.8940	1.3126	0.4654	0.9831	0.6535	0.2447	0.0928
20:45 - 21:00	0.8404	1.3316	0.4592	1.4776	0.6343	0.2444	0.1046
21:00 - 21:15	0.6339	0.8986	0.2475	1.1103	0.5130	0.1129	0.0476
21:15 - 21:30	0.5784	0.8576	0.2263	1.0724	0.4356	0.1107	0.0462
21:30 - 21:45	0.5034	0.9762	0.1991	1.0511	0.3305	0.1143	0.0301

图 6.1.6 各频率全天每 15 分钟收听率计算结果报告页面

同时，InfosysPlusRadio 还提供了丰富的图表报告功能，用户可以借助图表报告绘制 2016 年上半年北京地区多个本地频率全天每 15 分钟收听率曲线图。该报告是依据已计算的报告结果进行图表绘制的，因此用户可以在计算出时期、节目、广告、交互分析等报告后，再从模板页的报告成分中选择“图表”报告，也可以从模板标签栏空白处点击右键选择“新建分析”中的“图表”选项，生成图表报告，如图 6.1.7。

生成的图表报告需要进一步设置格式，在“图表”报告的工具栏中依次进行行/列数据、图表类型（折线图）、图例位置（右侧）、坐标轴等设置，从而得到具体的图表，如图 6.1.8。

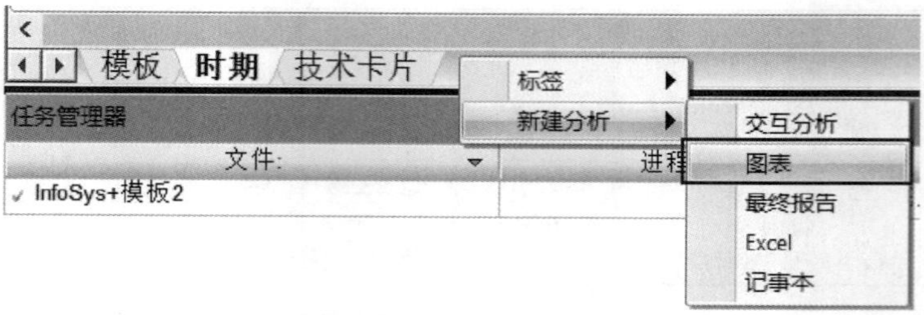

图 6.1.7　模板设置标签页

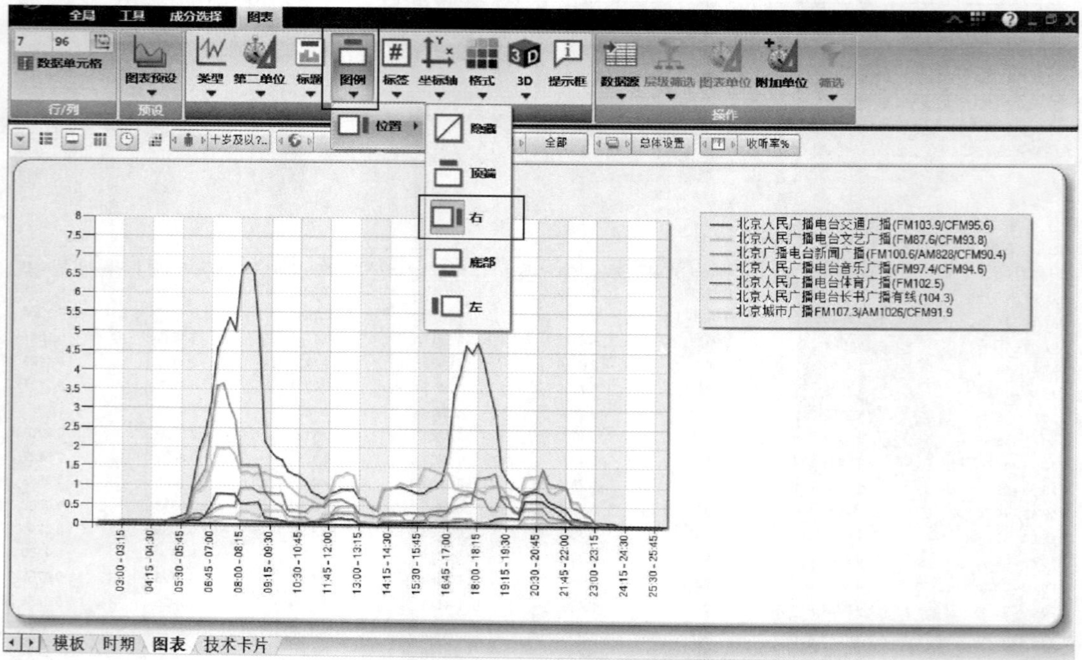

图 6.1.8　各频率全天每 15 分钟收听率走势

举例 2：计算听众对多个频率在不同收听场所的收听率。

对比不同频率听众在不同收听场所收听率的差异，有利于用户进一步了解不同频率听众收听行为的特点。下面以计算2016年上半年北京地区听众在不同场所收听部分本地频率的收听率为例，介绍具体操作方法。

新建模板，设置模板各成分：目标听众（十岁及以上所有人）、地区（北京）、频率（多个本地频率）、时间段（全天）、单位（收听率%）、日期（2016年1月1日～2016年6月30日）、收听地点（“在家”“车上”“工作/学习场所”“其他场所”）、报告（时期），模板设置如图6.1.9。

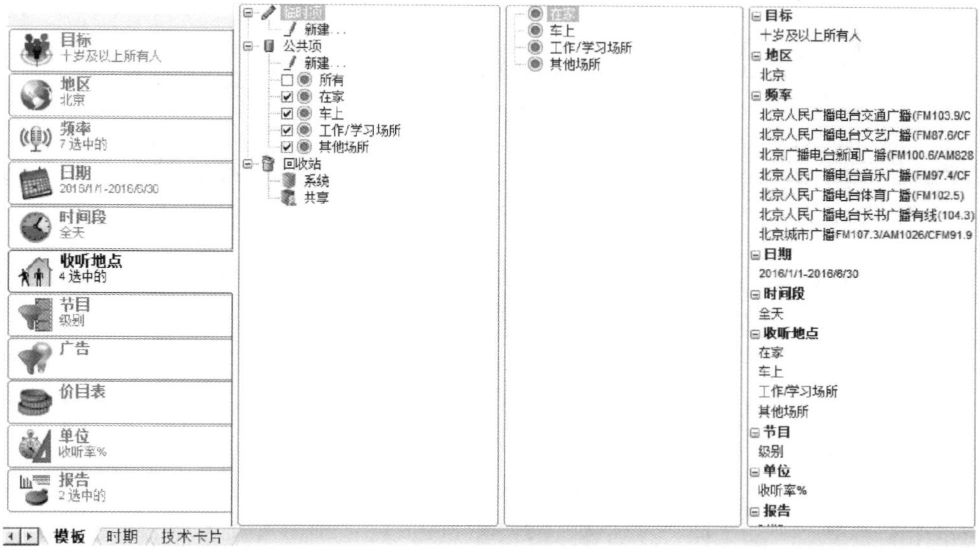

图6.1.9　模板设置页面

计算模板，得到时期报告如图6.1.10。从报告结果中可以看到2016年上半年北京地区听众在“在家”“车上”“工作/学习场所”及“其他场所”收听多个本地频率的收听率。如同上例，用户仍然可以使用图表报告绘制对应的图表，本例使用柱状图绘制各频率听众在不同收听场所的收听率对比图，如图6.1.11。

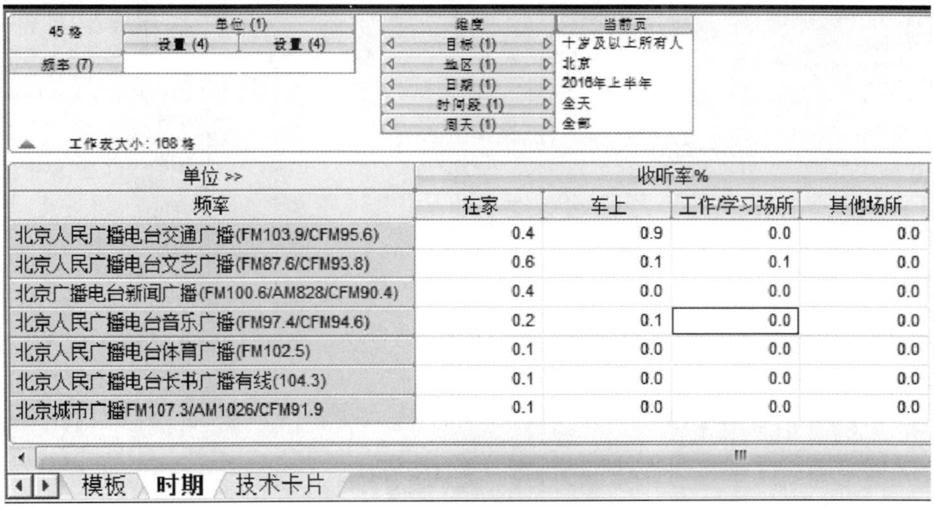

单位 >>	收听率%			
频率	在家	车上	工作/学习场所	其他场所
北京人民广播电台交通广播(FM103.9/CFM95.6)	0.4	0.9	0.0	0.0
北京人民广播电台文艺广播(FM87.6/CFM93.8)	0.6	0.1	0.1	0.0
北京广播电台新闻广播(FM100.6/AM828/CFM90.4)	0.4	0.0	0.0	0.0
北京人民广播电台音乐广播(FM97.4/CFM94.6)	0.2	0.1	0.0	0.0
北京人民广播电台体育广播(FM102.5)	0.1	0.0	0.0	0.0
北京人民广播电台长书广播有线(104.3)	0.1	0.0	0.0	0.0
北京城市广播FM107.3/AM1026/CFM91.9	0.1	0.0	0.0	0.0

图6.1.10　各频率不同场所收听率计算结果报告页面

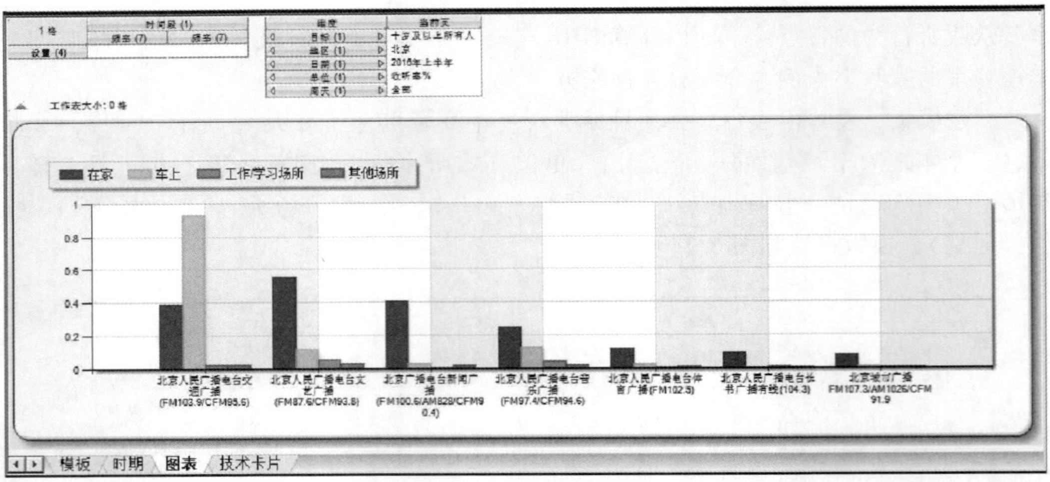

图 6.1.11　各频率在不同场所的收听率柱形图

举例 3：计算多个频率每段日期间隔的收听率。

通常我们可以从不同的日期间隔，如每季度、每月、每周、每天来考察频率收听情况随时期变化的特点。下例中，我们以“周”为日期间隔，介绍如何计算 2016 年上半年北京地区多个频率晚间 18:00～24:00 时段的每周收听率。

新建模板，设置模板各成分：目标听众（十岁及以上所有人）、地区（北京）、频率（多个本地频率）、时间段（18:00～24:00）、日期（2016 年 1 月 1 日～2016 年 6 月 30 日，设置日期“间隔”为“周”）、报告（时期）、单位（收听率%），模板设置如图 6.1.12。

图 6.1.12　模板设置页面

计算模板，得到报告结果。可以看出北京地区 2016 年上半年晚间 18:00～24:00 时段多个本地频率的每周收听率（图 6.1.13）。

232 卷	单位 (1)	
	频率 (7)	频率 (7)
日期 (27)		

维度	当前页
目标 (1)	十岁及以上所有人
地区 (1)	北京
设置 (1)	总体设置
时间段 (1)	18:00-24:00
周天 (1)	全部

工作表大小：1134 卷

单位 >>	收听率%						
日期	北京人民广播电台交通广播(FM103.9/CFM95.6)	北京人民广播电台文艺广播(FM87.6/CFM93.8)	北京广播电台新闻广播(FM100.6/AM828/CFM90.4)	北京人民广播电台音乐广播(FM97.4/CFM94.6)	北京人民广播电台体育广播(FM102.5)	北京人民广播电台长书广播有线(104.3)	北京城市广播FM107.3/AM1026/CFM91.9
*周 52/15 (2016/1/1 - 2016/1/2)	1.0	0.8	0.3	0.9	0.4	0.1	0.1
周 1/16 (2016/1/3 - 2016/1/9)	1.0	0.8	0.3	0.7	0.3	0.1	0.0
周 2/16 (2016/1/10 - 2016/1/16)	1.3	0.8	0.4	0.8	0.3	0.1	0.0
周 3/16 (2016/1/17 - 2016/1/23)	1.2	0.8	0.4	0.7	0.3	0.1	0.1
周 4/16 (2016/1/24 - 2016/1/30)	1.2	0.7	0.4	0.7	0.2	0.0	0.0
周 5/16 (2016/1/31 - 2016/2/6)	1.3	0.7	0.3	0.6	0.3	0.1	0.0
周 6/16 (2016/2/7 - 2016/2/13)	0.7	0.7	0.2	0.5	0.3	0.1	0.0
周 7/16 (2016/2/14 - 2016/2/20)	1.3	0.7	0.3	0.6	0.3	0.0	0.1
周 8/16 (2016/2/21 - 2016/2/27)	1.3	0.8	0.3	0.6	0.3	0.1	0.1
周 9/16 (2016/2/28 - 2016/3/5)	1.1	1.0	0.3	0.8	0.3	0.1	0.1
周 10/16 (2016/3/6 - 2016/3/12)	1.3	0.8	0.3	0.7	0.3	0.0	0.1
周 11/16 (2016/3/13 - 2016/3/19)	1.1	0.9	0.3	0.8	0.2	0.0	0.1
周 12/16 (2016/3/20 - 2016/3/26)	1.1	0.6	0.2	0.7	0.2	0.1	0.1
周 13/16 (2016/3/27 - 2016/4/2)	1.0	0.7	0.3	0.8	0.3	0.1	0.1
周 14/16 (2016/4/3 - 2016/4/9)	1.1	0.7	0.2	0.8	0.2	0.1	0.1
周 15/16 (2016/4/10 - 2016/4/16)	0.9	0.7	0.3	0.8	0.2	0.2	0.1

模板　时期　图表　技术卡片

图 6.1.13　北京多个本地频率每周收听率计算结果报告页面

同样选择“图表”报告，可以得到 2016 年上半年北京地区多个本地频率每周收听率折线图（图 6.1.14）。

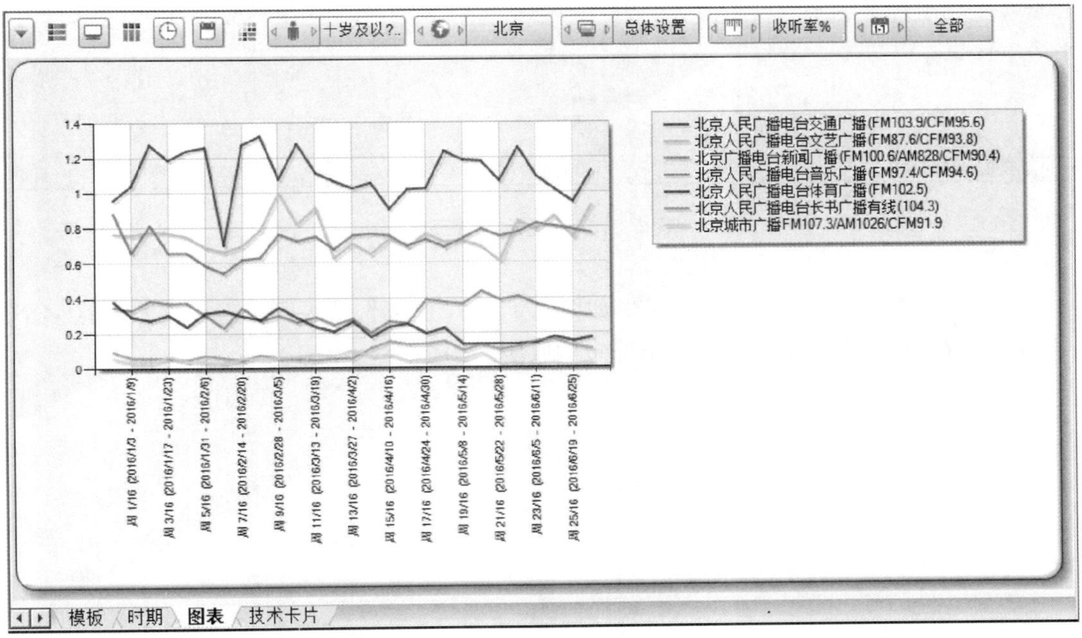

图 6.1.14　各频率每周收听率走势

举例 4：计算听众对多个频率平时与周末的收听率。

通常，听众在工作日与周末的收听特点具有较为明显的差异，本例中通过计算 2016 年上半年北京地区听众在平时与周末的多个本地频率收听率介绍 InfosysPlusRadio 的具体操作方法。

新建模板，设置模板各成分：目标听众（十岁及以上所有人）、地区（北京）、频率（多个本地频率）、时间段（全天）、单位（收听率%）和报告（时期）。

日期成分选择 2016 年 1 月 1 日 ~2016 年 6 月 30 日，并设置其选项“间隔于 时期:”“间隔于 时期:”选项中列出了每个周天及“周一 ~ 周五”“周六 ~ 周日”以及“周日 ~ 周六”的选项，通过勾选不同的选项，对结果进行进一步细分。本例中选择“周一 ~ 周五”表示工作日，“周六 ~ 周日”表示周末，具体设置如图 6. 1. 15。

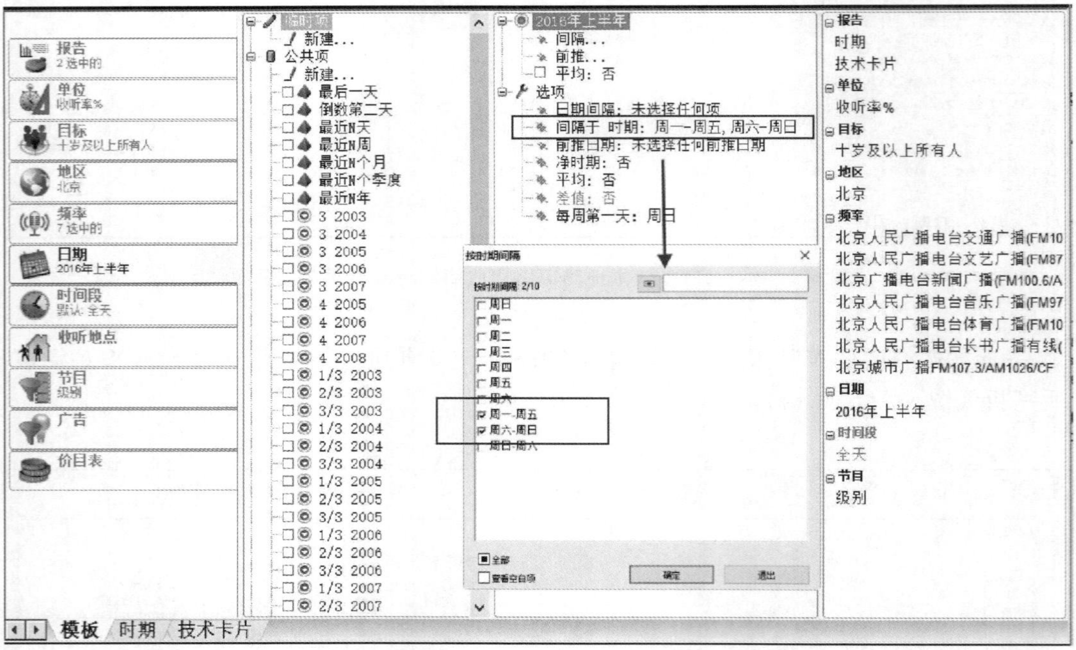

图 6. 1. 15　**模板设置页面**

计算模板，得到时期报告结果，如图 6. 1. 16。从报告结果可以看到北京地区多个本地频率在 2016 年上半年工作日与周末的收听率。

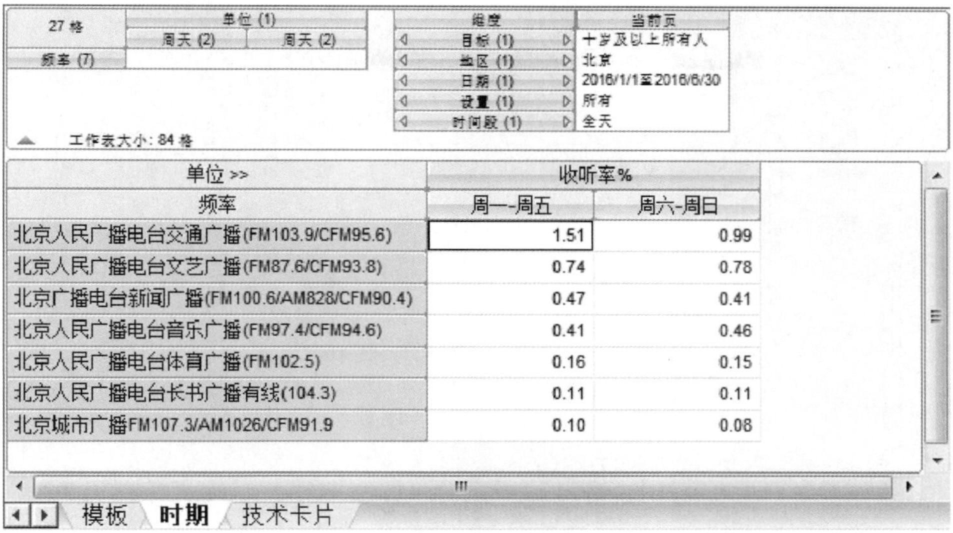

图 6.1.16　各频率工作日与周末收听率计算结果报告页面

举例 5：利用“日期组”功能计算节假日收听率。

InfosysPlusRadio 提供了“日期组”功能，将具有某一特征的一系列日期建成一个日期组，日后分析时直接使用建好的日期组进行计算，简化了模板设置过程。下面以计算北京地区 2016 年上半年所有节日多个本地频率的收听率为例，介绍具体操作方法。

首先，建立“2016 年所有假日”的日期组成分。方法如下：新建日期成分，在“日期创建”对话框中点击下方按钮，此时弹出“编辑日期组”对话框，点击“新建”并输入日期组的名字“2016 年所有假日”(图 6.1.17)。然后页面会立即弹出“日期选择”全年明细窗口。在此窗口中，将所有假日一一选择，使用鼠标右键，在弹出的“更改节假日名称”窗口中给这些日期命名。例如：选择 2016 年 4 月 2 日 ~2016 年 4 月 4 日，并为其命名为“清明节”。其他节日也采用同样的方法一一命名，完成 2016 年所有假日的标识，如图 6.1.18。

建立好日期组后，在模板“日期”成分中选择“2016 年上半年”，然后点击按钮，得到 2016 年上半年与 2016 年节假日的交集（图 6.1.19），即 2016 年上半年所有假日。值得注意的是，建立好的“日期组”无法单独选择，需与日期成分相结合。点击一次按钮为所选日期中包含该日期组的日期，点击两次按钮为所选日期中不包含日期组的日期。

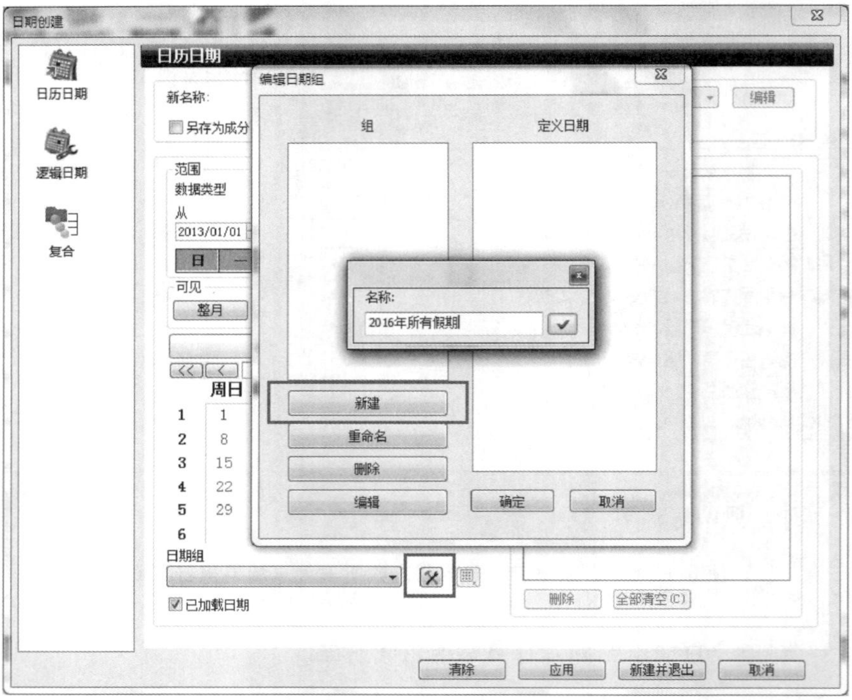

图 6.1.17　日期创建窗口

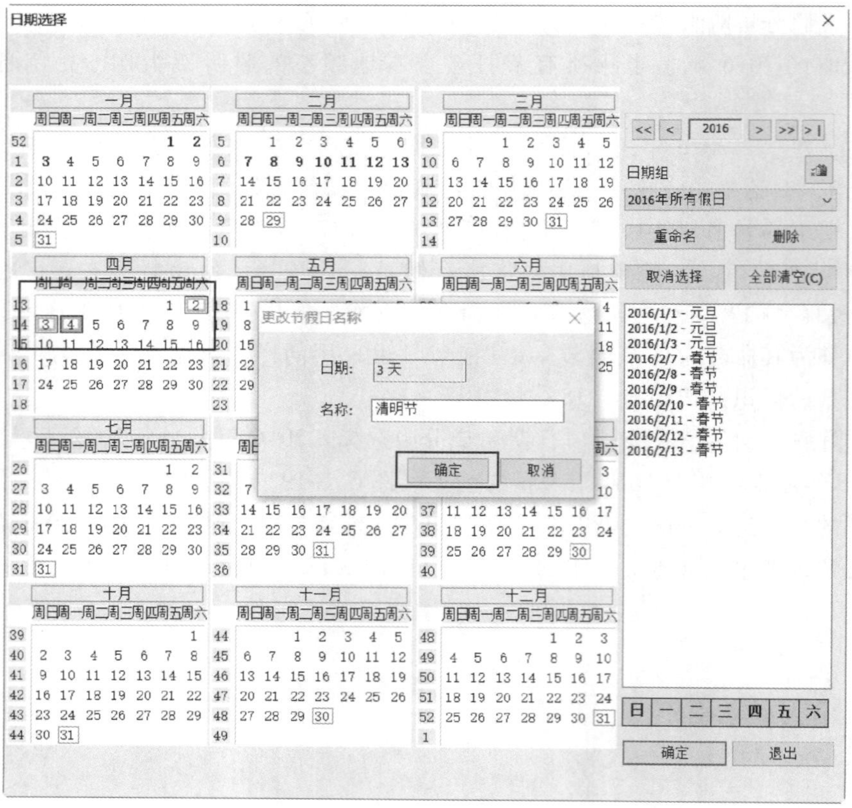

图 6.1.18　日期组编辑窗口

图 6.1.19　2016 年上半年所有假期

接下来，设置模板中的其他各成分：目标听众（十岁及以上所有人）、地区（北京）、频率（本地多个频率）、时间段（全天）、单位（收听率%）和报告（时期）。经过计算，得到北京地区 2016 年上半年节假日期间所选频率的收听率，如图 6.1.20。

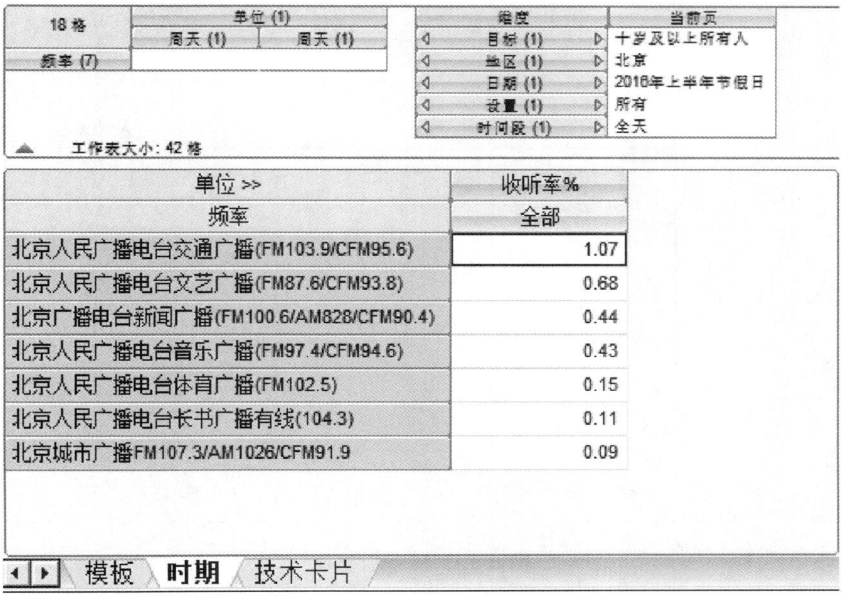

图 6.1.20　各频率假期收听率计算结果报告页面

Q4. 如何计算频率的听众构成和听众集中度？

“听众构成”和“听众集中度”是描述听众特征的两个常用指标。其中“听众构成”指标计算的是目标听众的收听时长占所有听众[①]收听时长的百分比；“听众集中度”指标计算的是各目标听众的收听率与所有听众收听率的比值。听众构成数值越大，说明该频率的所有收听时长中该类目标听众贡献得越多；听众集中度数值越大，说明该目标听众的收听水平与平均收听水平相比越高。

举例：计算 2016 年 1 月北京地区所有频率各性别、年龄组的听众构成和听众集中度。

首先，新建模板，分别建立男性、女性及各年龄组的目标听众。以“10 ~ 14 岁”为例，在“目标”成分中使用“新建…”创建一个新的目标成分。在弹出的“目标创建”窗口中选择“个人”，并且在“筛选”框内选择所要创建目标的属性，本例中选择“10 ~ 14 岁”，如图 6. 1. 21。其他各年龄组、各性别也采用同样的方法来创建。目标属性变量也可以选择多个，通过“合并组”“拆分组”“新建组”（ ）选项将各属性做交集、并集或新建一个条件组使用，如图 6. 1. 21 中的“15 ~ 24 岁女性或 25 ~ 34 岁男性”。

图 6. 1. 21　目标创建

---

① 所有听众指的是当地十岁及以上的所有广播推及人口，以后不再特别注明。

目标建立后，设置模板中的其他成分：地区（北京）、频率（所有频率）、时间段（全天）、单位（听众构成%和集中度%）、日期（2016年1月1日~2016年1月31日）和报告（时期），如图6.1.22。

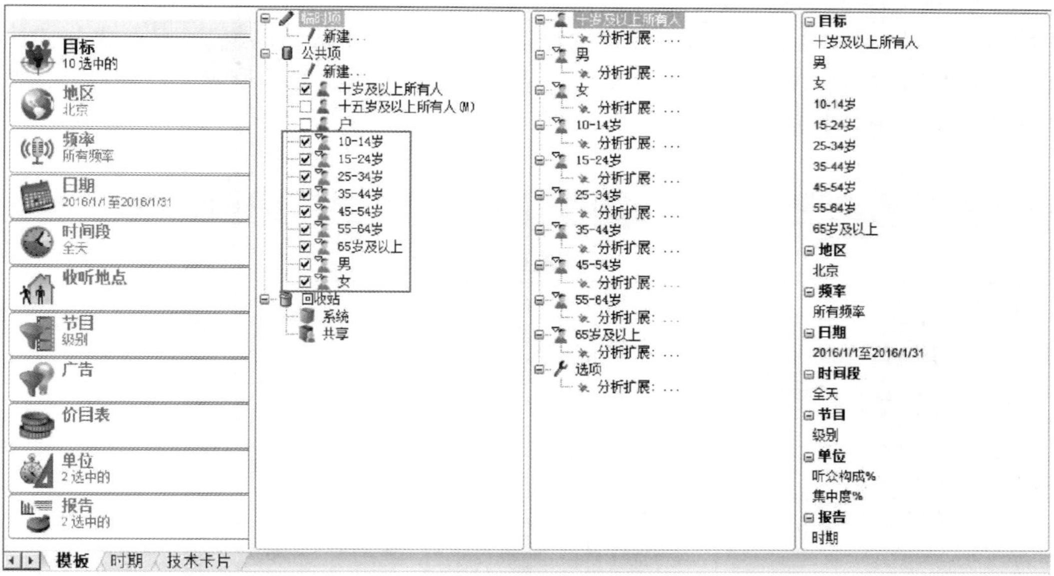

图6.1.22　模板设置页面

计算模板，得到时期报告结果，如图6.1.27。本例中，对于北京地区所有频率而言，男性听众构成（51.45%）略高于女性听众（48.55%），45~54岁年龄层听众贡献的收听时长比例最大，为20.76%；而男性听众、45岁及以上年龄层听众集中度更高，收听倾向性更强。

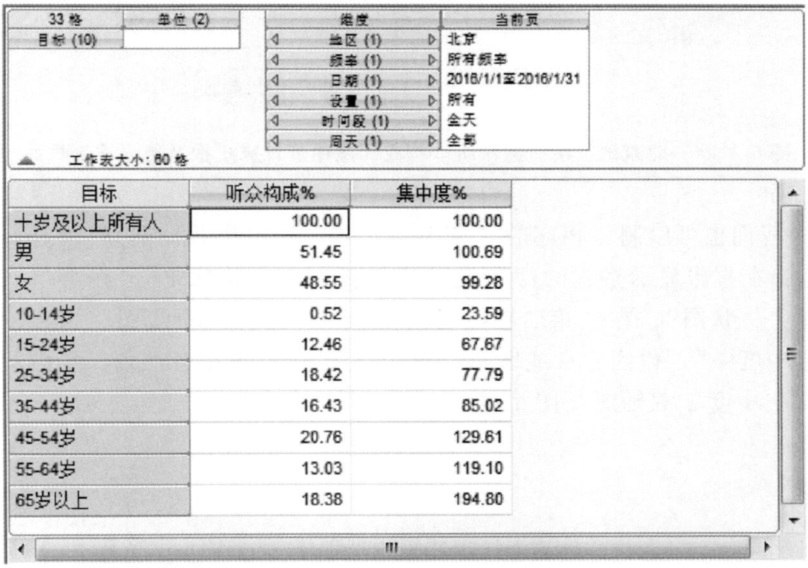

目标	听众构成%	集中度%
十岁及以上所有人	100.00	100.00
男	51.45	100.69
女	48.55	99.28
10-14岁	0.52	23.59
15-24岁	12.46	67.67
25-34岁	18.42	77.79
35-44岁	16.43	85.02
45-54岁	20.76	129.61
55-64岁	13.03	119.10
65岁以上	18.38	194.80

图6.1.23　北京地区所有频率1月份的听众构成和集中度计算结果报告页面

建立各目标听众除了可以采用上述方法外，我们还可以通过 InfosysPlusRadio 中目标人群的“分析扩展”功能来实现。使用“分析扩展”功能时，只需要定义目标人群划分的属性，报告结果中即会得到该属性划分下的每个细分目标人群的结果。

例如本例模板中选择目标人群“十岁及以上所有人”之后，在其选项中设置按“性别”“年龄组”分别扩展（在弹出的对话框中勾选“生成不同组”，目标成分“选项”中“分析扩展的简短名称”设置为“是”），保持模板中的其他成分设置不变，重新计算即可得到同样的结果，如图 6.1.24。

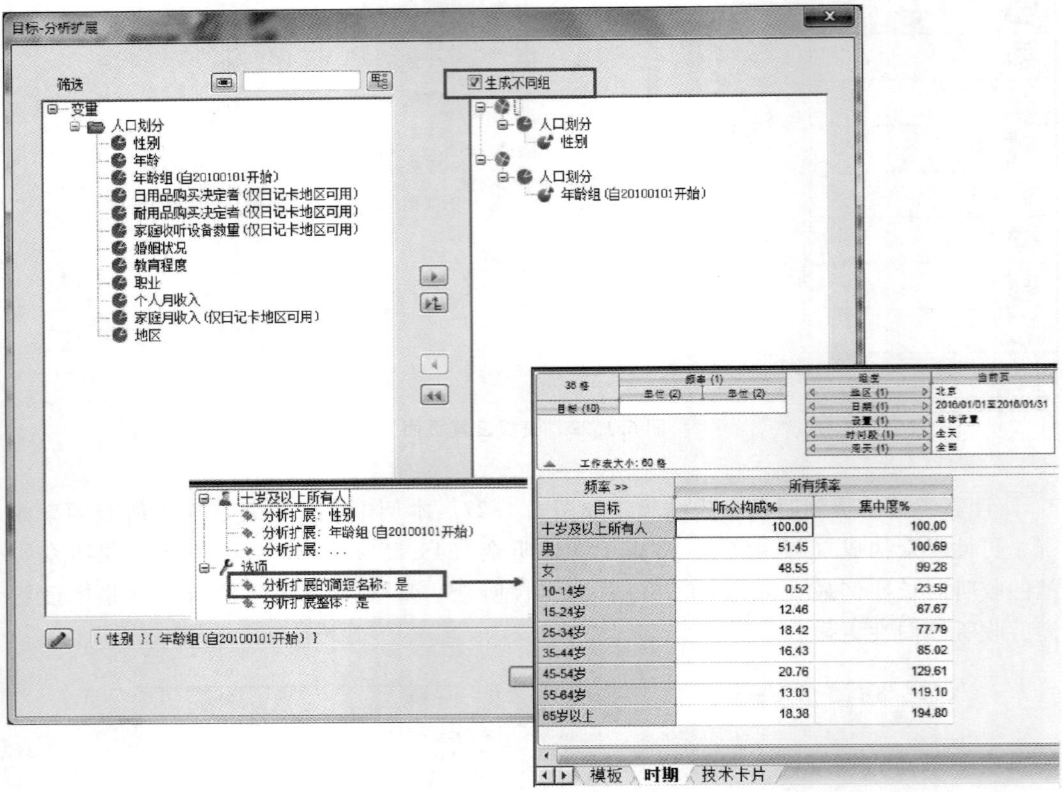

图 6.1.24 北京地区所有频率听众构成和集中度计算模板及结果报告页面

本例中我们也可以制作相应的“图表”报告，在这里我们选择“双轴图”。具体制作方法为：在报告显示格式的“单位”中选择“听众构成%”，在菜单“类型”子菜单中选择“柱状图”，在“第二单位”的子菜单中选择“折线图”，在“Y 轴单位”中定义“集中度%”，得到北京地区 2016 年 1 月份所有频率各性别、年龄段的“听众构成”和“集中度”双轴图（图 6.1.25）。

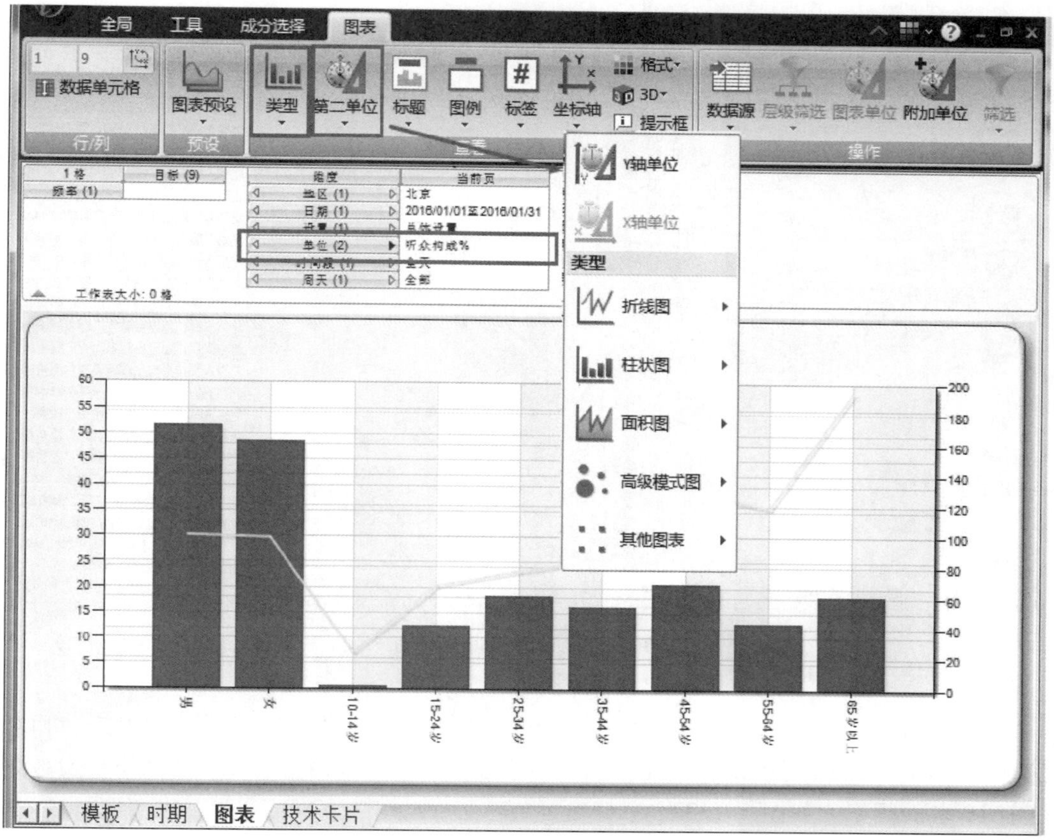

图 6.1.25　北京地区所有频率听众构成和集中度图表报告

Q5. 如何计算频率及频率组的市场份额?

市场份额指特定时段内收听某一频率或某一节目的人数占同一时段所有收听广播人数的百分比。频率市场份额是反映频率收听竞争力的重要指标，市场份额越大，表明频率的市场竞争力越强。

举例 1：计算特定地区所有频率市场份额并进行排名。

下面以计算 2016 年上半年北京地区所有频率市场份额排名前 10 位为例，来介绍如何在软件中计算各频率的市场份额并进行排序。

新建模板，并设置模板各成分：目标听众（十岁及以上所有人）、地区（北京）、频率（北京地区所有频率）、时间段（全天）、单位（市场份额%）、日期（2016 年 1 月 1 日 ~2016 年 6 月 30 日）、报告（时期），具体设置方法如图 6.1.26。

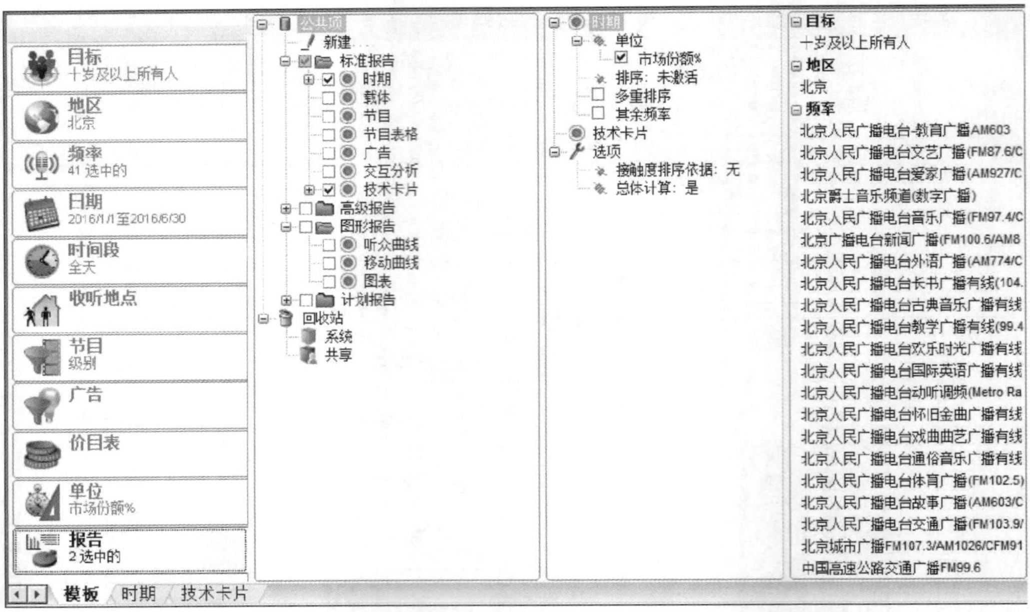

图 6.1.26　模板设置页面

计算模板，在报告结果的“排序”菜单中选择“自定义”功能，并设置按“市场份额%”“降序”排列，设置“显示前 N 名”为“10”，最终得到北京地区市场份额排名前 10 名的频率，如图 6.1.27。

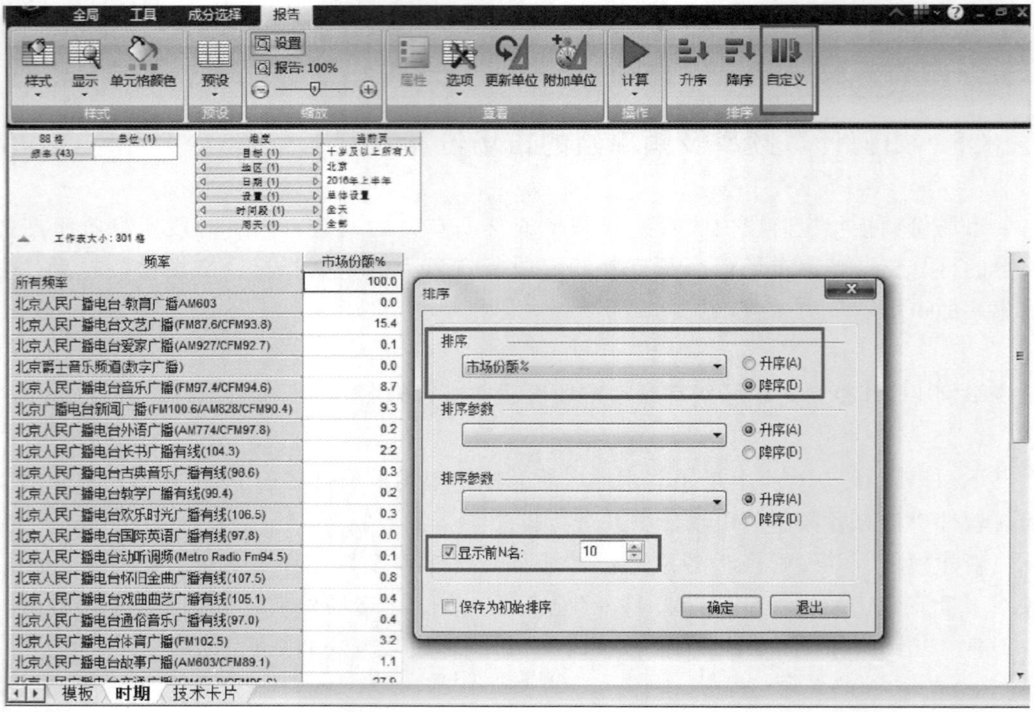

图 6.1.27　排序设置

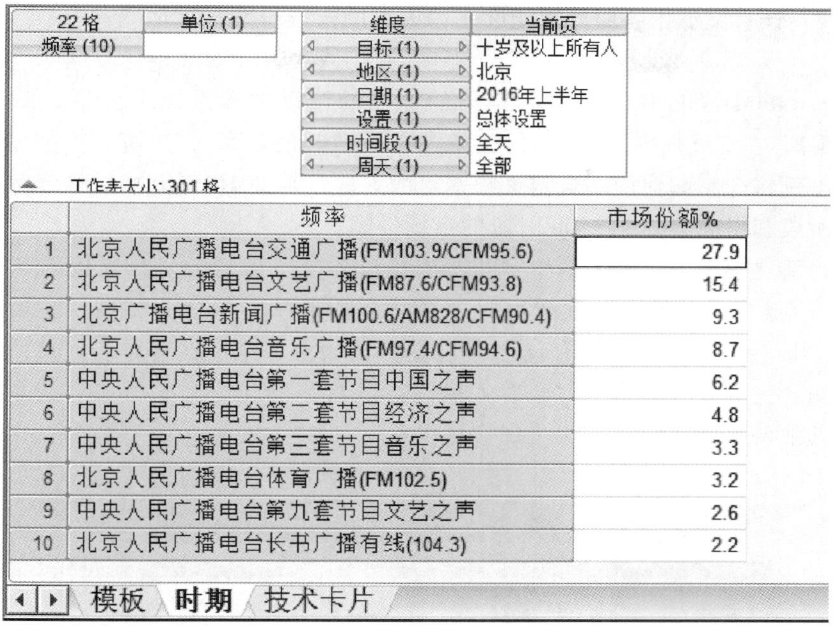

图 6. 1. 28　北京地区所有频率市场份额排名前 10 位

用户如果想要在计算时直接得到最终排序后的报告结果，则需要在计算之前的模板中进行设置，如图 6. 1. 29。

在“时期”报告中先调整显示格式，使得“频率”显示在报告页“行”的位置、“单位”显示在报告页“列”的位置；同时，将“时期”报告选项中的“排序”设置为按“市场份额%（\）；10”，即可得到同样的排序结果。

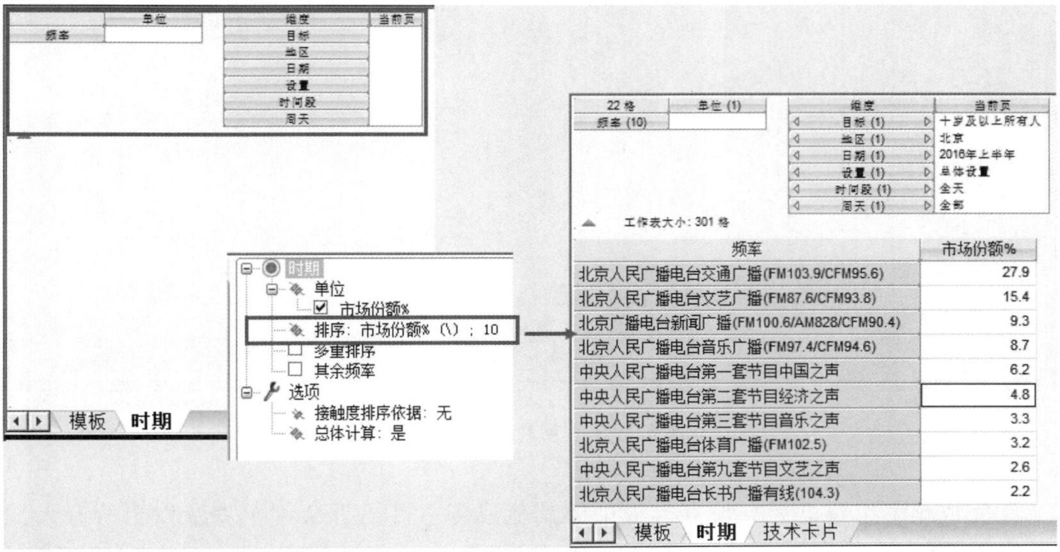

图 6. 1. 29　计算前的排序设置

举例 2：计算某城市各级频率组在不同时段的市场份额。

在 InfosysPlusRadio 中，各级频率组的使用既可以选择系统中提供的默认频率组“中央级频率”“省级频率”“市县级频率”以及“其他频率”，也可以依据需求自定义频率组。本例将介绍如何使用自定义频率组的方法计算 2016 年 1 月长春地区各级广播频率全天时段和早间 6:00～9:00 时段的市场份额。

首先，新建模板，建立频率组“长春人民广播电台”成分。在模板的“频率”成分中点击“新建…”，弹出“频率生成”对话框；选择“复合”类型，在可用频率筛选处输入“长春”后，得到所有包含“长春”的频率；选中这些频率，使用箭头将其选择至右侧，完成复合频率组“长春人民广播电台”的建立，如图 6.1.30。使用相同方法建立其他两个频率组“中央人民广播电台”和“吉林省人民广播电台”。

图 6.1.30　复合频率组的建立

完成频率组建立后，设置模板中的其他成分：目标听众（十岁及以上所有人）、地区（长春）、时间段（全天、6:00～9:00）、单位（市场份额%）、日期（2016 年 1

月）以及报告（时期，选项中勾选“其余频率”，结果中会自动将已选频率/频率组以外的所有其他频率建组并计算其结果），具体设置方法如图 6. 1. 31。

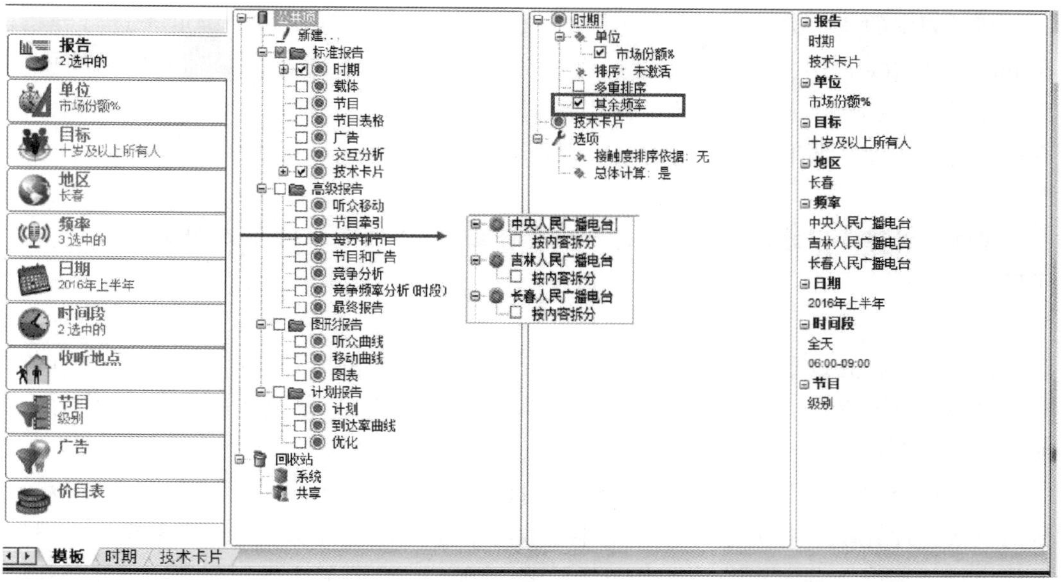

图 6. 1. 31 模板设置页面

计算模板，得到报告结果如图 6. 1. 31。从报告结果中可以看出长春地区 2016 年 1 月份“全天”和“早间 6:00 ~ 9:00”时段各级频率组的市场份额（%）。

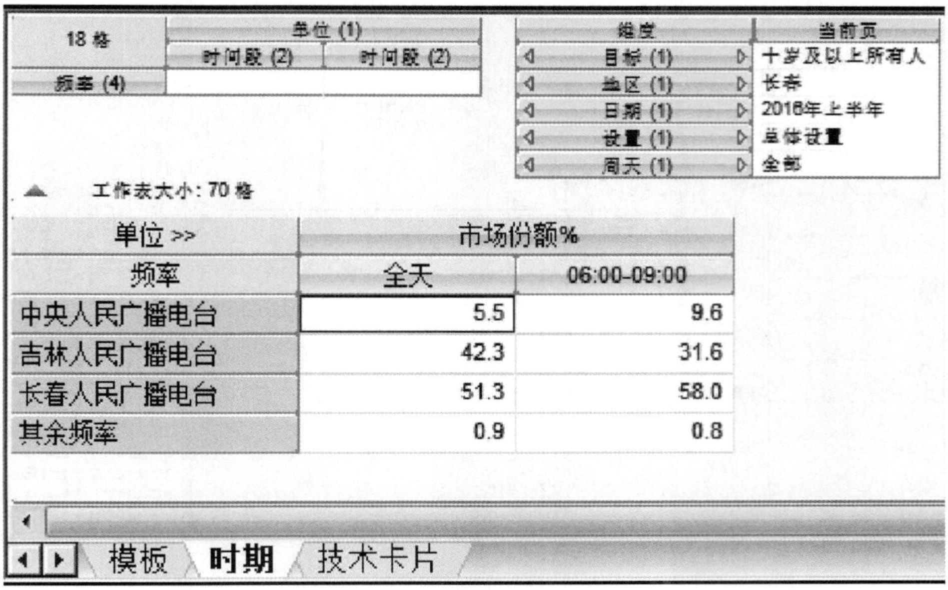

单位 >>	市场份额%	
频率	全天	06:00-09:00
中央人民广播电台	5.5	9.6
吉林人民广播电台	42.3	31.6
长春人民广播电台	51.3	58.0
其余频率	0.9	0.8

图 6. 1. 32 长春地区各频率组市场份额（%）计算结果报告页面

Q6. 如何从听众规模和听众忠实度的角度考察频率的竞争力？

衡量频率的竞争力，可以从该频率听众收听的广度和深度两个维度来进行分析。在 InfosysPlusRadio 中，收听的广度和深度分别可以用“平均到达率”和“平均忠实度”来反映。拥有高平均到达率、高平均忠实度的频率是大众市场中的强势频率，拥有高平均忠实度、低平均到达率的频率则是小众市场中的优势频率。

举例：计算北京地区 2016 年上半年收听率前 10 位频率的平均到达率和平均忠实度。

新建模板，并设置模板各成分：目标听众（十岁及以上所有人）、地区（北京）、频率（本地所有频率）、时间段（全天）、单位（收听率%、平均到达率%和平均忠实度%）、日期（2016 年 1 月 1 日 ~2016 年 6 月 30 日）。

报告选择“时期”，并且首先进入时期报告中调整显示格式，然后进行排序设置，从而直接在计算结果中获得2016 年上半年收听率最高的10 个频率。具体做法：在时期报告中将“频率”显示在“行”的位置，将“单位”显示在“列”的位置，并且在模板设置中时期报告的选项“排序”中，设置按收听率降序排名前 10 名。模板设置如图 6.1.33。

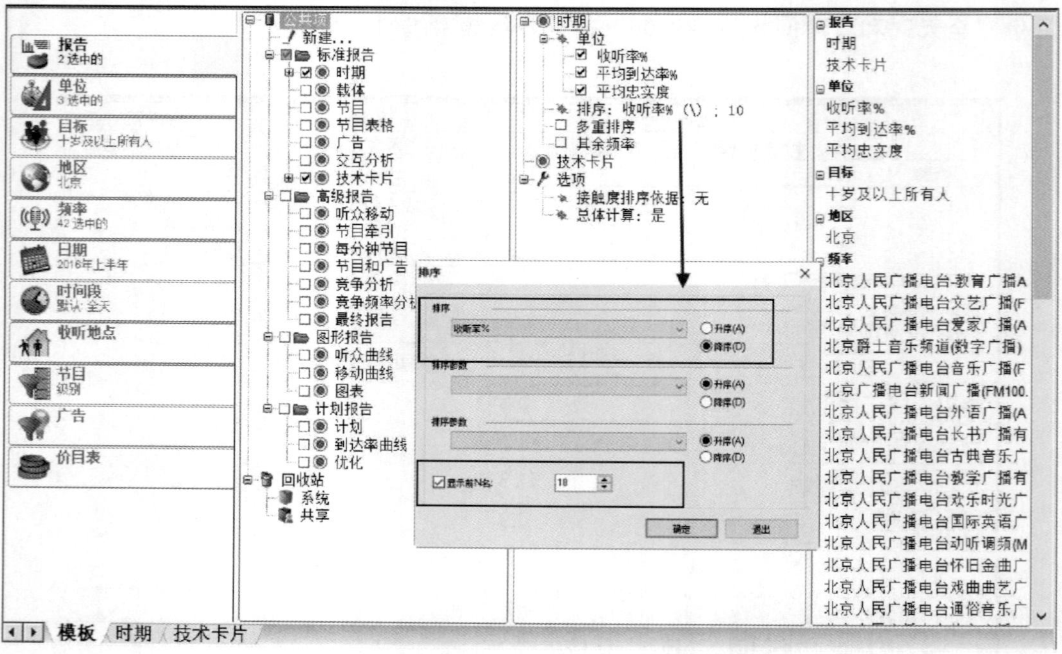

图 6.1.33 模板设置页面

计算模板，得到北京地区 2016 年上半年收听率排名前 10 位频率的平均到达率%和平均忠实度%，如图 6.1.34。

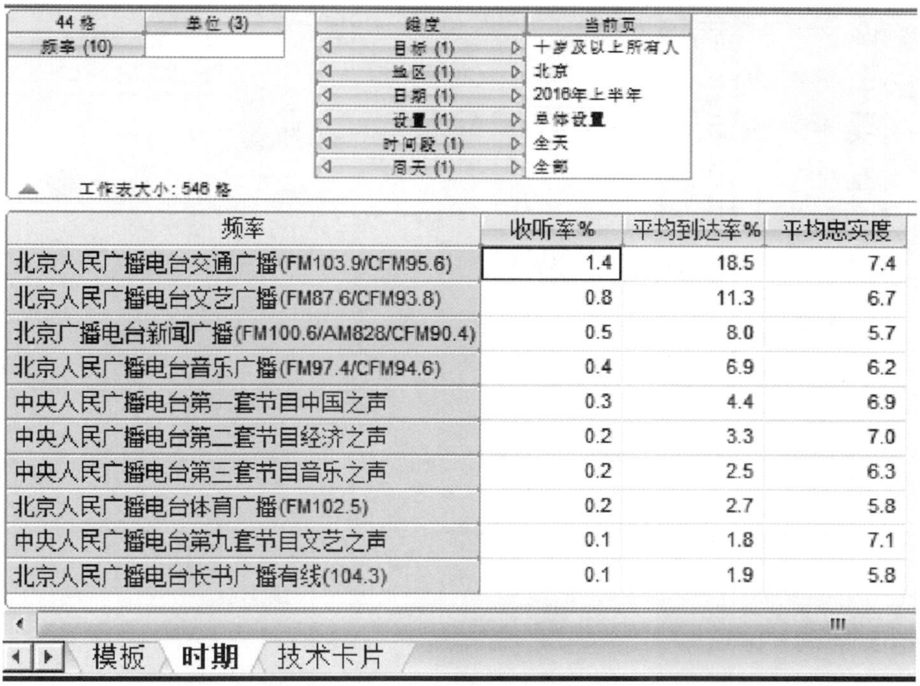

频率	收听率%	平均到达率%	平均忠实度
北京人民广播电台交通广播(FM103.9/CFM95.6)	1.4	18.5	7.4
北京人民广播电台文艺广播(FM87.6/CFM93.8)	0.8	11.3	6.7
北京广播电台新闻广播(FM100.6/AM828/CFM90.4)	0.5	8.0	5.7
北京人民广播电台音乐广播(FM97.4/CFM94.6)	0.4	6.9	6.2
中央人民广播电台第一套节目中国之声	0.3	4.4	6.9
中央人民广播电台第二套节目经济之声	0.2	3.3	7.0
中央人民广播电台第三套节目音乐之声	0.2	2.5	6.3
北京人民广播电台体育广播(FM102.5)	0.2	2.7	5.8
中央人民广播电台第九套节目文艺之声	0.1	1.8	7.1
北京人民广播电台长书广播有线(104.3)	0.1	1.9	5.8

图 6.1.34　北京地区 2016 年上半年多个频率的平均到达率和平均忠实度计算结果报告页面

我们也可以使用 InfosysPlusRadio 制作相应的“图表”报告。具体做法：在报告显示格式的“单位”中选择“平均忠实度”，即设置纵轴为平均忠实度%；在“类型”子菜单中选择“高级模式图”\“气泡图”，并且设置“气泡图选项”\“大小依据于”为“收听率%”，即选择绘制图表的类型为气泡图，并且设置气泡的大小取决于收听率数值的大小；在“第二单位”的子菜单“X 轴单位”中定义“平均到达率%”，即设置横轴为平均到达率；在“坐标轴”的“X 轴”和“Y 轴”分别设置“交叉点”和“轴标题”，X 轴的交叉点设置为排名前 10 名频率平均到达率的平均值，Y 轴的交叉点设置为这些频率平均忠实度的平均值；最后将“图例”显示在右侧（图 6.1.35）。设置后得到北京地区 2016 年上半年收听率排名前 10 位的各频率平均到达率%及平均忠实度%的气泡图（图 6.1.36）。

从图中可以看到，北京人民广播电台交通广播频率的平均到达率和平均忠实度都最高，气泡的面积最大，即收听率也最大，因此该频率成为北京市场竞争力最强的频率；北京人民广播电台文艺广播频率略次之，为北京地区竞争力较为强势的频率；而中央人民广播电台第九套节目文艺之声、中央人民广播电台第二套节目经济之声和中央人民广播电台第一套节目中国之声，忠实度都较高，而到达率略低，这些频率为北京市场的小众优势频率。

图 6.1.35　平均到达率和平均忠实度散点图设置过程

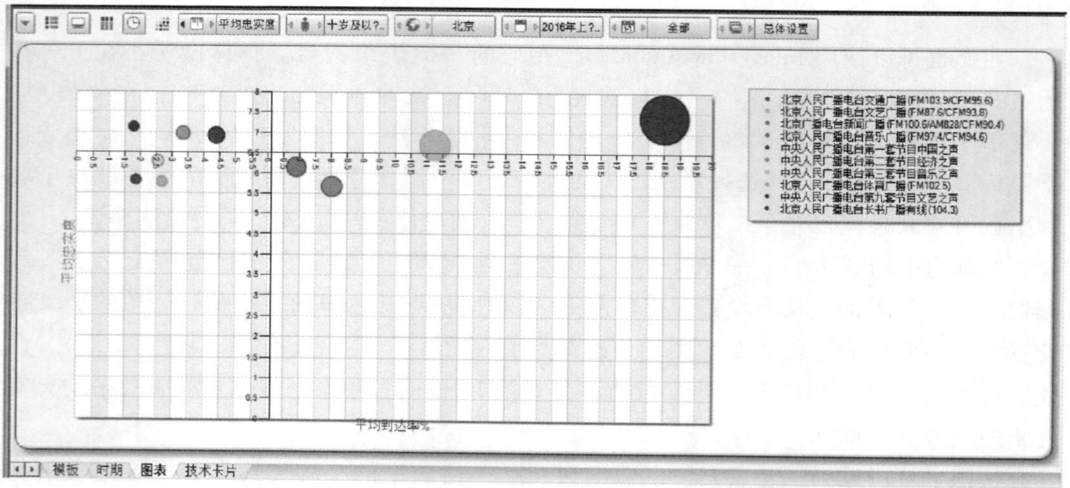

图 6.1.36　北京地区 2016 年上半年多个频率的平均到达率和平均忠实度气泡图

Q7. 如何计算频率的时间段贡献及时间段频率贡献?

时间段贡献反映了某一特定时段对于本频率总体收听时间的贡献；而时间段频率贡献表明了特定频率特定时段听众的收听时长对广播听众总体收听时长的贡献。数值越大，贡献越大。

举例：计算 2016 年 1 月份北京地区北京人民广播电台交通广播早间 6:00 ~ 10:00 时段对本频率全天时段的时间段贡献，以及该频率该时段对所有频率全天时段的时间段频率贡献。

首先，新建模板，并且在“单位”成分中选择“时间段贡献%”与“时间段频率贡献%”指标。这两个指标在使用时需要预先设置相应的参考时间段与参考频率。在默认不设置的情况下，参考时间段为“全天时段”，默认参考频率为“所有频率”。

本例中需要计算的是北京地区北京人民广播电台交通广播早间 6:00 ~ 10:00 时段对该频率全天时段收听时长的时间段贡献，因此，“时间段贡献%”使用其默认参考时间段参数即可，无需具体设置；本例中需要同时计算 6:00 ~ 10:00 时段本频率收听时长对所有频率全天收听时长的贡献，因此，“时间段频率贡献%”指标也使用其默认参考时间段参数和默认参考频率，无需具体设置，如图 6. 1. 37。

设置模板的其他成分：目标听众（十岁及以上所有人）、地区（北京）、频率（北京人民广播电台交通广播）、时间段（6:00 ~ 10:00）、日期（2016 年 1 月）、报告（时期），模板设置如图 6. 1. 37。

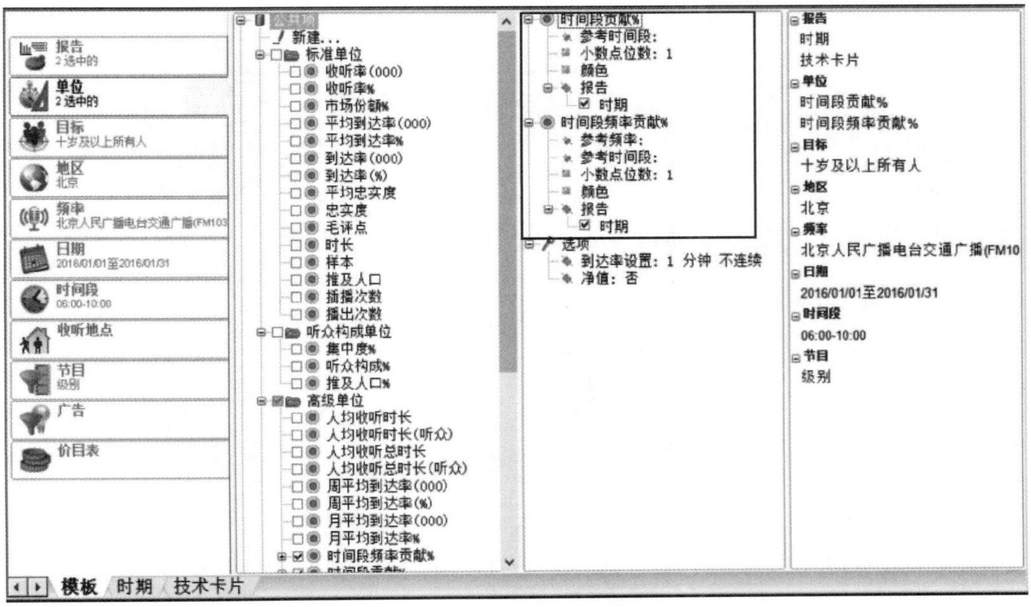

图 6. 1. 37 模板设置页面

计算模板，得到报告结果。报告显示北京人民广播电台交通广播早间 6:00 ~ 10:00 时段对于本频率全天时段收听时间的贡献为 44.7%；对所有频率全天时段的收听时长贡献为 12.4%（图 6.1.38）。

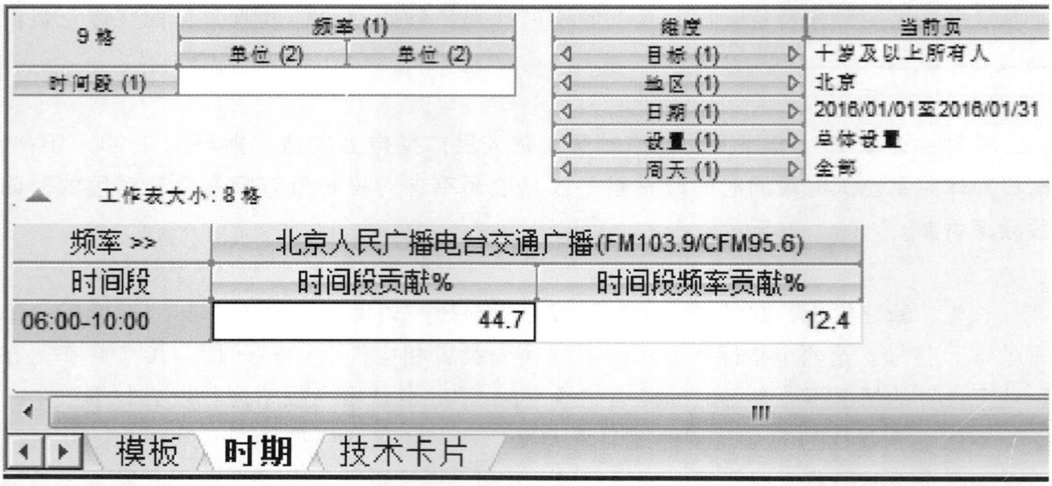

图 6.1.38　特定频率的时间段贡献及时间段频率贡献计算结果页面

如果用户要想获得 6:00 ~ 10:00 时段每小时对该时段的时长贡献，则可以将“时间段贡献%”参考时段设置为“6:00 ~ 10:00”，同时将 6:00 ~ 10:00 时段成分的“间隔”选项设置为“按小时”，保持模板其他成分不变，计算后得到如下结果（如图 6.1.39）。从结果中获知，北京人民广播电台交通广播频率 8:00 ~ 9:00 时段对 6:00 ~ 10:00 时段贡献最大，为 44.2%。

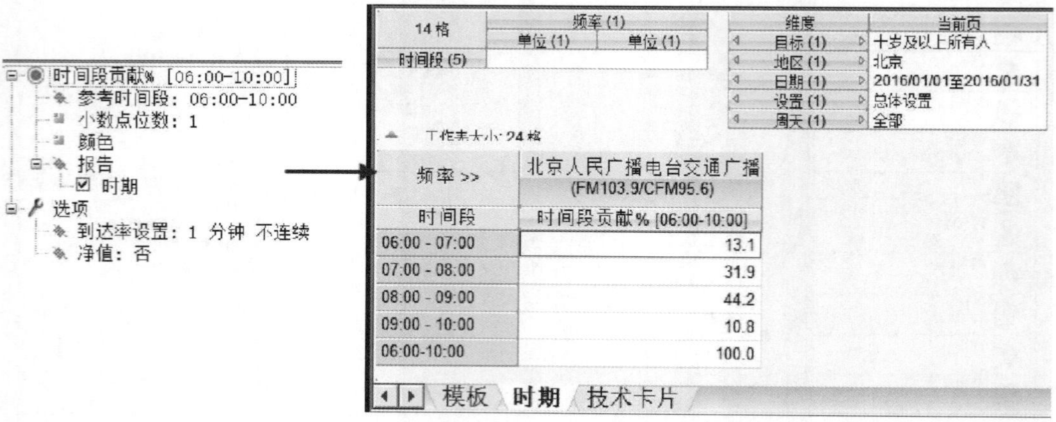

图 6.1.39　各时间段间隔对整体时段的时间段贡献计算结果页面

Q8. 如何使用时段数据计算节目的收听率?

通常，节目收听率可以利用节目数据在 InfosysPlusRadio 的节目报告中计算获得；但当用户没有节目数据而只有时段数据时，他们也可以在时期或者载体报告中通过计算节目播出时间段的收听率来间接获得节目的收听率。如果节目在特定频率的固定时段播出，可以直接利用模板中的频率、时间段成分在时期报告中定义并计算其收听率；如果节目是在多个频率的不同时段播出，可以在高级时间段载体中定义播出的频率和时段，通过载体报告来计算其收听率。

举例：利用时段数据计算《新闻和报纸摘要》栏目每周的收听率。

新建模板，首先根据栏目播出的时间段建立载体。本例以《新闻和报纸摘要》为例，建立载体。

建立方法：新建“时间段成分”，选择“高级时间段”，根据所选时间段长度定义时段显示间隔。由于节目时长为 30 分钟，本例中设置间隔为“30”。选择每天的 6:30 ~ 7:00 时段，为该时段定义频率“中央人民广播电台第一套节目中国之声”；同时选择每天的 7:00 ~ 7:30 时段，同样为该时段定义频率“中央人民广播电台第二套节目经济之声”，如图 6.1.40。

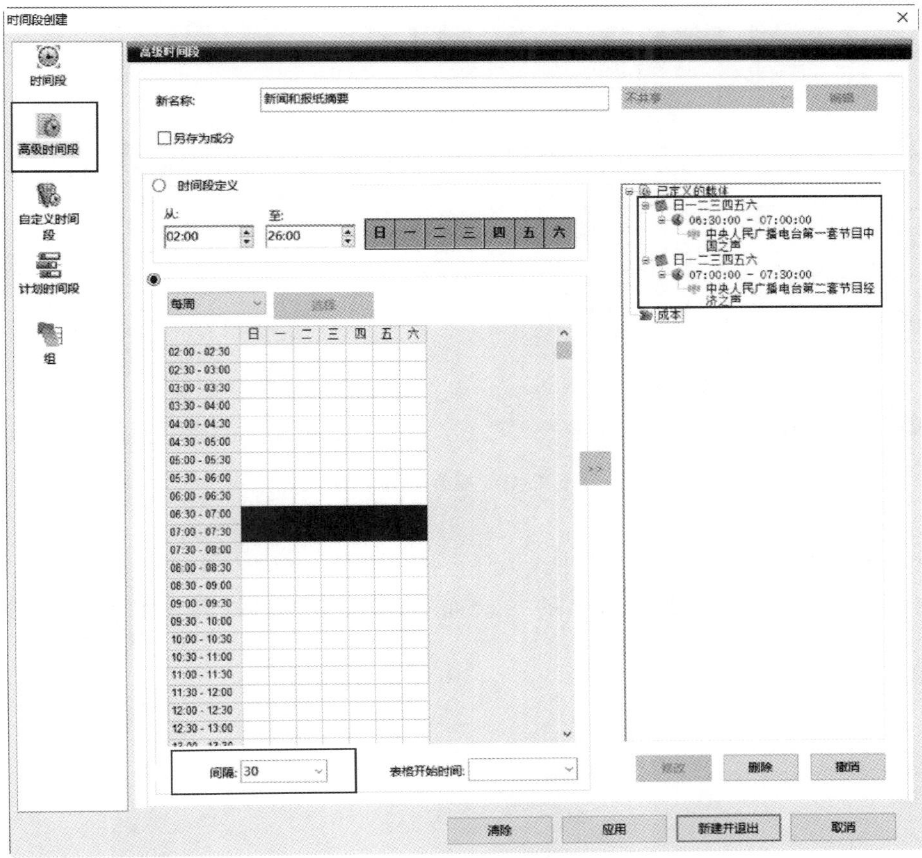

图 6.1.40　**高级时间段载体定义**

建立载体后，模板中选择该时段时，需要设置其选项“按日期间隔载体”为“周”，从而计算这个时间段每周的收听情况。值得注意的是，在计算某个时间段载体一定日期间隔的收听情况时，需在已选时段的选项中设置“按日期间隔载体”而非在模板日期成分中设置日期间隔。

接下来，设置模板中的其他成分：目标听众（十岁及以上所有人）、地区（北京）、日期（2016 年 12 月），由于载体建立时已经包含了频率，因此模板中不需要再设置频率成分，计算时直接读取高级时间段信息中的频率信息。

最后选择“载体”报告。载体报告具有四个选项，计算的时间段类型不同，载体报告中的选项设置也就不同：基本时间段对应载体报告选项中的“简单时间段”；高级时间段载体、自定义时间段载体和计划载体对应载体报告选项中的“载体时间段”；节目载体对应选项中的“节目”；广告载体对应选项中的“广告”。本例中由于建立的是高级时间段，因此使用“载体时间段”，如图 6. 1. 41。

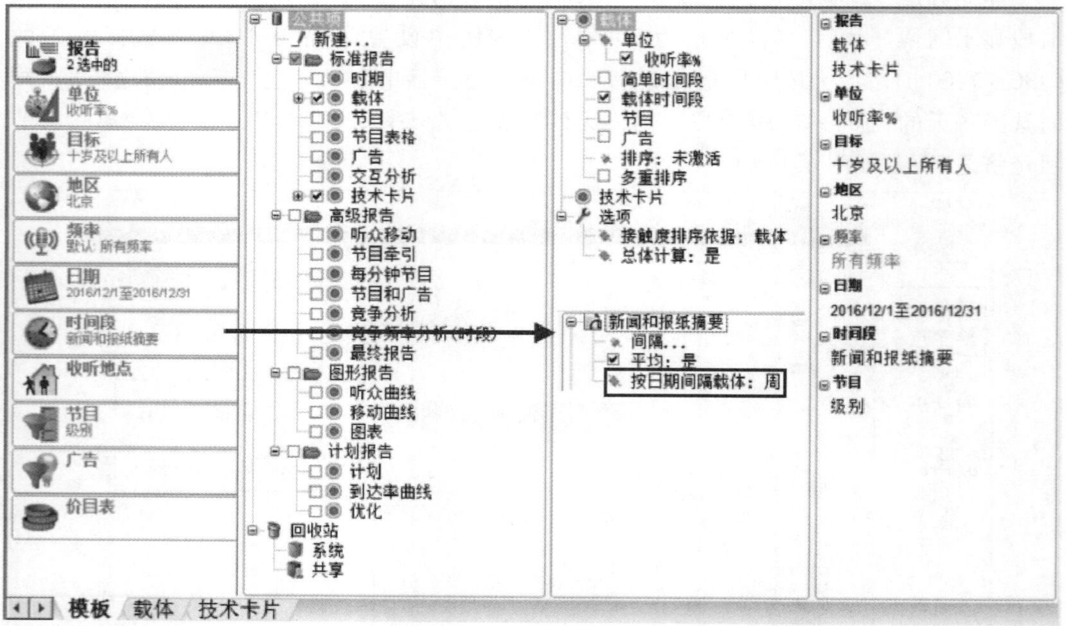

图 6. 1. 41　模板设置页面

计算模板得到 2016 年 12 月份中央人民广播电台第一套节目中国之声和中央人民广播电台第二套节目经济之声播出的《新闻和报纸摘要》栏目的每周收听率，如图 6. 1. 42。

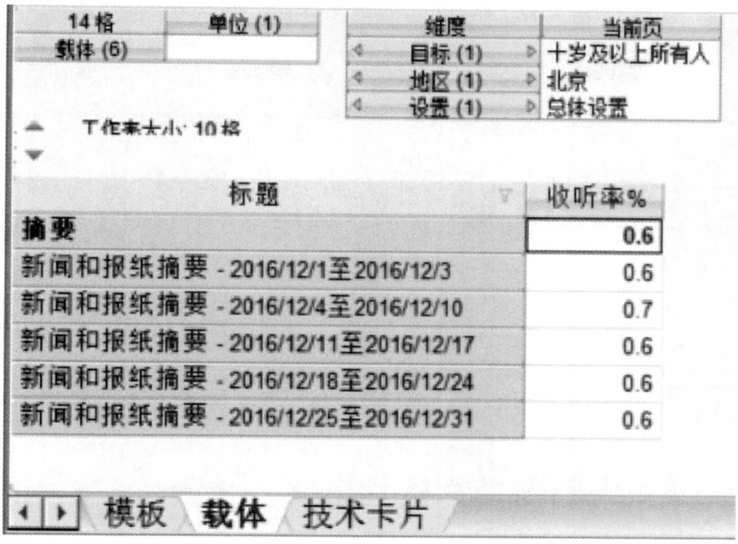

图 6.1.42　《新闻和报纸摘要》栏目每周收听率计算结果报告页面

第二节　节目分析功能

InfosysPlusRadio 提供了一系列节目分析功能，如计算特定节目收听率，进行节目收听率排名，计算各类节目收播比重等，这些功能都是在节目筛选与交互分析的基础上实现的。因此，在本节中，我们将首先介绍节目筛选和交互分析功能的使用；随后，本节将进一步介绍如何通过自定义导入节目单来分析节目收听情况，以便为没有节目监测数据的用户提供节目分析功能。

Q1. 如何筛选特定节目?

InfosysPlusRadio 模板中的“节目”成分包含了一系列节目筛选条件，用户可以通过定义筛选条件，对报告结果中的节目进行筛选，从而得到符合条件的节目信息。与此同时，InfosysPlusRadio 还提供了“节目列表”功能，可以保存用户设置的筛选条件和已筛选出来的节目，方便用户日后直接使用。

举例 1：筛选所选频率在所选日期中播出的名称包含“新闻”的节目，并保存节目列表。

新建模板，设置模板中的各成分。如“日期”选择“2016 年上半年”；“频率”选择“所有频率”；在“节目”成分中，定义筛选条件“级别 1” + “名称（新闻）”。点击“提取”按钮，下方预览框中可以得到 2016 年上半年所有频率播出的所有名称中包含“新闻”的节目，如图 6.2.1。

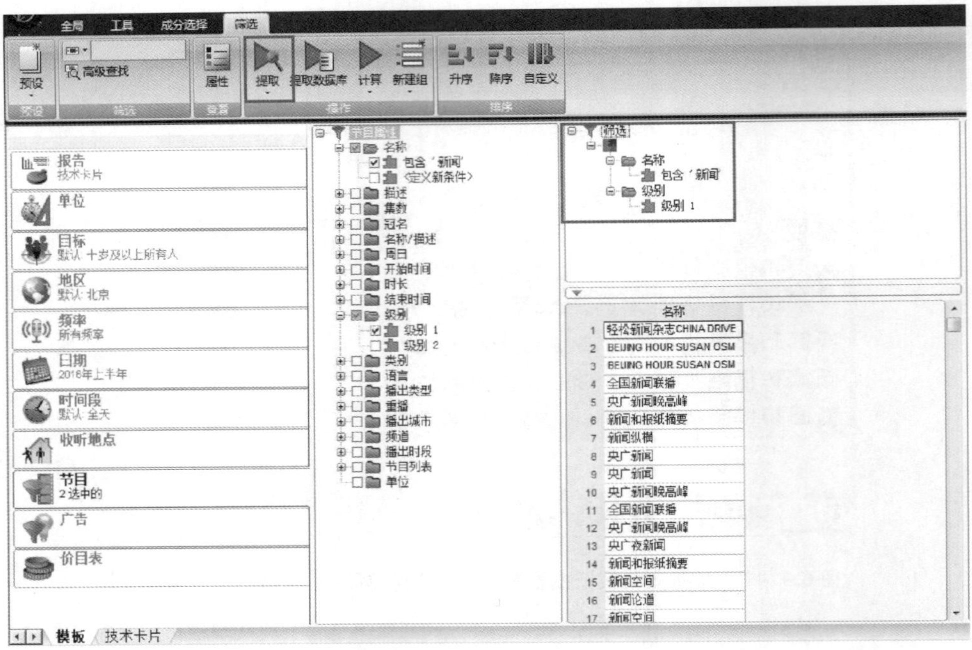

图 6.2.1　名称中包含“新闻”的节目筛选设置

此例使用的是“提取”按钮，筛选的是模板中定义的日期和频率播出的节目中，名称中包含“新闻”的所有节目。同时用户也可以使用“提取数据库”按钮，此时，用户无需定义模板中任何成分，该功能筛选的是用户所安装的所有节目数据中，所有频率播出过的名称中包含“新闻”的节目，如图 6.2.2。

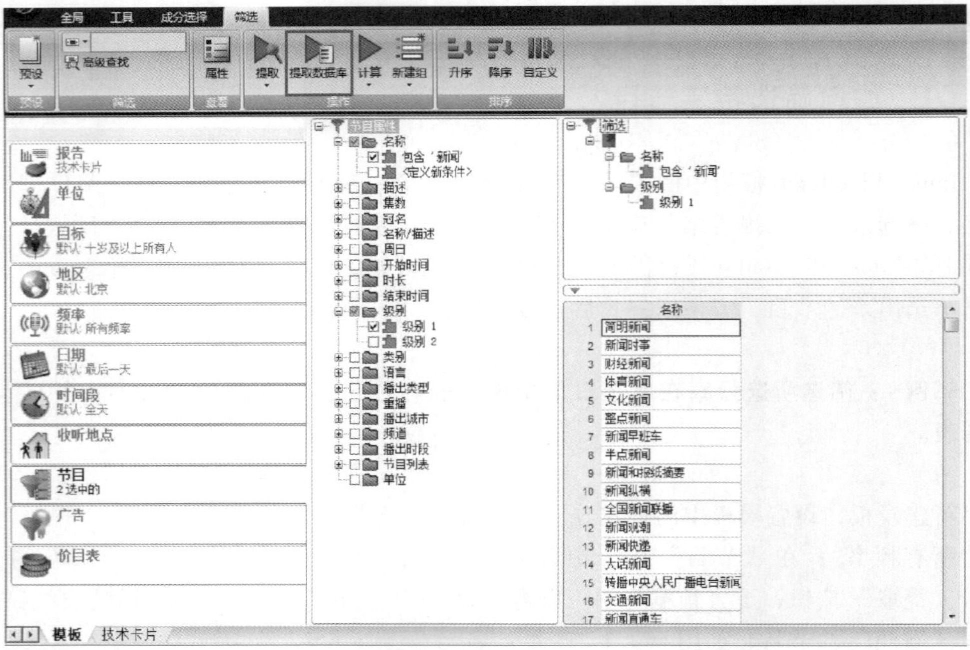

图 6.2.2　使用“提取数据库”筛选名称中包含“新闻”的节目设置

“节目列表”分为两种形式：一种为“逻辑节目列表”，储存的是“节目”成分中所设的筛选条件；另一种为“物理节目列表”，储存的是满足筛选条件的具体节目名称。在此例中，选择筛选条件中的“新闻”，使用鼠标右键菜单，点击不同的选项可以保存不同的筛选内容：在设置的筛选条件区域右键点击“创建逻辑列表”下的“当前组…”，可以保存当前筛选条件设置，参见图 6. 2. 3 中建立的节目列表“名称含 ~ 新闻”；在下方筛选出来的节目右键菜单中选择“新建节目/广告列表（代码：标题）”，得到节目列表“全国新闻联播”。这个节目列表中存储的仅仅是节目名称，而通过右键菜单中“新建节目/广告列表（代码：标题、频率）”选项创建的节目列表保存的则是“中央人民广播电台第一套节目中国之声”频率播出的“全国新闻联播”节目，参见图 6. 2. 4。

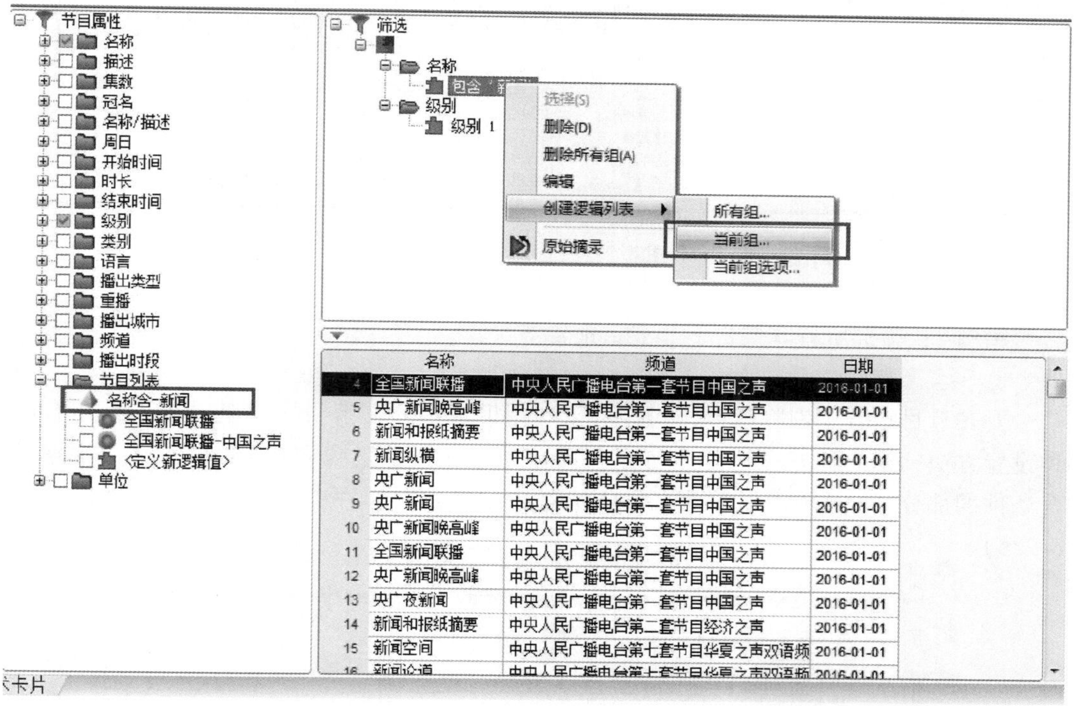

图 6. 2. 3　创建逻辑列表

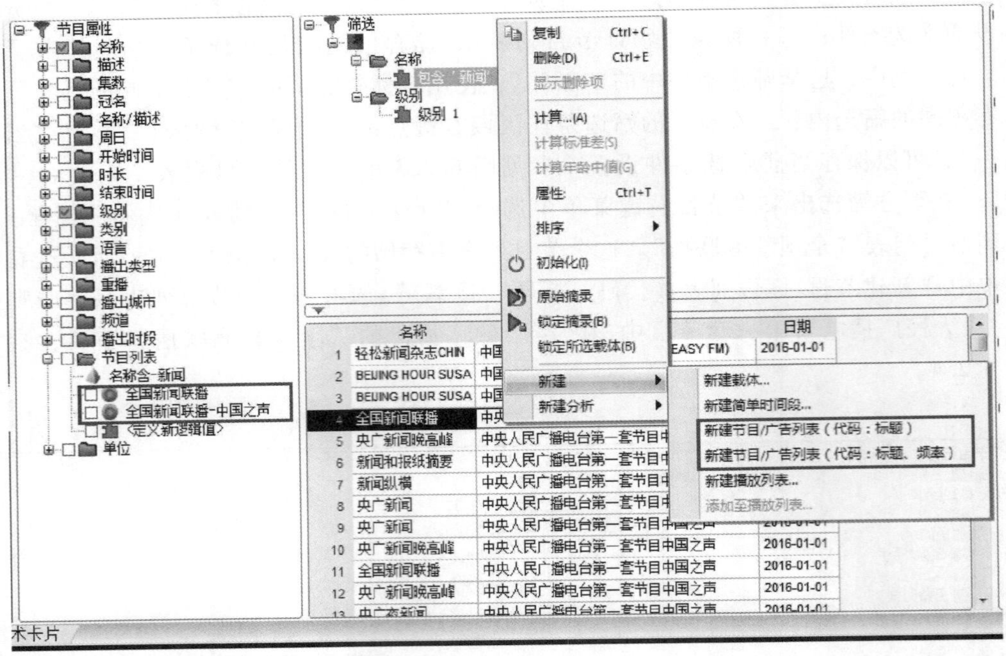

图 6.2.4　创建物理列表

举例 2：筛选所有非广告、非节目预告节目。

要在节目报告中剔除广告，同样可以利用模板中的“节目”筛选功能。具体有两种设置方法：第一种方法是在“名称”属性中定义条件包含“广告”，勾选“排除符合条件的部分”（图 6.2.5）；第二种方法是在“类别”属性中剔除“广告”类别（图 6.2.6）。

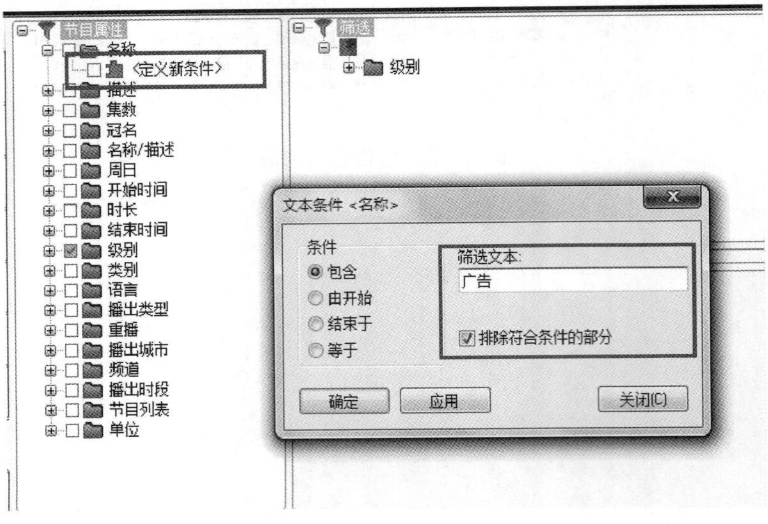

图 6.2.5　节目名称中反选“广告”设置

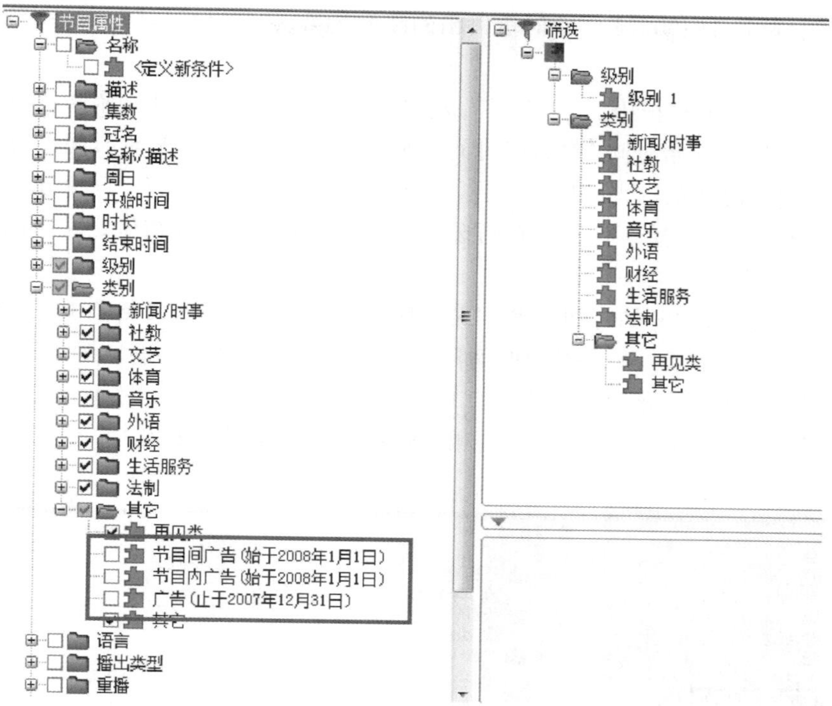

图 6.2.6　剔除“广告”类别设置

通过设置以上筛选条件，筛选获得的节目信息如图 6.2.7，可以看到所得到的筛选结果中没有广告记录。

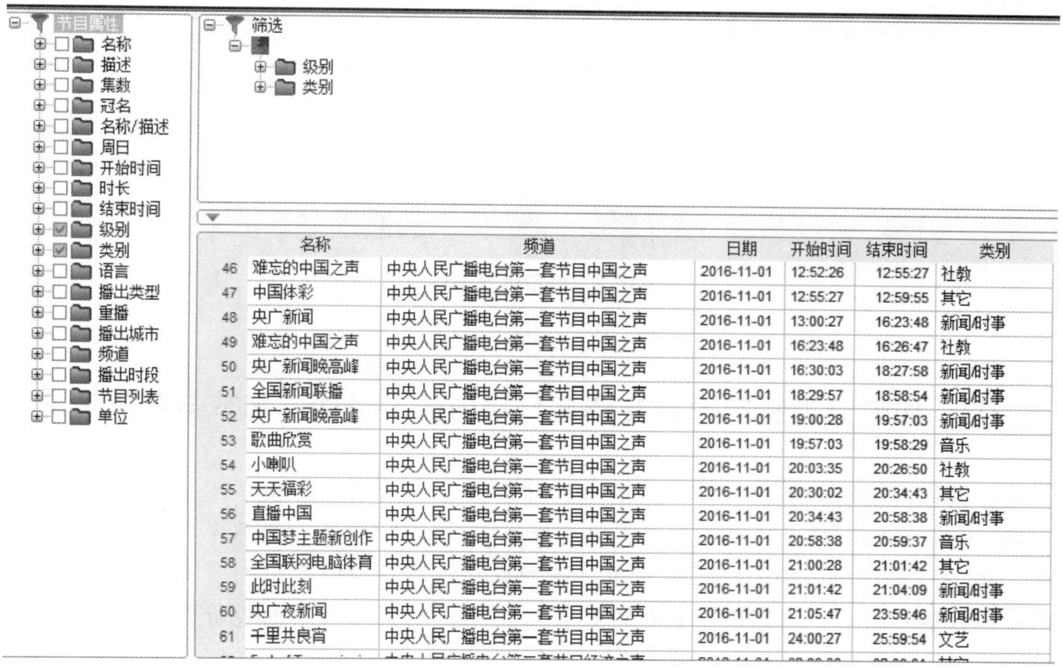

图 6.2.7　剔除“广告”后的节目信息筛选结果页面

举例 3：筛选 18:00～22:00 时段播出的新闻节目。

InfosysPlusRadio 模板中的“节目”成分中提供了三个选项用于筛选特定时段内播出的节目，包括“开始时间”“结束时间”和“播出时段”。“开始时间”即筛选开始时间介于所定义时间范围内的所有节目，“结束时间”即筛选结束时间介于所定义时间范围内的所有节目，“播出时段”则筛选播出时间至少有 1 分钟在所定义时间范围内的所有节目。

在操作方法上，“开始时间”和“结束时间”需要在“〈定义新范围〉”做出选择，在弹出的对话框内输入开始和结束时间即可；但如果定义的是“播出时段”，则无法在其下方自定义，用户需要回到模板的“时间段”成分中新建一个时间段成分，此时在“播出时段”下方会出现新建的成分，用户选择即可，如图 6.2.8。

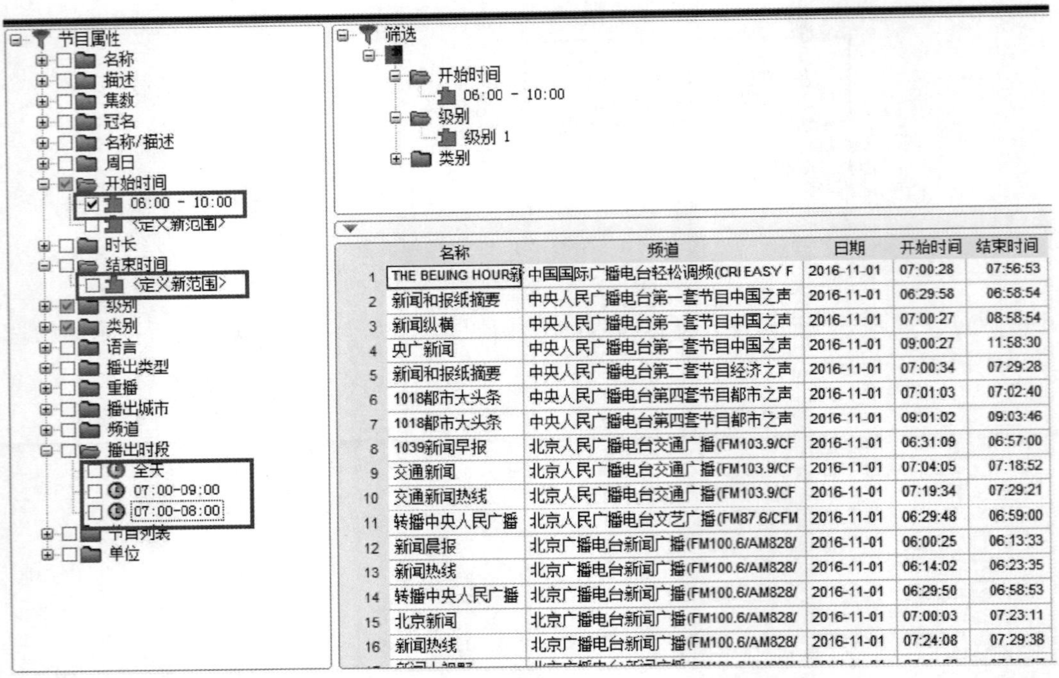

图 6.2.8　时段筛选条件设置

Q2. 如何查询特定频率在特定日期内的节目播出细节与收听情况？

我们可以使用 InfosysPlusRadio 的节目分析报告来查询特定频率在一定时期内的节目播出和听众收听情况。在节目分析报告模板中设置“目标”“地区”“日期”“频率”和“单位”等成分，报告结果将显示所选频率在这段日期内播出的所有节目明细以及对应地区的收听率。当用户需要获得符合特定条件的某类节目的收听数据时，可以利用模板中的节目筛选功能，设置筛选条件，InfosysPlusRadio 将依据模板设置与筛选条件定义筛选并计算符合条件的节目的收听数据。

举例：查询某天北京地区北京人民广播电台交通广播频率的节目播出明细及其收听率%、市场份额%。

新建模板，设置模板各成分：地区（北京）、频率（北京人民广播电台交通广播频率）、目标听众（十岁及以上所有人）、日期范围（2016 年 11 月 1 日～11 月 3 日）、单位（收听率%和市场份额%）、“节目”报告，如图 6.2.9。

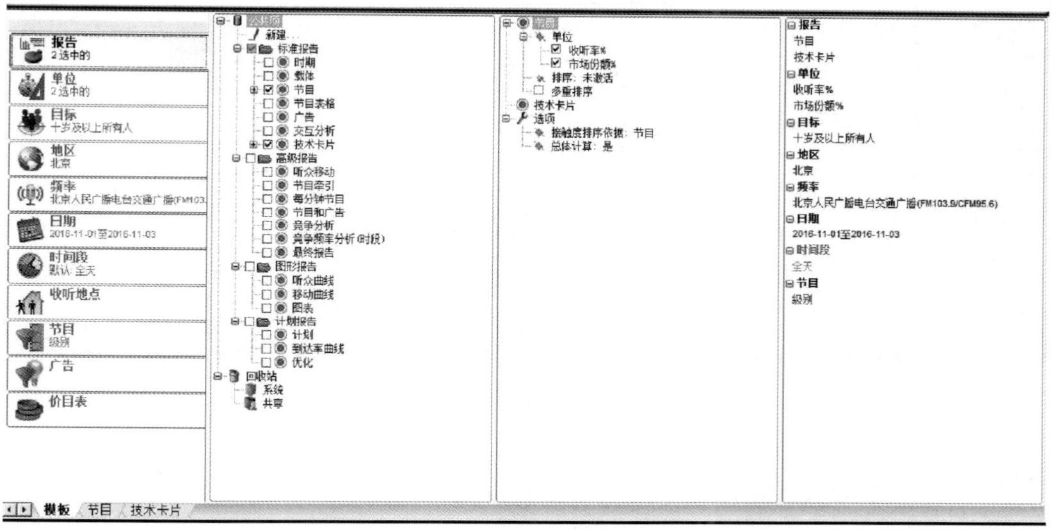

图 6.2.9　模板设置页面

计算模板得到所选频率 2016 年 11 月 1 日～3 日播出的所有节目的明细，报告初始结果以三个区域显示：报告格式与背景设置区、报告结果整理区、报告结果显示区（图 6.2.10）。点击工具栏中的“属性”选项，在弹出的窗口中选择想要显示的属性，在报告结果中可以看到每一条节目及其对应的“频率”“日期”“周日”“开始时间”“时长”“结束时间”“级别”和“类别”等信息，用户可以将经常显示的节目属性选中后，通过下方的“保存用户预设”选项将其保存，日后用户再计算“节目”报告时，所设的节目属性便会自动显示出来，如图 6.2.11。

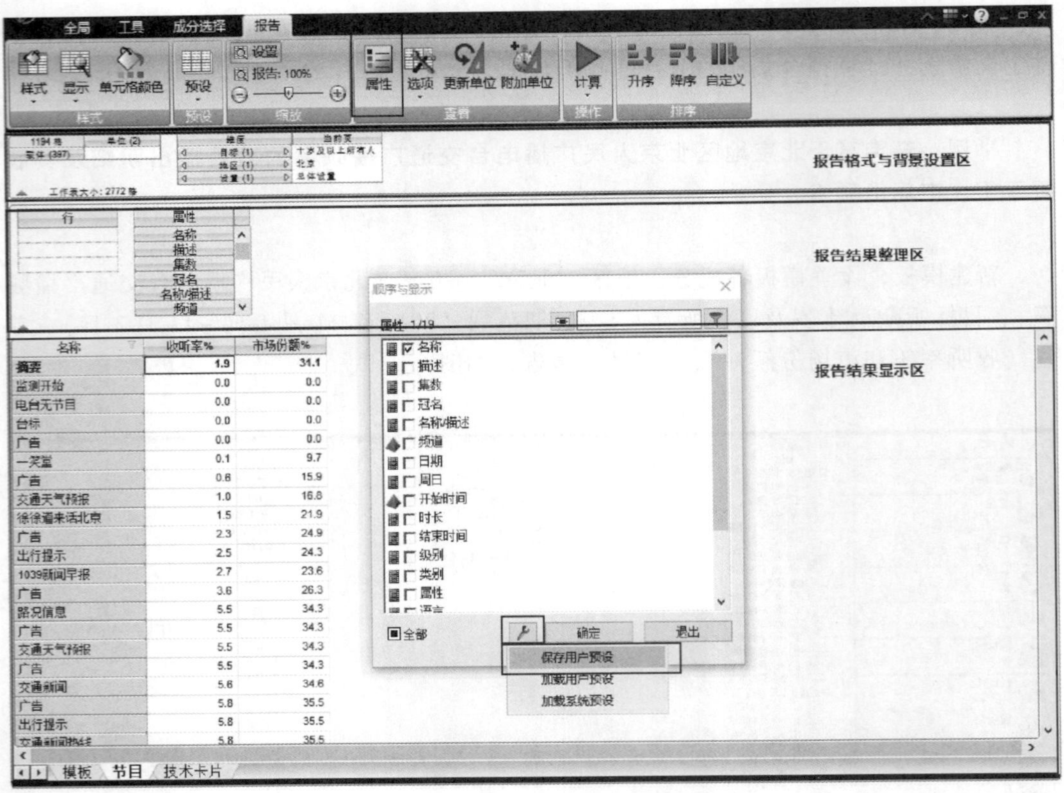

图 6.2.10　节目报告初始结果

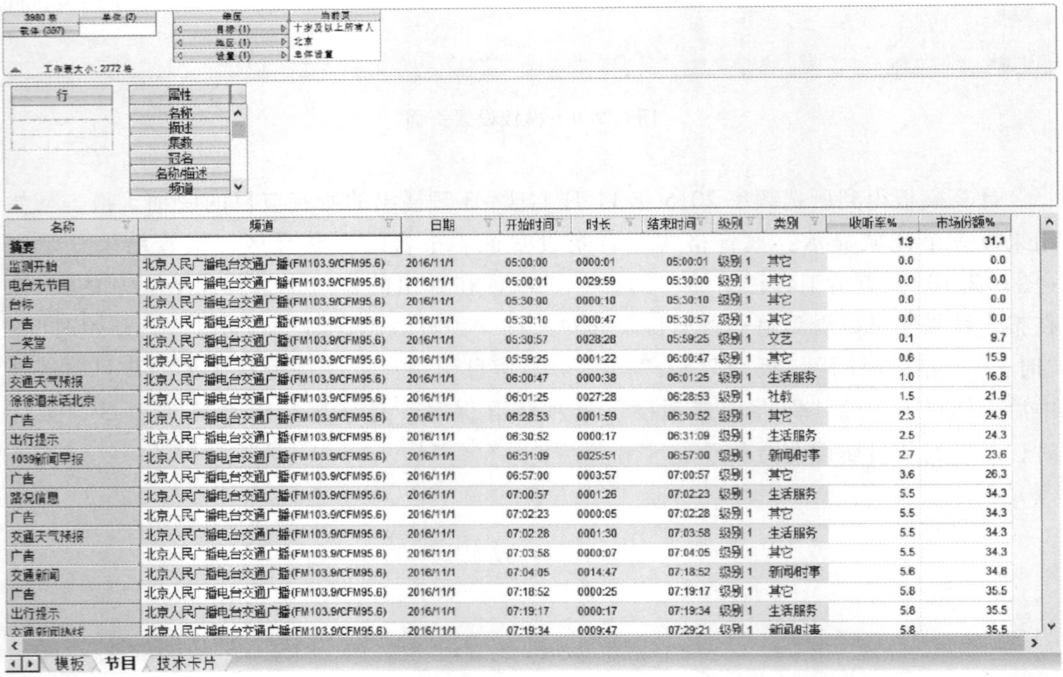

图 6.2.11　显示节目属性信息后的节目报告结果

节目的级别可以在模板中的“节目”成分中设置，当用户不做任何设置时，默认是级别 2，即报告结果显示被节目中插广告分割的每段节目记录。《一路畅通》早间 7:36:39 ~ 9:29:08 播出，播出过程中插播了多个广告段和小节目，如《交通路况预报》《交通天气预报》等，如图 6.2.12。整个《一路畅通》节目被分成多个节目段，这样的节目信息称为级别 2 节目信息。如若显示完整的节目信息，节目中插广告和小节目不显示，则需要在“节目”成分中选择“级别 1”，级别 1 节目报告结果如图 6.2.13。

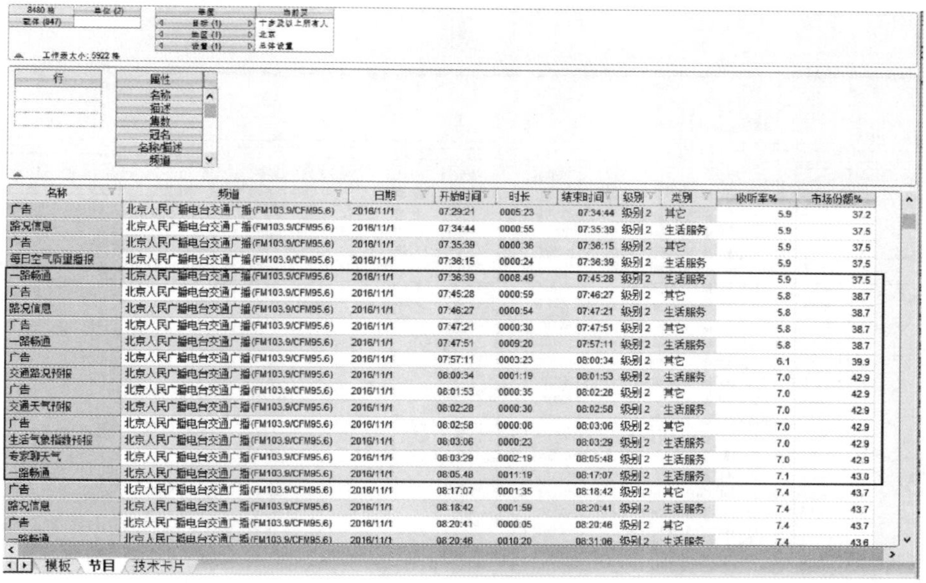

名称	频道	日期	开始时间	时长	结束时间	级别	类别	收听率%	市场份额%
广告	北京人民广播电台交通广播(FM103.9/CFM95.6)	2016/11/1	07:29:21	0005:23	07:34:44	级别 2	其它	5.9	37.2
路况信息	北京人民广播电台交通广播(FM103.9/CFM95.6)	2016/11/1	07:34:44	0000:55	07:35:39	级别 2	生活服务	5.9	37.5
广告	北京人民广播电台交通广播(FM103.9/CFM95.6)	2016/11/1	07:35:39	0000:36	07:36:15	级别 2	其它	5.9	37.5
每日空气质量播报	北京人民广播电台交通广播(FM103.9/CFM95.6)	2016/11/1	07:36:15	0000:24	07:36:39	级别 2	生活服务	5.9	37.5
一路畅通	北京人民广播电台交通广播(FM103.9/CFM95.6)	2016/11/1	07:36:39	0008:49	07:45:28	级别 2	生活服务	5.9	37.5
广告	北京人民广播电台交通广播(FM103.9/CFM95.6)	2016/11/1	07:45:28	0000:59	07:46:27	级别 2	其它	5.8	38.7
路况信息	北京人民广播电台交通广播(FM103.9/CFM95.6)	2016/11/1	07:46:27	0000:54	07:47:21	级别 2	生活服务	5.8	38.7
广告	北京人民广播电台交通广播(FM103.9/CFM95.6)	2016/11/1	07:47:21	0000:30	07:47:51	级别 2	其它	5.8	38.7
一路畅通	北京人民广播电台交通广播(FM103.9/CFM95.6)	2016/11/1	07:47:51	0009:20	07:57:11	级别 2	生活服务	5.8	38.7
广告	北京人民广播电台交通广播(FM103.9/CFM95.6)	2016/11/1	07:57:11	0003:23	08:00:34	级别 2	其它	6.1	39.9
交通路况预报	北京人民广播电台交通广播(FM103.9/CFM95.6)	2016/11/1	08:00:34	0001:19	08:01:53	级别 2	生活服务	7.0	42.9
广告	北京人民广播电台交通广播(FM103.9/CFM95.6)	2016/11/1	08:01:53	0000:35	08:02:28	级别 2	其它	7.0	42.9
交通天气预报	北京人民广播电台交通广播(FM103.9/CFM95.6)	2016/11/1	08:02:28	0000:30	08:02:58	级别 2	生活服务	7.0	42.9
广告	北京人民广播电台交通广播(FM103.9/CFM95.6)	2016/11/1	08:02:58	0000:08	08:03:06	级别 2	其它	7.0	42.9
生活气象指数预报	北京人民广播电台交通广播(FM103.9/CFM95.6)	2016/11/1	08:03:06	0000:23	08:03:29	级别 2	生活服务	7.0	42.9
专家聊天气	北京人民广播电台交通广播(FM103.9/CFM95.6)	2016/11/1	08:03:29	0002:19	08:05:48	级别 2	生活服务	7.0	42.9
一路畅通	北京人民广播电台交通广播(FM103.9/CFM95.6)	2016/11/1	08:05:48	0011:19	08:17:07	级别 2	生活服务	7.1	43.0
广告	北京人民广播电台交通广播(FM103.9/CFM95.6)	2016/11/1	08:17:07	0001:35	08:18:42	级别 2	其它	7.4	43.7
路况信息	北京人民广播电台交通广播(FM103.9/CFM95.6)	2016/11/1	08:18:42	0001:59	08:20:41	级别 2	生活服务	7.4	43.7
广告	北京人民广播电台交通广播(FM103.9/CFM95.6)	2016/11/1	08:20:41	0000:05	08:20:46	级别 2	其它	7.4	43.7
一路畅通	北京人民广播电台交通广播(FM103.9/CFM95.6)	2016/11/1	08:20:46	0010:20	08:31:06	级别 2	生活服务	7.4	43.6

图 6.2.12 “级别 2”节目报告结果

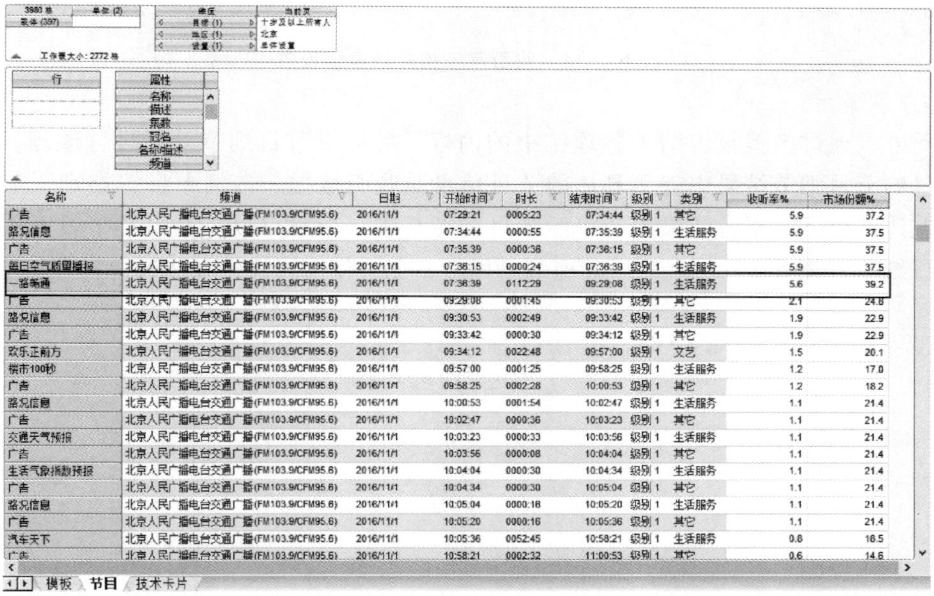

名称	频道	日期	开始时间	时长	结束时间	级别	类别	收听率%	市场份额%
广告	北京人民广播电台交通广播(FM103.9/CFM95.6)	2016/11/1	07:29:21	0005:23	07:34:44	级别 1	其它	5.9	37.2
路况信息	北京人民广播电台交通广播(FM103.9/CFM95.6)	2016/11/1	07:34:44	0000:55	07:35:39	级别 1	生活服务	5.9	37.5
广告	北京人民广播电台交通广播(FM103.9/CFM95.6)	2016/11/1	07:35:39	0000:36	07:36:15	级别 1	其它	5.9	37.5
每日空气质量播报	北京人民广播电台交通广播(FM103.9/CFM95.6)	2016/11/1	07:36:15	0000:24	07:36:39	级别 1	生活服务	5.9	37.5
一路畅通	北京人民广播电台交通广播(FM103.9/CFM95.6)	2016/11/1	07:36:39	0112:29	09:29:08	级别 1	生活服务	5.6	39.2
广告	北京人民广播电台交通广播(FM103.9/CFM95.6)	2016/11/1	09:29:08	0001:45	09:30:53	级别 1	其它	2.1	24.8
路况信息	北京人民广播电台交通广播(FM103.9/CFM95.6)	2016/11/1	09:30:53	0002:49	09:33:42	级别 1	生活服务	1.9	22.9
广告	北京人民广播电台交通广播(FM103.9/CFM95.6)	2016/11/1	09:33:42	0000:30	09:34:12	级别 1	其它	1.9	22.9
欢乐正前方	北京人民广播电台交通广播(FM103.9/CFM95.6)	2016/11/1	09:34:12	0022:48	09:57:00	级别 1	文艺	1.5	20.1
楼市100秒	北京人民广播电台交通广播(FM103.9/CFM95.6)	2016/11/1	09:57:00	0001:25	09:58:25	级别 1	生活服务	1.2	17.0
广告	北京人民广播电台交通广播(FM103.9/CFM95.6)	2016/11/1	09:58:25	0002:28	10:00:53	级别 1	其它	1.2	18.2
路况信息	北京人民广播电台交通广播(FM103.9/CFM95.6)	2016/11/1	10:00:53	0001:54	10:02:47	级别 1	生活服务	1.1	21.4
广告	北京人民广播电台交通广播(FM103.9/CFM95.6)	2016/11/1	10:02:47	0000:36	10:03:23	级别 1	其它	1.1	21.4
交通天气预报	北京人民广播电台交通广播(FM103.9/CFM95.6)	2016/11/1	10:03:23	0000:33	10:03:56	级别 1	生活服务	1.1	21.4
广告	北京人民广播电台交通广播(FM103.9/CFM95.6)	2016/11/1	10:03:56	0000:08	10:04:04	级别 1	其它	1.1	21.4
生活气象指数预报	北京人民广播电台交通广播(FM103.9/CFM95.6)	2016/11/1	10:04:04	0000:30	10:04:34	级别 1	生活服务	1.1	21.4
广告	北京人民广播电台交通广播(FM103.9/CFM95.6)	2016/11/1	10:04:34	0000:30	10:05:04	级别 1	其它	1.1	21.4
路况信息	北京人民广播电台交通广播(FM103.9/CFM95.6)	2016/11/1	10:05:04	0000:16	10:05:20	级别 1	生活服务	1.1	21.4
广告	北京人民广播电台交通广播(FM103.9/CFM95.6)	2016/11/1	10:05:20	0000:16	10:05:36	级别 1	其它	1.1	21.4
汽车天下	北京人民广播电台交通广播(FM103.9/CFM95.6)	2016/11/1	10:05:36	0052:45	10:58:21	级别 1	生活服务	0.8	18.5
广告	北京人民广播电台交通广播(FM103.9/CFM95.6)	2016/11/1	10:58:21	0002:32	11:00:53	级别 1	其它	0.6	14.6

图 6.2.13 “级别 1”节目报告结果

如果“节目”属性选用级别 1，InfosysPlusRadio 会将节目中插广告段（及中插小节目）合并成节目的一部分，模板中选择的默认“收听率”指标包含了其中所播广告段（及中插小节目）的收听率，如图 6.2.14 中第一个“收听率%”指标的设置。在 InfosysPlusRadio 中，同一单位成分可以选择多个，每个单位使用不同的设置。此时，在模板“单位”成分中选择第二个“收听率%”指标，同时在其选项中将其设置为“净值”，此时节目收听率只包括节目段收听率，不包括节目中插广告及小节目的收听率。

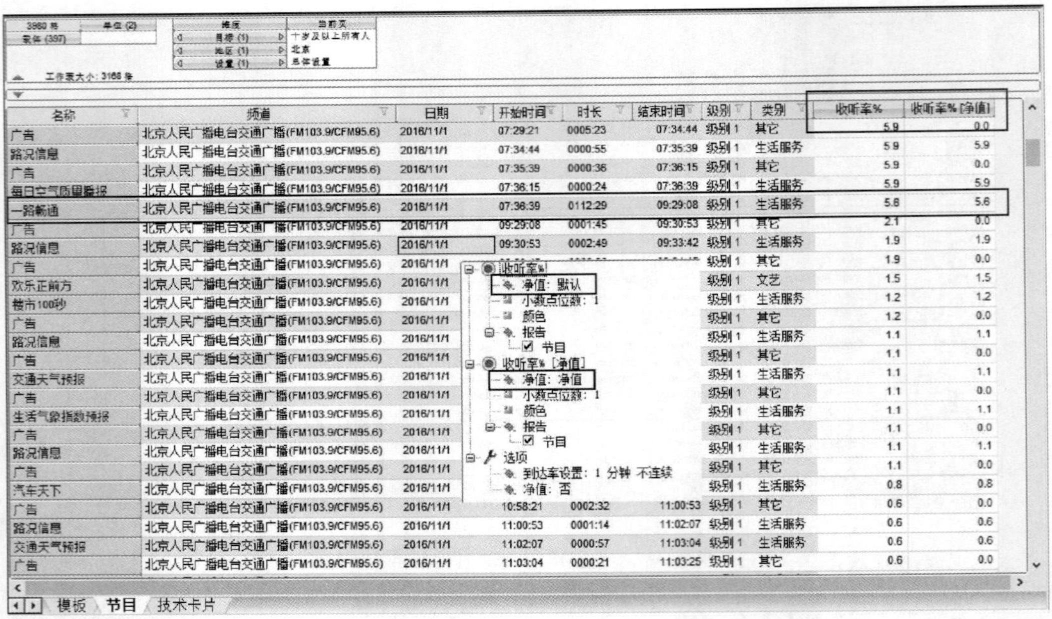

图 6.2.14 收听率%指标的净值设置

此外，通过拖拽报告结果整理区中的内容，可以对节目细节结果进行整理，方便在大量的节目细节结果中查看具体的节目信息与收听数据。本例中将“类别”属性拖拽到左边的行下，报告结果即会按照节目类型整理，用户可以点开每类节目查看具体的节目细节（图 6.2.15）。对于其他节目属性，也可使用同样的方法进行整理。

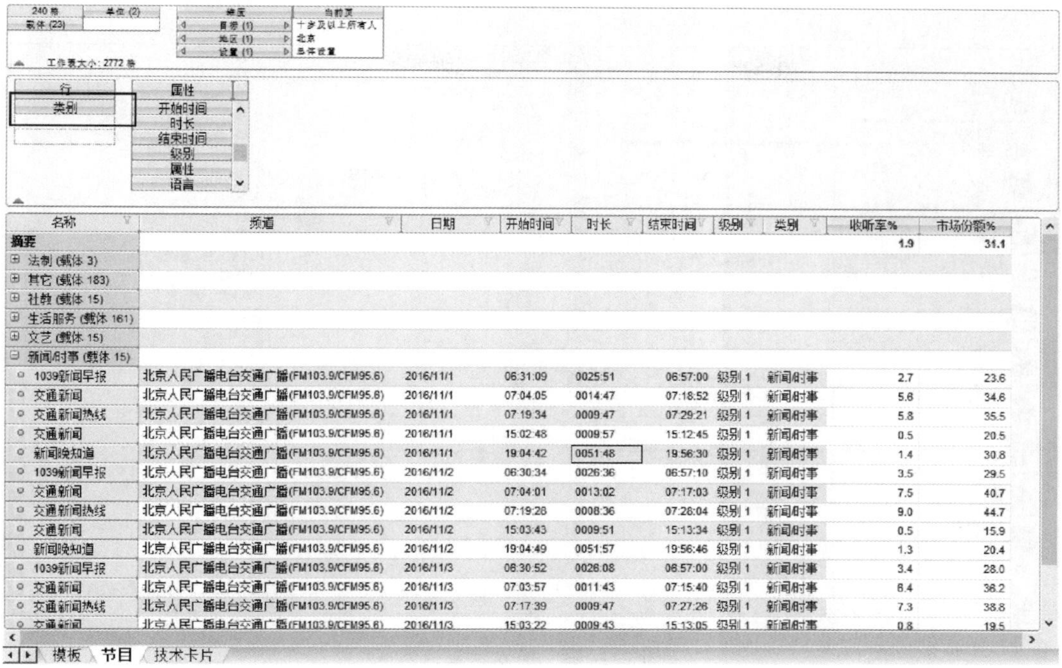

图 6.2.15　节目报告结果分类显示

Q3. 如何计算特定节目的每期收听率及平均收听率?

在 InfosysPlusRadio 软件中，使用模板中的“节目”成分，通过“名称”与属性筛选所关注的节目，并且选择“级别 1”，通过“节目”报告可直接获得所筛选节目的每期及平均收听情况。

举例：计算 2016 年 11 月北京人民广播电台交通广播频率播出的《一路畅通》节目的每期收听率及整个栏目的平均收听率。

新建模板，设置模板各成分：报告（节目）、单位（收听率%：净值）、日期（2016 年 11 月 1 日 ~2016 年 11 月 30 日）、目标（十岁及以上所有人）、地区（北京）、频率（北京人民广播电台交通广播频率）、节目（名称：《一路畅通》、开始时间：6:00 ~ 10:00、级别：级别 1)，如图 6.2.16。

通过精确的节目筛选及级别 1、净值的设置与计算，我们可以直接在节目报告结果中查看《一路畅通》节目在 2016 年 11 月每期播出的收听率%，以及这个月该栏目的平均收听率，如图 6.2.17。

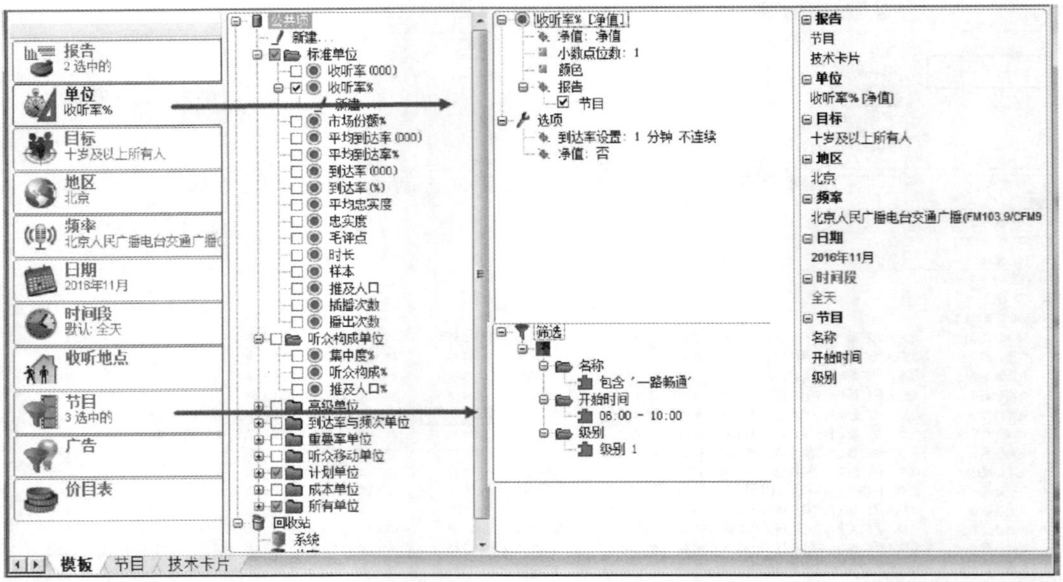

图 6.2.16 模板设置页面

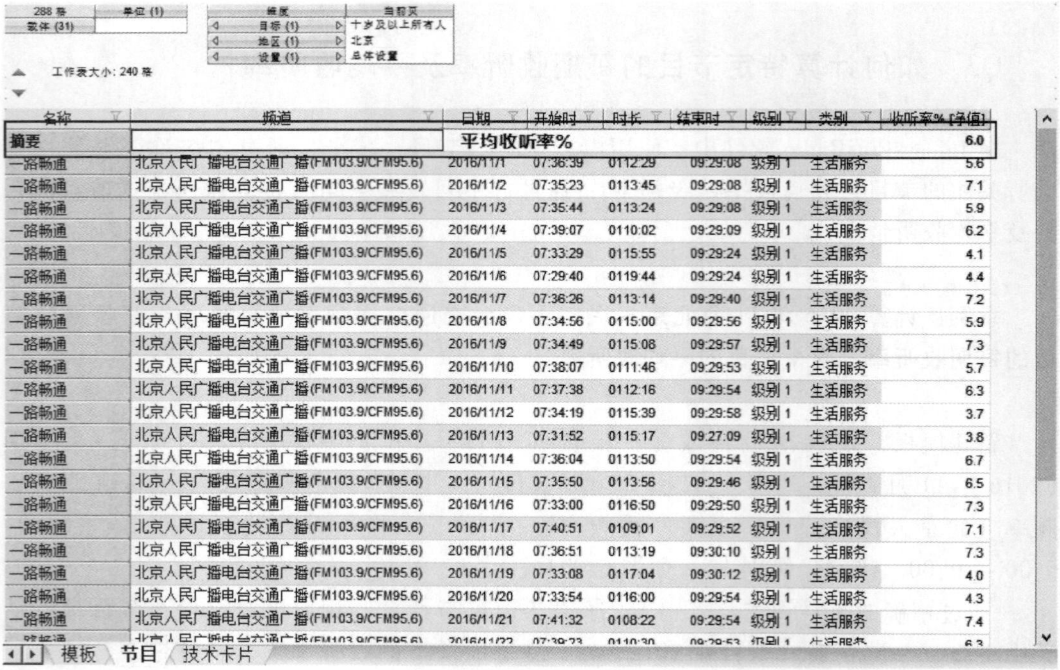

名称	频道	日期	开始时	时长	结束时	级别	类别	收听率% [净值]
摘要		平均收听率%						6.0
一路畅通	北京人民广播电台交通广播(FM103.9/CFM95.6)	2016/11/1	07:36:39	0112:29	09:29:08	级别 1	生活服务	5.6
一路畅通	北京人民广播电台交通广播(FM103.9/CFM95.6)	2016/11/2	07:35:23	0113:45	09:29:08	级别 1	生活服务	7.1
一路畅通	北京人民广播电台交通广播(FM103.9/CFM95.6)	2016/11/3	07:35:44	0113:24	09:29:08	级别 1	生活服务	5.9
一路畅通	北京人民广播电台交通广播(FM103.9/CFM95.6)	2016/11/4	07:39:07	0110:02	09:29:09	级别 1	生活服务	6.2
一路畅通	北京人民广播电台交通广播(FM103.9/CFM95.6)	2016/11/5	07:33:29	0115:55	09:29:24	级别 1	生活服务	4.1
一路畅通	北京人民广播电台交通广播(FM103.9/CFM95.6)	2016/11/6	07:29:40	0119:44	09:29:24	级别 1	生活服务	4.4
一路畅通	北京人民广播电台交通广播(FM103.9/CFM95.6)	2016/11/7	07:36:26	0113:14	09:29:40	级别 1	生活服务	7.2
一路畅通	北京人民广播电台交通广播(FM103.9/CFM95.6)	2016/11/8	07:34:56	0115:00	09:29:56	级别 1	生活服务	5.9
一路畅通	北京人民广播电台交通广播(FM103.9/CFM95.6)	2016/11/9	07:34:49	0115:08	09:29:57	级别 1	生活服务	7.3
一路畅通	北京人民广播电台交通广播(FM103.9/CFM95.6)	2016/11/10	07:38:07	0111:46	09:29:53	级别 1	生活服务	5.7
一路畅通	北京人民广播电台交通广播(FM103.9/CFM95.6)	2016/11/11	07:37:38	0112:16	09:29:54	级别 1	生活服务	6.3
一路畅通	北京人民广播电台交通广播(FM103.9/CFM95.6)	2016/11/12	07:34:19	0115:39	09:29:58	级别 1	生活服务	3.7
一路畅通	北京人民广播电台交通广播(FM103.9/CFM95.6)	2016/11/13	07:31:52	0115:17	09:27:09	级别 1	生活服务	3.8
一路畅通	北京人民广播电台交通广播(FM103.9/CFM95.6)	2016/11/14	07:36:04	0113:50	09:29:54	级别 1	生活服务	6.7
一路畅通	北京人民广播电台交通广播(FM103.9/CFM95.6)	2016/11/15	07:35:50	0113:56	09:29:46	级别 1	生活服务	6.5
一路畅通	北京人民广播电台交通广播(FM103.9/CFM95.6)	2016/11/16	07:33:00	0116:50	09:29:50	级别 1	生活服务	7.3
一路畅通	北京人民广播电台交通广播(FM103.9/CFM95.6)	2016/11/17	07:40:51	0109:01	09:29:52	级别 1	生活服务	7.1
一路畅通	北京人民广播电台交通广播(FM103.9/CFM95.6)	2016/11/18	07:36:51	0113:19	09:30:10	级别 1	生活服务	7.3
一路畅通	北京人民广播电台交通广播(FM103.9/CFM95.6)	2016/11/19	07:33:08	0117:04	09:30:12	级别 1	生活服务	4.0
一路畅通	北京人民广播电台交通广播(FM103.9/CFM95.6)	2016/11/20	07:33:54	0116:00	09:29:54	级别 1	生活服务	4.3
一路畅通	北京人民广播电台交通广播(FM103.9/CFM95.6)	2016/11/21	07:41:32	0108:22	09:29:54	级别 1	生活服务	7.4

图 6.2.17 节目报告结果

Q4. 如何对一段时期内的节目收听率进行排名?

“节目”报告用于计算各频率每天按时间顺序播出的节目的细节及其收听指标，而“交互分析”报告则将节目细节结果根据节目的某些属性信息进行整合计算，从而得到按照某种属性合并或拆分而成的收听数据。在计算一段时期内的节目收听率并进行排名时，就需要利用“交互分析”报告，将“节目”报告计算出的节目明细按照用户定义的条件整合汇总后再进行收听率降序排列。

通常情况下，在 InfosysPlusRadio“交互分析”报告中选择按“名称/描述”进行交互，可以通过设置“值不同不连接\频率、级别、周天、类别”区分不同频率、不同级别、不同周天及不同类型的同名节目；同时，还可以通过“值大于不合并\开始时间”和“值大于不合并\时长”区分多次播出的同名节目。下例中使用其中的“值不同不连接\频率”“值大于不合并\开始时间”使不同频率播出、多次播出的名称相同节目分别参与排名。

举例：计算 2016 年 11 月北京地区所有频率 16:00～19:00 时段生活服务类节目收听率排名前 20 名。其中，排名区分节目首重播，并列出各节目的主要播出信息。

新建模板，设置模板各成分：报告（节目、交互分析）、单位（收听率%）、日期（2016 年 11 月）、目标（十岁及以上所有人）、地区（北京）、频率（所有频率）、节目（开始时间：16:00～19:00、级别：级别 2①），如图 6.2.18。

图 6.2.18 模板设置页面

① 此处级别 1 同样可以使用。

除以上设置外，本例中还需要进行交互分析设置。交互分析的设置界面可以在交互分析报告内，或交互分析报告的选项中进行定义。其界面分上、中、下三个部分，分别是“交互分析设置”“属性”和“单位”。

交互分析设置：整合交互分析结果的方式与格式，其中，行、列表示交互分析结果被整理在“行”还是“列”下，信息中显示交互分析的参考信息，单位显示交互分析报告被选中的单位（需同时在模板单位中选择）。

属性：用于整合交互分析的属性。

单位：在交互分析报告中可选的单位。

交互分析设置的方法，是将属性信息中需要整合的属性，拖至交互分析设置的“行”或“列”下（或在“行”“列”下分别设置不同属性、设置多层属性等）；同时，可按照实际需求选择其他属性至“信息”；再选择对应的单位，即完成设置。

在本例中，在交互分析设置的“行”属性中，选择“名称/描述”，并且勾选其中的“标题”项表示标题相同（前 60 个字符相同）的节目合并；勾选“频率”表示即使标题相同、但频率不同的节目则需分开；勾选“开始时间”并设定 180 分钟表示标题相同、频率相同的节目如在 180 分钟内播出，则视为同一档节目，以合并处理，超过 180 分钟则视为不同档节目，以分开处理。

在交互分析设置的“信息”显示属性中选择“日期”“开始时间”及“结束时间”，并且对每项所选属性右键进行进一步设置，其中“日期”属性右键菜单中“操作”选择“最小”，再次选择“日期”属性到“信息”中，同样使用右键菜单中“操作”选择“最大”，以此来显示每个汇总节目是从哪天开始播出的、哪天结束的；同样的操作方法选择“开始时间（最小）”和“结束时间（最大）”，从而了解每个汇总节目实际播出的时间段信息，如图 6.2.19。

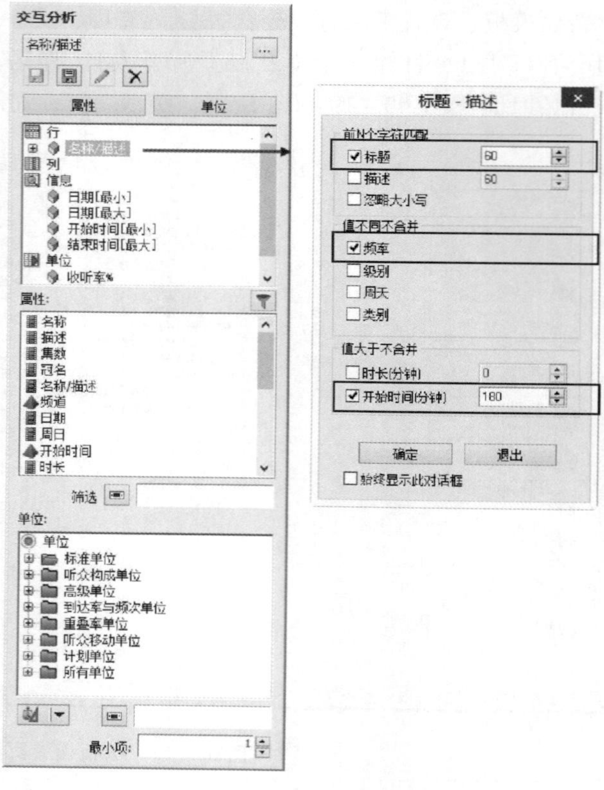

图 6.2.19　交互分析设置

用户可以在计算“交互分析”报告前选择“预交互分析”按钮进行交互分析格式的预览，以此确认所设置的交互分析属性及汇总方式是否能够满足用户的真正需求。为了减少重复计算的时间，该功能仅汇总了节目的播出次数，并未计算任何收听率指标。待确认交互属性设置无误后，再使用“交互分析”按钮进行计算即可（图 6. 2. 20）。

通过计算，可以查看 2016 年 11 月北京地区所有频率 16:00 ~ 19:00 时段播出的生活服务类节目的平均收听率，并可针对其收听率进行排名。如果想得到排名前 20 位，可以选择“排序”菜单中的“自定义”，在弹出的窗口中选择按“收听率%”列“降序”排序，同时在“显示前 N 名:”中定义“20”即可（图 6. 2. 21）。

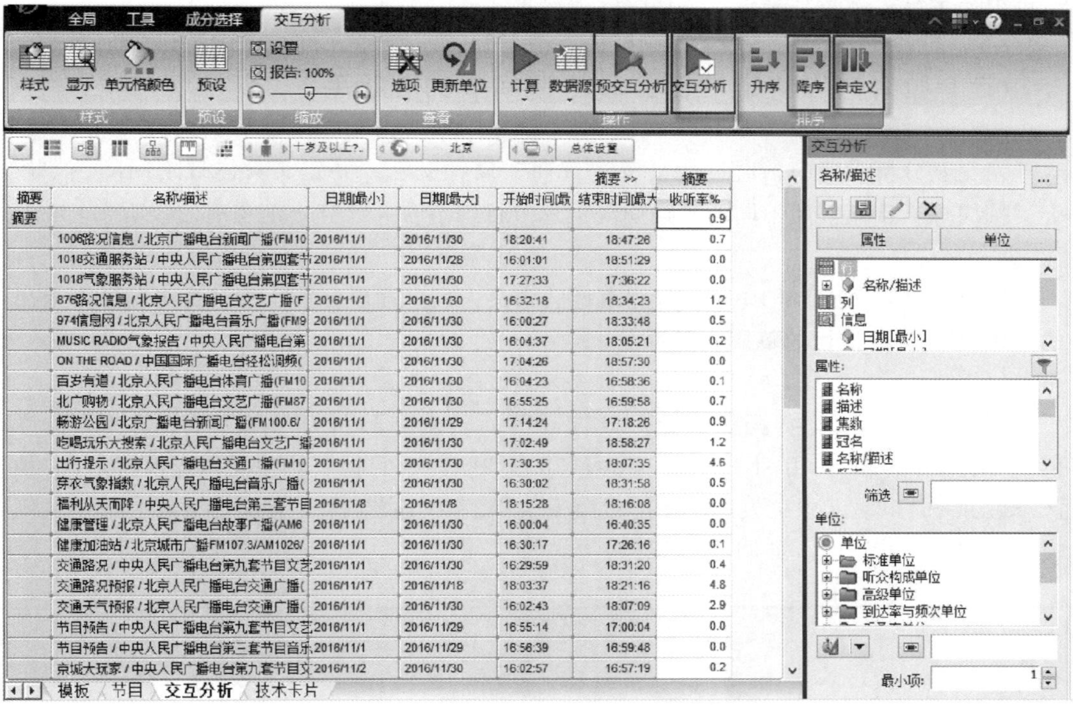

图 6. 2. 20　交互分析报告结果

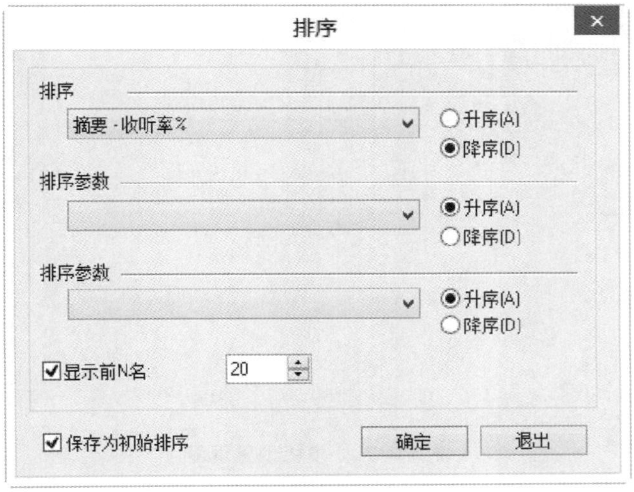

图 6. 2. 21　排序设置

这里需要注意的是：节目实际播出情况较为复杂，直接通过交互分析设置计算出来的节目排名通常需要进一步计算处理才可以完成完整的节目排名。在所计算的节目中，可能会有一些播出时间过长，已超过交互分析名称/描述中设定的开始时间间隔，则这种节目会被 InfoSysPlusRadio 拆分开来，此时即需要单独设置模板计算该节目的平均收听率，并将其填充至整个节目排名结果中。另外，也可能有节目播出时间较短，但首播与重播时间较近，导致首、重播被合并计算，此时同样需要单独设置模板计算后再填充至整个排名结果中。具体操作方法依实际情况而异，此处不再赘述。

Q5. 如何计算特定节目每段日期间隔的收听率？

在交互分析设置中，通过设置按“日期”属性交互，并定义具体日期间隔，如按天、按周等，从而按照不同的日期间隔汇总节目细节，并计算出汇总后的收听率。

举例：计算 2016 年 10 ~ 11 月北京地区中央人民广播电台第一套节目中国之声播出的《新闻纵横》栏目的每周收听率。

新建模板，设置模板各成分：报告（节目、交互分析）、单位（收听率%：净值）、日期（2016 年 10 月 1 日 ~2016 年 11 月 30 日）、目标（十岁及以上所有人）、地区（北京）、频率（中央人民广播电台第一套节目中国之声）、节目（名称：《新闻纵横》、级别：级别 1），如图 6. 2. 22。

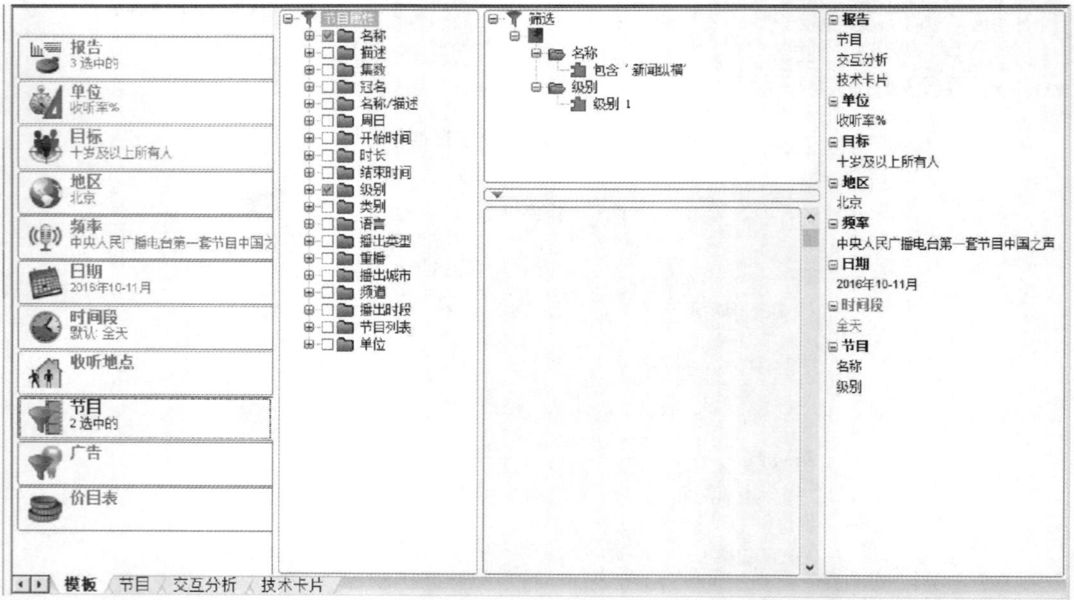

图 6. 2. 22　模板设置页面

在交互分析设置中，首先在“行”处选择“日期”属性，并具体定义“日期”属性为“按周”交互汇总。此时交互分析报告会将相同周播出的节目合并计算，设置如图 6.2.23。

计算模板，得到报告结果。在交互分析报告页可以看到 2016 年 10～11 月《新闻纵横》在中央人民广播电台第一套节目中国之声播出时的每周收听率以及这 2 个月的平均收听率（图 6.2.23）。

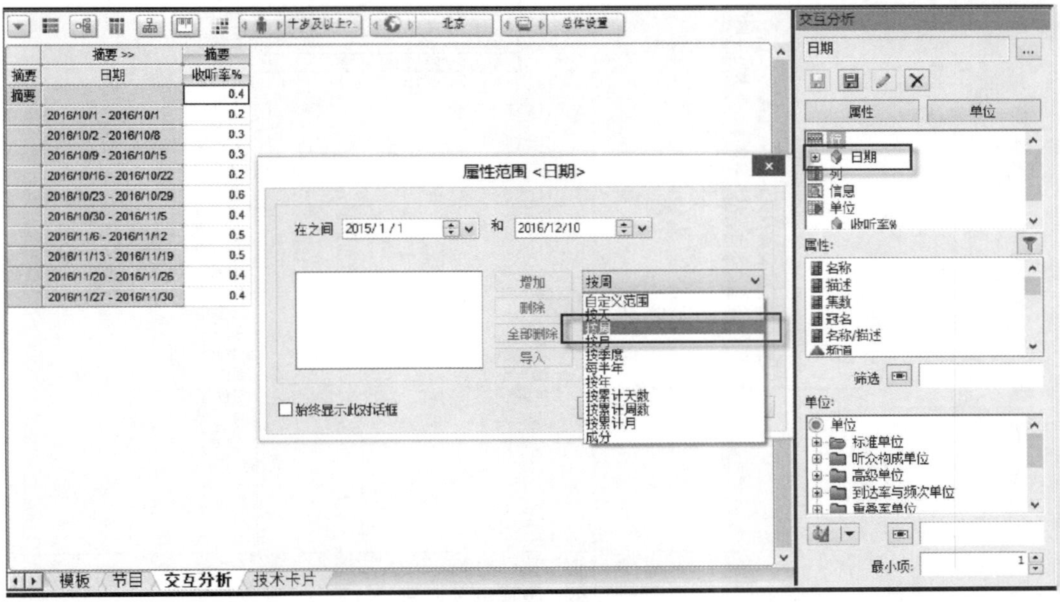

图 6.2.23　交互分析设置及报告结果

Q6. 如何计算特定节目的听众构成和听众集中度?

时期分析部分我们已经讲过“听众构成%”和“听众集中度%”这两个指标。“听众构成%”描述的是特定频率的特定时段各类听众贡献的收听时长比例，“听众集中度%”描述的是各类听众收听水平与平均水平的比值。同样，在分析节目收听特征时，我们仍然可以使用这两个指标来描述特定节目的听众特点。

举例：计算并比较北京地区 2016 年 11 月在中央人民广播电台第二套节目经济之声与文艺之声播出的《海阳现场秀》的听众构成和听众集中度。

新建模板，设置模板各成分：报告（节目、交互分析）、单位（听众构成%、集中度%）、日期（2016 年 11 月 1 日～2016 年 11 月 30 日）、目标（十岁及以上所有人）、地区（北京）、频率（中央人民广播电台第二套节目经济之声、中央人民广播电台第九套节目文艺之声）、节目（名称：《海阳现场秀》）、如图 6.2.24。

在交互分析设置中，在“列”处选择“频率”属性，此时交互分析报告将会根据所有节目的播出频率进行整合，相同频率的节目将会被合并计算；交互分析设置中的“单位”选择“听众构成%”和“集中度%”，从而在节目交互分析报告中得到不同频率各类听众的听众构成和集中度，设置如图 6.2.25。

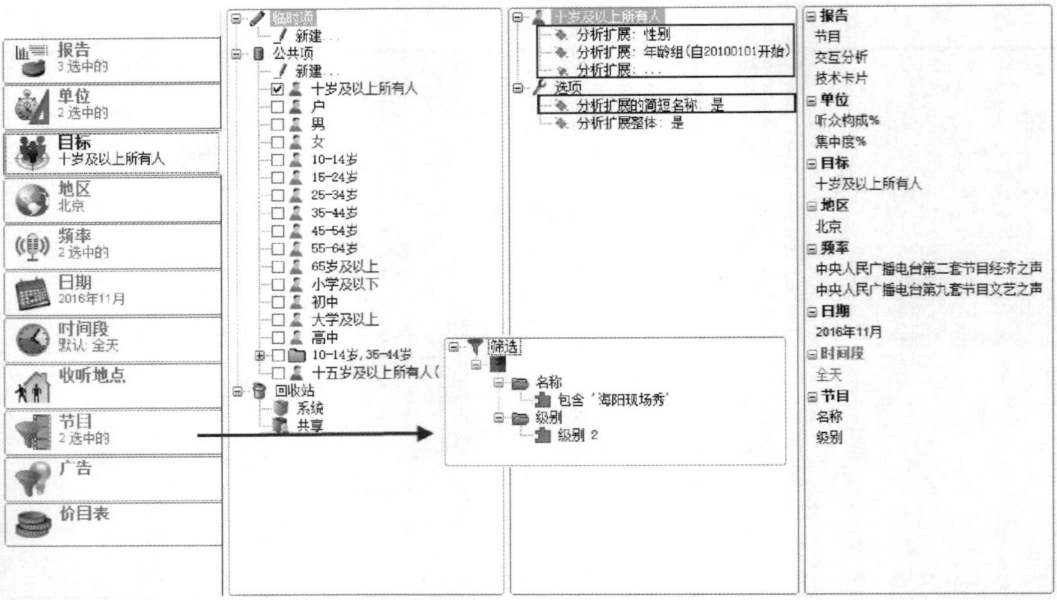

图 6.2.24　模板设置页面

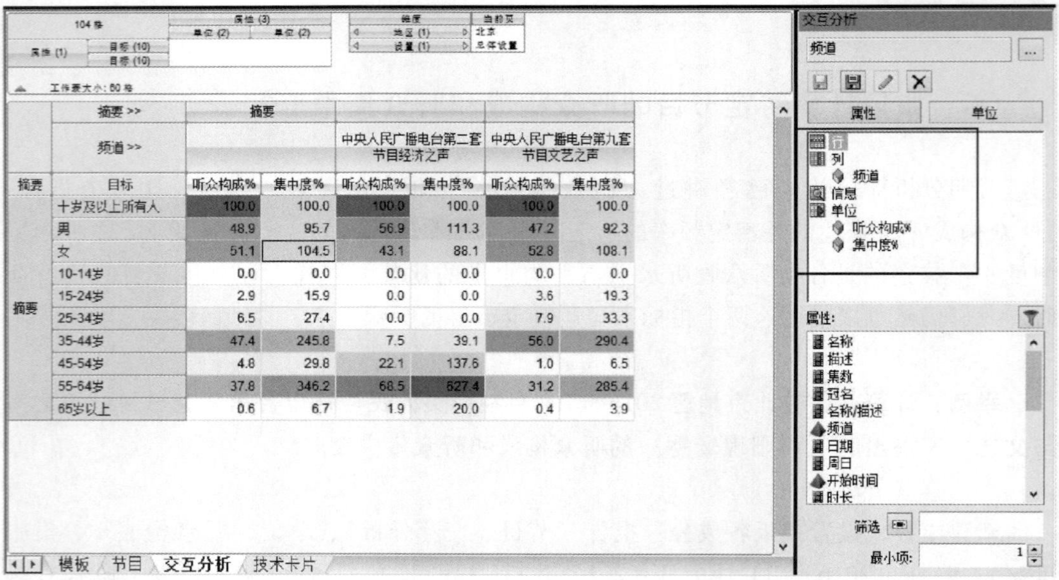

图 6.2.25　交互分析报告结果页面

计算模板，得到报告结果。通过交互分析报告我们可以查看到经济之声与文艺之声在这段时期播出的《海阳现场秀》的听众特征。从听众构成和听众集中度来看，可以发现两个频率的听众在性别及年龄分布上具有明显差异，如图 6.2.25。

Q7. 如何计算节目的播出比重与收听比重？

节目的播出比重为该（类）节目的播出时长与所有节目总播出时长之比，在 InfosysPlusRadio 中用“时长%”表示，比值越大，说明电台（频率）将有限的播出时间分配给该（类）节目越多；节目的收听比重则为该（类）节目的人均收听时长与所有节目的人均收听时长之比，在 InfosysPlusRadio 中用“人均收听时长%”表示，比值越大，说明听众将自己有限的收听时间分配给该（类）节目越多。

具体做法：在定义节目交互分析时，在交互属性中定义“类别”或“属性”，如需要不同频率各类节目的收播比重（收听比重、播出比重），还需要在属性中定义“频率”；在“单位”选项中选择“时长”和“人均收听时长”指标，并定义这两个指标按%纵向或%横向计算；此时计算的交互分析结果为所有频率（各频率或各频率组）不同类别或属性节目的收听比重和播出比重。

举例：计算 2016 年 11 月深圳地区各频率组各类节目的收播比重。

新建模板，设置模板各成分：报告（节目、交互分析）、单位（时长和人均收听时长）、日期（2016 年 11 月 1 日～2016 年 11 月 30 日）、目标（十岁及以上所有人）、地区（深圳）以及频率（所有频率），如图 6.2.26。

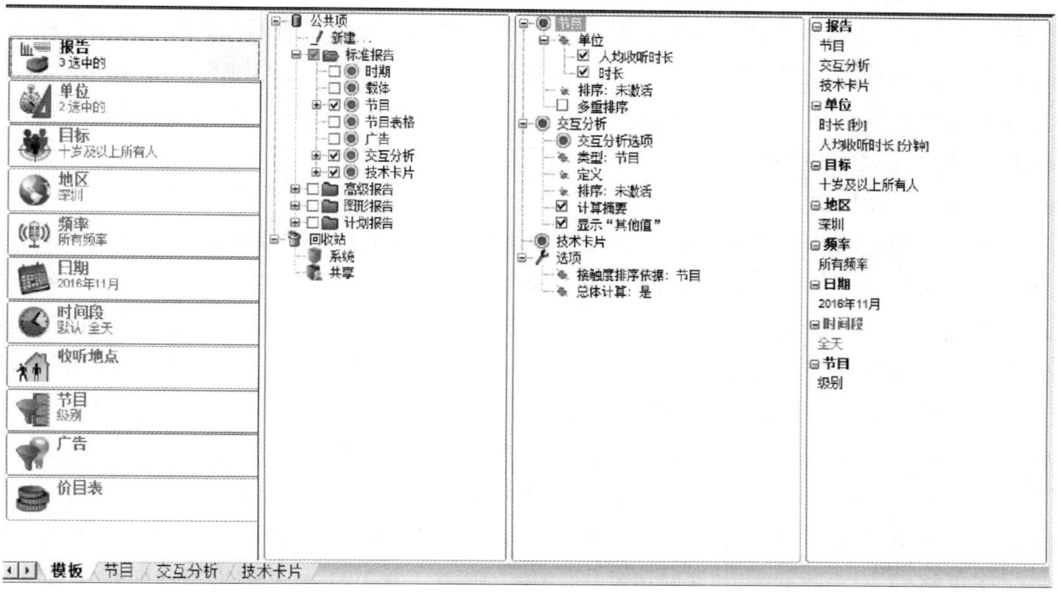

图 6.2.26 模板设置页面

在交互分析设置时，在“行”属性中选择“类别”，在“列”属性中定义“频率”，此时双击“频率”项，定义具体的频率组；交互单位选择“时长”和“人均收听时长”，分别在其右键菜单中选中“操作”选项，此时菜单会弹出与该指标相关的设置子菜单，选择其中的“纵向%”，如图 6.2.27。

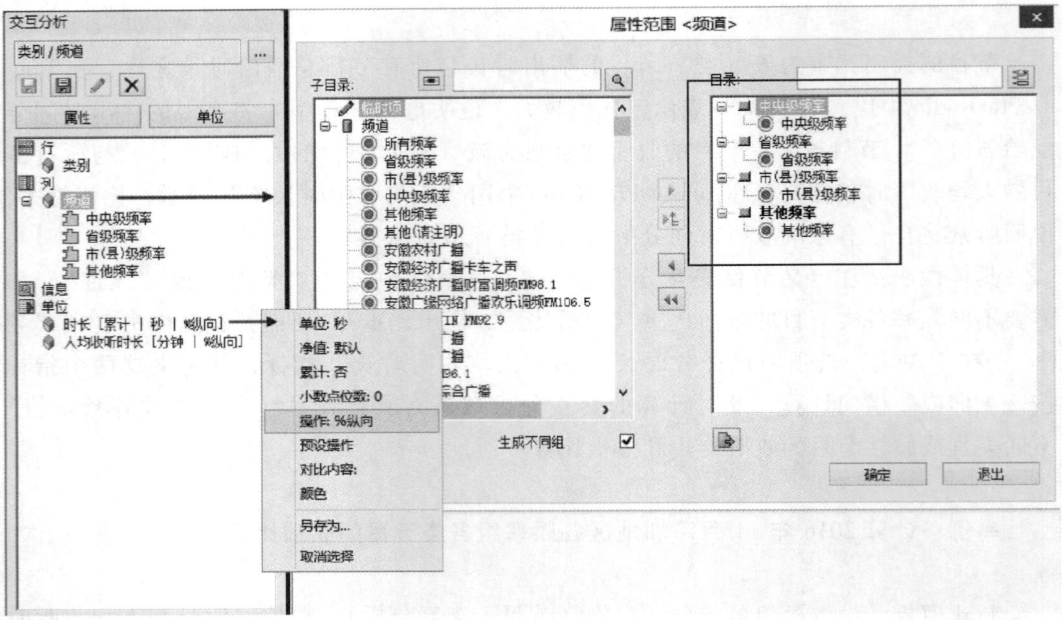

图 6.2.27　交互分析设置

计算模板，得到 2016 年 11 月深圳地区各频率组各类节目的播出比重及收听比重（图 6.2.28）。总体来看，深圳地区所有频率播出的节目中，“新闻/时事”类节目播出时长占所有节目播出时长的 13%，而收听“新闻/时事”类节目的时长占听众所有节目收听时长的 22%，收听比重大于播出比重。“音乐”类节目播出时长占所有节目播出时长的 24%，是播出量最大的节目类别，然而用户收听该类节目的时长比例为 20%，收听比重略小于播出比重。

从各频率组的节目播出结构和收听结构来看，中央级频率“新闻/时事”类节目播出时长占该类频率所有节目播出时长的 17%，其收听时长却达到了收听所有中央级频率节目时长的 34%，播出“新闻/时事”类节目的比重远远低于听众对这类节目的收听比重；文艺类节目播出比重为 14%，但其收听比重却仅仅为 3%，与“新闻/时事”类节目的情况相反。省级频率播出的节目主要以“音乐”类为主，播出时长占该频率组所有节目时长的 31%，而收听比重也达到 38%；“生活服务”类节目播出比重达到 21%，是省级频率播出量第二大的节目，但其收听比重却仅为 12%，相比而言播出比重低很多。市（县）级频率由于更加贴近当地百姓生活，“生活服务”类节目的播出时长比重达到 29%，收听比重也达到了 28%，基本上实现了节目播出与收听的平衡。

十岁及以上?.. 深圳 总体设置

摘要 >>		摘要									
频道 >>				中央级频率		省级频率		市(县)级频率		其他频率	
摘要	类别	时长[累计|秒|%纵向]	人均收听时长[分钟|%纵向]	时长[累计|秒|%纵向]	人均收听时长[分钟|%纵向]	时长[累计|秒|%纵向]	人均收听时长[分钟|%纵向]	时长[累计|秒|%纵向]	人均收听时长[分钟|%纵向]	时长[累计|秒|%纵向]	人均收听时长[分钟|%纵向]
摘要		100	100	100	100	100	100	100	100	100	100
	新闻/时事	13	22	17	34	10	16	12	22	8	12
	社教	7	5	9	9	5	6	7	4	5	8
	文艺	12	5	14	3	10	7	12	5	6	3
	体育	1	1	1	1	2	1	1	1	.	.
	音乐	24	20	19	26	31	38	16	14	42	28
	外语	0	0	1	0	0	0	.	.	.	.
	财经	5	3	10	9	2	2	1	2	4	3
	生活服务	17	21	8	2	21	12	29	28	23	30
	法制	1	1	0	1	1	1	0	0	2	1
	其他	19	22	21	15	19	18	22	25	11	15

图 6.2.28　交互分析结果页面

如果在交互属性中选择“类别”和“属性”，其他操作保持不变，则会得到该地区每类节目的收播比重及其子类在该类节目中的收听比重和播出比重。在本例中，“新闻/时事”类节目占所有节目播出时长的13%，其中“综合新闻”类节目占所有“新闻/时事”类节目播出时长的63%，“新闻评述”类占5%；收听“新闻/时事”类节目的时长占收听所有节目时长的22%，收听“综合新闻”节目的时长占收听所有“新闻/时事”类节目时长的72%，收听“新闻评述”类节目的时长占3%，如图6.2.29。

十岁及以上?.. 深圳 总体设置

摘要 >>			摘要									
频道 >>					省级频率		市(县)级频率		中央级频率		其他频率	
摘要	类别	属性	时长[累计|秒|%纵向]	人均收听时长[分钟|%纵向]	时长[累计|秒|%纵向]	人均收听时长[分钟|%纵向]	时长[累计|秒|%纵向]	人均收听时长[分钟|%纵向]	时长[累计|秒|%纵向]	人均收听时长[分钟|%纵向]	时长[累计|秒|%纵向]	人均收听时长[分钟|%纵向]
摘要			100	100	100	100	100	100	100	100	100	100
	新闻/时事		13	22	10	16	12	22	17	34	8	12
		综合新闻	63	72	55	72	75	76	61	58	77	86
		新闻评述	5	3	7	3	.	.	7	14	.	.
		新闻/时事其他	32	25	37	24	25	24	32	28	23	14
	社教		7	5	5	6	7	4	9	9	5	8
		科普/科技	2	1	2	4	.	.	2	.	.	.
		军事	4	5	.	.	2	5	5	8	9	11
		农业	0	0	1	2	.	.	.	.	.	.
		外语教学	1	1	.	.	1	3	1	0	.	.
		青少专题	2	3	.	.	5	1	2	10	.	.
		社教其他	92	90	97	95	93	91	89	83	91	89
	文艺		12	5	10	7	12	5	14	3	6	3
		综艺晚会	0	0	1	1	.	.	.	.	.	.
		综艺娱乐报道	1	1	5	6	.	.	.	.	.	.
		地方戏曲	2	4	4	15	.	.	1	.	.	.
		广播剧	1	1	3	4	.	.	1	.	.	.
		电影/电视剧录音剪辑	0	0	1	0	.	.	.	.	.	.
		小说/评书	13	7	30	26	.	.	12	.	.	.
		情感故事	5	5	5	5	10	5	4	12	.	.

模板　节目　交互分析　技术卡片

图 6.2.29　按“类别”和“属性”同时交互的交互分析报告结果页面

Q8. 如何计算特定节目每段时间间隔的收听率？

可以利用 InfosysPlusRadio 的每分钟节目报告功能来计算特定节目每段时间间隔的收听率。计算每段时间间隔的收听率不仅需要在模板中定义“目标”“日期”“地区”“频率”和“节目”成分，以获得报告结果中的节目播出信息，还需要在报告选项中设置时间段间隔参数，定义结果报告中节目收听数值的分钟间隔数，以确定是显示节目每分钟的收听率还是显示节目每 N 分钟的平均收听率。同时，在每分钟节目报告中还可以使用“黄金分钟数值”和“黄金分钟”指标直接查看收听指标的最大数值，即“黄金分钟数值”，以及各时段收听指标最大值所在的分钟，即“黄金分钟”。

举例：计算 2016 年 11 月北京地区北京人民广播电台交通广播播出的《一路畅通》栏目每 15 分钟收听率，并列出节目收听率最高的 15 分钟时段与其收听率数值。

新建模板，设置模板各成分：报告（每分钟节目：间隔〈分钟〉定义为 15）、单位（收听率%、黄金分钟、黄金分钟数值）、日期（2016 年 11 月 1 日 ~ 2016 年 11 月 30 日）、目标（十岁及以上所有人）、地区（北京）、频率（北京人民广播电台交通广播频率）、节目（名称：《一路畅通》、开始时间：6:00 ~ 10:00、级别：级别 1），如图 6. 2. 30。

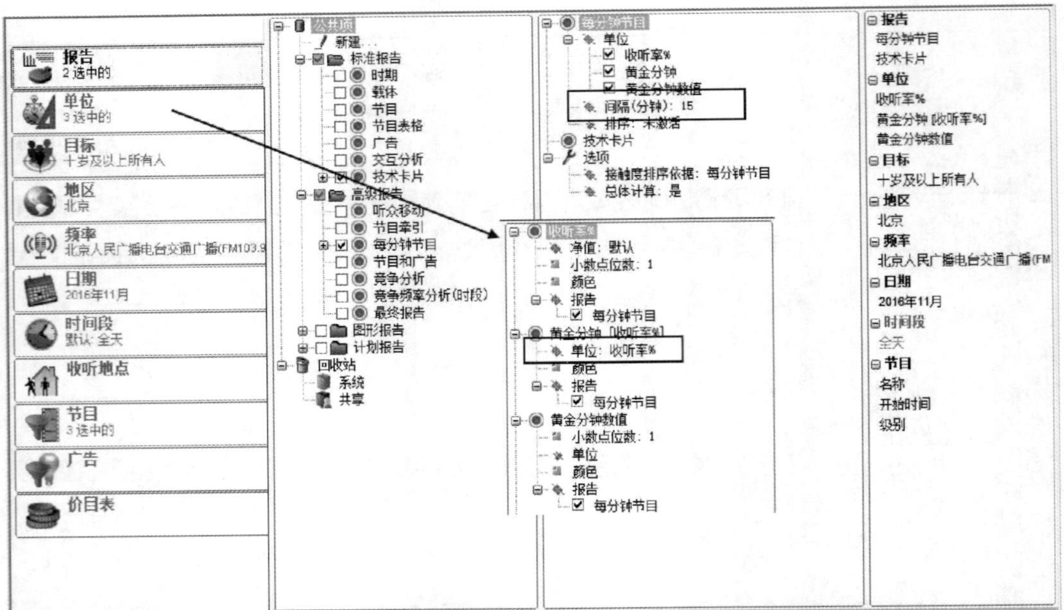

图 6. 2. 30　**模板设置页面**

计算模板，得到该节目每15分钟收听率报告结果。可以看到2016年11月《一路畅通》节目每天播出时每15分钟时段的最大收听率及最大收听率所在的15分钟时段，点开加号可以具体查看每15分钟的收听率，如图6.2.31。

名称	频道	日期	开始时间	时长	结束时间	收听率%	黄金分钟[收听率%]	黄金分钟数值
摘要						6.0	.	9.7
⊞ 一路畅通	北京人民广播电台交通广播	2016/11/1	07:36:39	0112:29	09:29:08	5.6	08:22	7.3
⊞ 一路畅通	北京人民广播电台交通广播	2016/11/2	07:35:23	0113:45	09:29:08	7.1	08:20	8.9
⊞ 一路畅通	北京人民广播电台交通广播	2016/11/3	07:35:44	0113:24	09:29:08	5.9	08:21	7.3
⊞ 一路畅通	北京人民广播电台交通广播	2016/11/4	07:39:07	0110:02	09:29:09	6.2	08:24	7.8
⊞ 一路畅通	北京人民广播电台交通广播	2016/11/5	07:33:29	0115:55	09:29:24	4.1	08:03	4.9
⊞ 一路畅通	北京人民广播电台交通广播	2016/11/6	07:29:40	0119:44	09:29:24	4.4	08:00	5.4
⊟ 一路畅通	北京人民广播电台交通广播	2016/11/7	07:36:26	0113:14	09:29:40	7.2	08:21	9.7
<< 07:36 >>	<北京人民广播电台交通广	<2016/11/7>	<07:36:26>	<0113:14>	<09:29:40>	7.4	.	.
<< 07:51 >>	<北京人民广播电台交通广	<2016/11/7>	<07:36:26>	<0113:14>	<09:29:40>	8.2	.	.
<< 08:06 >>	<北京人民广播电台交通广	<2016/11/7>	<07:36:26>	<0113:14>	<09:29:40>	9.6	.	.
<< 08:21 >>	<北京人民广播电台交通广	<2016/11/7>	<07:36:26>	<0113:14>	<09:29:40>	9.7	.	.
<< 08:36 >>	<北京人民广播电台交通广	<2016/11/7>	<07:36:26>	<0113:14>	<09:29:40>	9.2	.	.
<< 08:51 >>	<北京人民广播电台交通广	<2016/11/7>	<07:36:26>	<0113:14>	<09:29:40>	6.2	.	.
<< 09:06 >>	<北京人民广播电台交通广	<2016/11/7>	<07:36:26>	<0113:14>	<09:29:40>	2.7	.	.
<< 09:21 >>	<北京人民广播电台交通广	<2016/11/7>	<07:36:26>	<0113:14>	<09:29:40>	2.3	.	.
⊞ 一路畅通	北京人民广播电台交通广播	2016/11/8	07:34:56	0115:00	09:29:56	5.9	08:20	8.0
⊞ 一路畅通	北京人民广播电台交通广播	2016/11/9	07:34:49	0115:08	09:29:57	7.3	08:20	9.2
⊞ 一路畅通	北京人民广播电台交通广播	2016/11/10	07:38:07	0111:46	09:29:53	5.7	08:23	7.6
⊞ 一路畅通	北京人民广播电台交通广播	2016/11/11	07:37:38	0112:16	09:29:54	6.3	08:23	8.3
⊞ 一路畅通	北京人民广播电台交通广播	2016/11/12	07:34:19	0115:39	09:29:58	3.7	07:34	4.1
⊞ 一路畅通	北京人民广播电台交通广播	2016/11/13	07:31:52	0115:17	09:27:09	3.8	08:02	4.4
⊞ 一路畅通	北京人民广播电台交通广播	2016/11/14	07:36:04	0113:50	09:29:54	6.7	08:21	8.6
⊞ 一路畅通	北京人民广播电台交通广播	2016/11/15	07:35:50	0113:56	09:29:46	6.5	08:21	8.4
⊞ 一路畅通	北京人民广播电台交通广播	2016/11/16	07:33:00	0116:50	09:29:50	7.3	08:18	9.2

图6.2.31　《一路畅通》栏目每15分钟收听率计算结果报告页面

Q9. 如何查看同时段多频率的节目编排及收听情况？

可以使用InfosysPlusRadio中的节目表格报告查看同时段多个频率的节目编排及其对应的时段收听率变化。节目表格报告在显示所选频率的分钟收听数值和收听曲线的同时，还同时显示了不同频率播出的节目信息，将节目播出与收听情况结合，可以更直观地得到各频率收听变化与各频率节目播出之间的关系。

完成InfosysPlusRadio节目表格报告需要在模板中定义“目标”“日期”“地区”“频率”和“节目”成分，以获得报告结果中的节目播出信息与收听数据；同时还需要在报告选项中设置“时间段”和“间隔”，从而获得报告中的时段收听数值及曲线。

举例：利用节目表格报告查询北京地区多个频率多天16:00～20:00的节目编排及其收听情况。

新建模板，设置模板各成分：如目标听众（十岁及以上所有人）、地区（北京）、频率（北京本地4个频率）、节目（级别1）和单位（收听率%、收听率000及市场份额%），选择“节目表格”报告，并定义其选项“时间段16:00~20:00”和“间隔15分钟”。

日期选择2016年12月1日~12月5日，要想获得多天节目表格报告，还需要在所选日期成分的选项中设置日期按“天”间隔并计算平均值，如图6.2.32。

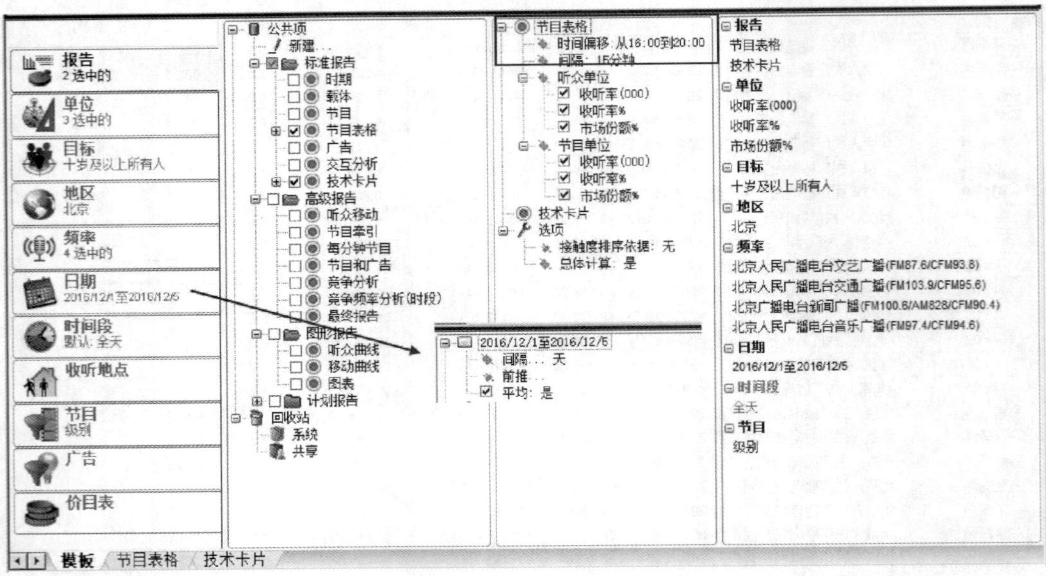

图6.2.32　模板设置页面

计算模板，在日期栏处选择日期可以得到每天及多天平均的节目表格报告。在“日期”选项中选择“2016年12月1日”，工具栏“选项”中“显示级别”为“级别1”，则得到该频率2016年12月1日16:00~20:00每15分钟时段收听及这段时间内所播放节目的收听情况，如图6.2.33。由于每天播出的节目可能不同，因此多天平均节目表格报告只显示每天播出时间完全相同的节目信息。在“日期”选项中选择“2016年12月1日~12月5日”，则得到2016年12月1日~12月5日所选频率每15分钟多天平均时段收听及该段日期内播出时间相同的节目的收听情况，如图6.2.34。

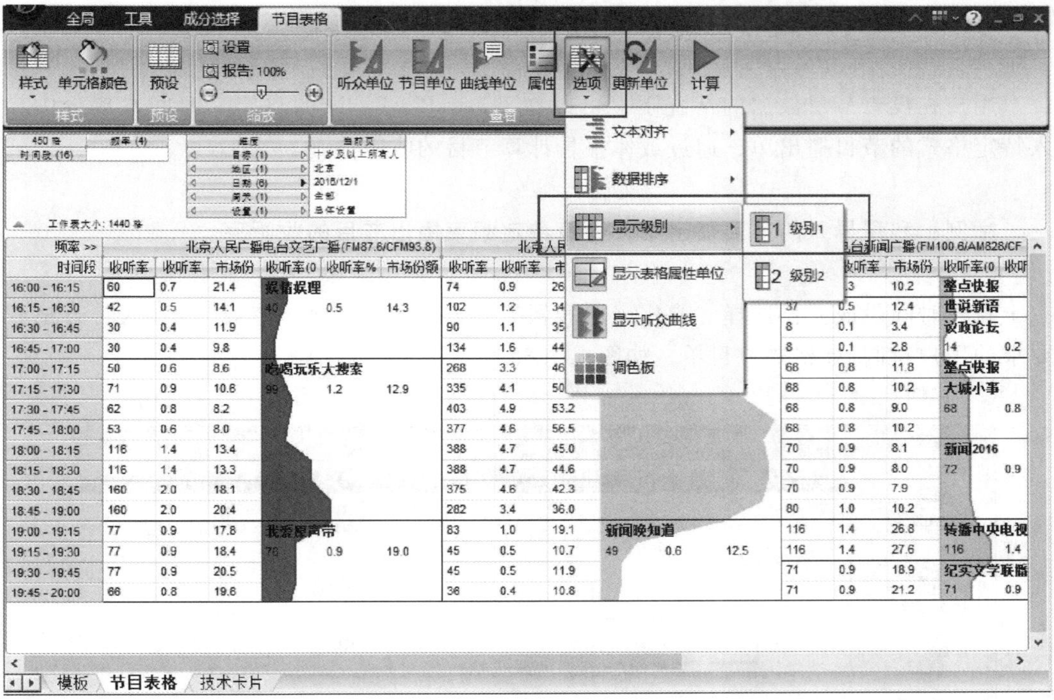

图 6.2.33　单天节目表格报告页面

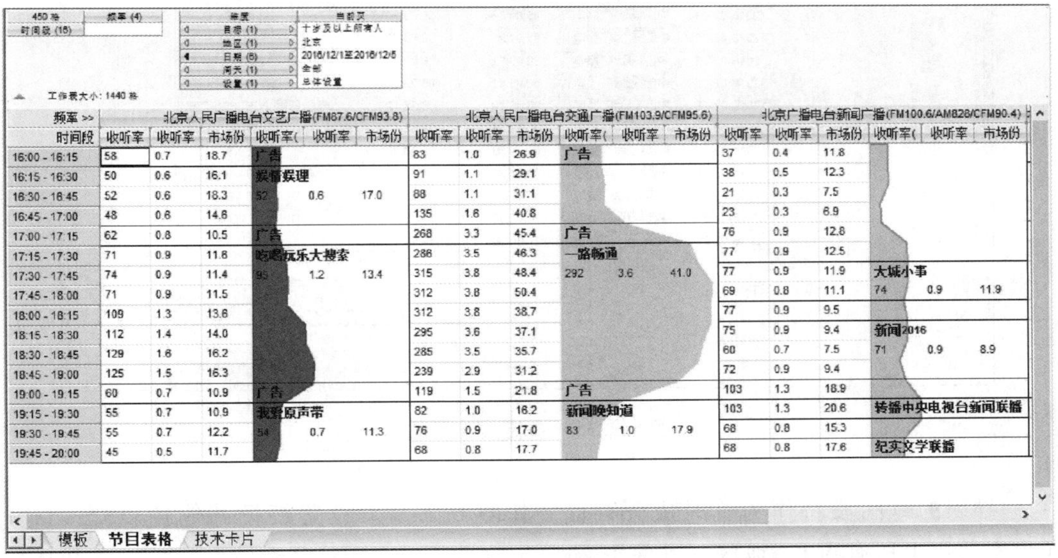

图 6.2.34　多天节目表格报告页面

Q10. 如何通过导入节目单进行节目收听计算？

用户在没有节目数据的情况下，可以在 InfosysPlusRadio 的自定义时间段成分中导入特定格式的节目播出单，通过载体报告计算节目的收听情况。

举例：利用导入的节目播出单，计算特定频率播出节目的收听率。

新建时间段成分：选择“自定义时间段”，设置导入类型“节目”，导入符合格式要求的用户自制 txt 格式节目单，如图 6.2.35。

图 6.2.35 自定义节目载体

导入的时间段将作为临时成分存储，如图 6.2.36。设置模板其他各成分：目标（十岁及以上所有人）、地区（北京）和单位（收听率%）。由于导入的自定义载体包括了频率和日期信息，因此模板可以不定义频率和日期。

由于本例计算的是含有日期、频率等信息的自定义时间段，因此用户在使用“载体”报告时，需要选择其选项“载体时间段”进行计算。另外，本例中需要对各节目细节进行进一步的交互汇总，因此，还要同时选择“交互分析”报告。在这里需要注意的是，当“交互分析”报告是基于“载体”报告汇总时，在交互属性中需要选择带有“Tab”标识的交互属性，否则无法进行进一步设置。本例中的交互分析属性选择“频率 Tab”和“标题”，将各频率不同节目名称的节目进行汇总计算。

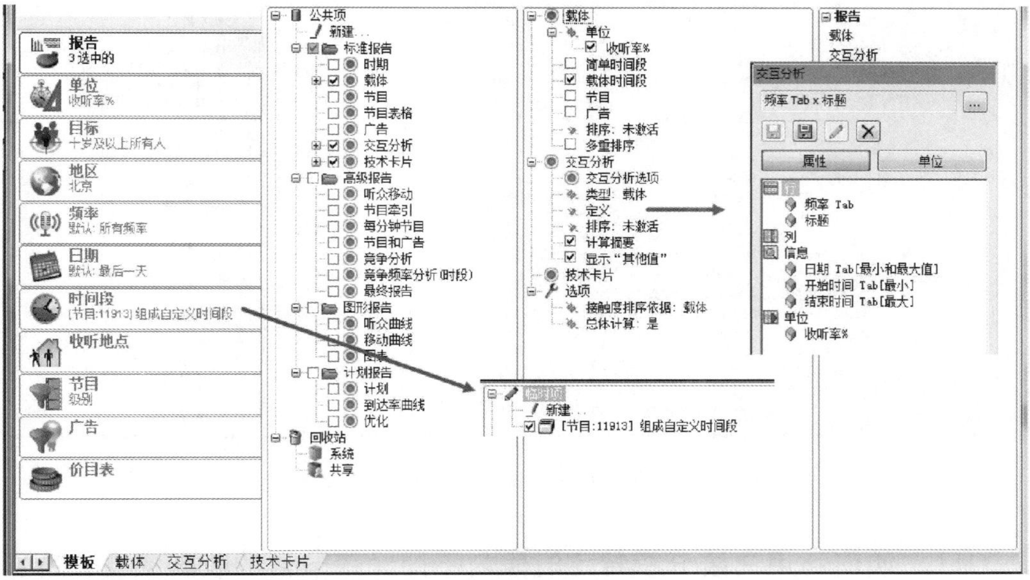

图 6.2.36　模板设置页面

计算模板，载体报告结果得到的是通过导入用户自定义节目单计算的每条节目收听情况，如图 6.2.37；交互分析报告得到的是这段时间内，各频率不同节目的平均收听率%，并且交互分析报告中还显示了各节目播出的日期范围及每天播出的时间段，如图 6.2.38。

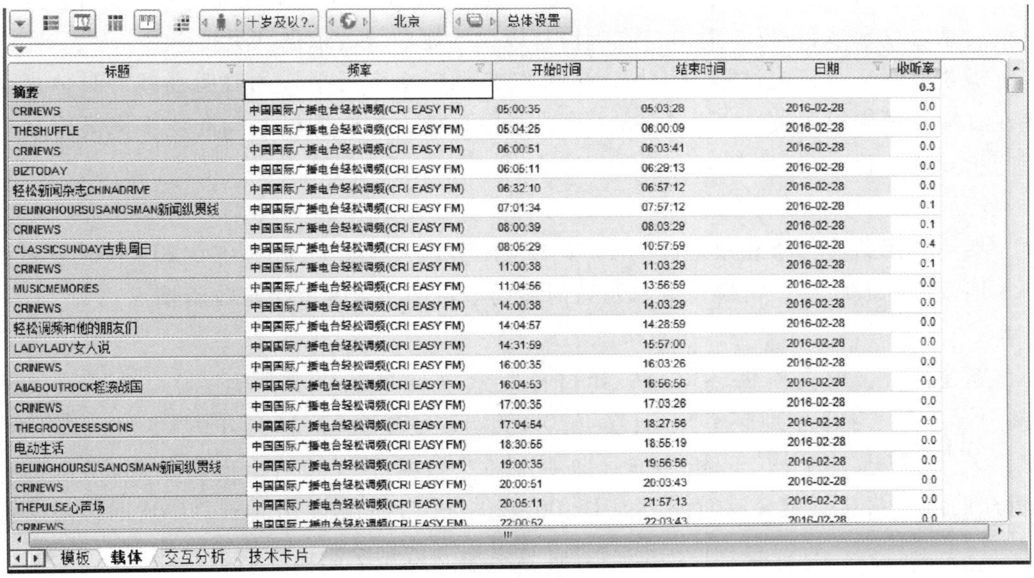

标题	频率	开始时间	结束时间	日期	收听率
摘要					0.3
CRINEWS	中国国际广播电台轻松调频(CRI EASY FM)	05:00:35	05:03:28	2016-02-28	0.0
THESHUFFLE	中国国际广播电台轻松调频(CRI EASY FM)	05:04:25	06:00:09	2016-02-28	0.0
CRINEWS	中国国际广播电台轻松调频(CRI EASY FM)	06:00:51	06:03:41	2016-02-28	0.0
BIZTODAY	中国国际广播电台轻松调频(CRI EASY FM)	06:05:11	06:29:13	2016-02-28	0.0
轻松新闻杂志CHINADRIVE	中国国际广播电台轻松调频(CRI EASY FM)	06:32:10	06:57:12	2016-02-28	0.0
BEIJINGHOURSUSANOSMAN新闻纵贯线	中国国际广播电台轻松调频(CRI EASY FM)	07:01:34	07:57:12	2016-02-28	0.1
CRINEWS	中国国际广播电台轻松调频(CRI EASY FM)	08:00:39	08:03:29	2016-02-28	0.1
CLASSICSUNDAY古典周日	中国国际广播电台轻松调频(CRI EASY FM)	08:05:29	10:57:59	2016-02-28	0.4
CRINEWS	中国国际广播电台轻松调频(CRI EASY FM)	11:00:38	11:03:29	2016-02-28	0.1
MUSICMEMORIES	中国国际广播电台轻松调频(CRI EASY FM)	11:04:56	13:56:59	2016-02-28	0.0
CRINEWS	中国国际广播电台轻松调频(CRI EASY FM)	14:00:38	14:03:29	2016-02-28	0.0
轻松调频和他的朋友们	中国国际广播电台轻松调频(CRI EASY FM)	14:04:57	14:28:59	2016-02-28	0.0
LADYLADY女人说	中国国际广播电台轻松调频(CRI EASY FM)	14:31:59	15:57:00	2016-02-28	0.0
CRINEWS	中国国际广播电台轻松调频(CRI EASY FM)	16:00:35	16:03:26	2016-02-28	0.0
AllABOUTROCK摇滚战国	中国国际广播电台轻松调频(CRI EASY FM)	16:04:53	16:56:56	2016-02-28	0.0
CRINEWS	中国国际广播电台轻松调频(CRI EASY FM)	17:00:35	17:03:26	2016-02-28	0.0
THEGROOVESESSIONS	中国国际广播电台轻松调频(CRI EASY FM)	17:04:54	18:27:56	2016-02-28	0.0
电动生活	中国国际广播电台轻松调频(CRI EASY FM)	18:30:55	18:55:19	2016-02-28	0.0
BEIJINGHOURSUSANOSMAN新闻纵贯线	中国国际广播电台轻松调频(CRI EASY FM)	19:00:35	19:56:56	2016-02-28	0.0
CRINEWS	中国国际广播电台轻松调频(CRI EASY FM)	20:00:51	20:03:43	2016-02-28	0.0
THEPULSE心声场	中国国际广播电台轻松调频(CRI EASY FM)	20:05:11	21:57:13	2016-02-28	0.0
CRINEWS	中国国际广播电台轻松调频(CRI EASY FM)	22:00:52	22:03:43	2016-02-28	0.0

图 6.2.37　通过自定义导入节目单计算的载体报告结果

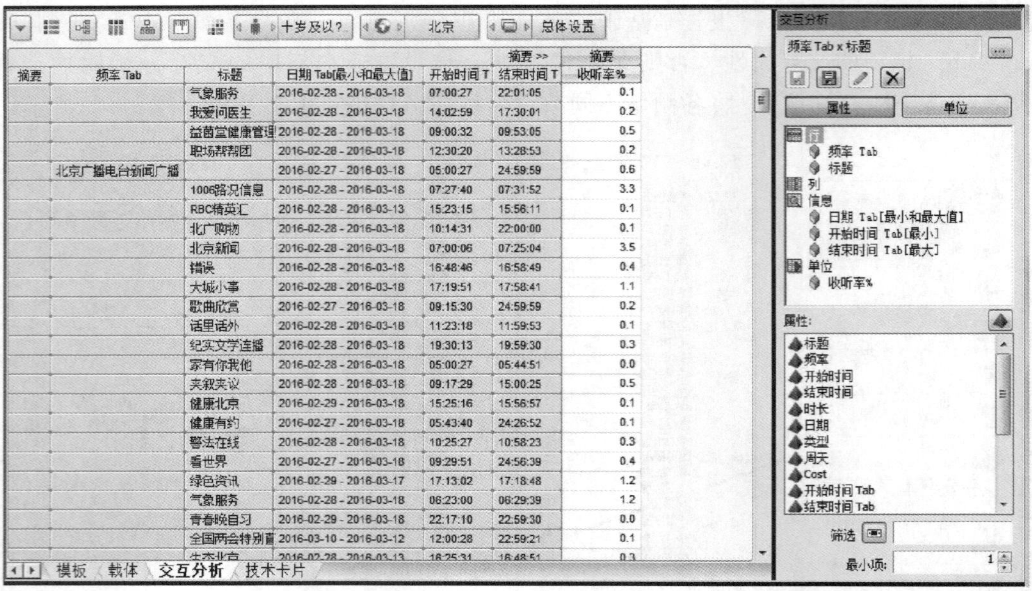

图 6.2.38　基于自定义节目时段的交互分析报告结果

Q11. 如何利用曲线分析特定时段内不同频率节目的收听率变化情况？

InfosysPlusRadio 还提供了曲线分析功能，用户可以将特定时段内不同频率节目的收听率变化以曲线的形式表现出来，从而更直观地考察收听率的变化情况。计算该报告需要在模板中定义“目标”“日期”“地区”“频率”和“单位”成分。如果要在曲线中显示特定节目和广告信息，可以在模板中通过节目、广告成分进行筛选。除此之外，还需要设置听众曲线报告选项“时间偏移”“间隔”“听众单位”“节目表格”“广告表格”和“曲线类型”，获得制作曲线的时段、时段收听计算间隔、时段收听计算的单位、是否显示节目/广告播出与收听信息以及绘制曲线的依据和类型。

听众曲线和节目表格报告一样，也可以获得频率多天平均的收听曲线。具体做法是在日期选项中设置按“天”间隔，并选择平均值，此时多天平均曲线中只显示播出时间相同的节目/广告的名称信息。

举例：用曲线分析北京地区 2016 年 12 月 1 日～12 月 5 日 16:00～20:00 时段内多个本地频率的收听率、市场份额以及该时段内节目和广告的播出与收听情况。

新建模板，设置模板各成分：如目标听众（十岁及以上所有人）、地区（北京〈M〉）、频率（4 个本地频率）、日期（2016 年 12 月 1 日～2016 年 12 月 5 日、“间隔”按“天”、勾选“平均”）和单位（收听率%、收听率〈000〉、市场份额%），选择“听众曲线”报告，定义其时间段为 16:00～20:00、每间隔 1 分钟计算一次时段收听数值，显示节目和广告信息，依据时段“收听率%”数据绘制连续曲线，如图 6.2.39。

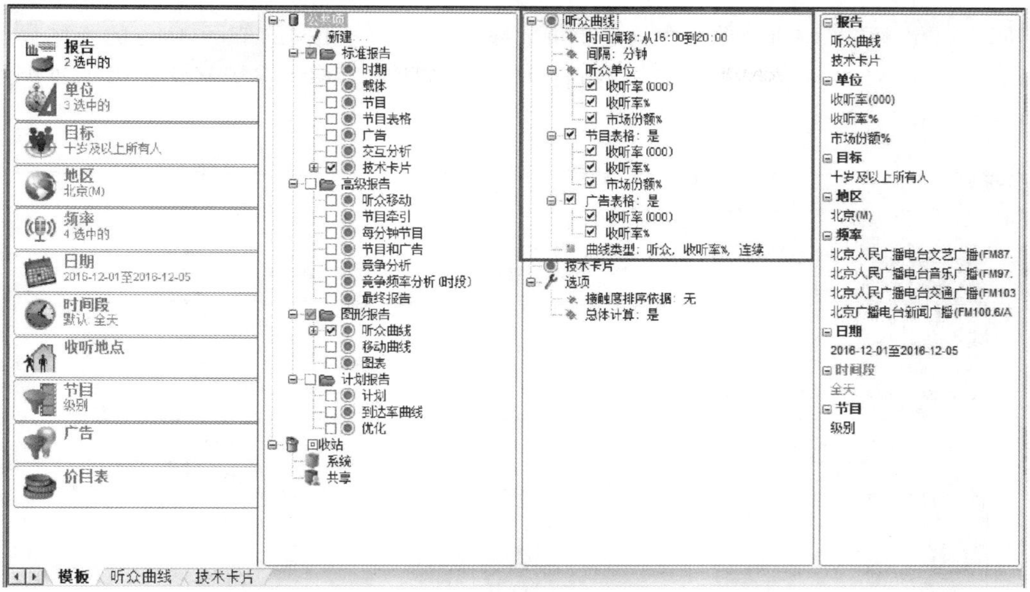

图 6.2.39 模板设置页面

计算模板，得到听众曲线报告。报告中的节目和广告信息按照时间顺序依次列出，每个频率的收听曲线以不同的颜色显示，曲线直观地反映了随着时间的变化各个频率收听指标的高低起伏。每个频率的信息分为两部分：左侧为节目信息显示部分；右侧为广告插播显示部分。

在“日期”处选择不同的日期可以得到每天及多天平均听众曲线报告。选择 2016 年 12 月 1 日，则得到该频率 2016 年 12 月 1 日 16:00 ~ 20:00 每 15 分钟时段收听曲线及此时段内播出节目/广告的收听信息，如图 6.2.40。由于每天播出的节目/广告可能

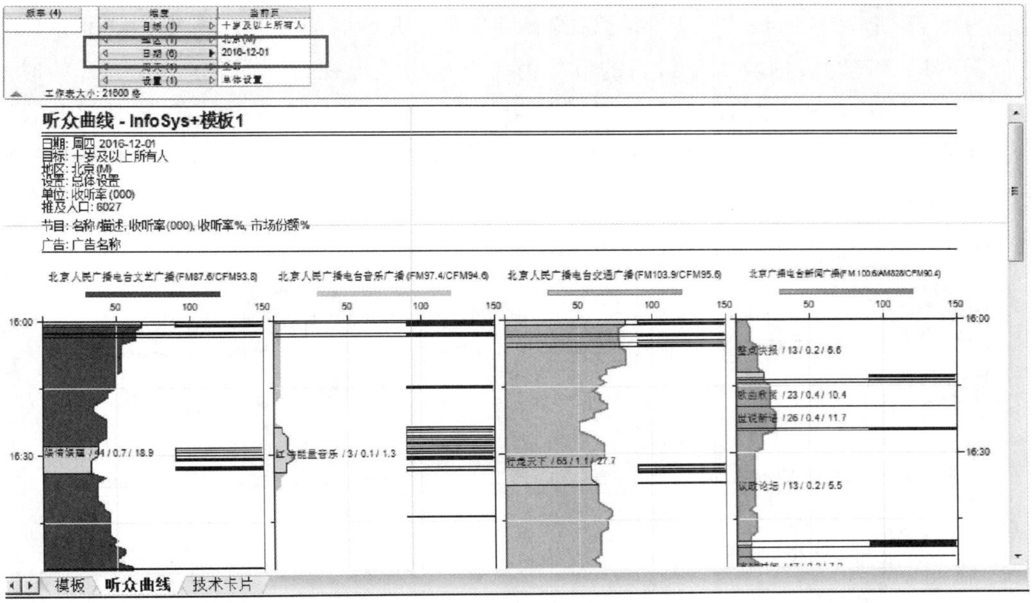

图 6.2.40 单天听众曲线报告

不同，因此多天平均听众曲线中只显示每天播出时段完全相同的节目/广告的名称，选择 2016 年 12 月 1 日 ~12 月 5 日，得到该段日期内不同频率的多天平均收听率变化曲线，如图 6.2.41。

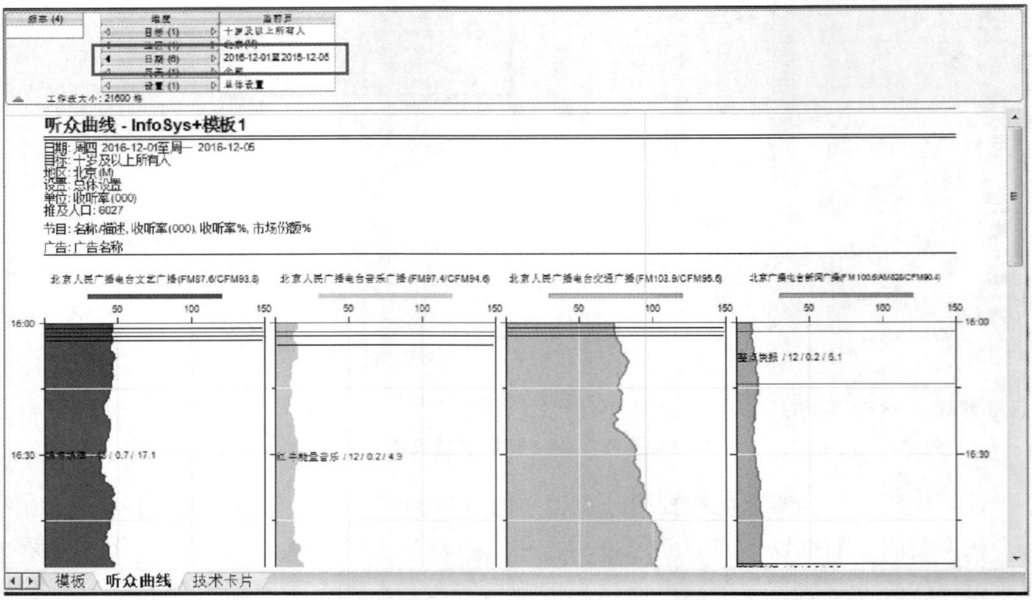

图 6.2.41　多天听众曲线报告

InfosysPlusRadio 在曲线下方提供了脚注信息，如图 6.2.42。脚注信息中包括：所选时段各频率的收听率均值、最高收听率与最高收听率出现的时段，如北京广播电台新闻广播在所选 16:00 ~20:00 时段的最高收听率出现在 19:00 开始的 15 分钟时段，其数值为 1.4%；所选时段中收听率最高的节目名称、开始时间及其收听率，如北京广播电台新闻广播该时段内收听率最高的节目为《转播中央电视台新闻联播》，其开始时间为 18:59，收听率数值为 1.4%；所选时段中收听率最高的广告名称、开始时间及收听率，如北京广播电台新闻广播该时段内收听率最高的广告为《节目预告》，其开始时间为 19:29，收听率数值为 1.4%。

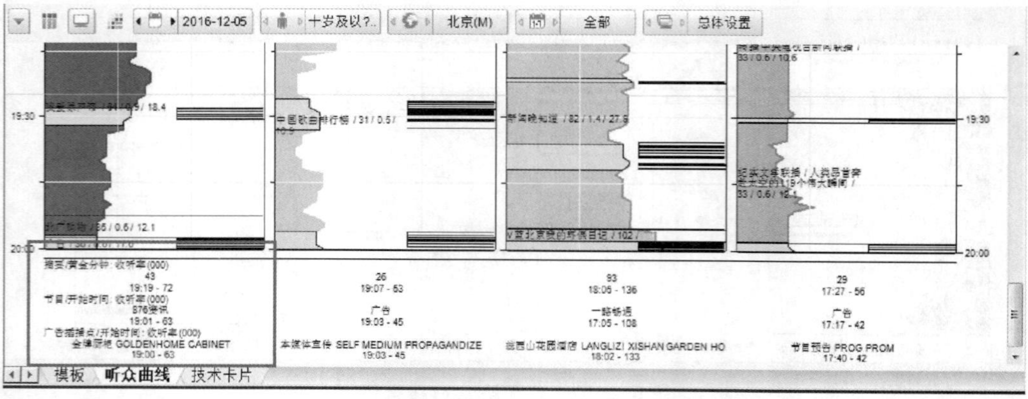

图 6.2.42　脚注信息页面

在曲线报告页还可以在“样式”/“曲线模式”菜单中设置曲线水平显示，以更加直观地对比同时段不同频率间收听率数值的高低。通过信息显示，用户也可以清晰地了解各时段各频率播出的节目及其平均收听率，从而了解各频率收听率的变化与其播出的节目之间的关系，如图 6. 2. 43。

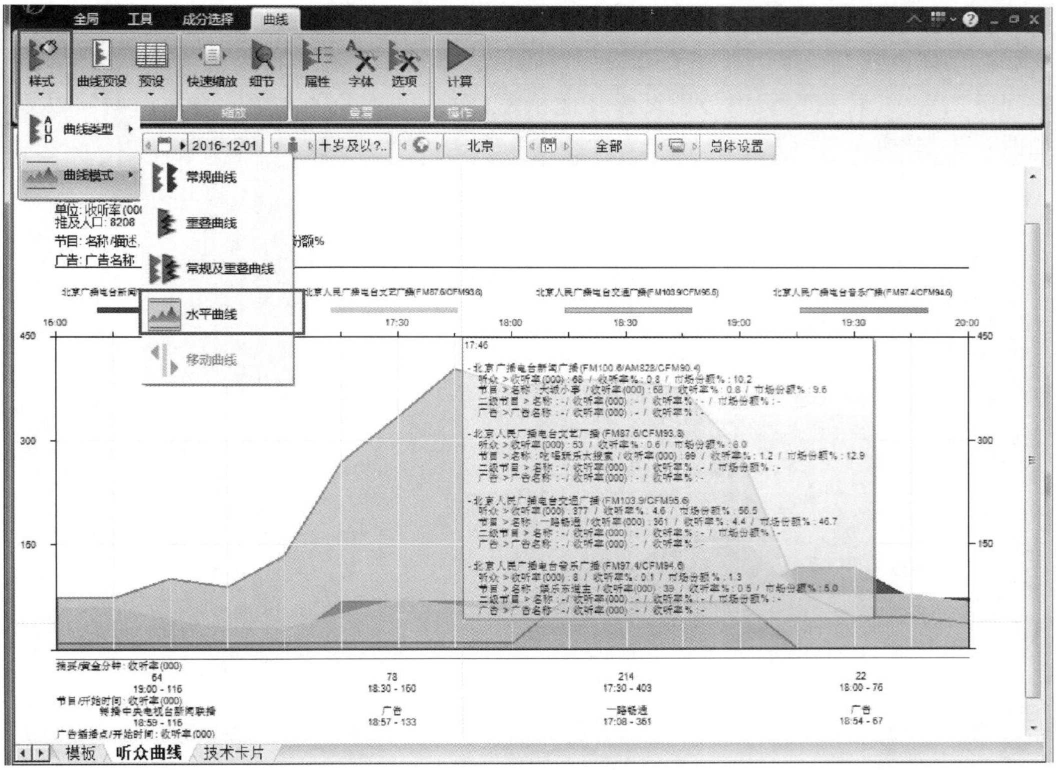

图 6. 2. 43　水平显示的听众曲线报告结果

第三节　时期与节目高级分析功能

Q1. 如何分析听众在不同频率/节目之间的流动情况?

CSM 媒介研究的收听率数据和 InfosysPlusRadio 软件不仅可供用户查询和分析特定广播频率静态的时段和节目收听状况，还可以给用户查询听众在不同频率、不同节目间的流动情况提供支持。用户可以借此了解特定广播频率/节目的听众流入自哪些竞争频率/节目，流出至哪些竞争频率/节目。在 InfosysPlusRadio 中，用户可以从几个不同的角度分析听众的流动情况，以下将通过三个具体实例来解释说明。

举例 1：分析特定时段听众在不同频率之间的流动情况。

以 2016 年 3 月 1 日北京地区[①]早间 7:00～9:00 时段北京人民广播电台交通广播与其竞争频率的听众流动情况为例，说明如何计算特定时段的听众流动情况。

新建模板，在“模板”页的“报告”成分中勾选“听众移动”报告，该报告对应的单位“听众移动（000）、听众移动%”将被自动选中。在该报告选项下勾选“简单时间段”，在“模板”页中分别设置其他相关成分，如目标、地区、频率、时间段等，如图 6.3.1。

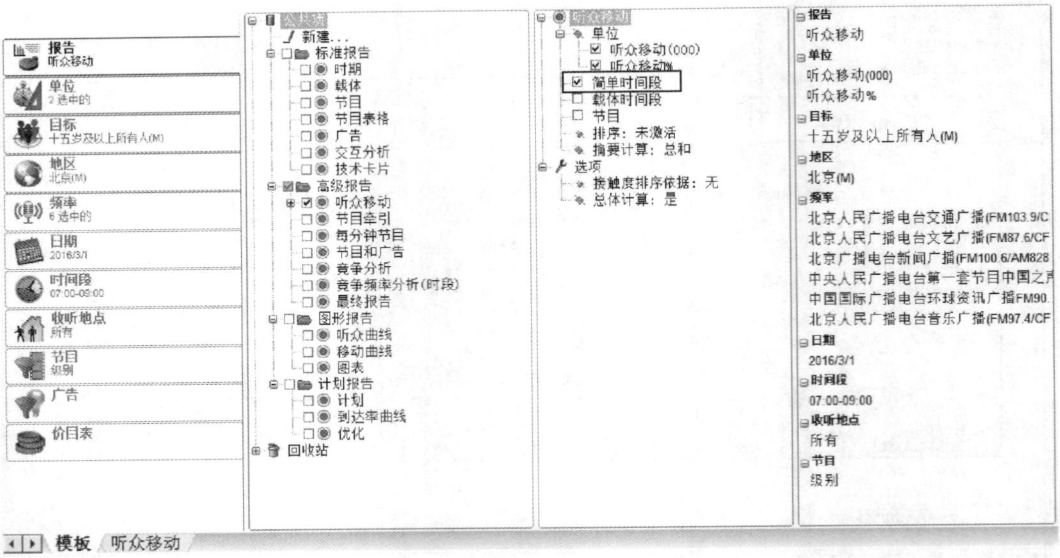

图 6.3.1　模板设置页面

计算模板，得到听众移动报告结果。以北京人民广播电台交通广播为例，点击图 6.3.2 中设置主频率的位置，在弹出的主频率选项窗口（图 6.3.3）中设置北京人民广播电台交通广播为主频率。报告结果即显示以北京人民广播电台交通广播为主频率的听众移动报告，如图 6.3.2。由此，可查询到 2016 年 3 月 1 日 7:00～9:00 时段，流入主频率北京人民广播电台交通广播的听众来自以下频率：北京广播电台新闻广播 11 千人、中央人民广播电台中国之声 5 千人、其他频率 33 千人、开/关机（这里实际上是“开机”）439 千人，总流入 487 千人。这里的“其他频率”是指相对于所选参考频率（默认为所有频率）来说，除了所选竞争频率以外的其他频率。

① 本例中使用的是北京测量仪调查数据。

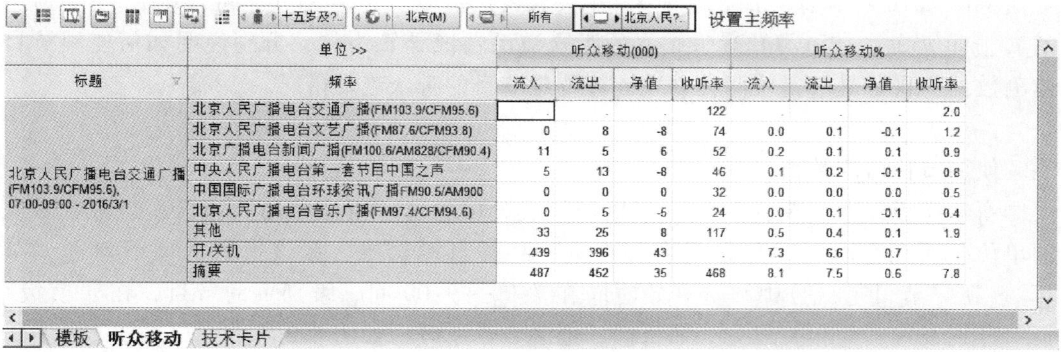

标题	单位 >> 频率	听众移动(000) 流入	流出	净值	收听率	听众移动% 流入	流出	净值	收听率
北京人民广播电台交通广播 (FM103.9/CFM95.6), 07:00-09:00 - 2016/3/1	北京人民广播电台交通广播(FM103.9/CFM95.6)	.	.	.	122	.	.	.	2.0
	北京人民广播电台文艺广播(FM87.6/CFM93.8)	0	8	-8	74	0.0	0.1	-0.1	1.2
	北京广播电台新闻广播(FM100.6/AM828/CFM90.4)	11	5	6	52	0.2	0.1	0.1	0.9
	中央人民广播电台第一套节目中国之声	5	13	-8	46	0.1	0.2	-0.1	0.8
	中国国际广播电台环球资讯广播FM90.5/AM900	0	0	0	32	0.0	0.0	0.0	0.5
	北京人民广播电台音乐广播(FM97.4/CFM94.6)	0	5	-5	24	0.0	0.1	-0.1	0.4
	其他	33	25	8	117	0.5	0.4	0.1	1.9
	开/关机	439	396	43	.	7.3	6.6	0.7	.
	摘要	487	452	35	468	8.1	7.5	0.6	7.8

图 6.3.2　简单时间段载体听众移动计算结果报告页面

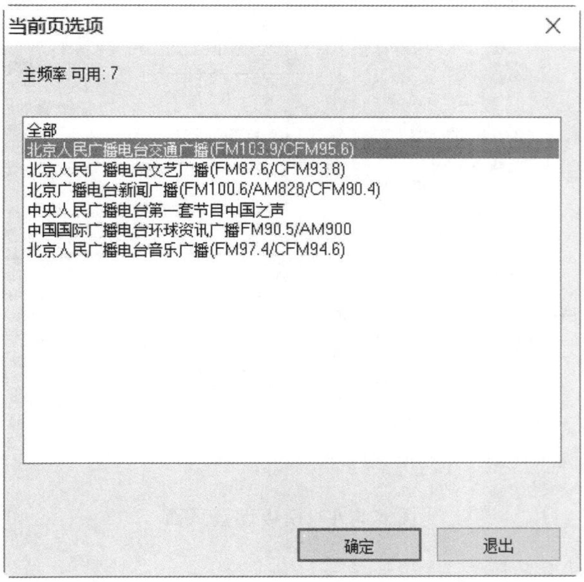

图 6.3.3　听众移动报告主频率选项窗口

与此同时，听众从主频率流出到以下频率的情况为：北京人民广播电台文艺广播 8 千人、北京广播电台新闻广播 5 千人、中央人民广播电台中国之声 13 千人、北京人民广播电台音乐广播 5 千人、其他频率 25 千人、开/关机（这里实际上是“关机”）396 千人，总流出 452 千人。

在该时段，用流入量减去流出量，北京人民广播电台交通广播得到的听众流动净值为 35 千人，即流入大于流出，听众数量处于净增长状态。

举例 2：分析特定节目听众在不同频率之间的流动情况。

特定节目的播出信息既可以来源于节目监测数据，也可以来源于自定义节目单。

下面将以 2016 年 3 月 1 日北京地区[①]中央人民广播电台中国之声早间 7:00～9:00 播出的《新闻纵横》节目与其竞争频率的听众流动情况计算为例，分别说明如何使用节目监测数据与自定义节目单两种方式计算特定节目的听众流动情况。

使用节目监测数据计算：

新建模板，在“模板”页的“报告”成分中勾选“听众移动”报告，该报告对应的单位“听众移动（000）、听众移动%”将被自动选中。在该报告选项下勾选“节目”，在“节目”成分中筛选开始时间在 7:00～9:00 间、级别 1 的节目，在“模板”页中分别设置其他相关成分，如目标、地区、频率等，如图 6.3.4。

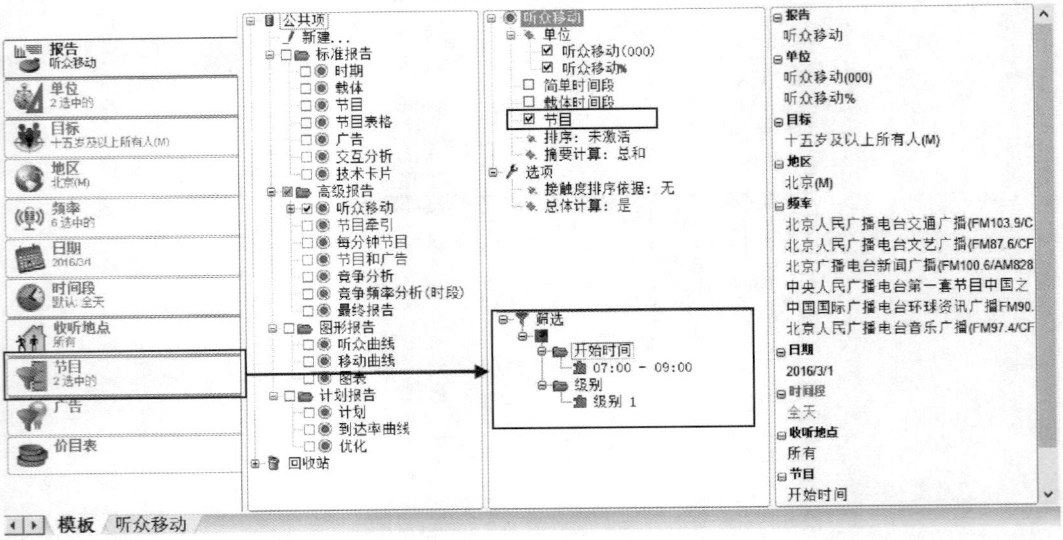

图 6.3.4　模板设置页面

计算模板，得到听众移动报告结果，如图 6.3.5。中央人民广播电台中国之声在 7:00～9:00 播出了《新闻纵横》与广告。两段节目播出时，与竞争频率的听众流动情况如图所示。如在《新闻纵横》节目播出时，流入该节目的听众来自以下频率：北京人民广播电台交通广播 13 千人、北京人民广播电台文艺广播 6 千人、开/关机（实际上是“开机”）110 千人，总流入 129 千人。同时，自《新闻纵横》节目流出的听众情况如下：北京人民广播电台交通广播 5 千人、北京人民广播电台新闻广播 6 千人、开/关机（实际为关机）145 千人，总流出 156 千人。用流入量减去流出量，在《新闻纵横》节目播出期间，中央人民广播电台中国之声总共失去听众 27 千人。

① 本例中使用的是北京测量仪调查数据。

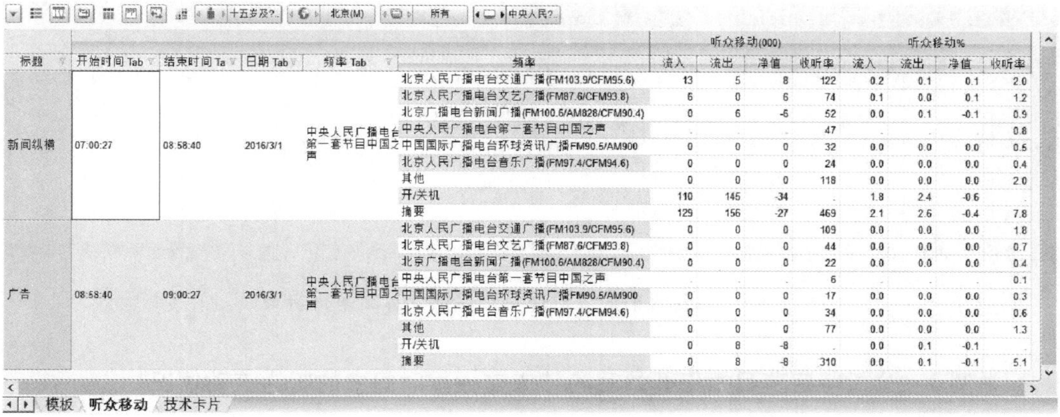

标题	开始时间 Tab	结束时间 Ta	日期 Tab	频率 Tab	频率	听众移动(000)				听众移动%			
						流入	流出	净值	收听率	流入	流出	净值	收听率
新闻纵横	07:00:27	08:58:40	2016/3/1	中央人民广播电台第一套节目中国之声	北京人民广播电台交通广播(FM103.9/CFM95.6)	13	5	8	122	0.2	0.1	0.1	2.0
					北京人民广播电台文艺广播(FM87.6/CFM93.8)	6	0	6	74	0.1	0.0	0.1	1.2
					北京广播电台新闻广播(FM100.6/AM828/CFM90.4)	0	6	-6	52	0.0	0.1	-0.1	0.9
					中央人民广播电台第一套节目中国之声	.	.	.	47	.	.	.	0.8
					中国国际广播电台环球资讯广播FM90.5/AM900	0	0	0	32	0.0	0.0	0.0	0.5
					北京人民广播电台音乐广播(FM97.4/CFM94.6)	0	0	0	24	0.0	0.0	0.0	0.4
					其他	0	0	0	118	0.0	0.0	0.0	2.0
					开/关机	110	145	-34	.	1.8	2.4	-0.6	.
					摘要	129	156	-27	469	2.1	2.6	-0.4	7.8
广告	08:58:40	09:00:27	2016/3/1	中央人民广播电台第一套节目中国之声	北京人民广播电台交通广播(FM103.9/CFM95.6)	0	0	0	109	0.0	0.0	0.0	1.8
					北京人民广播电台文艺广播(FM87.6/CFM93.8)	0	0	0	44	0.0	0.0	0.0	0.7
					北京广播电台新闻广播(FM100.6/AM828/CFM90.4)	0	0	0	22	0.0	0.0	0.0	0.4
					中央人民广播电台第一套节目中国之声	.	.	.	6	.	.	.	0.1
					中国国际广播电台环球资讯广播FM90.5/AM900	0	0	0	17	0.0	0.0	0.0	0.3
					北京人民广播电台音乐广播(FM97.4/CFM94.6)	0	0	0	34	0.0	0.0	0.0	0.6
					其他	0	0	0	77	0.0	0.0	0.0	1.3
					开/关机	0	8	-8	.	0.0	0.1	-0.1	.
					摘要	0	8	-8	310	0.0	0.1	-0.1	5.1

图 6.3.5　节目载体听众移动计算结果报告页面

使用自定义节目单计算：

新建模板，在“模板”页的“报告”成分中勾选“听众移动”报告，该报告对应的单位“听众移动（000）、听众移动%”将被自动选中。在该报告选项下勾选“载体时间段”，在“时间段”成分中导入自定义节目单，在“模板”页中分别设置其他相关成分，如目标、地区、频率、时间段等，如图 6.3.6。

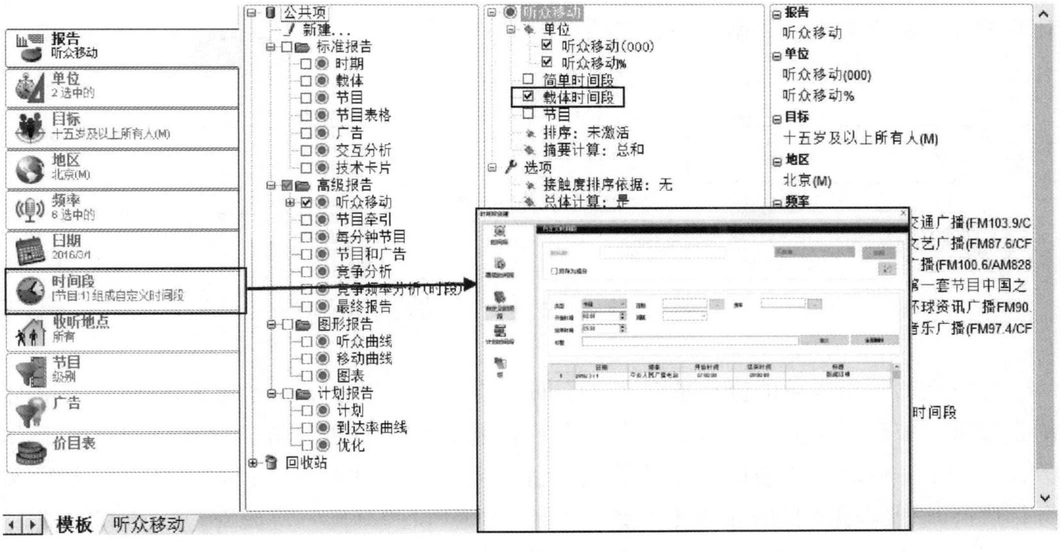

图 6.3.6　模板设置页面

计算模板，得到听众移动报告结果，如图 6.3.7。由此，使用自定义节目单的方式，同样可以计算出与上一个例子相同的结果，即 2016 年 3 月 1 日《新闻纵横》节目的听众流动情况。

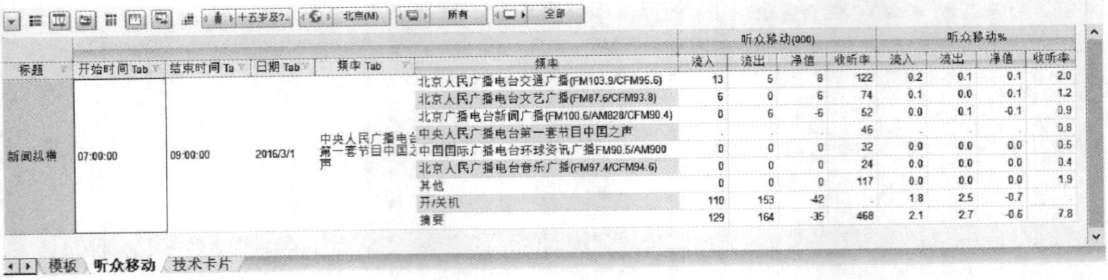

						听众移动(000)				听众移动%			
标题	开始时间 Tab	结束时间 Ta	日期 Tab	频率 Tab	频率	流入	流出	净值	收听率	流入	流出	净值	收听率
新闻纵横	07:00:00	09:00:00	2016/3/1	中央人民广播电台第一套节目中国之声	北京人民广播电台交通广播(FM103.9/CFM95.6)	13	5	8	122	0.2	0.1	0.1	2.0
					北京人民广播电台文艺广播(FM87.6/CFM93.8)	6	0	6	74	0.1	0.0	0.1	1.2
					北京广播电台新闻广播(FM100.6/AM828/CFM90.4)	0	6	-6	52	0.0	0.1	-0.1	0.9
					中央人民广播电台第一套节目中国之声	.	.	.	46	.	.	.	0.8
					中国国际广播电台环球资讯广播FM90.5/AM900	0	0	0	32	0.0	0.0	0.0	0.5
					北京人民广播电台音乐广播(FM97.4/CFM94.6)	0	0	0	24	0.0	0.0	0.0	0.4
					其他	0	0	0	117	0.0	0.0	0.0	1.9
					开/关机	110	153	-42	.	1.8	2.5	-0.7	.
					摘要	129	164	-35	468	2.1	2.7	-0.6	7.8

模板 听众移动 技术卡片

图 6.3.7 自定义时间段载体听众移动计算结果报告页面

举例 3：分析特定节目播出开始后和结束前一段时间内的听众流动情况。

分析特定节目听众在其开始后和结束前一段时间内的听众流动情况，可以使用InfosysPlusRadio的节目牵引报告功能。它不仅可以获得主节目听众与本频率内前后播出节目之间的流入流出情况，还可以得到主节目与其播出前后所有竞争频率播出节目之间的听众流入流出情况。

计算节目牵引报告除了需要在模板中定义“目标”“地区”“频率”“日期”“单位”和“节目”六个成分之外，还需要在节目牵引报告选项中分别定义“主节目开始前/结束后时长（T）”“主节目前/后时长（K）”，参见图 6.3.8。结果按照流入、流出的数值大小取前 N 名频率显示竞争节目，N 在“频率数”选项中定义。参与听众流动计算的竞争频率应在节目牵引报告选项中的“频率”选项中给予定义。

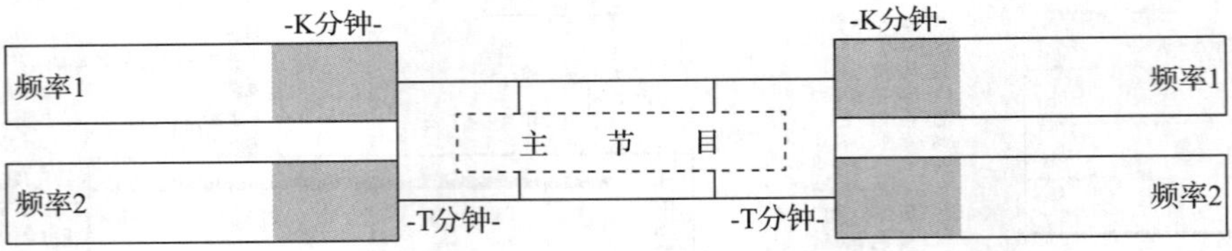

图 6.3.8 节目牵引示意图

与听众移动报告中的流动指标含义不同，节目牵引报告中的“流入（000）”说明的是收听主节目最初的 T 分钟的听众在主节目播出前 K 分钟收听其他频率的收听千人数，“流出（000）”代表的是收听了主节目结束前 T 分钟的听众，在主节目结束后 K 分钟收听其他频率节目的收听千人数。“流入%”和“流出%”是对应于所有“流入（000）”和“流出（000）”这两个指标的百分比值。

下面以北京地区[①] 2016 年 3 月 8 日中央人民广播电台中国之声《央广新闻》节目的听众在各频率之间的流动情况为例，说明具体操作方法。

新建模板，在“模板”页的“报告”成分中勾选“节目牵引”报告，该报告对应

① 本例中使用的是北京测量仪调查数据。

的单位“平均到达率（000）、流入（000）、流入%、流出%、流出（000）”将被自动选中。在该报告选项下勾选“节目”，设置主节目开始后/结束前时长（5分钟）、主节目前、后时长（10分钟）、频率（所有频率）、频率数（5）。在“模板”页中分别设置其他相关成分，如目标、地区、频率等，如图6.3.9。

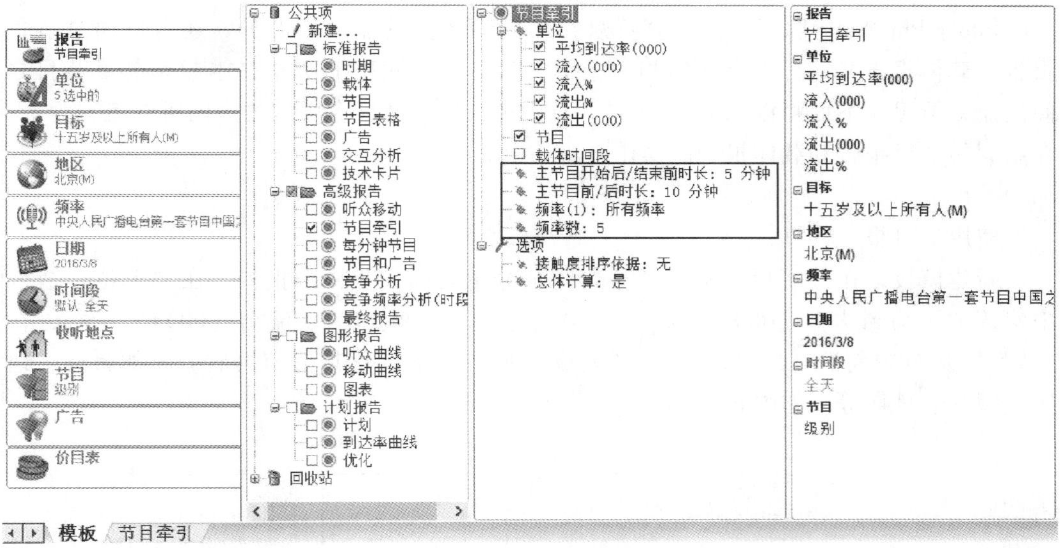

图6.3.9　模板设置页面

计算模板，得到节目牵引报告结果。下拉报告结果右侧滚动条，可以查看《央广新闻》节目的听众流动情况，如图6.3.10。报告结果列出了该节目最初5分钟从各频率与节目获取的听众情况，及该节目播出最后5分钟的听众在节目结束后10分钟流出到其他频率与节目的情况。结果按照流入千人和流出千人数值从高到低排列，按照模板中的定义，分别显示流入、流出最多的前5个频率。

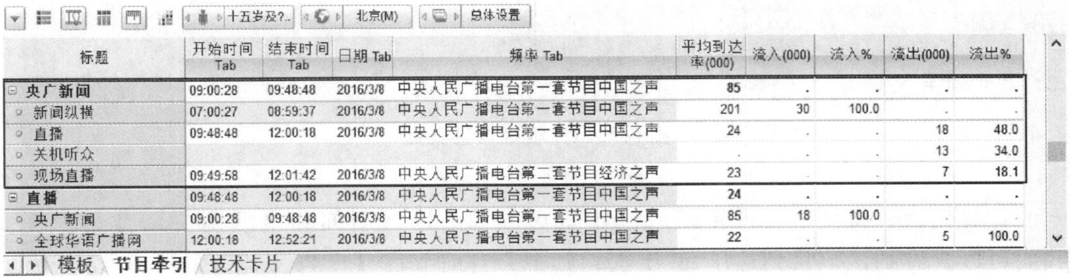

标题	开始时间 Tab	结束时间 Tab	日期 Tab	频率 Tab	平均到达率(000)	流入(000)	流入%	流出(000)	流出%
⊟ 央广新闻	09:00:28	09:48:48	2016/3/8	中央人民广播电台第一套节目中国之声	85	.	.	.	.
○ 新闻纵横	07:00:27	08:59:37	2016/3/8	中央人民广播电台第一套节目中国之声	201	30	100.0	.	.
○ 直播	09:48:48	12:00:18	2016/3/8	中央人民广播电台第一套节目中国之声	24	.	.	18	48.0
○ 关机听众					.	.	.	13	34.0
○ 现场直播	09:49:58	12:01:42	2016/3/8	中央人民广播电台第二套节目经济之声	23	.	.	7	18.1
⊟ 直播	09:48:48	12:00:18	2016/3/8	中央人民广播电台第一套节目中国之声	24	.	.	.	.
○ 央广新闻	09:00:28	09:48:48	2016/3/8	中央人民广播电台第一套节目中国之声	85	18	100.0	.	.
○ 全球华语广播网	12:00:18	12:52:21	2016/3/8	中央人民广播电台第一套节目中国之声	22	.	.	5	100.0

图6.3.10　节目牵引报告计算结果报告页面

收听了《央广新闻》节目前5分钟的听众，全部来源自本频率之前播出的节目《新闻纵横》，属于频率内听众的顺流。收听了《央广新闻》最后5分钟的听众，在该节目结束后有18千人依然停留在本频率，继续收听下一个节目《直播》，占总流出听众的48.0%。其余的流出听众有34.0%选择了关机，18.1%流出至中央人民广播电台经济之声的《现场直播》节目。

举例4：分析特定频率听众在本频率的前后节目之间的流动情况。

InfosysPlusRadio除了可以计算听众在不同频率间的流动情况外，还可以通过节目报告、载体报告并结合听众移动相关指标，计算特定频率的听众在本频率前后节目之间的流动情况。下面将以2016年3月3日中央人民广播电台中国之声的听众流动为例，介绍利用节目报告和载体报告的操作方法。

使用节目报告计算：

新建模板，在“模板”页的“报告”成分中勾选“节目”报告，在“单位”成分中勾选“平均到达率（000）、流入（000）、流入%、流出%、流出（000）”指标，在“节目”成分中勾选“级别1”。在“模板”页中分别设置其他相关成分，如目标、地区、频率、日期等，如图6.3.11。

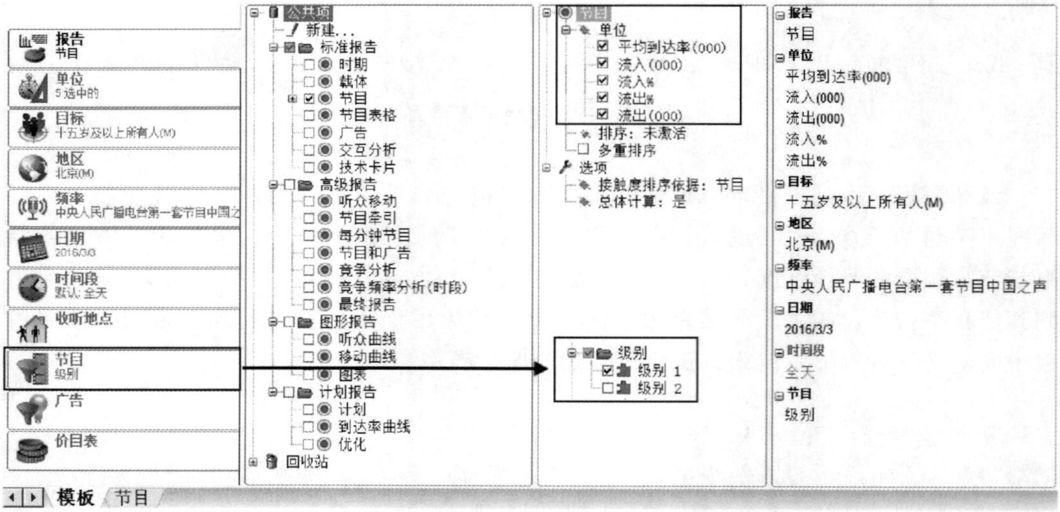

图6.3.11 模板设置页面

计算模板，得到节目报告结果，如图6.3.12。以《新闻和报纸摘要》节目为例，我们可以查看到该节目到达了50千人，其中，自前节目《广告》流入的听众17千人，占该节目听众人数的34.5%；流出该节目至后节目《广告》的听众41千人，占该节目听众人数的81.2%。

名称	频道	日期	开始时间	结束时间	平均到达率(000)	流入(000)	流出(000)	流入%	流出%
国防时空	中央人民广播电台第一套节目中国之声	2016/3/3	06:01:30	06:29:37	17	11	17	63.5	100.0
广告	中央人民广播电台第一套节目中国之声	2016/3/3	06:29:37	06:29:59	17	17	17	100.0	100.0
新闻和报纸摘要	中央人民广播电台第一套节目中国之声	2016/3/3	06:29:59	06:58:55	50	17	41	34.5	81.2
广告	中央人民广播电台第一套节目中国之声	2016/3/3	06:58:55	07:00:28	41	41	41	100.0	100.0
新闻纵横	中央人民广播电台第一套节目中国之声	2016/3/3	07:00:28	08:59:38	145	41	22	28.0	15.4
广告	中央人民广播电台第一套节目中国之声	2016/3/3	08:59:38	09:00:29	22	22	22	100.0	100.0
央广新闻	中央人民广播电台第一套节目中国之声	2016/3/3	09:00:29	11:57:11	125	22	14	17.8	11.5
广告	中央人民广播电台第一套节目中国之声	2016/3/3	11:57:11	12:00:34	20	14	5	71.5	24.8
全球华语广播网	中央人民广播电台第一套节目中国之声	2016/3/3	12:00:34	12:52:23	21	5	6	23.5	29.5
难忘的中国之声	中央人民广播电台第一套节目中国之声	2016/3/3	12:52:23	12:55:24	6	6	6	100.0	100.0
中国体彩	中央人民广播电台第一套节目中国之声	2016/3/3	12:55:24	12:59:49	6	6	0	100.0	0.0
广告	中央人民广播电台第一套节目中国之声	2016/3/3	12:59:49	13:00:29	0	0	0	0.0	0.0
央广新闻	中央人民广播电台第一套节目中国之声	2016/3/3	13:00:29	14:46:53	29	0	11	0.0	38.2
广告	中央人民广播电台第一套节目中国之声	2016/3/3	14:46:53	14:49:06	11	11	11	100.0	100.0
全国政协12届4次会	中央人民广播电台第一套节目中国之声	2016/3/3	14:49:06	16:02:51	77	11	23	14.5	30.1

图 6.3.12　节目报告听众流动计算结果报告页面

使用载体报告计算：

与节目报告相似，选择载体报告后，通过导入自定义节目单后，结合听众移动相关指标，一样可以计算特定频率内部前后节目的听众流动情况。

新建模板，在“模板”页的“报告”成分中勾选“载体”报告，勾选“载体时间段”。在“单位”成分中勾选“平均到达率（000）、流入（000）、流入%、流出%、流出（000）”指标。在“时间段”成分中导入自定义节目单。在“模板”页中分别设置其他相关成分，如目标、地区、频率、日期等，如图 6.3.13。

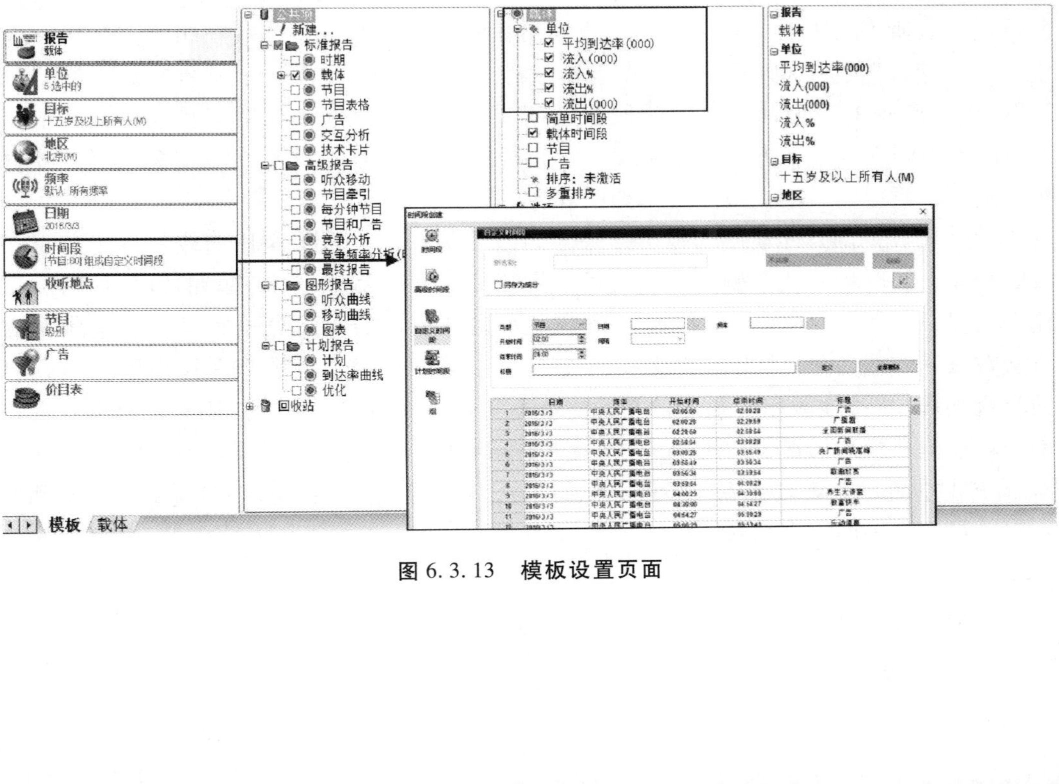

图 6.3.13　模板设置页面

计算模板，得到载体报告结果，如图 6.3.14。其流动情况与利用节目报告计算的结果相同。

十五岁及?.. 北京(M) 总体设置

标题	开始时间 Tab	结束时间 Tab	日期 Tab	频率 Tab	平均到达率(000)	流入(000)	流出(000)	流入%	流出%
广告	05:59:56	06:01:30	2016/3/3	中央人民广播电台第一套节目中国之声	11	11	11	100.0	100.0
国防时空	06:01:30	06:29:37	2016/3/3	中央人民广播电台第一套节目中国之声	17	11	17	63.5	100.0
广告	06:29:37	06:29:59	2016/3/3	中央人民广播电台第一套节目中国之声	17	17	17	100.0	100.0
新闻和报纸摘要	06:29:59	06:58:55	2016/3/3	中央人民广播电台第一套节目中国之声	50	17	41	34.5	81.2
广告	06:58:55	07:00:28	2016/3/3	中央人民广播电台第一套节目中国之声	41	41	41	100.0	100.0
新闻纵横	07:00:28	08:59:38	2016/3/3	中央人民广播电台第一套节目中国之声	145	41	22	28.0	15.4
广告	08:59:38	09:00:29	2016/3/3	中央人民广播电台第一套节目中国之声	22	22	22	100.0	100.0
央广新闻	09:00:29	11:57:11	2016/3/3	中央人民广播电台第一套节目中国之声	125	22	14	17.8	11.5
广告	11:57:11	12:00:34	2016/3/3	中央人民广播电台第一套节目中国之声	20	14	5	71.5	24.8
全球华语广播网	12:00:34	12:52:23	2016/3/3	中央人民广播电台第一套节目中国之声	21	5	6	23.5	29.5
难忘的中国之声	12:52:23	12:55:24	2016/3/3	中央人民广播电台第一套节目中国之声	6	6	6	100.0	100.0
中国体彩	12:55:24	12:59:49	2016/3/3	中央人民广播电台第一套节目中国之声	6	6	0	100.0	0.0
广告	12:59:49	13:00:29	2016/3/3	中央人民广播电台第一套节目中国之声	0	0	0	0.0	0.0
央广新闻	13:00:29	14:46:53	2016/3/3	中央人民广播电台第一套节目中国之声	29	0	11	0.0	38.2
广告	14:46:53	14:49:06	2016/3/3	中央人民广播电台第一套节目中国之声	11	11	11	100.0	100.0

模板 载体 技术卡片

图 6.3.14　载体报告听众流动计算结果报告页面

举例 5：利用曲线报告分析特定频率播出节目的听众流动情况。

与举例 2 中分析特定节目听众与竞争频率的听众流动情况相似，InfosysPlusRadio 还可以利用曲线报告功能，以图形的方式体现特定频率播出节目的听众与竞争频率的流动情况。下面以中央人民广播电台中国之声为主频率，以北京人民广播电台交通广播、音乐广播为竞争频率，计算北京地区[①] 2016 年 3 月 16 日 7:00 ~ 9:00 该频率与竞争频率的听众流动情况。

新建模板，在“模板”页的“报告”成分中勾选“移动曲线”报告，该报告对应的单位“收听率（000）、收听率%、市场份额%”将被自动选中。在报告选项中，设定“时间偏移”为 7:00 ~ 9:00。“听众间隔”与“移动间隔”分别选择默认值“分钟”，即每间隔 1 分钟计算一次时段收听率与听众移动。选择显示节目表格，并依据“收听率（000）”绘制听众移动曲线。在“模板”页中分别设置其他相关成分，如目标、地区、频率、日期、节目等，如图 6.3.15。

计算模板，得到移动曲线报告结果，如图 6.3.16。报告结果用曲线显示主频率的收听变化，同时用中线左侧与右侧的条状图来表示竞争频率与主频率的每分钟的听众流动情况，中线左侧（InfosysPlusRadio 中显示为红色）表示从竞争频率流入主频率的听众数量，中线右侧（InfosysPlusRadio 中显示为绿色）表示从主频率流出到竞争频率的听众数量。“其他频率”显示的是除所选竞争频率外参考频率中其他所有频率与主频率的听众流入流出情况。“开/关机”列下的条状图分别表示开机就停留在主频率的听众（中线左侧）或者收听主频率后关机的听众（中线右侧），“摘要（总计）”表示主频率获得和失去的听众总数。

① 本例中使用的是北京测量仪调查数据。

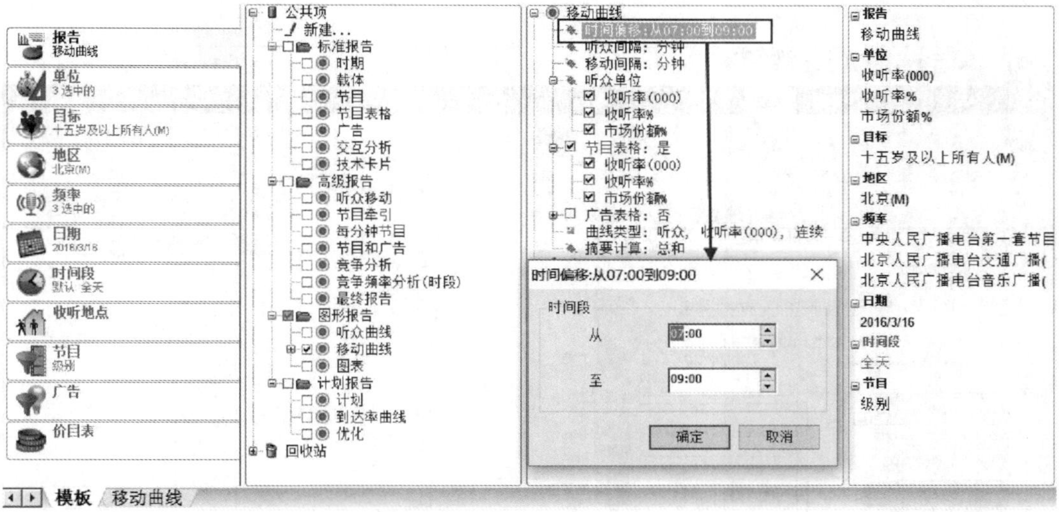

图 6.3.15　模板设置页面

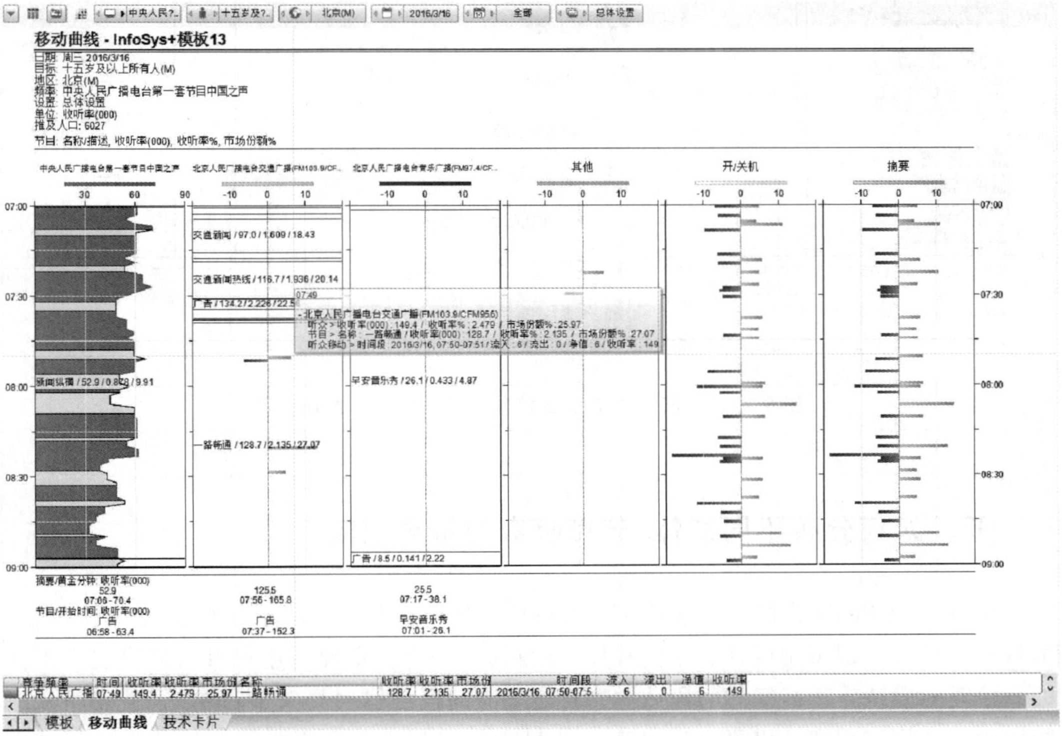

图 6.3.16　听众移动曲线报告计算结果报告页面

此外，在移动曲线报告结果页中，可通过“选项”中的“项目与图层”项，增加显示“曲线信息表格”“提示框”等信息，如图 6.3.17。用户可以方便地通过移动鼠标随时查看曲线上不同时点的听众移动情况。

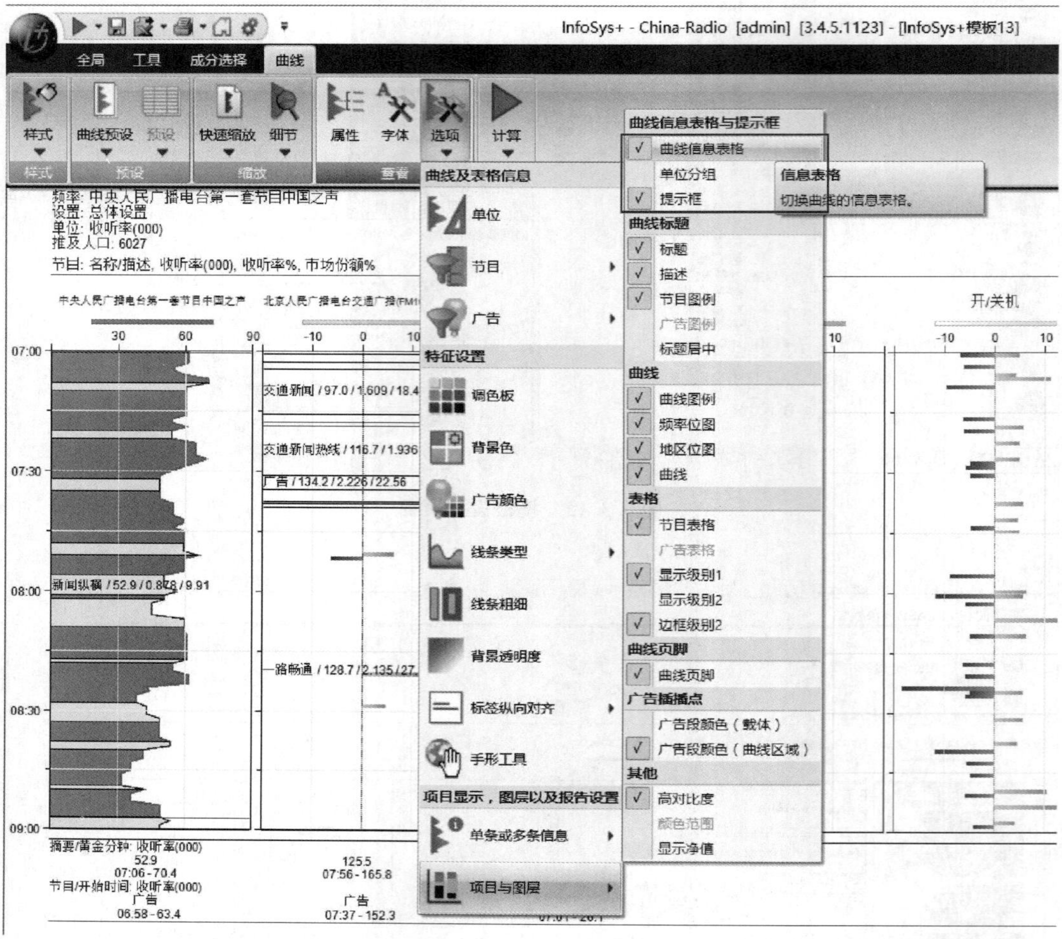

图 6.3.17 听众移动曲线报告计算结果显示选项设置

Q2. 如何分析不同载体/节目听众的重叠程度？

InfosysPlusRadio 提供了“重叠率（000）”“重叠率%”两个指标，与载体报告、节目报告结合，即可用以计算不同载体/节目的听众重叠情况。用户可以通过建立不同的简单时间段载体、高级时间段载体、自定义时间段载体（导入节目单），使用听众时间段数据计算重叠率；也可以通过建立节目载体或利用节目报告，使用节目数据计算重叠率。利用时间段数据，既可以计算单天的重叠情况，也可以计算多天累计的重叠情况。利用节目数据，只能计算单天特定节目之间的重叠率。下面将分别举例介绍这两种方法。

举例 1：利用时间段数据计算不同时段的听众重叠率。

下面以 2016 年 3 月 16 日北京地区[①]北京人民广播电台音乐广播 7:00～8:00 与北京人民广播电台交通广播 8:00～9:00 听众的重叠情况计算为例，说明具体操作方法。

新建模板，在“模板”页的“报告”成分中勾选“载体”报告，在“单位”成分中勾选“平均到达率（000）、重叠率（000）、重叠率%”。在报告选项中，选择“载体时间段”。在“模板”页中分别设置其他相关成分，如目标、地区、日期等，如图 6.3.18。在“时间段”成分中，建立高级时间段“北京音乐 7:00～8:00”“北京交通 8:00～9:00”，如图 6.3.19。

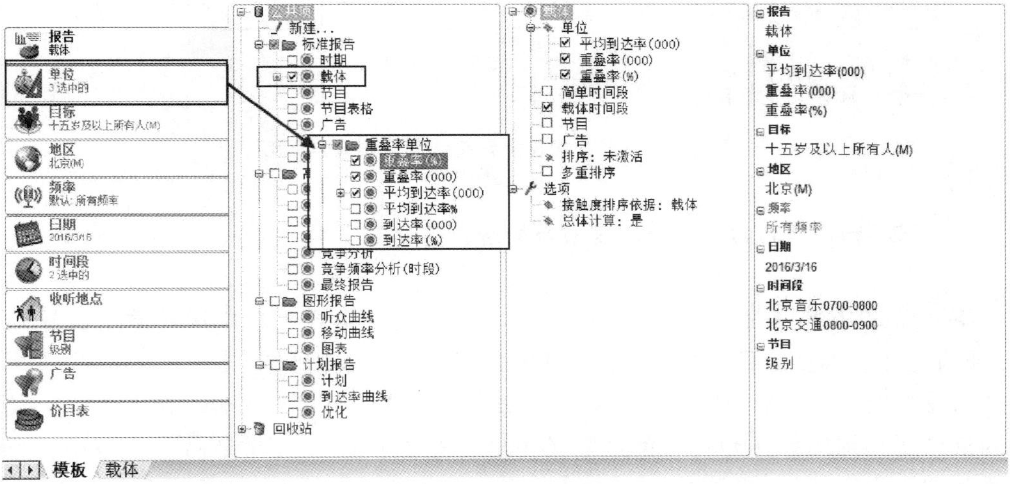

图 6.3.18　模板设置页面

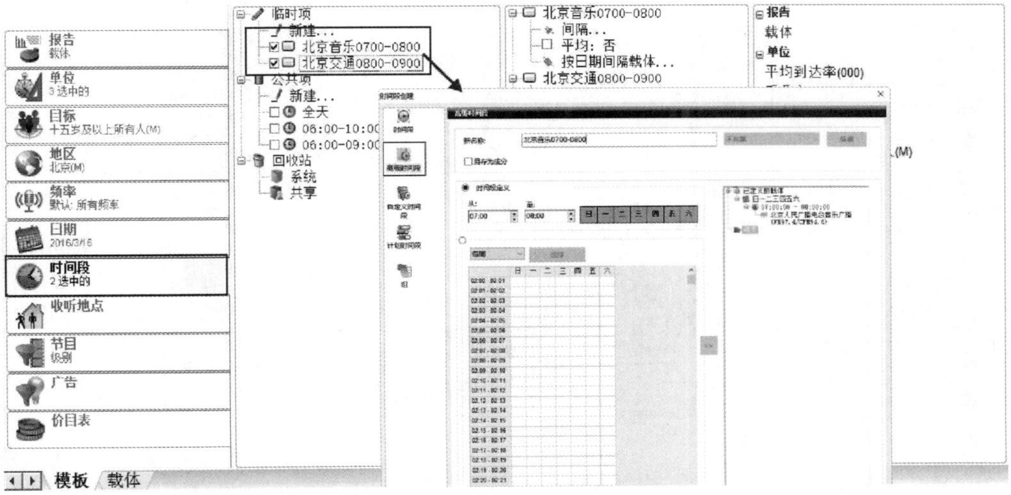

图 6.3.19　高级时间段选项设置

① 本例中使用的是北京测量仪调查数据。

计算模板，得到载体报告的听众重叠率结果，如图 6.3.20。载体 1 北京音乐广播 7:00～8:00 时段到达听众 72 千人，载体 2 北京人民广播电台交通广播 8:00～9:00 时段到达听众 355 千人。其中，有 7 千人二者都收听过，占载体 1 听众规模的 9.8%，占载体 2 听众规模的 2.0%。

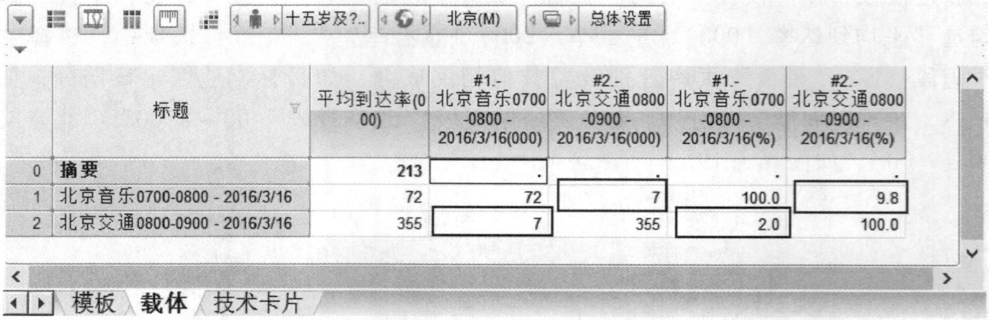

	标题	平均到达率(000)	#1.-北京音乐0700-0800 - 2016/3/16(000)	#2.-北京交通0800-0900 - 2016/3/16(000)	#1.-北京音乐0700-0800 - 2016/3/16(%)	#2.-北京交通0800-0900 - 2016/3/16(%)
0	摘要	213	.	.	.	.
1	北京音乐0700-0800 - 2016/3/16	72	72	7	100.0	9.8
2	北京交通0800-0900 - 2016/3/16	355	7	355	2.0	100.0

图 6.3.20　载体报告重叠率计算结果报告页面

举例 2：利用节目数据计算不同节目的听众重叠率。

下面以 2016 年 3 月 16 日北京地区①北京人民广播电台文艺广播《空中笑林》与《娱乐有范儿》两档节目的听众重叠率计算为例，说明具体操作方法。

新建模板，在“模板”页的“报告”成分中勾选“节目”报告，在“单位”成分中勾选“平均到达率（000）、重叠率（000）、重叠率%”。在“节目”成分中，筛选名称为“空中笑林”“娱乐有范儿”的节目。在“模板”页中分别设置其他相关成分，如目标、地区、频率、日期等，如图 6.3.21。

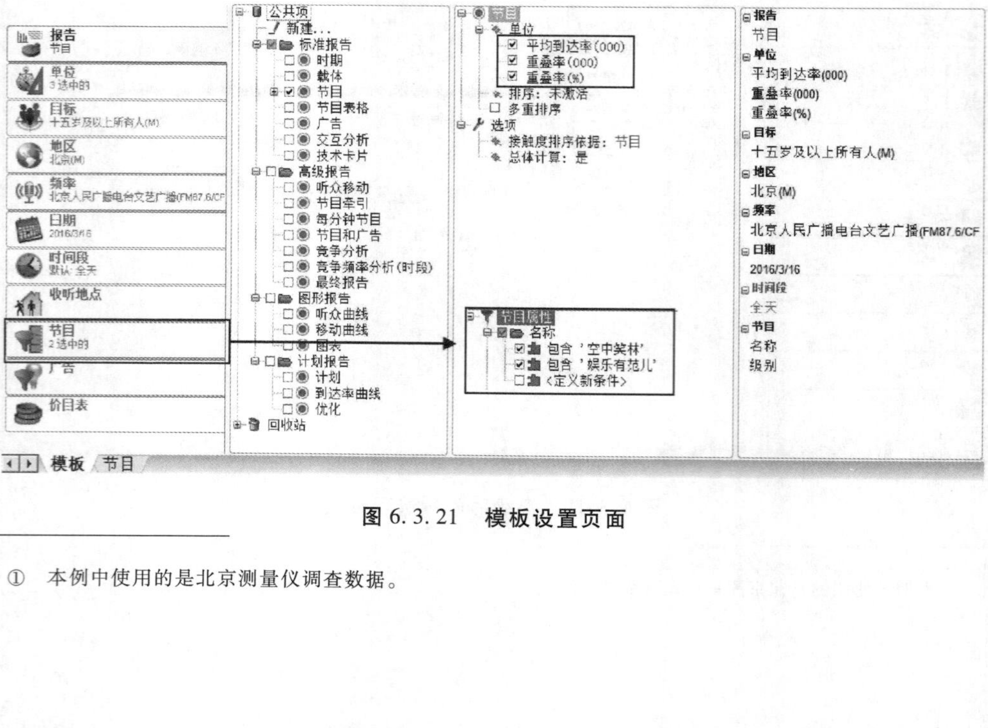

图 6.3.21　模板设置页面

① 本例中使用的是北京测量仪调查数据。

计算模板，得到节目报告的听众重叠率结果，如图 6.3.22。《空中笑林》节目到达听众 214 千人，《娱乐有范儿》节目到达听众 65 千人。其中，有 24 千人两个节目都收听过，占《空中笑林》听众规模的 11.2%，占《娱乐有范儿》听众规模的 36.7%。

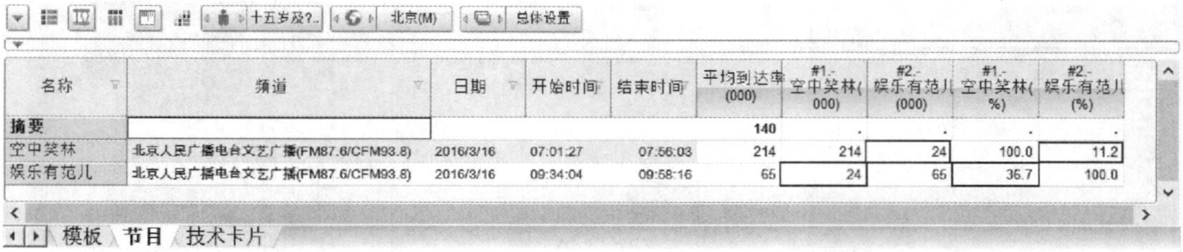

名称	频道	日期	开始时间	结束时间	平均到达率(000)	#1.-空中笑林(000)	#2.-娱乐有范儿(000)	#1.-空中笑林(%)	#2.-娱乐有范儿(%)
摘要					140	.	.	.	.
空中笑林	北京人民广播电台文艺广播(FM87.6/CFM93.8)	2016/3/16	07:01:27	07:56:03	214	214	24	100.0	11.2
娱乐有范儿	北京人民广播电台文艺广播(FM87.6/CFM93.8)	2016/3/16	09:34:04	09:58:16	65	24	65	36.7	100.0

图 6.3.22　节目报告重叠率计算结果报告页面

Q3. 如何分析特定节目播出时其竞争频率/节目的收听情况？

InfosysPlusRadio 提供的竞争分析功能，可以用以计算并比较特定节目播出时同时段竞争频率的收听情况，也可以用以计算特定节目播出时竞争节目的收听情况，从而比较主频率节目播出过程中与竞争频率/节目的收听差异。下面将从这两个方面举例说明竞争分析功能的使用。

举例 1：计算特定节目播出时，同时段竞争频率的收听率、市场份额。

下面以 2016 年 3 月 1 日北京地区[①]中央人民广播电台中国之声的《新闻纵横》节目播出时竞争频率的收听率、市场份额为例，具体说明操作方法。

新建模板，在“模板”页的“报告”成分中勾选“竞争频率分析（时段）”报告，该报告对应的单位“收听率（000）、收听率%、市场份额%”将被自动选中。在报告选项的“频率选择”项中，设定竞争频率。在频率成分中，勾选主频率“中央人民广播电台中国之声”。在“节目”成分中，筛选名称为“新闻纵横”的节目。在“模板”页中分别设置其他相关成分，如目标、地区、日期等，如图 6.3.23。

计算模板，得到竞争频率分析（时段）报告的结果，如图 6.3.24。《新闻纵横》节目作为主频率的节目，在结果中显示为“参考”频率。其他频率的收听率/市场份额数值均为《新闻纵横》节目播出期间（07:00:27～08:58:40）的收听率/市场份额。由此可见，《新闻纵横》节目当天收听率在同时段排名第 4 位。

① 本例中使用的是北京测量仪调查数据。

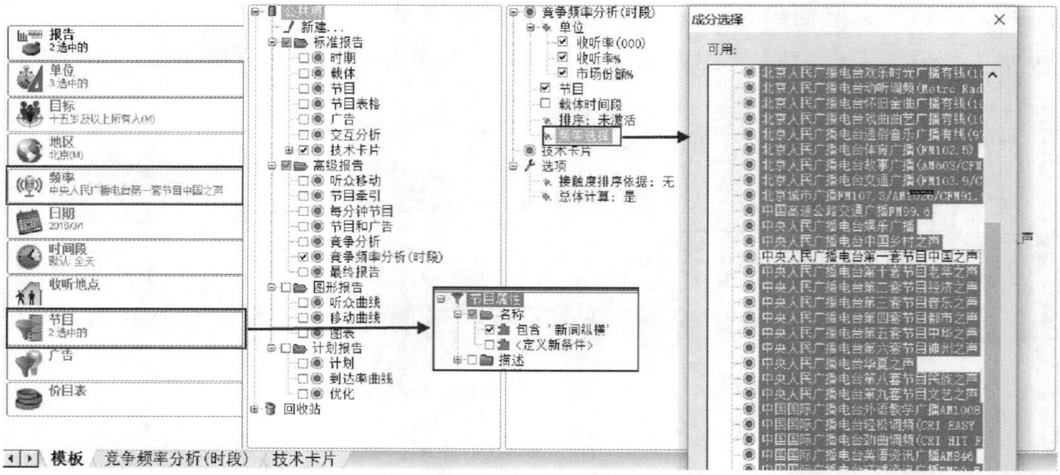

图 6.3.23　模板设置页面

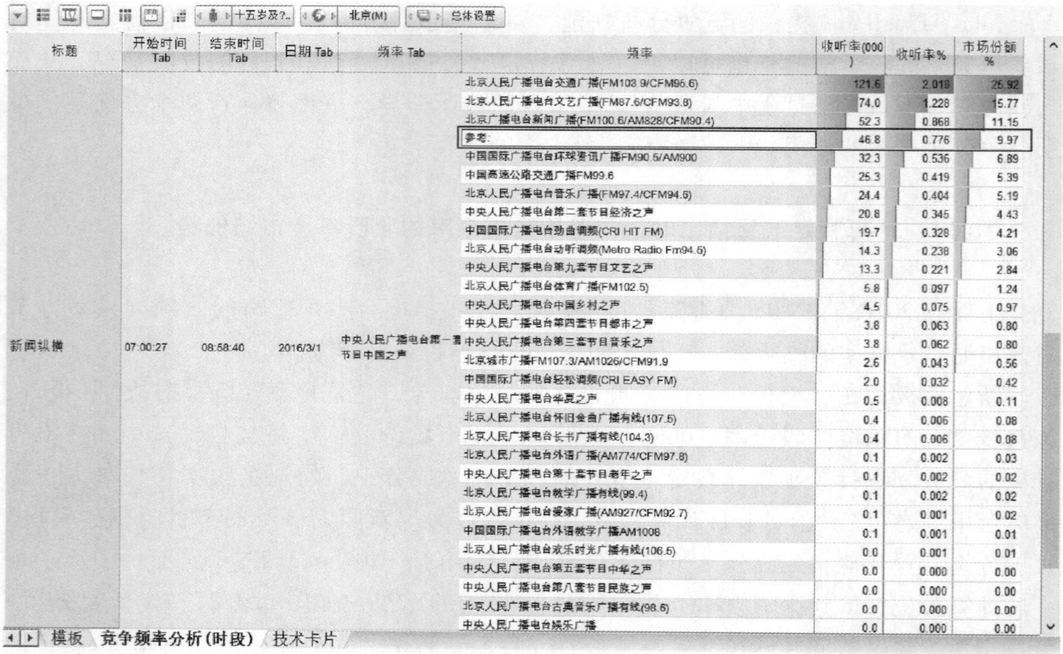

标题	开始时间 Tab	结束时间 Tab	日期 Tab	频率 Tab	频率	收听率(000)	收听率%	市场份额%
					北京人民广播电台交通广播(FM103.9/CFM96.6)	121.6	2.018	25.92
					北京人民广播电台文艺广播(FM87.6/CFM93.8)	74.0	1.228	15.77
					北京广播电台新闻广播(FM100.6/AM828/CFM90.4)	52.3	0.868	11.15
					参考:	46.8	0.776	9.97
					中国国际广播电台环球资讯广播FM90.5/AM900	32.3	0.536	6.89
					中国高速公路交通广播FM99.6	25.3	0.419	5.39
					北京人民广播电台音乐广播(FM97.4/CFM94.6)	24.4	0.404	5.19
					中央人民广播电台第二套节目经济之声	20.8	0.345	4.43
					中国国际广播电台劲曲调频(CRI HIT FM)	19.7	0.328	4.21
					北京人民广播电台动听调频(Metro Radio Fm94.5)	14.3	0.238	3.06
					中央人民广播电台第九套节目文艺之声	13.3	0.221	2.84
					北京人民广播电台体育广播(FM102.5)	5.8	0.097	1.24
					中央人民广播电台中国乡村之声	4.5	0.075	0.97
					中央人民广播电台第四套节目都市之声	3.8	0.063	0.80
新闻纵横	07:00:27	08:58:40	2016/3/1	中央人民广播电台第一套节目中国之声	中央人民广播电台第三套节目音乐之声	3.8	0.062	0.80
					北京城市广播FM107.3/AM1026/CFM91.9	2.6	0.043	0.56
					中国国际广播电台轻松调频(CRI EASY FM)	2.0	0.032	0.42
					中央人民广播电台华夏之声	0.5	0.008	0.11
					北京人民广播电台怀旧金曲广播有线(107.5)	0.4	0.006	0.08
					北京人民广播电台长书广播有线(104.3)	0.4	0.006	0.08
					北京人民广播电台外语广播(AM774/CFM97.8)	0.1	0.002	0.03
					中央人民广播电台第十套节目老年之声	0.1	0.002	0.02
					北京人民广播电台教学广播有线(99.4)	0.1	0.002	0.02
					北京人民广播电台爱家广播(AM927/CFM92.7)	0.1	0.001	0.02
					中国国际广播电台外语教学广播AM1008	0.1	0.001	0.01
					北京人民广播电台欢乐时光广播有线(106.5)	0.0	0.001	0.01
					中央人民广播电台第五套节目中华之声	0.0	0.000	0.00
					中央人民广播电台第八套节目民族之声	0.0	0.000	0.00
					北京人民广播电台古典音乐广播有线(98.6)	0.0	0.000	0.00
					中央人民广播电台娱乐广播	0.0	0.000	0.00

图 6.3.24　竞争频率分析（时段）报告计算结果报告页面

举例 2：计算特定节目播出时，竞争频率播出的节目及收听率。

除了可以计算、查询主频率节目播出时同时段竞争频率的收听率外，InfosysPlusRadio 还提供“竞争分析”报告，方便用户计算、查询主频率节目播出时竞争频率播出的节目及其收听率。

下面以 2016 年 3 月 1 日北京地区[①]中央人民广播电台中国之声的《新闻纵横》节目播出时，竞争频率的“新闻/时事”类节目的收听状况计算为例，介绍具体操作方法。

新建模板，在“模板”页的“报告”成分中勾选“竞争分析”报告，如图 6.3.25。在报告选项中，需要定义竞争频率、竞争节目的条件，包括竞争频率有哪些（“频率”）、竞争节目与主节目重叠的时长（“重叠绝对时长”）、竞争节目的筛选条件（“筛选条件”）。本例中，竞争频率为北京人民广播电台新闻广播、北京人民广播电台交通广播、中央人民广播电台经济之声、中国国际广播电台环球资讯广播；重叠绝对时长为 10 分钟；竞争节目筛选条件为级别 1、“新闻/时事”类节目，如图 6.3.26。在“模板”页中分别设置其他相关成分，如单位、目标、地区、频率、日期等。

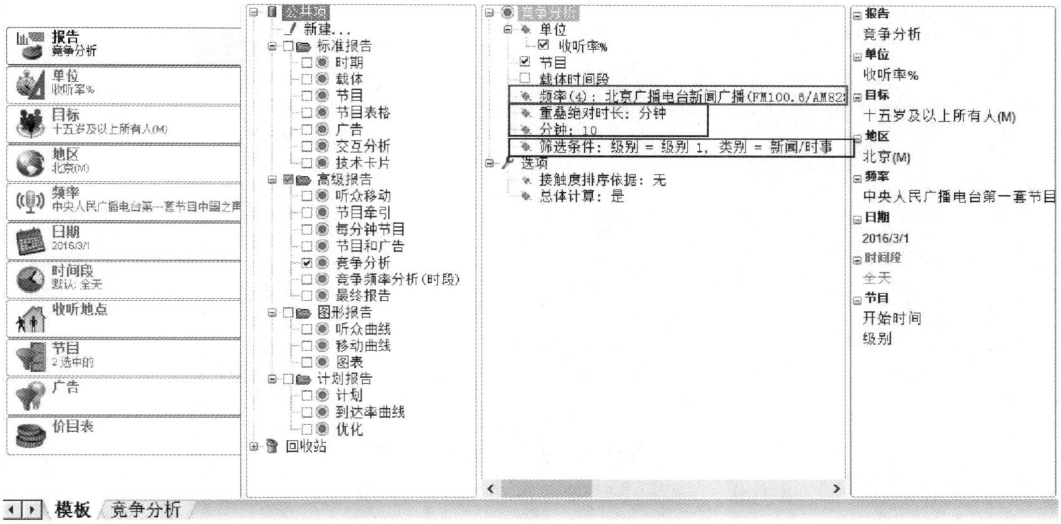

图 6.3.25　模板设置页面

计算模板，得到竞争分析（时段）报告的结果，如图 6.3.27。以《新闻纵横》节目为例，在其 07:00:27 ~ 08:58:40 播出期间，竞争频率与其重叠 10 分钟的“新闻/时事”类节目包括《新闻和报纸摘要》《交通新闻》《北京新闻》《新闻大视野》《资讯早 8 点》几个节目。竞争分析报告结果可以同时查看并对比这些竞争节目的收听率结果。

① 本例中使用的是北京测量仪调查数据。

图 6.3.26　竞争分析报告竞争频率及筛选条件设置

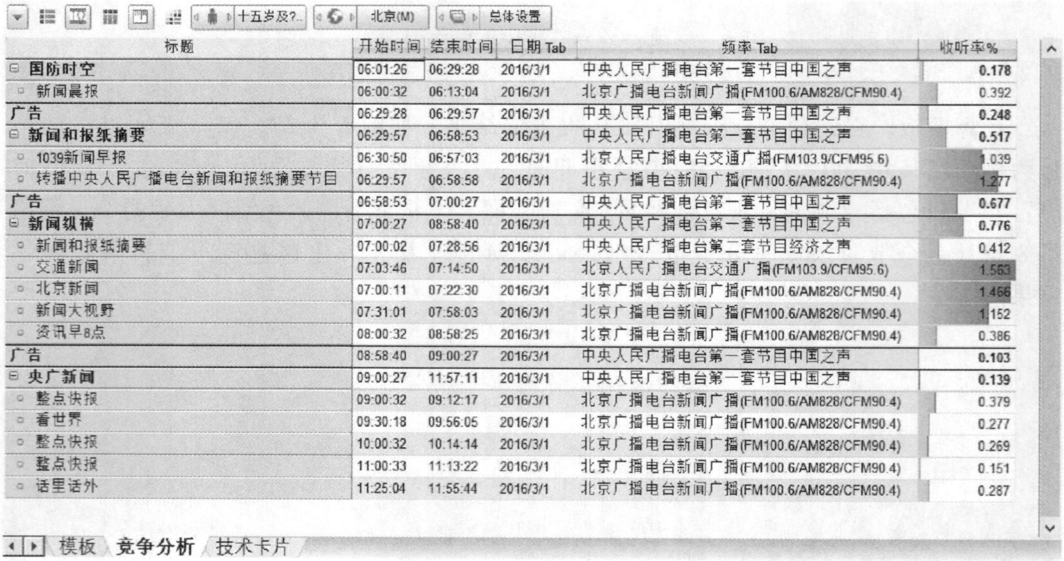

标题	开始时间	结束时间	日期 Tab	频率 Tab	收听率%
国防时空	06:01:26	06:29:28	2016/3/1	中央人民广播电台第一套节目中国之声	0.178
新闻晨报	06:00:32	06:13:04	2016/3/1	北京广播电台新闻广播(FM100.6/AM828/CFM90.4)	0.392
广告	06:29:28	06:29:57	2016/3/1	中央人民广播电台第一套节目中国之声	0.248
新闻和报纸摘要	06:29:57	06:58:53	2016/3/1	中央人民广播电台第一套节目中国之声	0.517
1039新闻早报	06:30:50	06:57:03	2016/3/1	北京人民广播电台交通广播(FM103.9/CFM95.6)	1.039
转播中央人民广播电台新闻和报纸摘要节目	06:29:57	06:58:58	2016/3/1	北京广播电台新闻广播(FM100.6/AM828/CFM90.4)	1.277
广告	06:58:53	07:00:27	2016/3/1	中央人民广播电台第一套节目中国之声	0.677
新闻纵横	07:00:27	08:58:40	2016/3/1	中央人民广播电台第一套节目中国之声	0.776
新闻和报纸摘要	07:00:02	07:28:56	2016/3/1	中央人民广播电台第二套节目经济之声	0.412
交通新闻	07:03:46	07:14:50	2016/3/1	北京人民广播电台交通广播(FM103.9/CFM95.6)	1.563
北京新闻	07:00:11	07:22:30	2016/3/1	北京广播电台新闻广播(FM100.6/AM828/CFM90.4)	1.466
新闻大视野	07:31:01	07:58:03	2016/3/1	北京广播电台新闻广播(FM100.6/AM828/CFM90.4)	1.152
资讯早8点	08:00:32	08:58:25	2016/3/1	北京广播电台新闻广播(FM100.6/AM828/CFM90.4)	0.386
广告	08:58:40	09:00:27	2016/3/1	中央人民广播电台第一套节目中国之声	0.103
央广新闻	09:00:27	11:57:11	2016/3/1	中央人民广播电台第一套节目中国之声	0.139
整点快报	09:00:32	09:12:17	2016/3/1	北京广播电台新闻广播(FM100.6/AM828/CFM90.4)	0.379
看世界	09:30:18	09:56:05	2016/3/1	北京广播电台新闻广播(FM100.6/AM828/CFM90.4)	0.277
整点快报	10:00:32	10:14:14	2016/3/1	北京广播电台新闻广播(FM100.6/AM828/CFM90.4)	0.269
整点快报	11:00:33	11:13:22	2016/3/1	北京广播电台新闻广播(FM100.6/AM828/CFM90.4)	0.151
话里话外	11:25:04	11:55:44	2016/3/1	北京广播电台新闻广播(FM100.6/AM828/CFM90.4)	0.287

图 6.3.27　竞争分析报告计算结果报告页面

Q4. 如何针对已计算报告的部分结果进行二次计算?

InfosysPlusRadio 对已计算的报告结果可以直接进行二次计算。在报告结果页中选中要关注的记录,右键选择二次计算的报告类型,即可直接对所选记录进行新的分析计算,从而更加便于用户连续、快捷地使用软件进行数据分析。能够进行二次计算分析的报告种类繁多,下面仅以一个常见的例子加以说明。

举例:计算哈尔滨地区 2016 年 3 月收听率排名前五位的频率全天每 15 分钟的收听率,并绘制收听率走势图。

新建模板,在“模板”页的“报告”成分中勾选“时期”报告,并设置各成分选项,计算频率收听率排名(具体操作方法参考第六章第一节)。计算结果如图 6.3.28,选中排名前五位的频率,右键选择“新建分析”——“时期”。InfosysPlusRadio 将自动生成一个新的时期报告模板,其中,单位、目标、地区、日期、时间段等信息均继承自上一个模板,频率为上一个模板中选中的前五位。在新模板的“时间段”成分中,设置间隔 15 分钟即可开始计算,如图 6.3.29。

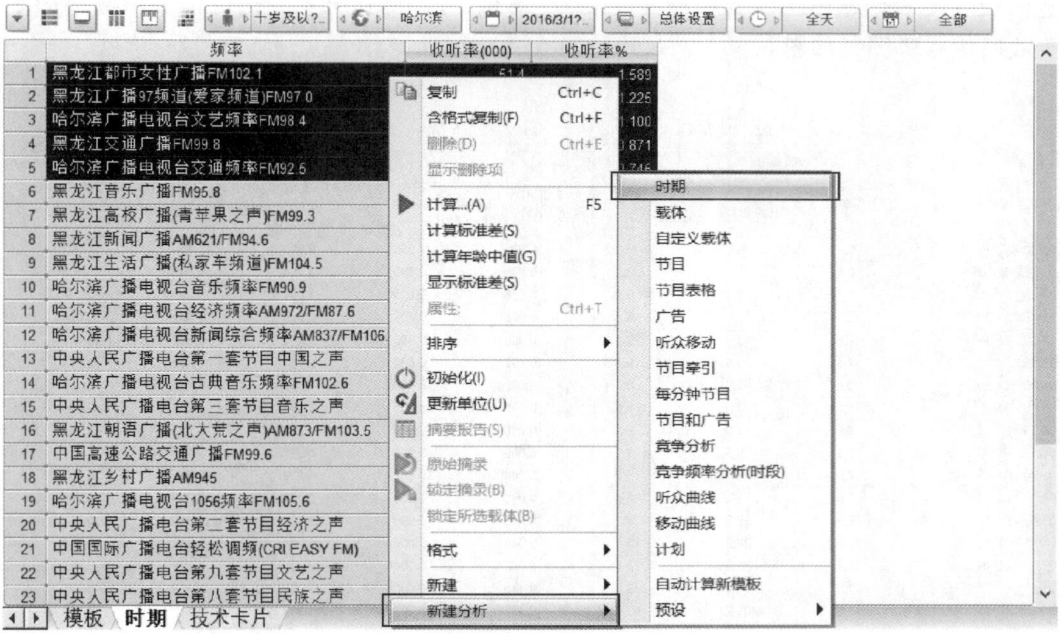

图 6.3.28 模板设置页面

图 6.3.29　时间段按每 15 分钟间隔设置

计算模板，得到哈尔滨地区收听率排名前 5 位频率的全天每 15 分钟收听率结果，如图 6.3.30。为了更便于用图形方式显示收听率全天走势，可基于已计算时期报告新建图表（图表创建方法参见本章第一节 Q3 举例 1），得到哈尔滨地区前五位频率的全天收听率走势图，如图 6.3.31。

单位 >>	收听率(000)			收听率%				
时间段	哈尔滨广播电视台文艺频率FM98.4	黑龙江交通广播FM99.8	哈尔滨广播电视台交通频率FM92.5	黑龙江都市女性广播FM102.1	黑龙江广播97频道(爱家频道)FM97.0	哈尔滨广播电视台文艺频率FM98.4	黑龙江交通广播FM99.8	哈尔滨广播电视台交通频率FM92.5
02:00 - 02:15	0.1	0.0	0.1	0.000	0.000	0.004	0.000	0.004
02:15 - 02:30	0.1	0.0	0.1	0.000	0.000	0.004	0.000	0.004
02:30 - 02:45	0.1	0.0	0.1	0.000	0.000	0.004	0.000	0.004
02:45 - 03:00	0.1	0.0	0.1	0.000	0.000	0.004	0.000	0.004
03:00 - 03:15	2.6	0.0	0.1	0.000	0.000	0.080	0.000	0.004
03:15 - 03:30	2.6	0.0	0.1	0.000	0.000	0.080	0.000	0.004
03:30 - 03:45	3.0	0.0	0.1	0.000	0.000	0.093	0.000	0.004
03:45 - 04:00	3.0	0.2	0.0	0.000	0.000	0.092	0.005	0.000
04:00 - 04:15	6.8	4.9	0.0	0.000	0.000	0.211	0.152	0.000
04:15 - 04:30	7.2	5.5	1.2	0.000	0.000	0.222	0.171	0.037
04:30 - 04:45	7.5	6.6	1.2	0.000	0.000	0.232	0.205	0.037
04:45 - 05:00	7.5	9.2	18.3	0.000	0.000	0.232	0.283	0.567
05:00 - 05:15	9.9	26.2	24.2	0.015	0.000	0.305	0.810	0.749
05:15 - 05:30	10.5	32.3	24.1	0.040	0.000	0.324	0.999	0.746
05:30 - 05:45	10.9	33.2	23.8	0.083	0.000	0.338	1.024	0.734
05:45 - 06:00	11.3	39.4	33.1	0.146	0.000	0.349	1.218	1.024
06:00 - 06:15	33.8	81.2	63.1	0.377	0.251	1.043	2.510	1.950

图 6.3.30　哈尔滨地区前 5 位频率全天每 15 分钟收听率结果报告页面

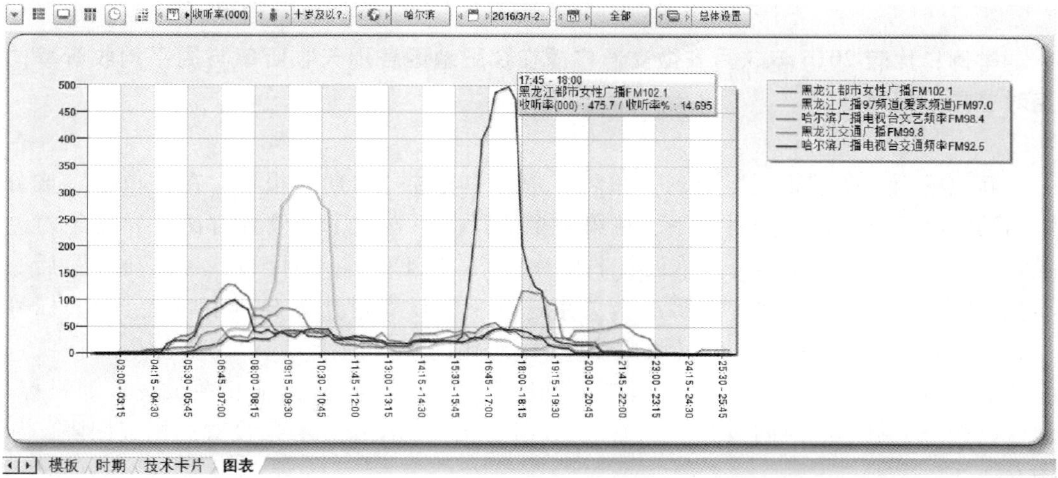

图 6.3.31　哈尔滨地区前五位频率全天每 15 分钟收听率走势图

Q5. 如何利用“变量关系”功能计算、分析特定维度收听指标的差异?

InfosysPlusRadio 提供了名为“变量关系”的功能性指标，用以从不同维度对比收听率指标的数值关系。在计算该指标前，需要先设定该指标即将对比的关系，包括对比的数值差异（对比差异）、显示结果的形式（标签）、对比的单位（单位）、对比的成分（对比内容）、对比的项目（对比项）、小数点位数等。此外，还可以对不同的变量关系指标命名（名称），方便在结果中识别，如图 6.3.32。下面将以一个简单的例子说明具体操作方法。

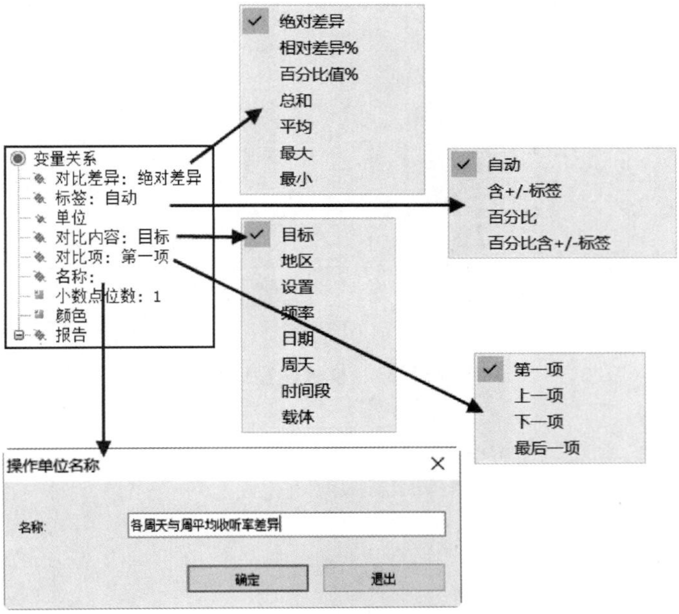

图 6.3.32　“变量关系”单位各选项设置

举例：比较 2016 年 3 月安徽交通广播在合肥地区各周天收听率与周平均收听率的绝对差异、相对差异。

新建模板，在“模板”页的“报告”成分中勾选“时期”报告。在“单位”成分中勾选收听率% 和两次变量关系。在第一个变量关系选项下，设置对比差异（绝对差异）、标签（含 +/ - 标签）、单位（收听率%）、对比内容（周天）、对比项（最后一项）、小数点位数等条件；在第二个关系选项下，设置对比差异（相对差异）、标签（百分比含 +/ - 标签）、单位（收听率%）、对比内容（周天）、对比项（最后一项）、小数点位数等条件，如图 6. 3. 33。在“模板”页中分别设置其他相关成分，如目标、地区、频率、日期、时间段等。其中，“日期”成分选项中，必须设置按周天间隔，如图 6. 3. 34。

计算模板，得到包含变量关系的时期报告结果，如图 6. 3. 35。第一列结果为安徽交通广播各周天及周平均收听率（%）。第二列结果为各周天收听率（%）与最后一项周平均收听率（%）的绝对差值，包含 +/ - 标签，我们可以清楚地看出哪些周天收听率高于周平均值，哪些周天低于周平均值。第三列结果为各周天收听率（%）与周平均收听率（%）的相对差异，结果包含 +/ - 标签和百分比号，便于查看每个周天收听率与周平均收听率的相对差异。

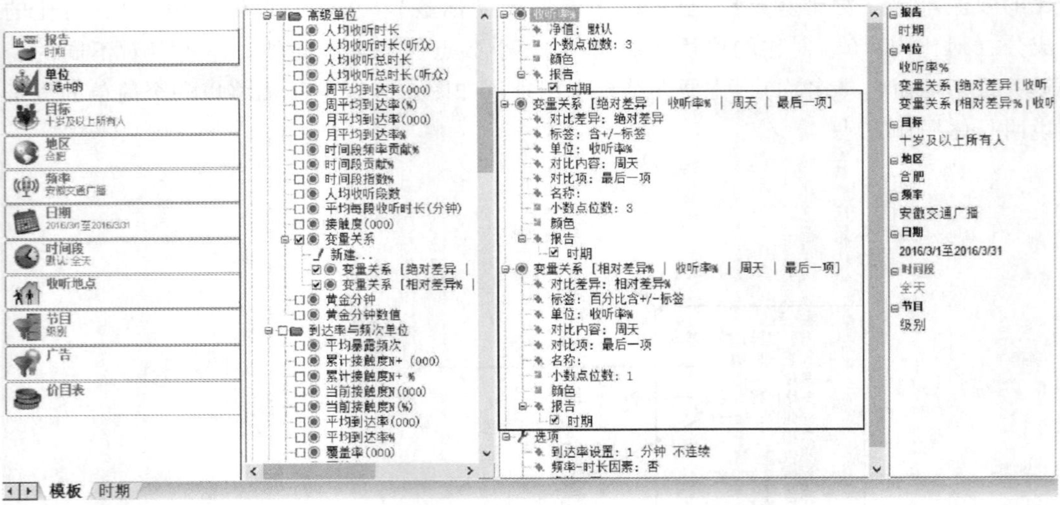

图 6. 3. 33　模板设置页面

图 6.3.34　日期按周天间隔设置

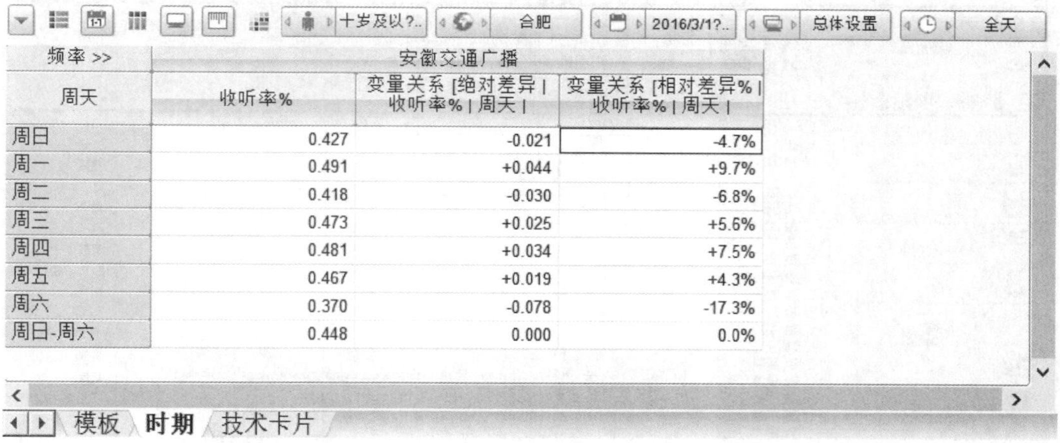

频率 >>	安徽交通广播		
周天	收听率%	变量关系 [绝对差异 | 收听率% | 周天 |	变量关系 [相对差异% | 收听率% | 周天 |
周日	0.427	-0.021	-4.7%
周一	0.491	+0.044	+9.7%
周二	0.418	-0.030	-6.8%
周三	0.473	+0.025	+5.6%
周四	0.481	+0.034	+7.5%
周五	0.467	+0.019	+4.3%
周六	0.370	-0.078	-17.3%
周日-周六	0.448	0.000	0.0%

图 6.3.35　每周天收听率与周平均收听率绝对差异、相对差异计算结果报告页面

第四节　广告分析功能

与节目分析功能相似，InfosysPlusRadio 提供了广告分析功能，用以查询特定广告的播出情况与收听效果。该功能主要通过 InfosysPlusRadio 的广告报告来实现，用户可以在模板的广告成分中完成特定广告的筛选，在广告报告中实现特定广告播出与收听效果的查询与计算。此外，用户在没有广告监测数据的情况下，还可以通过导入自定义的广告插播单，利用 InfosysPlusRadio 的收听率数据完成对广告收听效果的查询。

Q1. 如何筛选特定广告？

InfosysPlusRadio 模板中的“广告”成分包含了一系列广告筛选条件，用户可以通过定义筛选条件，对报告结果中的广告进行筛选，从而得到符合条件的广告信息。与此同时，InfosysPlusRadio 还提供了“广告列表”功能，可以将用户设置的筛选条件和已筛选出来的广告进行保存，方便用户日后直接使用。

举例 1：筛选北京地区 2016 年 12 月所有频率播出的名称中包含“净化机”的广告，并保存为广告列表。

新建模板，设置模板“地区”“日期”和“频率”成分。“地区”选择“北京”，“日期”选择“2016 年 12 月”，“频率”选择“所有频率”。在“广告”成分中，定义筛选条件“广告名称”——包含‘净化机’，点击“提取”按钮，下方预览框中可以得到所有 2016 年 12 月北京地区所有频率播出的所有名称中包含“净化机”的广告，如图 6.4.1。

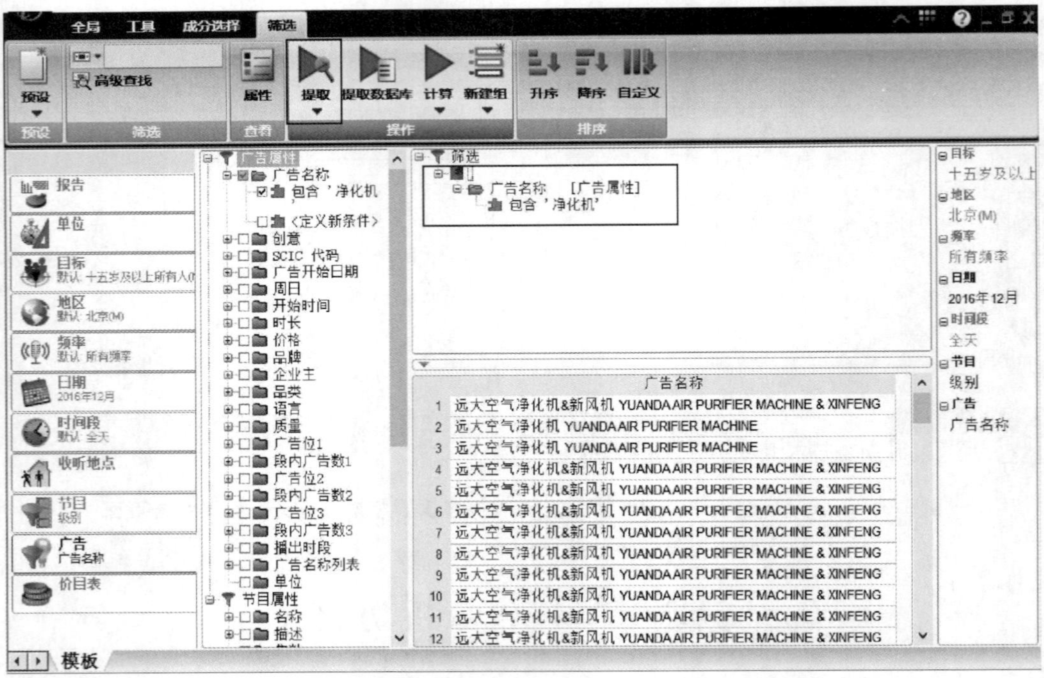

图 6.4.1　使用“提取”按钮获得名称中包含“净化机”的广告

通过使用菜单中的“属性”功能，可以看到各条满足筛选条件的广告的具体属性信息，包括广告的属性类信息（品牌、品类、企业主等）、广告播出相关信息（频率、日期、开始时间、时长等）以及广告播出所在节目信息（前后节目名称、节目的类别等），如图 6.4.2。

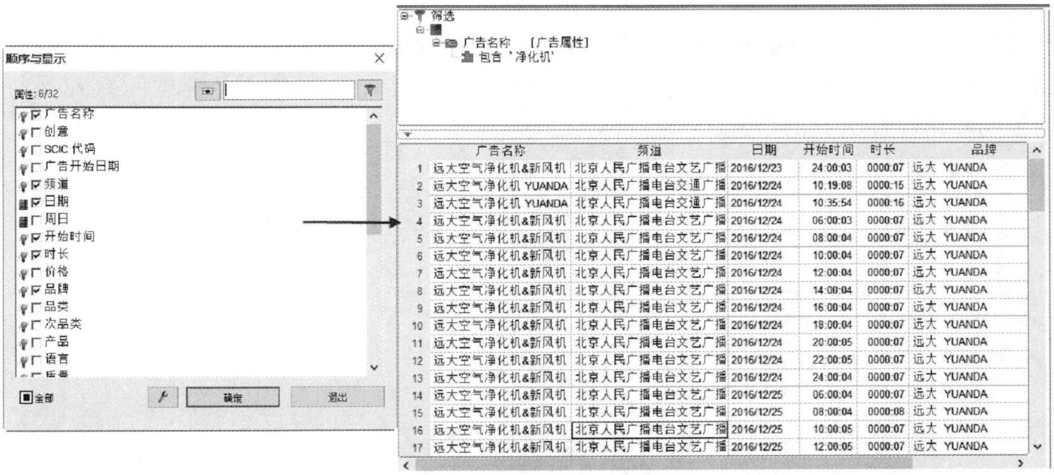

图 6.4.2　使用“提取”按钮获得广告的属性设置

此例使用的是“提取”按钮，筛选的是模板定义日期和频率播出的广告中，名称中包含“净化机”的所有广告。同时用户也可以使用“提取数据库”按钮。此时，用户无需定义模板中任何成分，该功能筛选的是用户所安装的所有广告数据中，所有频率播出过的名称中包含“净化机”的广告，如图 6.4.3。

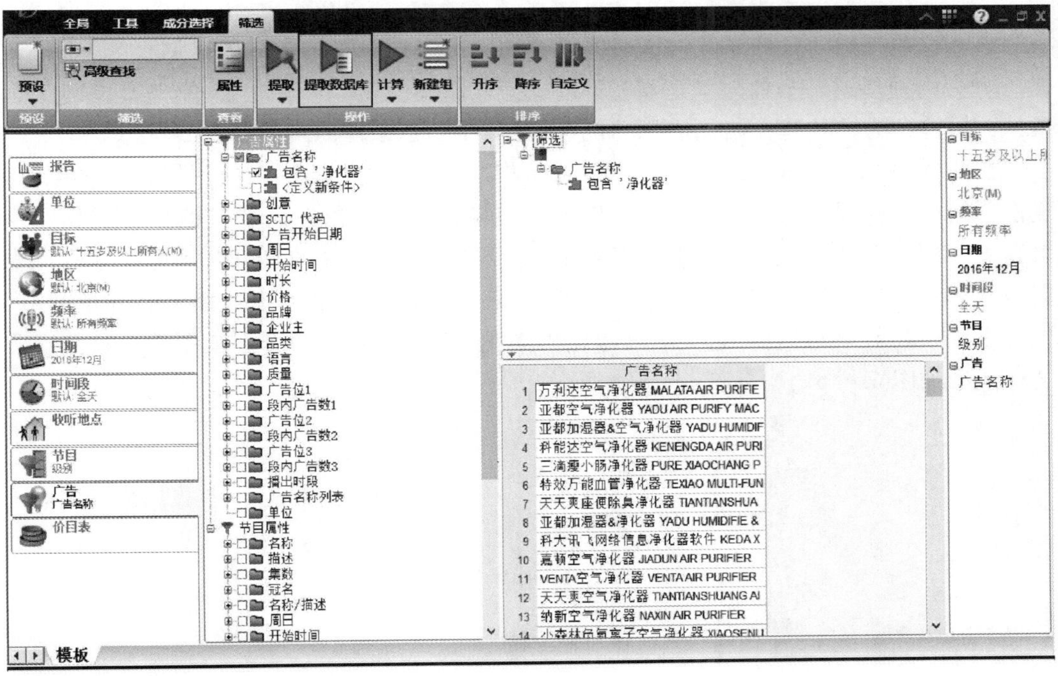

图 6.4.3　使用“提取数据库”按钮进行广告筛选

同样，筛选后的广告条目也可以通过使用菜单中的“属性”功能，显示出各条满足筛选条件广告的具体属性信息。不同的是，通过“提取数据库”功能获得的广告只能显示出“广告名称”“品牌”“品类”“次品类”“产品”以及“企业主”这几项与广告的播出属性无关的信息，如图 6.4.4。

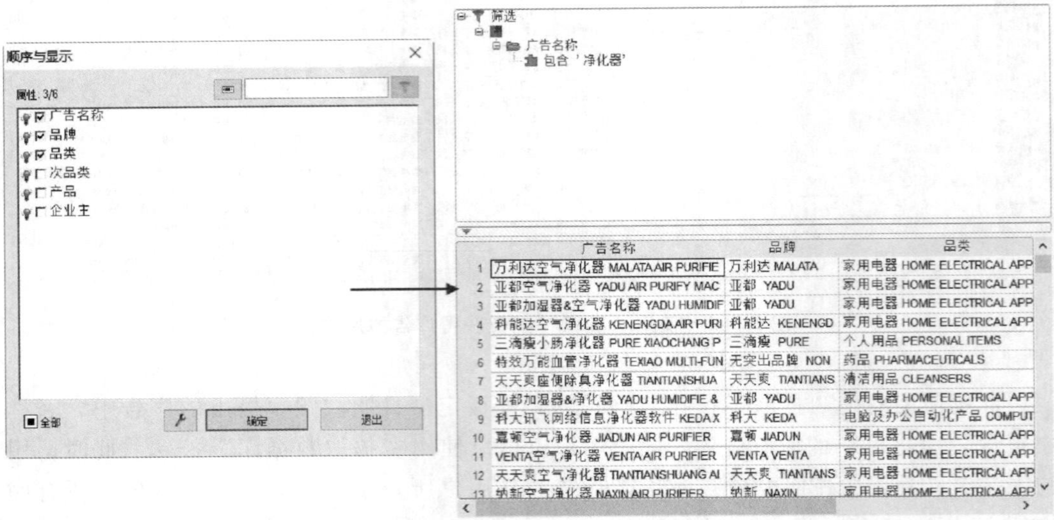

图 6.4.4　使用“提取数据库”按钮获得广告的属性设置

以上这些筛选的条件或者信息都可以通过“广告列表”的形式加以储存。“广告列表”分为两种形式：一种为“逻辑广告列表”，储存的是“广告”成分中所设的筛选条件；另一种为“物理广告列表”，储存的是满足筛选条件的具体广告的名称。

在此例中，选择筛选条件中的“广告名称/包含‘净化机’”，使用鼠标右键菜单，点击不同的选项可以保存不同的筛选内容：在设置的筛选条件区域右键点击“创建逻辑列表”下的“当前组…”，可以保存当前筛选条件设置，参见图 6.4.5 中建立的广告列表“名称包含‘净化机’”；在下方筛选出来的广告右键菜单中选择“新建节目/广告列表”，得到广告列表“远大空气净化机 & 新风机”，这个广告列表中仅仅存储广告名称，参见图 6.4.6。

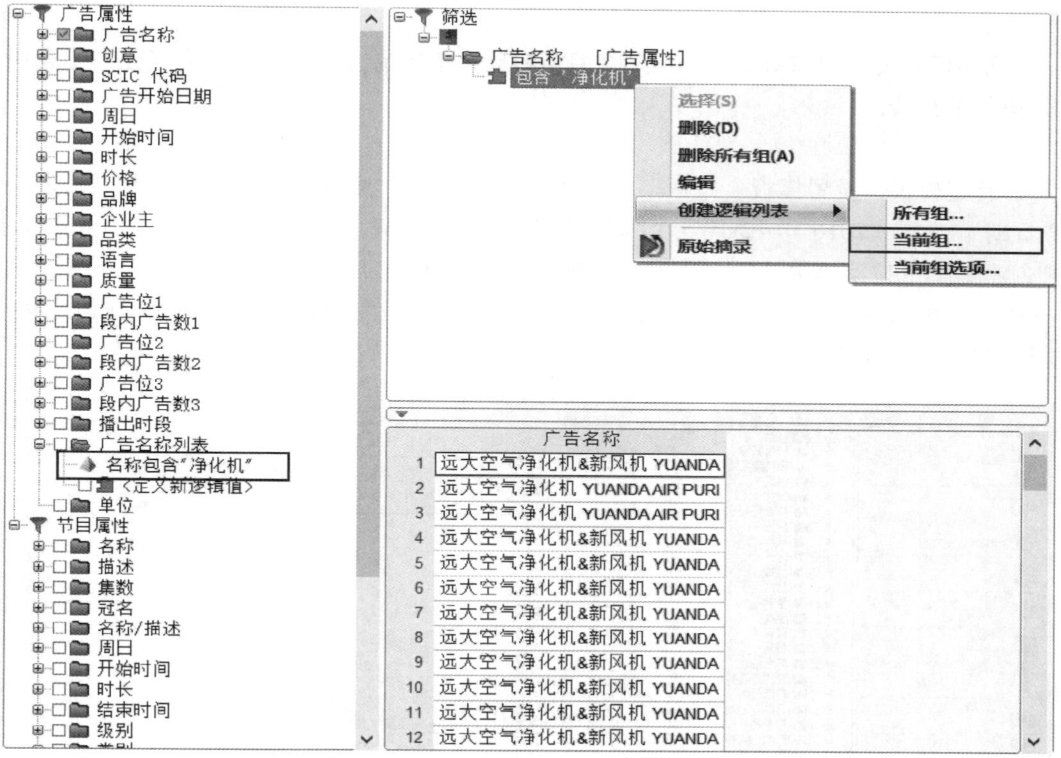

图 6.4.5 创建逻辑广告列表

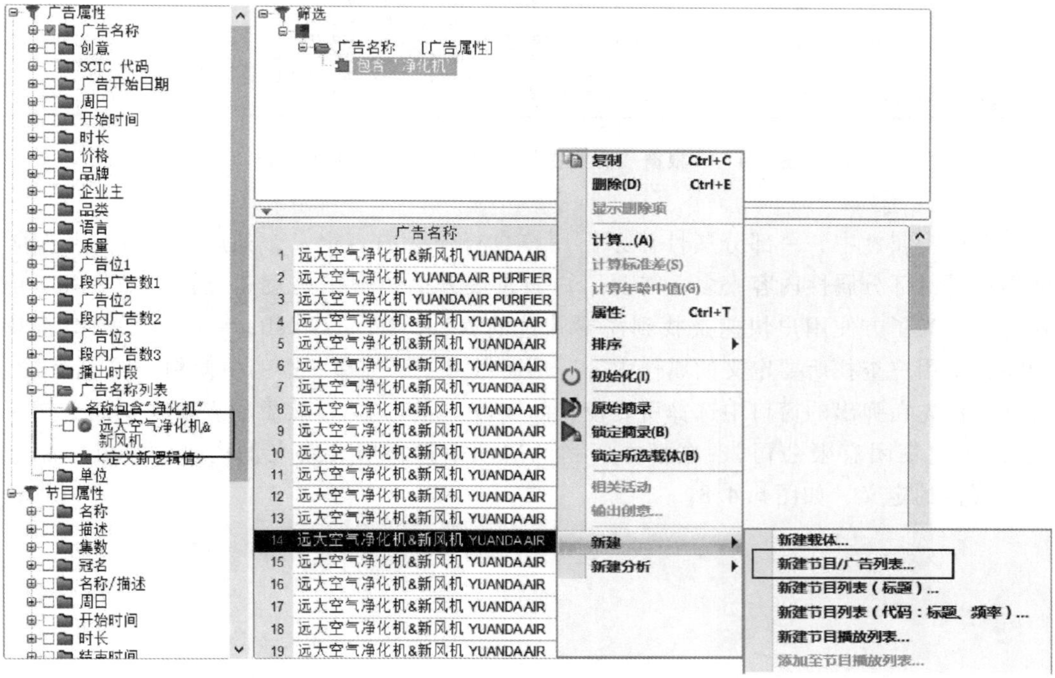

图 6.4.6 创建物理广告列表

举例2：筛选北京地区2016年12月所有频率播出的企业主为“上海家化集团有限公司”的广告。

新建模板，设置模板“地区”“日期”和“频率”成分。“地区”选择“北京”，“日期”选择“2016年12月”，“频率”选择“所有频率”。在“广告”成分中，在“企业主”下拉菜单中选择“上海家化集团有限公司”，点击“提取”按钮，下方预览框中可以得到2016年12月北京地区所有频率播出的企业主为“上海家化集团有限公司”的广告，如图6.4.7。

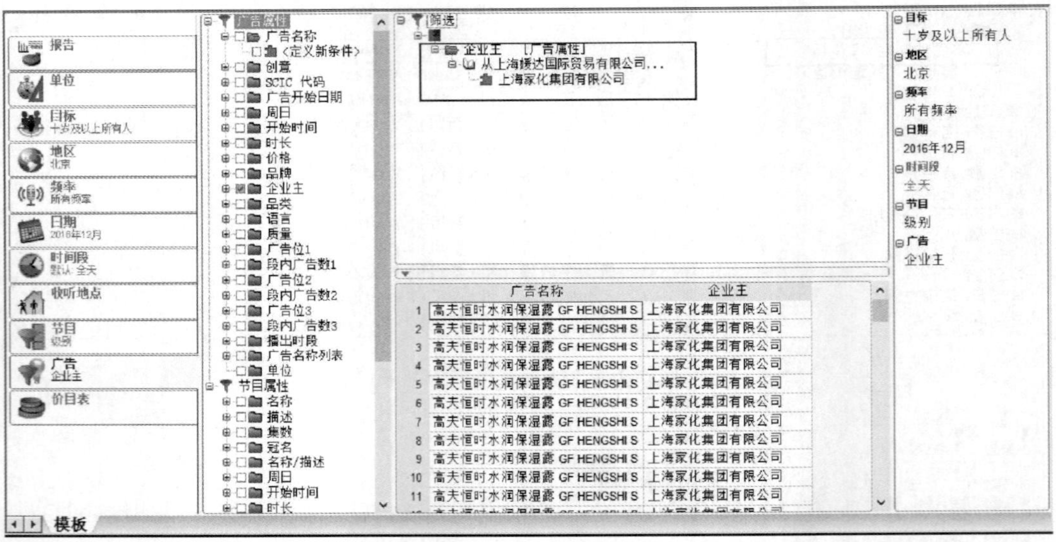

图6.4.7 根据“企业主”属性筛选符合条件的广告

在广告属性中，一部分属性可以由用户自行输入内容定义，如广告名称、开始时间等；另一部分属性内容繁多，需要用户通过展开的树形结构逐个选择，如品牌、企业主等。为了方便用户快速查找到需要筛选的属性，InfosysPlusRadio提供了高级查找功能，供用户查找所要定义的属性内容，从而做进一步选择。本例中使用“高级查找”选项，首先在弹出的窗口中选择所要设置的属性“企业主”，然后输入要查找的关键字“上海家化集团有限公司”，在下方所列的选项中选择所要定义的内容，完成“企业主”属性的定义，如图6.4.8。

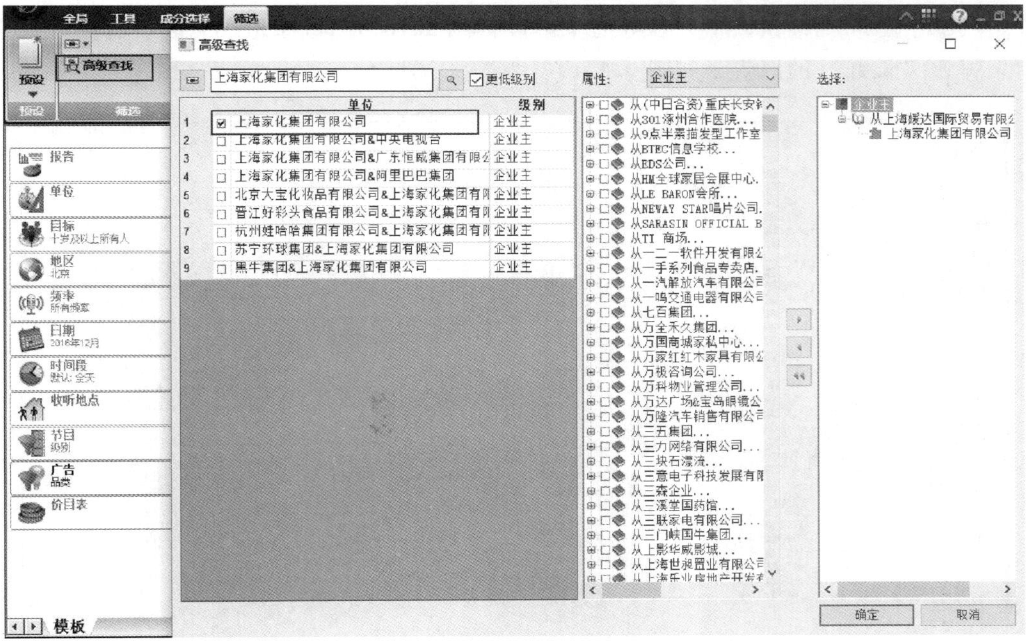

图 6.4.8　在“高级查找”框中自定义“企业主”属性

举例 3：筛选北京地区 2016 年 12 月所有频率播出的品牌为“长虹”的广告。

新建模板，设置模板“地区”“日期”和“频率”成分。“地区”选择“北京”，“日期”选择“2016 年 12 月”，“频率”选择“所有频率”。在“广告”成分中，在“品牌”下拉菜单中选择“长虹”品牌。在这里同样需要使用“高级查找”功能（图 6.4.9）。

图 6.4.9　在“高级查找”框中自定义“品牌”属性

点击“提取”按钮，下方预览框中可以得到 2016 年 12 月北京地区所有频率播出的品牌为“长虹”的广告，如图 6. 4. 10。

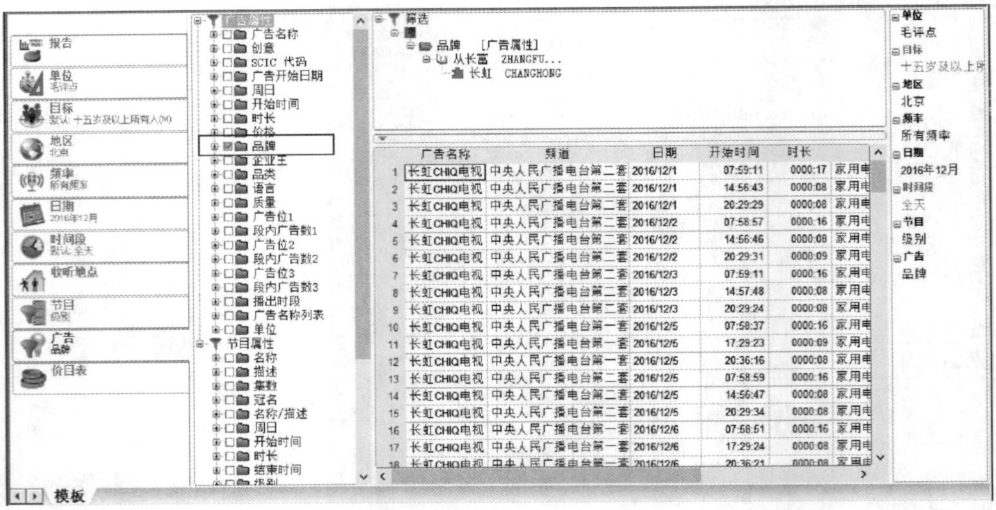

图 6. 4. 10　根据“品牌”属性筛选符合条件的广告

举例 4：筛选北京地区 2016 年 12 月所有频率播出的“化妆品/浴室用品”类广告。

新建模板，设置模板“地区”“日期”和“频率”成分。“地区”选择“北京”，“日期”选择“2016 年 12 月”，“频率”选择“所有频率”。在“广告”成分中，在“品类”下拉菜单中选择“化妆品/浴室用品”。

点击“提取”按钮，下方预览框中可以得到 2016 年 12 月北京地区所有频率播出的品类为“化妆品/浴室用品”的广告，如图 6. 4. 11。

图 6. 4. 11　根据“品类”属性筛选符合条件的广告

举例 5：筛选北京地区 2016 年 12 月 1 日《新闻和报纸摘要》栏目前、中、后播出的广告。

新建模板，设置模板中成分“地区”“日期”和“频率”，然后在“广告”成分的“节目属性”中设置筛选条件：定义“名称”中包含“新闻和报纸摘要”，并且勾选“节目间广告”的“之前”“之中”和“之后”。选择“提取”，下方预览框中得到 2016 年 12 月 1 日该栏目前、中、后播出的所有广告条目，如图 6.4.12。

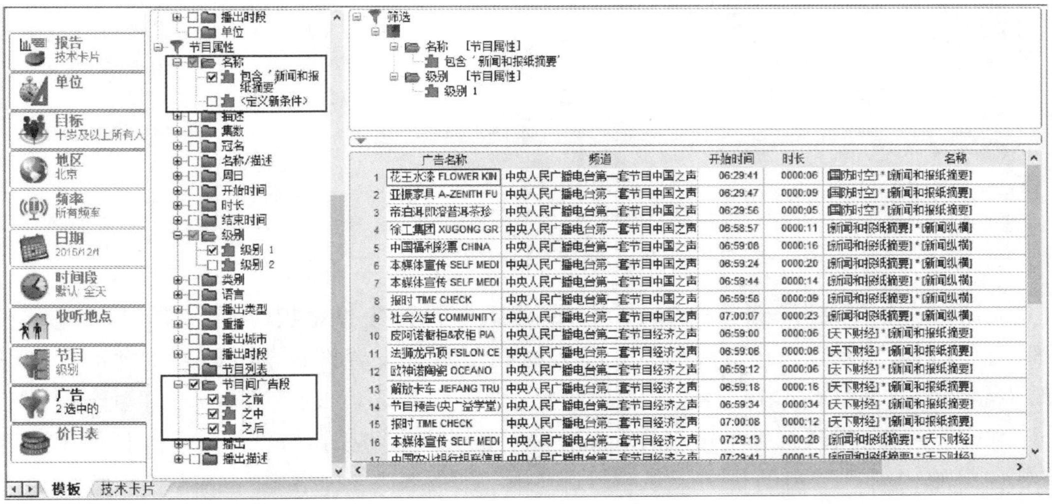

图 6.4.12　根据广告筛选中的节目属性筛选符合条件的广告

结果显示，中央人民广播电台第一套节目中国之声播出的《新闻和报纸摘要》栏目播出前播出了 3 条广告，该栏目结束后播出了 6 条广告，播出过程中没有插播广告。

Q2. 如何查询特定广告在特定日期的播出细节与收听效果？

用户可以通过 InfosysPlusRadio 的广告报告查询特定广告在特定日期的播出和收听情况。在模板中设置“目标”“地区”“日期”“频率”和“单位”等成分，使用“广告”报告，其结果将显示所选频率在这段日期内播出的所有广告明细以及对应地区目标听众的毛评点等相关指标。

举例：计算 2016 年 12 月北京地区听众收听“化妆品/浴室用品”广告的毛评点。

新建模板，设置模板各成分。目标（十岁及以上所有人）、地区（北京）、频率（所有频率）、日期（2016 年 12 月）和单位（毛评点）、报告（广告，并设置其品类为“化妆品/浴室用品”），如图 6.4.13。

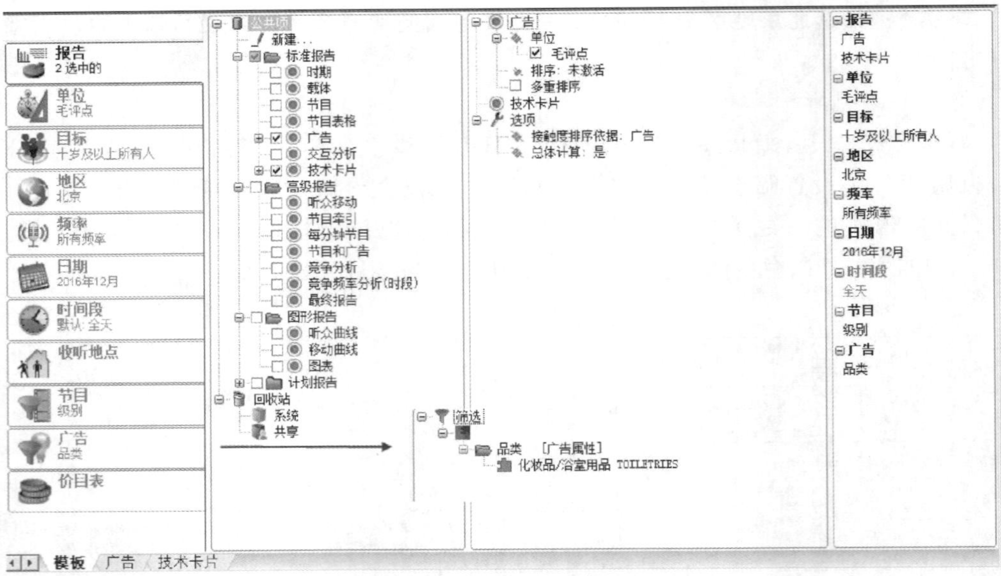

图 6.4.13　模板设置页面

计算模板，得到所选频率 2016 年 12 月播出的所有“化妆品/浴室用品”广告明细。报告初始结果以三个区域显示：报告格式与背景设置区、报告结果整理区、报告结果显示区，如图 6.4.14。点击工具栏中的“属性”选项，在弹出的窗口中选择想要显示的属性，在报告结果中可以看到每一条广告及其对应的“频率”“日期”“周日”（软件中的“周日”指的是周天）、“开始时间”“时长”“价格”“品牌”“品类”等信息。用户可以选中常用的广告属性后，通过下方的“保存用户预设”选项将其保存。保存后用户再计算“广告”报告时，所设的广告属性便会自动显示出来，如图 6.4.15。

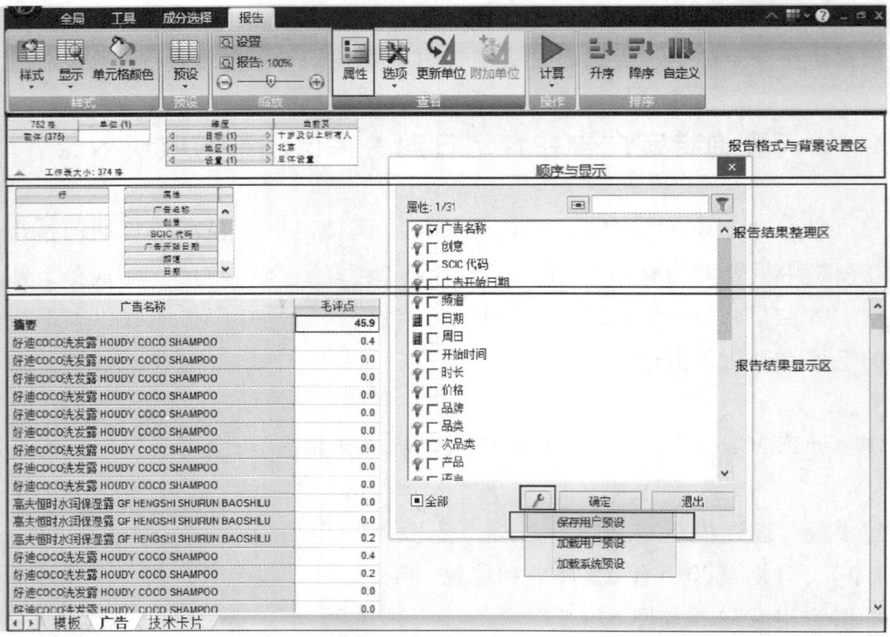

图 6.4.14　广告报告初始结果

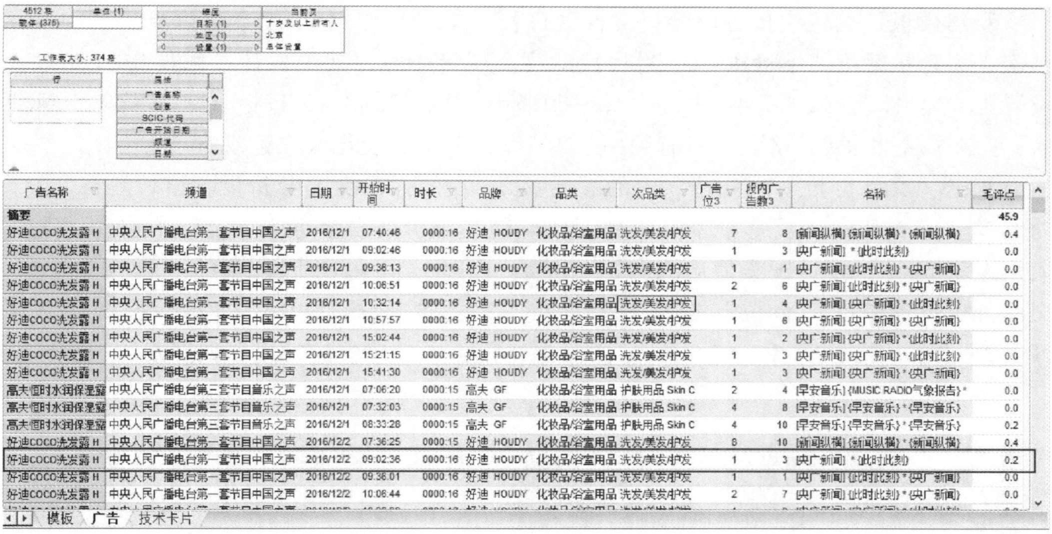

图 6.4.15　显示广告属性信息后的广告报告结果

报告结果中的“段内广告数”显示了在每条广告所处广告段内播出的所有广告条数，“广告位”显示该条广告在所处广告段内的播出位置，“名称”属性显示每条广告在哪个节目中插播。报告中显示，2016 年 12 月 2 日中央人民广播电台第一套节目中国之声频率上午 9:02:36 播出的“好迪 COCO 洗发露 HOUDY COCO SHAMPOO”广告，是在《央广新闻》和《此时此刻》两个节目中间播出的；两个栏目中间的广告段一共播出了 3 条广告，“好迪 COCO 洗发露 HOUDY COCO SHAMPOO”为广告段内插播的第 1 条广告，毛评点为 0.2。

Q3. 如何从不同角度分析特定广告在一段时期内的整体投放效果？

同“节目”和“交互分析”报告配合使用一样，获得特定广告在一段时期内的整体投放效果也可以利用“广告”和“交互分析”报告来完成。将广告报告结果按照一定条件合并汇总，从而得到广告在不同频率、不同细分日期段的投放效果。下面将从常用的几个角度设定交互分析的汇总条件，介绍如何从不同角度分析特定广告在一定时期内的整体投放效果。

通常，衡量广告播后效果，一般会使用毛评点、累计接触度 N+%/（000）、平均暴露频次等指标。下面我们分别从不同频率、不同周天和不同品牌几个角度来分别举例计算广告的播后效果。

举例 1：计算特定广告在各频率的广告投放效果。

下面以 2016 年 12 月“上汽大众途观 SUV”广告为例，计算其在北京市场所有频率的广告投放效果及各频率的效果差异。

新建模板，设置模板各成分：报告（广告、交互分析）、单位〔毛评点、平均暴露频次、累计接触度 N+（000）、累计接触度 N+（%），其中累计接触度中的 N 最大设置为 3〕、日期（2016 年 12 月 1 日～2016 年 12 月 31 日）、目标（十岁及以上所有人）、地区（北京）、频率（所有频率）、广告（名称：上汽大众途观 SUV）。

双击“交互分析”报告选项中的“定义”，右侧弹出交互分析设置窗口。在“行”处选择“广告名称”及“频率”属性，此时交互分析报告会将所有名称中包含“上汽大众途观 SUV”的广告按播出频率进行整合，相同名称、相同频率的广告合并计算；交互分析设置中的“单位”选择“毛评点”“平均暴露频次”“累计接触度 N+（000）”“累计接触度 N+（%）”，并且保留模板中各单位的设置，如图 6.4.16。

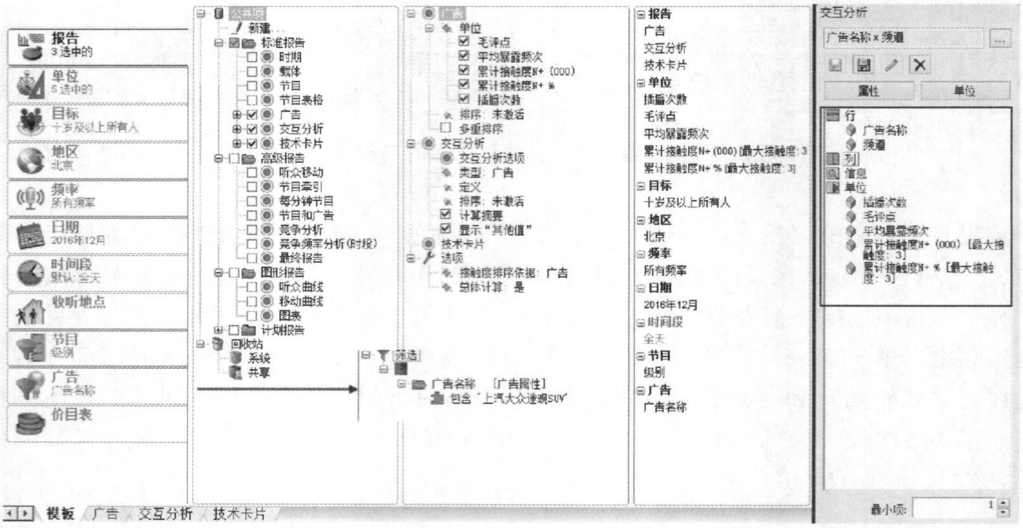

图 6.4.16　模板设置页面

计算模板，得到名称中包含“上汽大众途观 SUV”的广告在当地各频率的投放情况及获得的收听效果，如图 6.4.17。2016 年 12 月北京地区各频率播出过“上汽大众途观 SUV”和“上汽大众途观 SUV& 帕萨特轿车”两个符合筛选条件的广告。其中“上汽大众途观 SUV”广告分别在中国国际广播电台轻松调频、中央人民广播电台第三套节目音乐之声、中央人民广播电台第四套节目都市之声、北京人民广播电台交通广播、北京人民广播电台音乐广播、中国国际广播电台劲曲调频六个频率做了广告投放。该广告在北京人民广播电台交通广播频率共播出 39 次，获得 211.6 个毛评点，3+累计接触度（%）达到 12%；在中央人民广播电台第四套节目都市之声频率投放次数最多，达到 243 次，但获得的毛评点却相对较少，仅为 31.7。

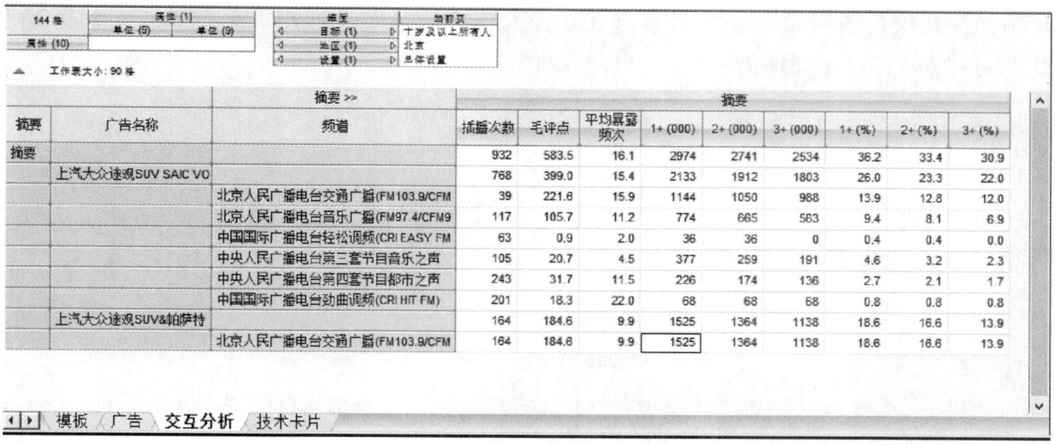

摘要	广告名称	频道	插播次数	毛评点	平均暴露频次	1+ (000)	2+ (000)	3+ (000)	1+ (%)	2+ (%)	3+ (%)
摘要			932	583.5	16.1	2974	2741	2534	36.2	33.4	30.9
	上汽大众途观SUV SAIC VO		768	399.0	15.4	2133	1912	1803	26.0	23.3	22.0
		北京人民广播电台交通广播(FM103.9/CFM	39	221.6	15.9	1144	1050	988	13.9	12.8	12.0
		北京人民广播电台音乐广播(FM97.4/CFM9	117	105.7	11.2	774	665	563	9.4	8.1	6.9
		中国国际广播电台轻松调频(CRI EASY FM	63	0.9	2.0	36	36	0	0.4	0.4	0.0
		中央人民广播电台第三套节目音乐之声	105	20.7	4.5	377	259	191	4.6	3.2	2.3
		中央人民广播电台第四套节目都市之声	243	31.7	11.5	226	174	136	2.7	2.1	1.7
		中国国际广播电台劲曲调频(CRI HIT FM)	201	18.3	22.0	68	68	68	0.8	0.8	0.8
	上汽大众途观SUV&帕萨特		164	184.6	9.9	1525	1364	1138	18.6	16.6	13.9
		北京人民广播电台交通广播(FM103.9/CFM	164	184.6	9.9	1525	1364	1138	18.6	16.6	13.9

图 6.4.17 “上汽大众途观 SUV”广告在各频率投放及收听情况报告页面

举例 2：计算特定广告在不同频率每周的广告投放效果。

保持其他模板设置不变，重新设置交互分析属性，按“广告名称”“频率”和“日期”交互。“日期”定义中设置“按周”间隔，设置如图 6.4.18。

图 6.4.18 模板设置页面

重新计算交互分析报告，结果如图 6.4.19，得到名称中包含“上汽大众途观 SUV”的广告在各频率每周的投放效果情况。2016 年 12 月，“上汽大众途观 SUV”在北京人民广播电台交通广播 4 周的投放中，在 12 月 25 日开始的一周中获得的毛评点最多，为

88.6；在此周内听过该广告的听众有816千人，平均每人收听8.9次，听过3次及3次以上的有695千人，占所有推及人口的7.8%。

摘要	广告名称	频道	日期	插播次数	毛评点	平均暴露频次	1+(000)	2+(000)	3+(000)	1+(%)	2+(%)	3+(%)
摘要				932	583.5	16.1	2974	2741	2534	36.2	33.4	30.9
	上汽大众途观SUV SAIC VO			768	399.0	15.4	2133	1912	1803	26.0	23.3	22.0
		北京人民广播电台交通广播(		39	221.6	15.9	1144	1050	988	13.9	12.8	12.0
			2016/12/4 - 2016/12/10	5	29.9	3.1	781	600	496	9.5	7.3	6.0
			2016/12/11 - 2016/12/17	7	42.2	3.8	904	692	594	11.0	8.4	7.2
			2016/12/18 - 2016/12/24	11	60.8	6.0	832	682	639	10.1	8.3	7.8
			2016/12/25 - 2016/12/31	16	88.6	8.9	816	816	695	9.9	9.9	8.5
		北京人民广播电台音乐广播(		117	105.7	11.2	774	665	563	9.4	8.1	6.9
			2016/12/4 - 2016/12/10	15	10.6	2.4	369	219	117	4.5	2.7	1.4
			2016/12/11 - 2016/12/17	21	14.1	3.3	353	221	184	4.3	2.7	2.2
			2016/12/18 - 2016/12/24	33	22.9	5.6	333	291	254	4.1	3.5	3.1
			2016/12/25 - 2016/12/31	48	58.1	9.5	502	502	384	6.1	6.1	4.7
		中国国际广播电台轻松调频(		63	0.9	2.0	36	36	0	0.4	0.4	0.0
			2016/12/4 - 2016/12/10	9	0.0	.	0	0	0	0.0	0.0	0.0
			2016/12/11 - 2016/12/17	21	0.4	1.5	24	12	0	0.3	0.1	0.0
			2016/12/18 - 2016/12/24	21	0.0	.	0	0	0	0.0	0.0	0.0
			2016/12/25 - 2016/12/31	12	0.4	1.5	24	12	0	0.3	0.2	0.0
		中央人民广播电台第三套节目		105	20.7	4.5	377	259	191	4.6	3.2	2.3
			2016/12/4 - 2016/12/10	15	2.4	1.4	137	36	17	1.7	0.4	0.2
			2016/12/11 - 2016/12/17	35	8.6	3.0	233	149	127	2.8	1.8	1.5
			2016/12/18 - 2016/12/24	35	6.1	2.8	182	149	69	2.2	1.8	0.8
			2016/12/25 - 2016/12/31	20	3.8	2.1	142	95	50	1.7	1.2	0.6

模板 广告 交互分析 技术卡片

图 6.4.19 "上汽大众途观SUV"在各频率的每周广告投放效果报告页面

双击"北京人民广播电台交通广播"，进入细节报告，可以查看该产品广告在此频率投放的细节内容，包括日期、频率、开始时间、时长等。同时，也可以看到随着广告播出次数的增加目标听众的广告接触度分布变化情况，如图 6.4.20。

十岁及以上? 北京 总体设置

广告名称	频道	日期	开始时间	时长	插播次数	毛评点	平均暴露频次	1+(000)	2+(000)	3+(000)	1+(%)	2+(%)	3+(%)
上汽大众途观SUV	北京人民广播电台交通广播	2016/12/21	07:56:57	0000:30	1	6.9	7.3	1073	950	781	13.1	11.6	9.5
上汽大众途观SUV	北京人民广播电台交通广播	2016/12/22	07:56:47	0000:30	1	6.4	7.7	1086	950	801	13.2	11.6	9.8
上汽大众途观SUV	北京人民广播电台交通广播	2016/12/23	07:54:52	0000:15	1	6.7	8.1	1098	959	836	13.4	11.7	10.2
上汽大众途观SUV	北京人民广播电台交通广播	2016/12/23	07:56:36	0000:30	1	6.7	8.6	1098	971	845	13.4	11.8	10.3
上汽大众途观SUV	北京人民广播电台交通广播	2016/12/23	07:59:45	0000:14	1	6.7	9.1	1098	971	856	13.4	11.8	10.4
上汽大众途观SUV	北京人民广播电台交通广播	2016/12/24	07:55:20	0000:15	1	3.8	9.3	1110	971	856	13.5	11.8	10.4
上汽大众途观SUV	北京人民广播电台交通广播	2016/12/24	07:56:50	0000:29	1	3.8	9.5	1110	983	856	13.5	12.0	10.4
上汽大众途观SUV	北京人民广播电台交通广播	2016/12/24	07:59:42	0000:15	1	3.8	9.8	1110	983	869	13.5	12.0	10.6
上汽大众途观SUV	北京人民广播电台交通广播	2016/12/25	07:55:30	0000:15	1	3.8	10.0	1122	995	869	13.7	12.1	10.6
上汽大众途观SUV	北京人民广播电台交通广播	2016/12/25	07:57:00	0000:29	1	3.8	10.3	1122	1007	880	13.7	12.3	10.7
上汽大众途观SUV	北京人民广播电台交通广播	2016/12/25	07:59:43	0000:14	1	3.8	10.6	1122	1007	893	13.7	12.3	10.9
上汽大众途观SUV	北京人民广播电台交通广播	2016/12/26	07:54:56	0000:15	1	6.4	11.0	1122	1020	893	13.7	12.4	10.9
上汽大众途观SUV	北京人民广播电台交通广播	2016/12/26	07:56:55	0000:30	1	6.4	11.5	1122	1020	905	13.7	12.4	11.0
上汽大众途观SUV	北京人民广播电台交通广播	2016/12/26	07:59:43	0000:15	1	6.4	12.0	1122	1020	905	13.7	12.4	11.0
上汽大众途观SUV	北京人民广播电台交通广播	2016/12/27	07:55:25	0000:15	1	6.1	12.2	1144	1028	925	13.9	12.5	11.3
上汽大众途观SUV	北京人民广播电台交通广播	2016/12/27	07:59:43	0000:15	1	6.1	12.6	1144	1050	934	13.9	12.8	11.4
上汽大众途观SUV	北京人民广播电台交通广播	2016/12/28	07:55:24	0000:14	1	6.6	13.1	1144	1050	958	13.9	12.8	11.7
上汽大众途观SUV	北京人民广播电台交通广播	2016/12/28	07:59:43	0000:14	1	6.6	13.6	1144	1050	958	13.9	12.8	11.7
上汽大众途观SUV	北京人民广播电台交通广播	2016/12/29	07:55:24	0000:14	1	6.0	14.0	1144	1050	977	13.9	12.8	11.9
上汽大众途观SUV	北京人民广播电台交通广播	2016/12/29	07:59:42	0000:15	1	6.0	14.4	1144	1050	977	13.9	12.8	11.9
上汽大众途观SUV	北京人民广播电台交通广播	2016/12/30	07:55:24	0000:15	1	6.6	14.9	1144	1050	988	13.9	12.8	12.0
上汽大众途观SUV	北京人民广播电台交通广播	2016/12/30	07:59:43	0000:15	1	6.6	15.4	1144	1050	988	13.9	12.8	12.0
上汽大众途观SUV	北京人民广播电台交通广播	2016/12/31	07:57:14	0000:15	1	3.7	15.6	1144	1050	988	13.9	12.8	12.0
上汽大众途观SUV	北京人民广播电台交通广播	2016/12/31	07:59:43	0000:14	1	3.7	15.9	1144	1050	988	13.9	12.8	12.0

模板 广告 交互分析 技术卡片 细节

图 6.4.20 广告投放细节报告页面

举例 3：计算特定广告在不同周天的广告投放效果。

仍然以上例为例，保持其他模板设置不变，重新设置交互分析属性，按“广告名称”“周天”交互；重新计算交互分析报告；设置及结果如图 6.4.21，得到名称中包含“上汽大众途观 SUV”的广告在各周天的投放效果情况。2016 年 12 月，“上汽大众途观 SUV”在周五、周六投放次数最多，为 141 次；周五获得的毛评点最多，为 81.2；在周五听过该广告的听众有 1519 千人，平均每人收听 4.4 次，听过 3 次及 3 次以上的有 970 千人，占所有推及人口的 11.8%。

		摘要 >>	摘要								
摘要	广告名称	周日	插播次数	毛评点	平均暴露频次	1+ (000)	2+ (000)	3+ (000)	1+ (%)	2+ (%)	3+ (%)
摘要			932	583.5	16.1	2974	2741	2534	36.2	33.4	30.9
	上汽大众途观SUV SAIC VO		768	399.0	15.4	2133	1912	1803	26.0	23.3	22.0
		周日	97	36.3	3.2	920	670	633	11.2	8.2	7.7
		周一	97	61.9	3.7	1391	1152	964	16.9	14.0	11.7
		周二	97	53.2	3.3	1323	999	723	16.1	12.2	8.8
		周三	97	61.8	3.3	1521	1206	929	18.5	14.7	11.3
		周四	98	54.8	3.3	1371	1096	764	16.7	13.4	9.3
		周五	141	81.2	4.4	1519	1257	970	18.5	15.3	11.8
		周六	141	50.0	4.1	1009	850	649	12.3	10.4	7.9
	上汽大众途观SUV&帕萨特		164	184.6	9.9	1525	1364	1138	18.6	16.6	13.9
		周日	24	30.4	3.6	695	548	375	8.5	6.7	4.6
		周一	24	28.6	4.4	538	395	300	6.6	4.8	3.7
		周二	24	25.2	4.5	461	367	238	5.6	4.5	2.9
		周三	20	22.6	3.8	488	321	249	5.9	3.9	3.0
		周四	24	23.8	3.3	591	425	246	7.2	5.2	3.0
		周五	24	28.5	3.5	669	429	299	8.2	5.2	3.6
		周六	24	25.4	2.7	769	521	301	9.4	6.4	3.7

图 6.4.21　交互分析设置及“上汽大众途观 SUV”在各频率各周天广告投放效果报告页面

Q4. 如何分析特定品类中不同品牌产品广告的投放效果?

通常广告客户在评估自己品牌产品广告的投放效果时，也会同时对比同品类产品中其他品牌产品广告的投放效果，通过对比来了解同品类中自己品牌产品与竞争品牌产品广告投放效果之间的差异。

举例：查询 2016 年 12 月有哪些品牌的家用电器类产品在北京市场进行广告投放，并计算各品牌的广告投放效果。

新建模板，设置模板各成分：报告（广告、交互分析）、单位〔毛评点、平均暴露频次、累计接触度 N+（000）、累计接触度 N+（%），其中累计接触度中的 N 最大设置为3〕、日期（2016年12月1日～2016年12月31日）、目标（十岁及以上所有人）、地区（北京）、频率（所有频率）、广告（品类：家用电器）。

双击“交互分析”报告选项的“定义”，右侧弹出交互分析设置窗口。在“行”处选择“品牌”属性，此时交互分析报告将会对所有家用电器类广告按品牌进行整合，相同品牌的广告将会被合并计算；交互分析设置中的“单位”选择“毛评点”“平均暴露频次”“累计接触度N+（000）”“累计接触度N+（%）”，保留模板中各单位的设置，如图6.4.22。

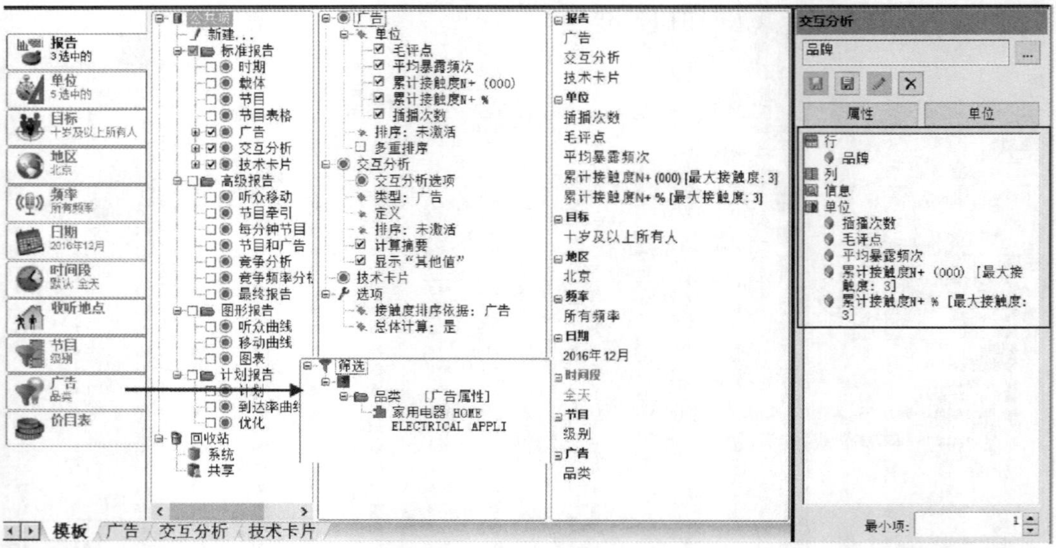

图6.4.22　模板设置页面

计算模板，得到家用电器类不同品牌的产品在当地市场投放广告的效果，如图6.4.23。2016年12月，北京市场播出广告的家用电器类产品有17种；其中“布雷尔利”品牌共播出152次，获得351.8个毛评点，人均暴露频次12.3次，3+到达率%达到21.8%。

十岁及以? 北京 总体设置

摘要	摘要 >>	摘要								
摘要	品牌	插播次数	毛评点	平均暴露频次	1+ (000)	2+ (000)	3+ (000)	1+ (%)	2+ (%)	3+ (%)
摘要		3279	1391.2	25.7	4450	4131	3854	54.2	50.3	47.0
	352 352	54	81.1	4.0	1651	1146	897	20.1	14.0	10.9
	COWAY COWAY	94	203.6	8.9	1882	1558	1406	22.9	19.0	17.1
	TCL TCL	35	29.7	4.2	585	479	406	7.1	5.8	5.0
	艾欧史密斯 A.O.SMITH	245	75.8	14.8	421	344	308	5.1	4.2	3.8
	布雷尔利 BREARLY	152	351.8	12.3	2345	2007	1786	28.6	24.4	21.8
	创维 SKYWORTH	363	29.3	7.9	303	232	222	3.7	2.8	2.7
	海尔 HAIER	200	93.0	12.5	612	483	411	7.5	5.9	5.0
	海信 HISENSE	47	10.6	2.3	371	214	112	4.5	2.6	1.4
	利普曼 LIPMANN	12	1.7	2.2	64	32	32	0.8	0.4	0.4
	美的 MIDEA	364	82.9	9.9	687	566	514	8.4	6.9	6.3
	美菱 MEILING	50	15.0	5.7	217	144	101	2.6	1.8	1.2
	欧派 OPPEIN	68	12.7	4.4	238	194	165	2.9	2.4	2.0
	万和 VANWARD	404	103.6	12.0	711	613	522	8.7	7.5	6.4
	万家乐 MACRO	675	133.1	11.5	946	760	646	11.5	9.3	7.9
	沃克 WOKE	279	11.0	5.2	174	141	111	2.1	1.7	1.3
	远大 YUANDA	84	100.5	4.6	1806	1447	1105	22.0	17.6	13.5
	长虹 CHANGHONG	153	55.8	10.1	454	322	284	5.5	3.9	3.5

模板 广告 交互分析 技术卡片

图 6.4.23 不同品牌的家用电器广告投放效果报告页面

Q5. 如何计算广告 30 秒毛评点及 30 秒毛评点成本等相关指标?

在 InfosysPlusRadio 中，广告毛评点的数值是广告开始时间所在那一分钟收听率的数值乘以 100。因此，只要广告的开始时间在同一分钟，不论广告时长为多少，毛评点的数值都是相同的。然而，在需要区分不同时长广告的投放效果时，用户可以把广告的时长信息引入到毛评点的计算中，以各条广告的时长为权重，计算加权的毛评点数值。在 InfosysPlusRadio 中，用户可以通过定义毛评点时长来实现。通常使用 30 秒毛评点的情况较多，计算方法是将当条广告的毛评点乘以当条广告时长并除以 30 秒，其意义是将 30 秒广告的投放效果视为该分钟的收听率。不同时长的广告效果，需要与 30 秒时长相比，从而得到该分钟收听率的几倍或几分之一作为 30 秒毛评点。

举例：计算北京地区 2016 年 12 月“个人用品”类广告的毛评点、30 秒毛评点、成本/毛评点以及成本/30s 毛评点。

新建模板，设置模板各成分：报告（广告）、单位（毛评点、30s 毛评点、成本/毛评点、成本/30s 毛评点）、日期（2016 年 12 月 1 日 ~ 2016 年 12 月 31 日）、目标（十岁及以上所有人）、地区（北京）、频率（所有频率）、广告（品类：个人用品），如图 6.4.24。

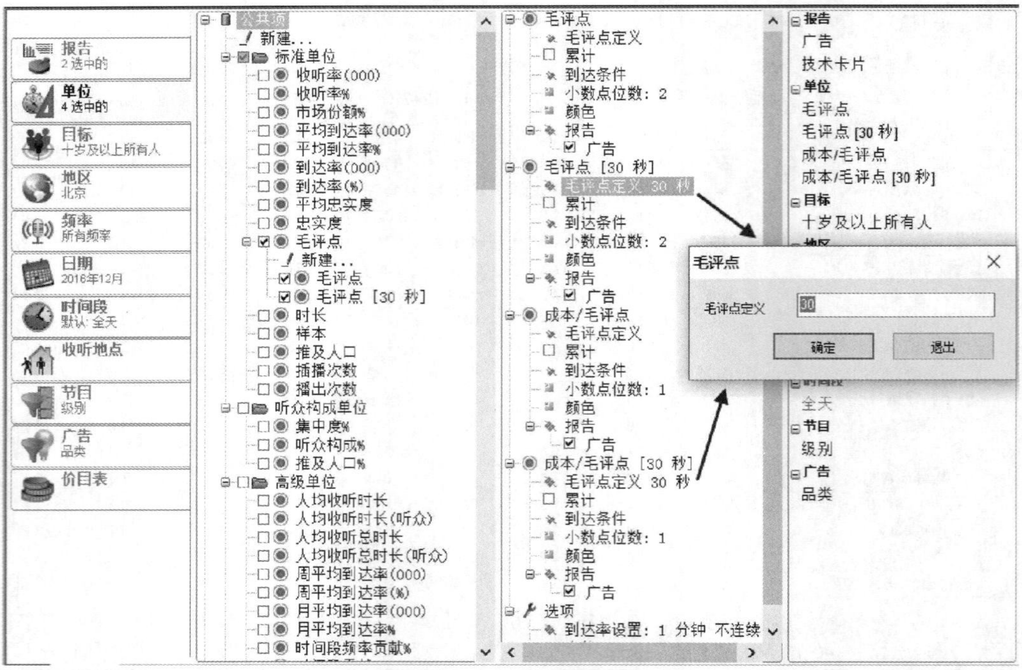

图 6.4.24　模板设置页面

计算模板，得到广告报告结果，如图 6.4.25。结果显示每条广告的毛评点、30 秒毛评点、成本/毛评点、成本/30 秒毛评点。以中央人民广播电台中国之声 2016 年 12 月 2 日 19:21:00 播出的广告为例，该条广告 16 秒，其毛评点为 0.36，30 秒毛评点为 0.19（即 0.36×16/30）。

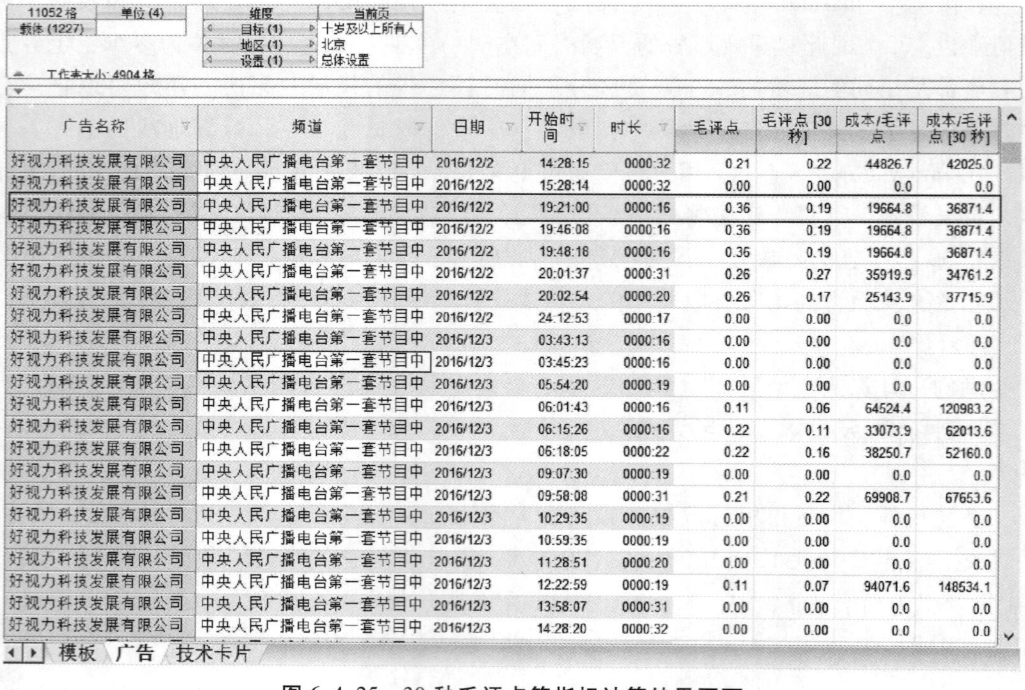

广告名称	频道	日期	开始时间	时长	毛评点	毛评点 [30 秒]	成本/毛评点	成本/毛评点 [30 秒]
好视力科技发展有限公司	中央人民广播电台第一套节目中	2016/12/2	14:28:15	0000:32	0.21	0.22	44826.7	42025.0
好视力科技发展有限公司	中央人民广播电台第一套节目中	2016/12/2	15:28:14	0000:32	0.00	0.00	0.0	0.0
好视力科技发展有限公司	中央人民广播电台第一套节目中	2016/12/2	19:21:00	0000:16	0.36	0.19	19664.8	36871.4
好视力科技发展有限公司	中央人民广播电台第一套节目中	2016/12/2	19:46:08	0000:16	0.36	0.19	19664.8	36871.4
好视力科技发展有限公司	中央人民广播电台第一套节目中	2016/12/2	19:48:18	0000:16	0.36	0.19	19664.8	36871.4
好视力科技发展有限公司	中央人民广播电台第一套节目中	2016/12/2	20:01:37	0000:31	0.26	0.27	35919.9	34761.2
好视力科技发展有限公司	中央人民广播电台第一套节目中	2016/12/2	20:02:54	0000:20	0.26	0.17	25143.9	37715.9
好视力科技发展有限公司	中央人民广播电台第一套节目中	2016/12/2	24:12:53	0000:17	0.00	0.00	0.0	0.0
好视力科技发展有限公司	中央人民广播电台第一套节目中	2016/12/3	03:43:13	0000:16	0.00	0.00	0.0	0.0
好视力科技发展有限公司	中央人民广播电台第一套节目中	2016/12/3	03:45:23	0000:16	0.00	0.00	0.0	0.0
好视力科技发展有限公司	中央人民广播电台第一套节目中	2016/12/3	05:54:20	0000:19	0.00	0.00	0.0	0.0
好视力科技发展有限公司	中央人民广播电台第一套节目中	2016/12/3	06:01:43	0000:16	0.11	0.06	64524.4	120983.2
好视力科技发展有限公司	中央人民广播电台第一套节目中	2016/12/3	06:15:26	0000:16	0.22	0.11	33073.9	62013.6
好视力科技发展有限公司	中央人民广播电台第一套节目中	2016/12/3	06:18:05	0000:22	0.22	0.16	38250.7	52160.0
好视力科技发展有限公司	中央人民广播电台第一套节目中	2016/12/3	09:07:30	0000:19	0.00	0.00	0.0	0.0
好视力科技发展有限公司	中央人民广播电台第一套节目中	2016/12/3	09:58:08	0000:31	0.21	0.22	69908.7	67653.6
好视力科技发展有限公司	中央人民广播电台第一套节目中	2016/12/3	10:29:35	0000:19	0.00	0.00	0.0	0.0
好视力科技发展有限公司	中央人民广播电台第一套节目中	2016/12/3	10:59:35	0000:19	0.00	0.00	0.0	0.0
好视力科技发展有限公司	中央人民广播电台第一套节目中	2016/12/3	11:28:51	0000:20	0.00	0.00	0.0	0.0
好视力科技发展有限公司	中央人民广播电台第一套节目中	2016/12/3	12:22:59	0000:19	0.11	0.07	94071.6	148534.1
好视力科技发展有限公司	中央人民广播电台第一套节目中	2016/12/3	13:58:07	0000:31	0.00	0.00	0.0	0.0
好视力科技发展有限公司	中央人民广播电台第一套节目中	2016/12/3	14:28:20	0000:32	0.00	0.00	0.0	0.0

图 6.4.25　30 秒毛评点等指标计算结果页面

Q6. 如何利用自定义广告插播单计算广告的收听效果?

用户在没有广告数据的情况下，可以在 InfosysPlusRadio 的自定义时间段成分中，导入特定格式的广告插播单，通过载体报告计算广告的收听效果。

举例：利用自定义广告插播单，计算“好视力眼贴”广告 2016 年 12 月在广州各级频率组每周的收听效果。

新建时间段成分：选择“自定义时间段”，设置导入类型“广告”，导入 txt 格式的自定义广告插播单 txt，如图 6.4.26。导入后，需要将导入的广告插播点按照广告真实的播出顺序进行排序。具体操作方法为：选中所有导入的广告条目，右键选择“自定义排序”，在弹出的“排序”窗口中设置按“日期”“开始时间”和“频率”依次升序排序，如图 6.4.27。排序后点击“新建并退出”，完成广告插播点的导入。

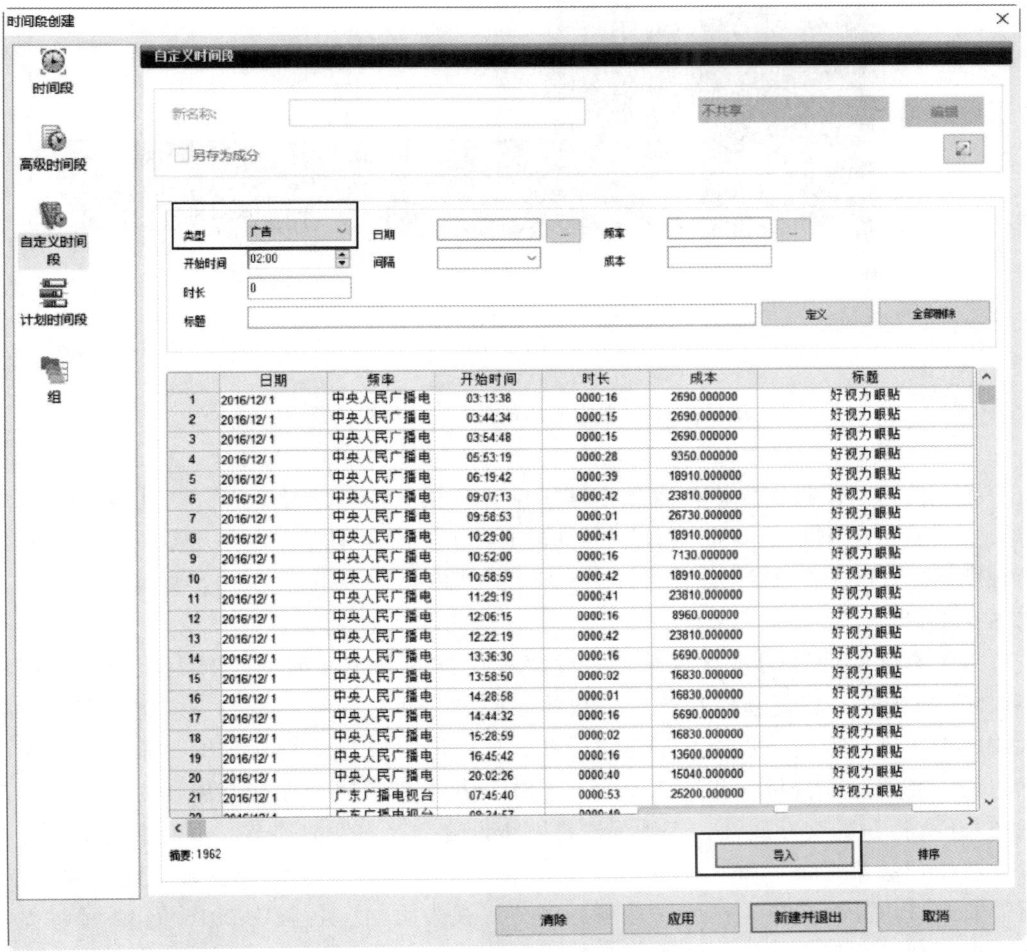

图 6.4.26 导入自定义广告插播点

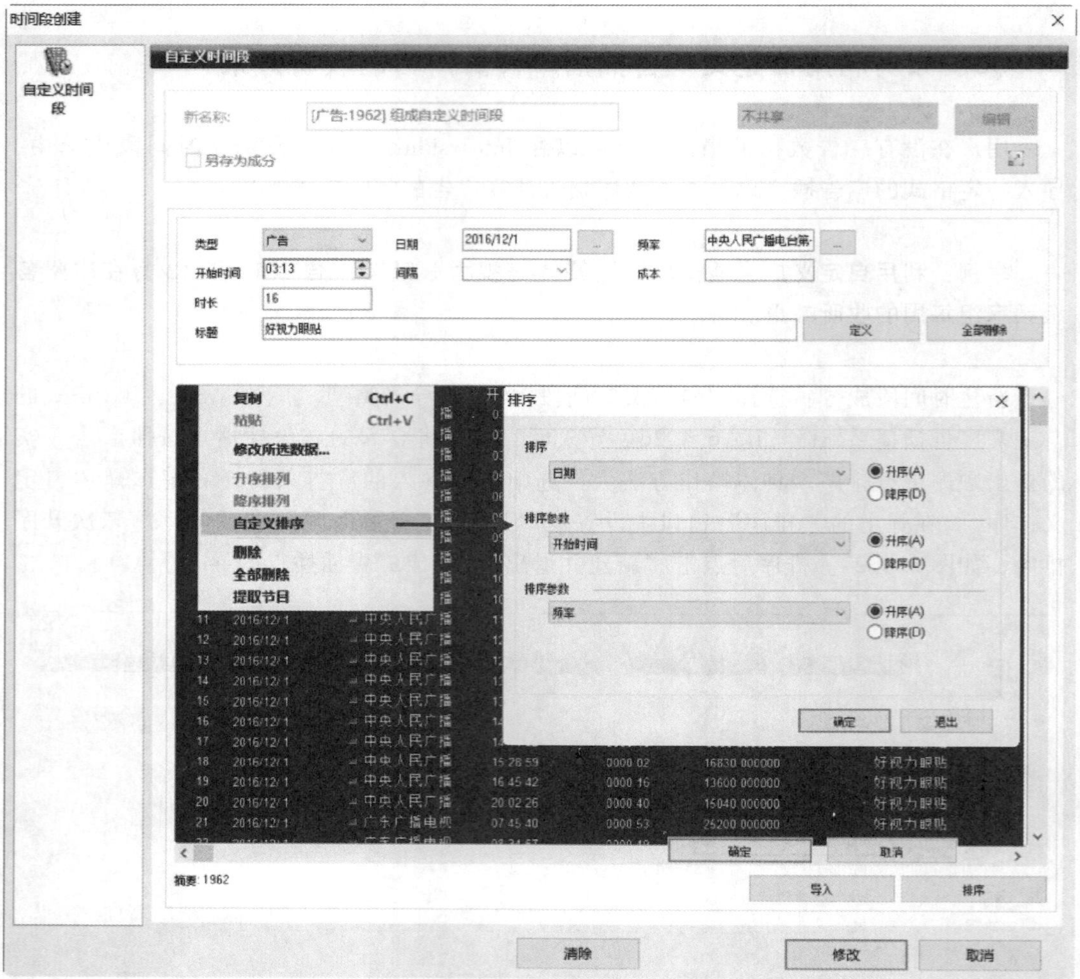

图 6.4.27　自定义广告插播点排序设置页面

导入的时间段将作为临时成分存储。设置模板其他各成分：目标（十岁及以上所有人）、地区（广州）、日期（2016 年 12 月）和单位（毛评点、平均暴露频次、累计接触度 N +〈000〉、累计接触度 N +〈%〉，其中累计接触度中的 N 最大设置为 3），如图 6.4.28。

由于本例中计算的是含有日期、频率等信息的自定义时间段，因此用户在使用“载体”报告时，需要选择其选项“载体时间段”进行计算。另外，本例中需要对导入的广告条目进行进一步交互汇总，因此，还要同时选择“交互分析”报告。需要注意的是，当“交互分析”报告是基于“载体”报告汇总时，在交互属性中需要选择带有“Tab”标识的交互属性，否则无法进一步设置交互属性的细节。本例中的交互分析属性选择“频率 Tab”和“日期 Tab”，其中“频率 Tab”设置按各频率组分别交互，而“日期 Tab”中选择“按周”选项，将“好视力眼贴”各频率 2016 年 12 月每周收听效果分别进行汇总计算，如图 6.4.29。

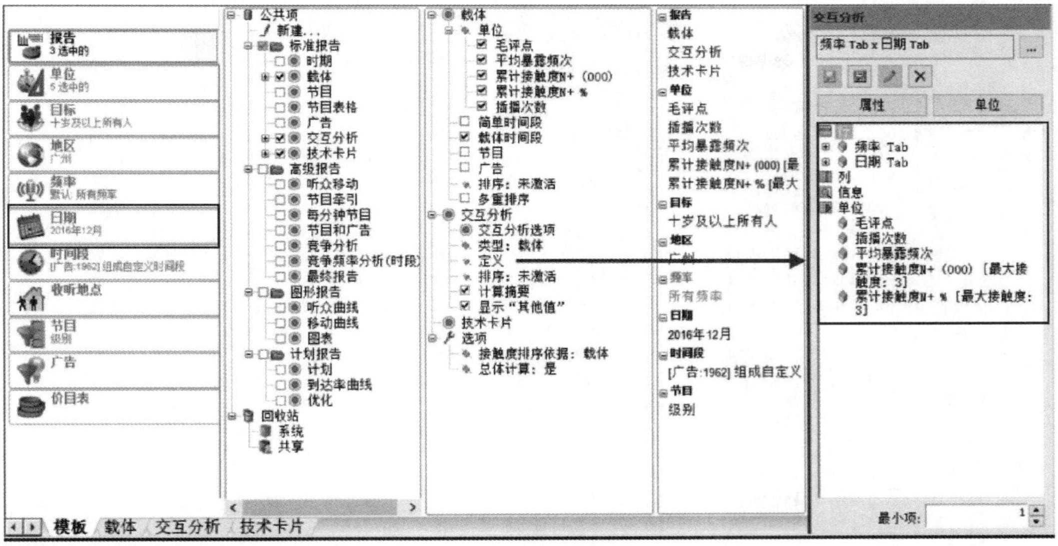

图 6.4.28 模板设置页面

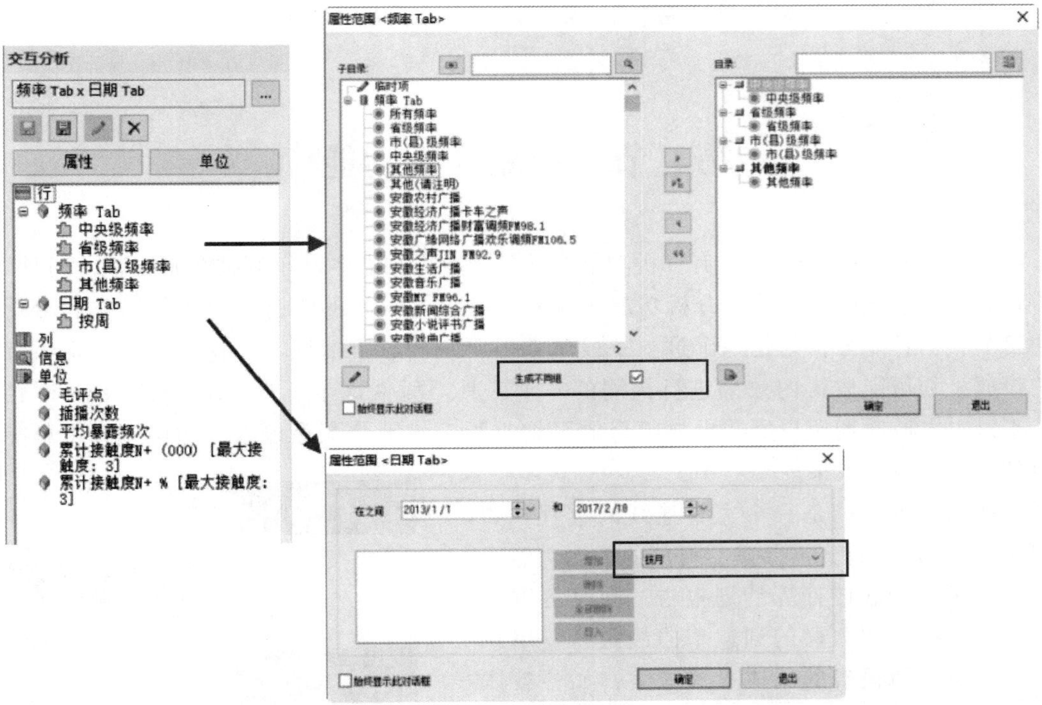

图 6.4.29 交互分析设置页面

计算模板，交互分析报告得到的是 2016 年 12 月“好视力眼贴”在广州市场各频率组每周的收听效果，如图 6.4.30。

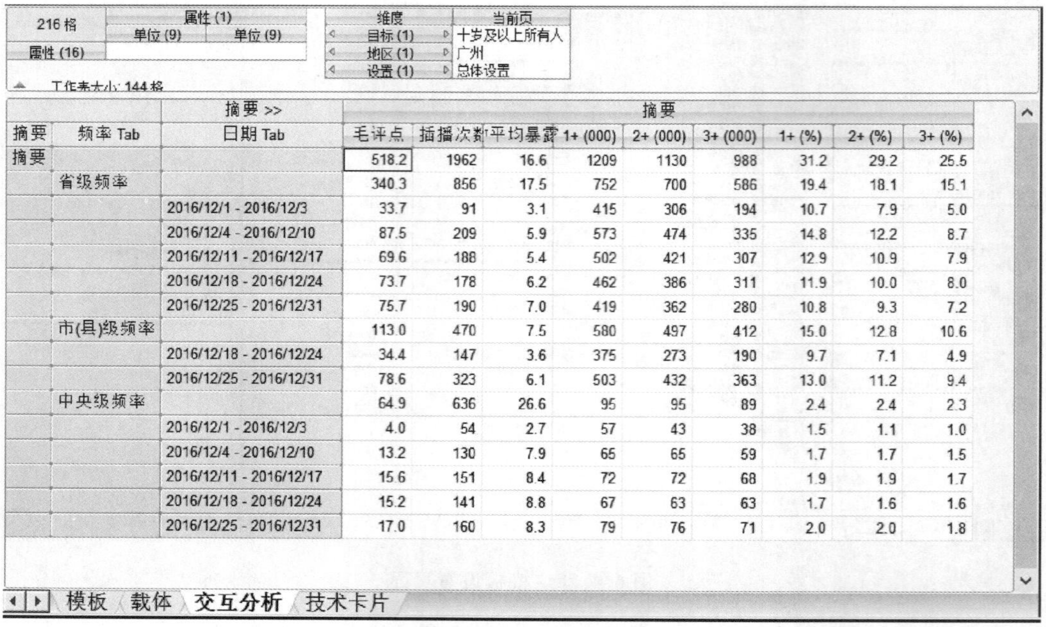

		摘要 >>	摘要								
摘要	频率 Tab	日期 Tab	毛评点	插播次数	平均暴露	1+ (000)	2+ (000)	3+ (000)	1+ (%)	2+ (%)	3+ (%)
摘要			518.2	1962	16.6	1209	1130	988	31.2	29.2	25.5
	省级频率		340.3	856	17.5	752	700	586	19.4	18.1	15.1
		2016/12/1 - 2016/12/3	33.7	91	3.1	415	306	194	10.7	7.9	5.0
		2016/12/4 - 2016/12/10	87.5	209	5.9	573	474	335	14.8	12.2	8.7
		2016/12/11 - 2016/12/17	69.6	188	5.4	502	421	307	12.9	10.9	7.9
		2016/12/18 - 2016/12/24	73.7	178	6.2	462	386	311	11.9	10.0	8.0
		2016/12/25 - 2016/12/31	75.7	190	7.0	419	362	280	10.8	9.3	7.2
	市(县)级频率		113.0	470	7.5	580	497	412	15.0	12.8	10.6
		2016/12/18 - 2016/12/24	34.4	147	3.6	375	273	190	9.7	7.1	4.9
		2016/12/25 - 2016/12/31	78.6	323	6.1	503	432	363	13.0	11.2	9.4
	中央级频率		64.9	636	26.6	95	95	89	2.4	2.4	2.3
		2016/12/1 - 2016/12/3	4.0	54	2.7	57	43	38	1.5	1.1	1.0
		2016/12/4 - 2016/12/10	13.2	130	7.9	65	65	59	1.7	1.7	1.5
		2016/12/11 - 2016/12/17	15.6	151	8.4	72	72	68	1.9	1.9	1.7
		2016/12/18 - 2016/12/24	15.2	141	8.8	67	63	63	1.7	1.6	1.6
		2016/12/25 - 2016/12/31	17.0	160	8.3	79	76	71	2.0	2.0	1.8

图 6.4.30　基于自定义广告时段的交互分析报告结果

第五节　计划分析功能

在 InfosysPlusRadio 的所有分析功能中，计划分析功能不同于其他分析功能。时期、节目、广告、载体、曲线等分析功能都是对过去已经发生的收听情况进行描述和分析的工具，而计划分析则是基于过去一段时期内听众的收听情况，对将来某个特定组合的投放计划可能取得的效果进行预测的一个工具。凭借这个工具，InfosysPlusRadio 会基于过去一段时期用户所选投放组合的平均收听率水平分配毛评点，并推算未来可能得到的广告投放效果。

计划分析功能是一个完整连续的过程，如图 6.5.1。用户首先需要建立投放的载体，然后依据已建立的载体计算计划报告，同时可以计算与计划报告相关联的到达率曲线报告。用户通过调整计划报告的载体投放方案，如各载体投放次数、毛评点比例等，评估每个投放计划的预期效果。为了更好地制订投放计划，用户还可以利用优化报告将计划报告的载体进行优化处理，从而找到最优的投放组合。此外，如果投放计划需要考虑投放成本，用户还可以自行建立价目表，为计划载体增加广告投放成本

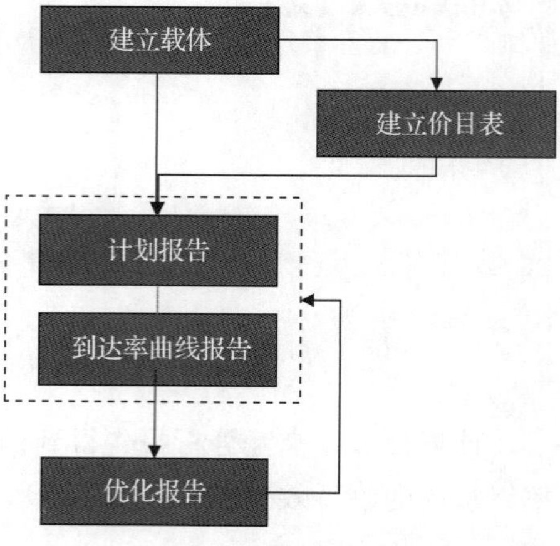

图 6.5.1　计划分析功能过程示意图

信息。

为了使用户更容易理解具体操作方法，本节将对计划分析功能的每个步骤进行举例说明。

Q1. 如何选择并建立计划载体？

在建立投放计划之初，首先需要建立计划投放的载体。InfosysPlusRadio 提供了几种不同的方法供建立载体之用。在已确定建立具体投放载体时，用户可以直接利用时间段成分建立载体，包括简单时间段、高级时间段、自定义时间段或计划时间段；在不确定建立什么载体时，用户也可以先计算时期、节目、广告、载体等报告，然后对已计算出的结果进行挑选后，点击右键菜单建立载体。下面将分别举例说明操作方法。

举例 1：在时间段成分中建立计划载体。

在时间段成分中，“计划时间段”是专门为计划报告定制的时间段成分，用户可以在这个时间段成分中方便快捷地建立多个载体组合。此外，InfosysPlusRadio 也允许用户将简单时间段、高级时间段、自定义时间段作为载体，计算计划报告，如图 6.5.2。

图 6.5.2　可用于计划报告的时间段载体

下面以中央人民广播电台中国之声早间 8:00～9:00 时间段为例，着重介绍计划时间段载体的建立。首先，新建时间段成分，从频率选择框中选择中央人民广播电台中国之声（可通过筛选查找）；然后，在时间段与周天选择框中，选择周日～周六的8:00～9:00（“单一时间范围”与“多重时间范围”均可使用，效果一样）；最后，选择右下角的新建载体图标，建立该载体，如图 6.5.3。

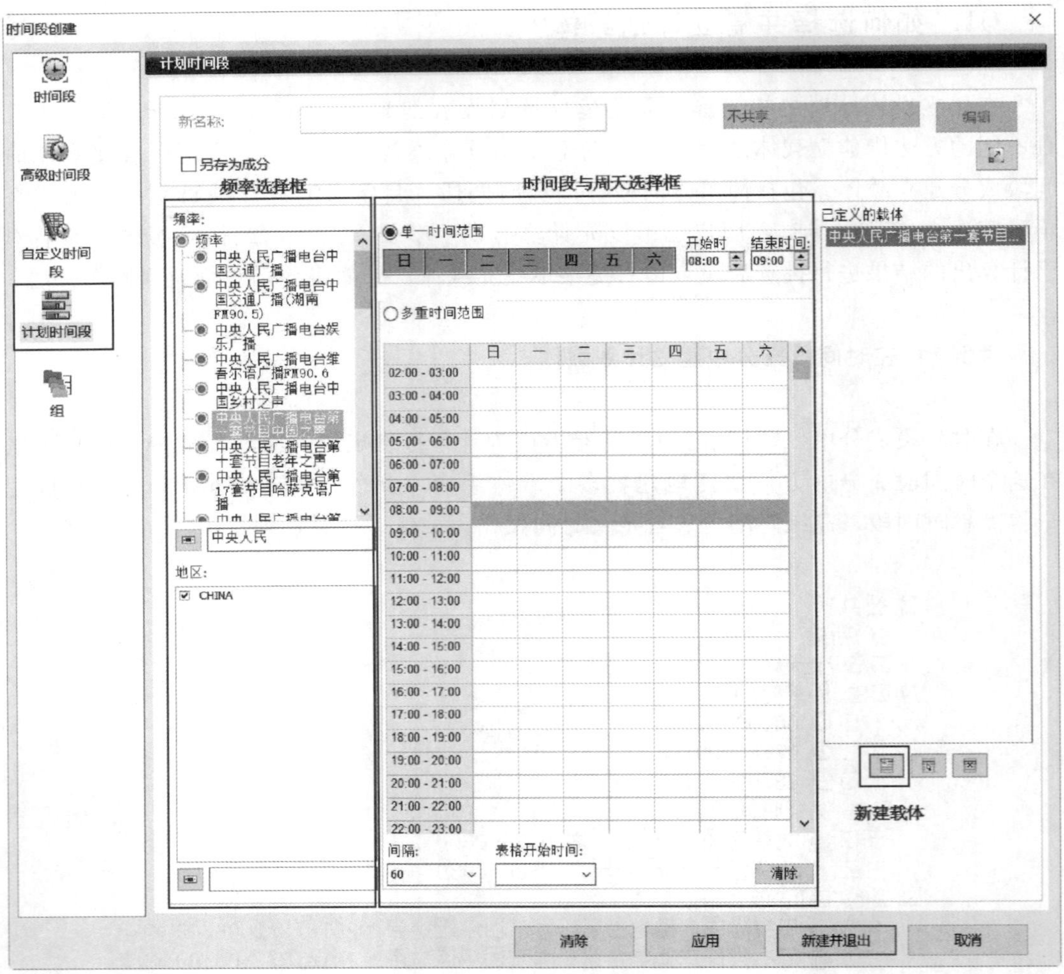

图 6.5.3　计划时间段载体的建立

举例 2：在已计算报告结果中选择记录建立计划载体。

在不能确定选择哪些载体进行广告投放时，用户也可以先通过 InfosysPlusRadio 计算过去一段时间的频率、节目、广告收听率或到达率，从中挑选出合适的载体用于计划报告的计算。下面以载体报告为例，计算北京地区 2016 年 2 月 28 日～3 月 5 日中央人民广播电台的节目收听率，挑选收听率较高的载体建立计划载体。

新建模板，按照导入节目单计算节目收听率的方法（参看本章第二节 Q10），计算上文所述的节目收听率，模板设置如图 6.5.4。

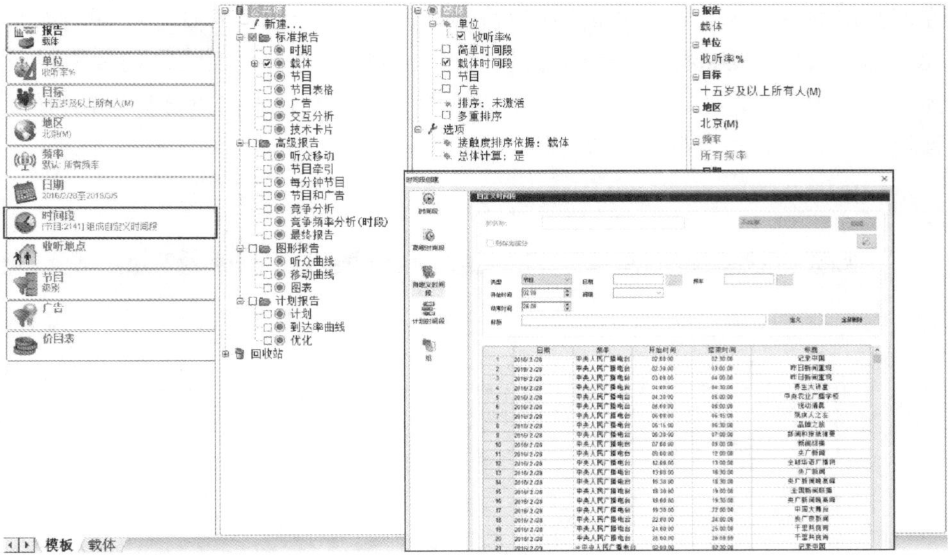

图 6.5.4 载体报告模板设置页面

计算报告后，得到节目收听率结果。对所计算结果进行收听率排序后，选中收听率较高的几个节目，点击右键菜单选择“新建”，新建载体，如图 6.5.5。

图 6.5.5 依据部分载体报告结果建立载体成分设置

在新弹出的窗口中，设置所需新建载体的方式，包括依据日期还是周天新建、将载体建为单一载体还是依据所选内容建立成多个载体、是否替换载体的频率以及是否将载体区分开来。本例中，建成了按周天方式组合的多个载体，如图 6.5.6。在下面的预览窗格中，可以看到即将建成的载体的样例。

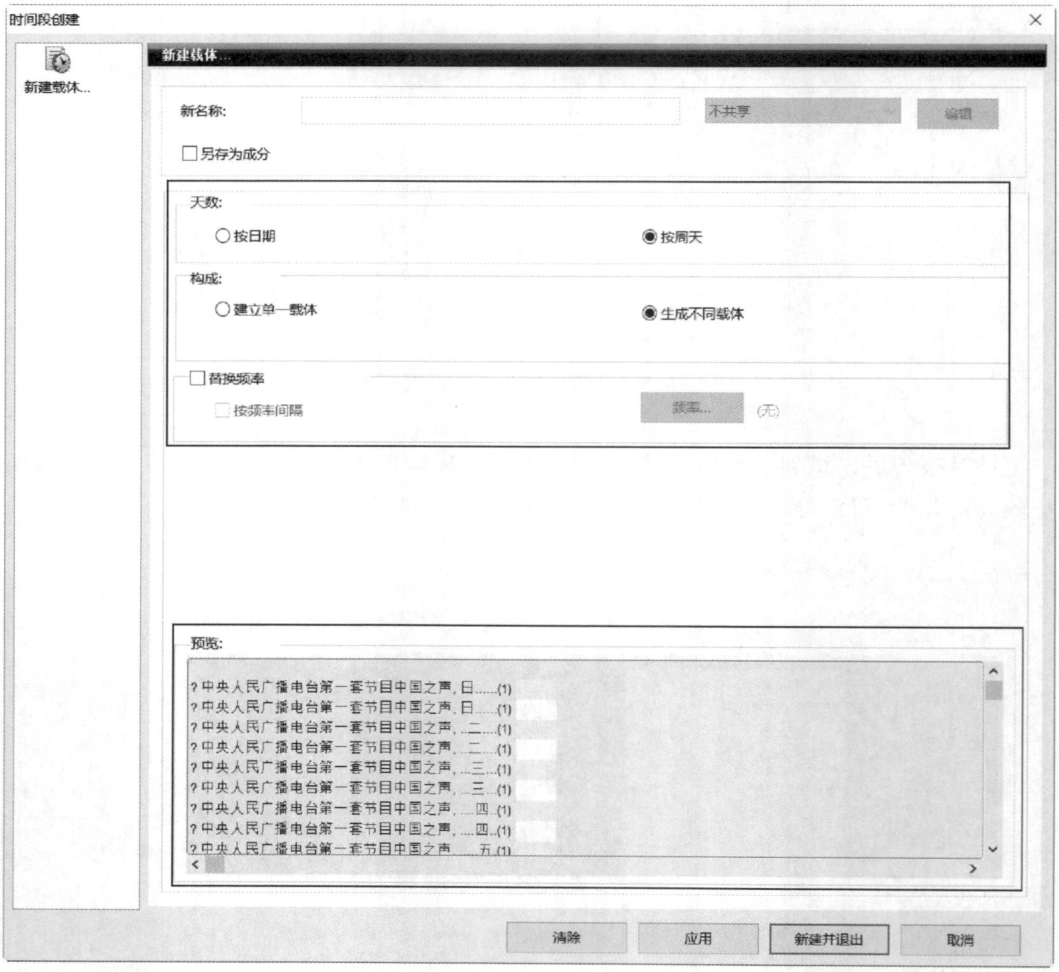

图 6.5.6　新建载体设置页面

建成载体后，可以从模板页的时间段成分中查看已建成的载体，并可以使用这些载体进行计划报告的后续计算，如图 6.5.7。

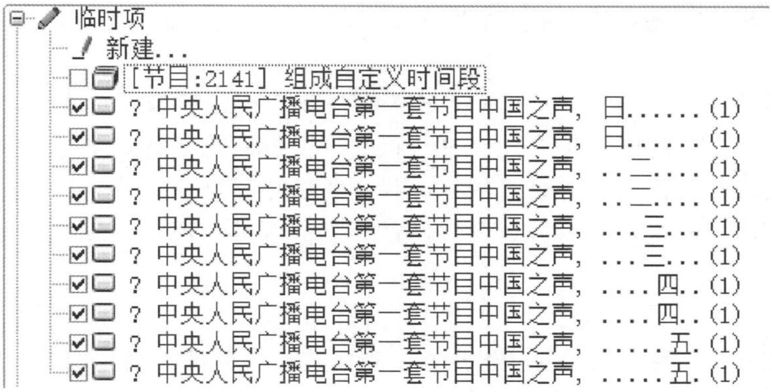

图 6.5.7　已建成的载体

此处需要补充说明的是，对于已计算的报告结果，也可以在选择需要进行计划报告计算的载体后，点击右键菜单选择新建分析、计划，直接进入计划报告进行计算，如图 6.5.8。该方法与本章第三节 Q4 的方法相同，此处不再赘述。

图 6.5.8　对部分载体报告结果新建计划分析的设置

Q2．在总毛评点确定的情况下，如何制订投放计划？

如上文所述，InfosysPlusRadio 的计划功能是基于用户所选载体在过去一段时期内的收听表现，对未来的广告投放效果进行预测。在投放总毛评点确定的前提下，用户可以在计划报告中根据实际需要调整每个载体的投放比例或投放毛评点绝对值，在此基础上评估不同投放组合的投放效果，经过反复的调整、评估，最终获得用户满意的投放组合。

举例：在北京人民广播电台交通广播、音乐广播、新闻广播早间 7:00～9:00 投放 300 个毛评点，如何确定投放计划？

新建模板，在报告成分中勾选“计划”报告，与计划报告相关的几个常用单位会被自动选中。此外，用户也可以在“单位”成分中，从“计划单位”文件夹中选择其他计划报告相关指标。在报告选项中，可以在“预设毛评点与插播定义”处预先设置总毛评点为 300。如不做预先设置，InfosysPlusRadio 会默认计算 100 个毛评点的结果，计算后用户手动输入 300 即可调整为 300 个毛评点的计划。在“模板”页中分别设置其他相关成分，如目标、地区、频率、时间段等，如图 6.5.9。

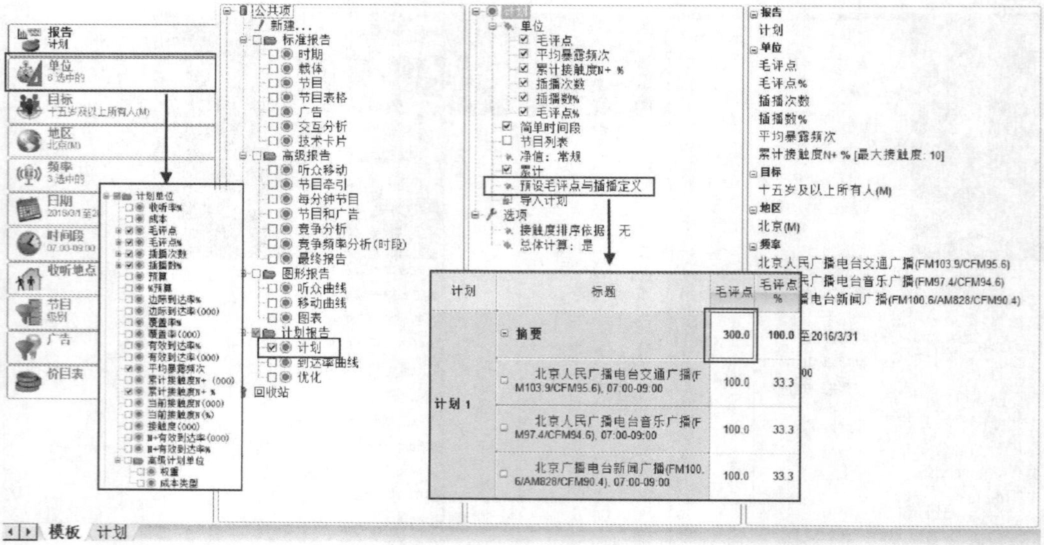

图 6.5.9　计划报告设置页面

计算模板，得到一个总毛评点为 300 的广告投放计划，如图 6.5.10。用户可以通过手动调整报告结果中的毛评点、毛评点%、插播次数、插播次数%，调整计划结果。在“自动计算到达率”选项被选中的情况下，每次调整后，该计划对应的平均暴露频次、累计接触度等指标会被自动计算出结果。如未选择该选项，则每次调整后需要重新计算报告结果。

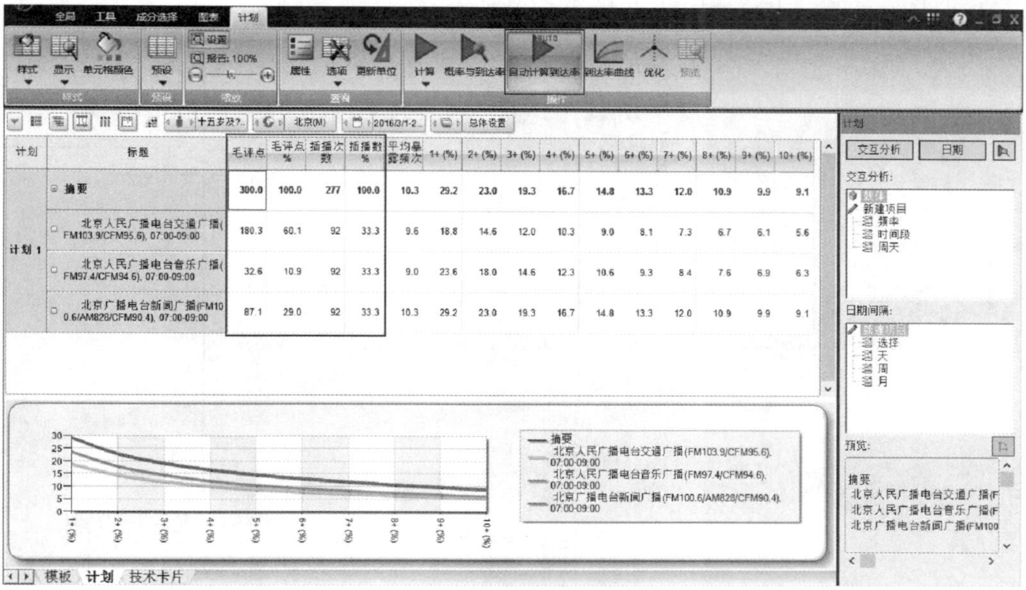

图 6.5.10 计划报告结果

报告结果下方还提供了报告对应的图表。初始图表表现的是累计接触度的结果。用户通过调整图表选项中的各项内容，包括图表单位、筛选、类型、标签等信息，可以方便地得到适用的图表信息。如图 6.5.11 中的饼图，展示的是三个载体在该计划中的毛评点占比。

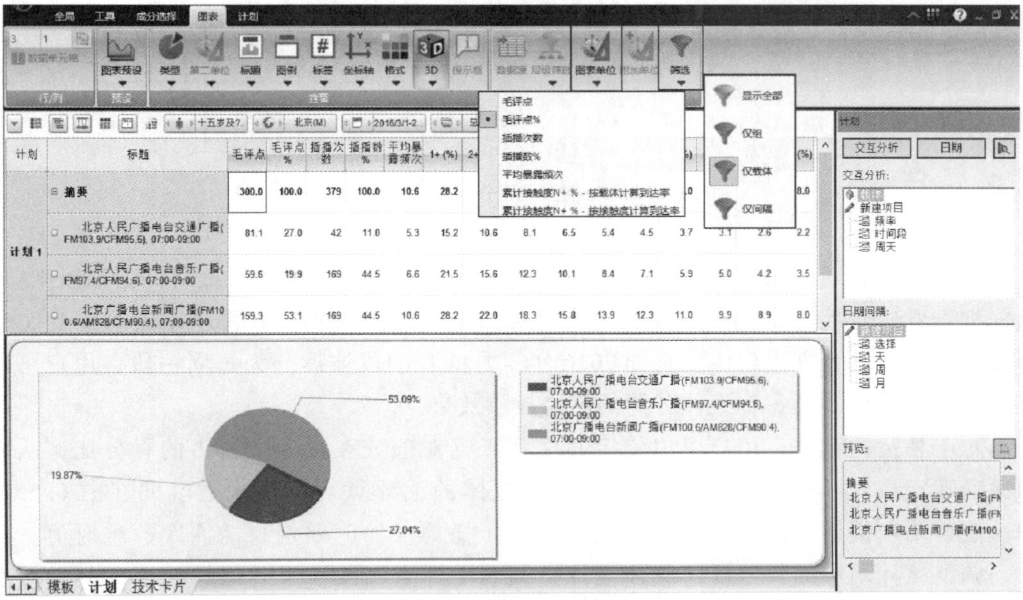

图 6.5.11 计划报告结果图表选项设置

用户可以根据需要设置分组和间隔属性，如用户设置按“周天”间隔和按“周天”分组，则得到每个载体不同周天的投放毛评点与接触度分布结果以及不同周天多个载体的投放效果细节，如图 6.5.12 和图 6.5.13。

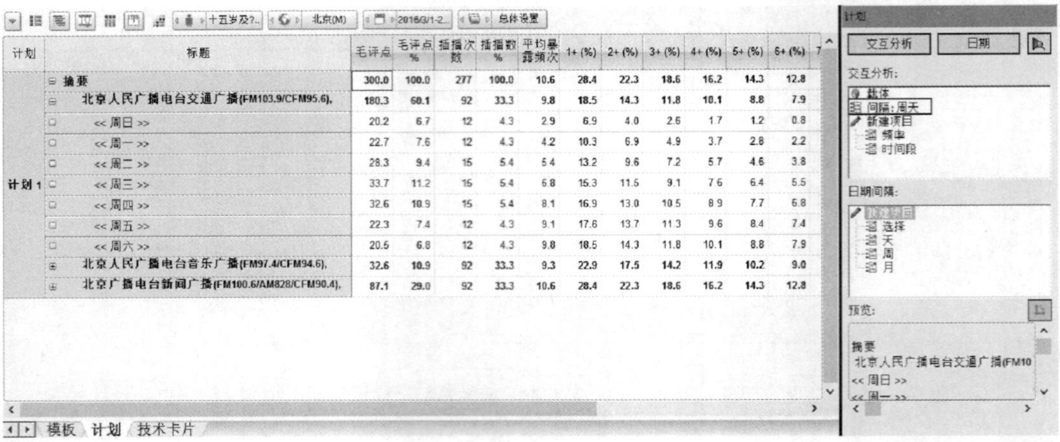

图 6.5.12　按周天间隔的计划报告

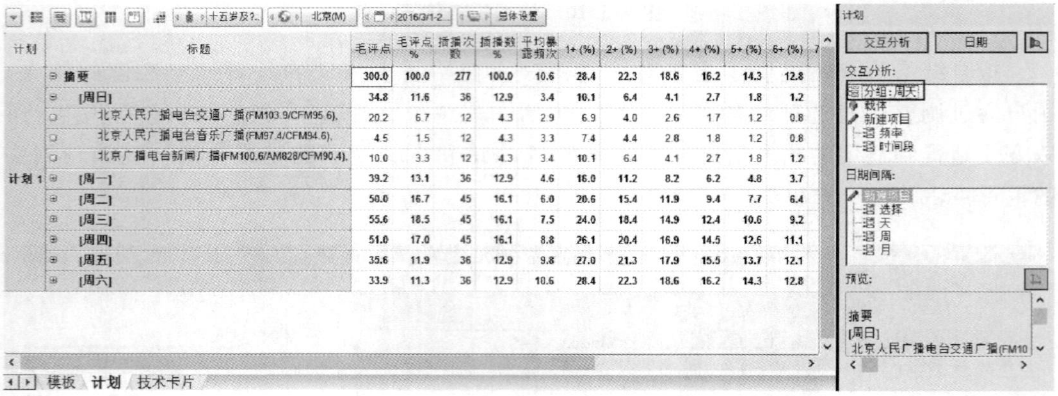

图 6.5.13　按周天分组的计划报告

对于投放日期，用户还可以通过“日期间隔”选项，将所选的日期范围加以细分，以仔细查看广告毛评点、插播次数的分配与到达率数值的变化过程。如图 6.5.14，选择按周间隔，则计划报告中所选的 2016 年 3 月的日期段被拆分为每周一段，用户可以直接查看总体计划及每个载体分周的广告投放效果。

对于特定的载体，用户可以锁定其毛评点绝对值或在计划中所占的百分比，从而在保证特定载体不变的情况下，调整其他载体的毛评点与插播次数。如在图 6.5.14 中，假设用户锁定了北京人民广播电台音乐广播周二的毛评点与插播次数绝对值。此后，调整该计划中的其他任何载体毛评点或总毛评点，被锁定载体的毛评点与插播次数绝对值都不会变化。

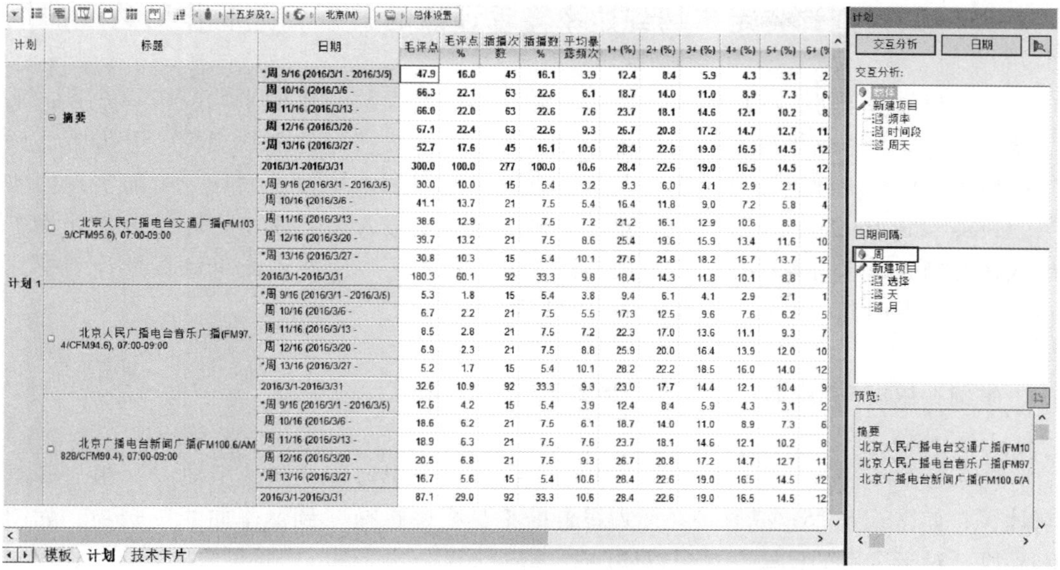

图 6. 5. 14　**按日期间隔的计划报告**

除了调整当前计划，用户还可以增加不同的计划方案，从而择优选择合适的投放计划。如在计划 1 的右键菜单中选择“增加计划”，在计划 2 中锁定北京人民广播电台音乐广播的毛评点为 50。在总毛评点同样为 300 的情况下，计划 2 的投放效果与计划 1 存在差别，如图 6. 5. 15。

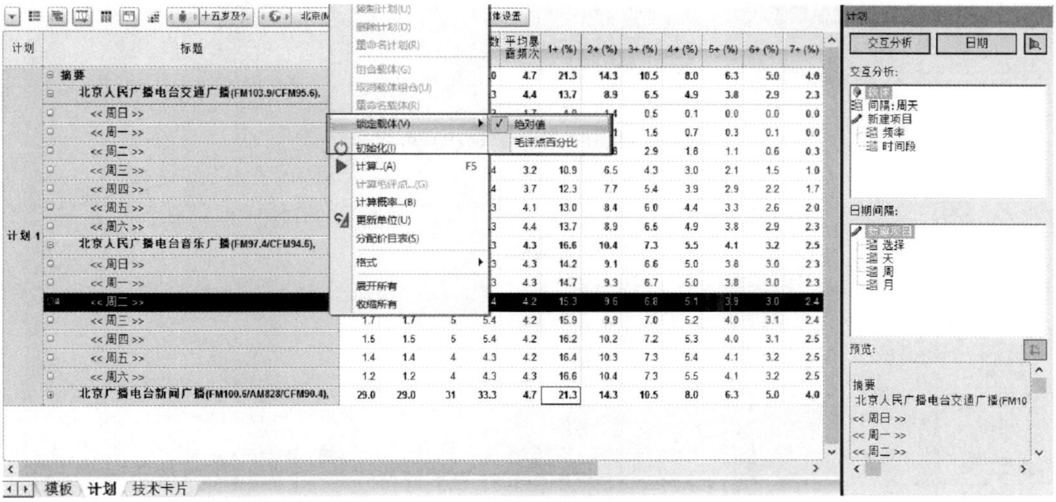

图 6. 5. 15　**锁定载体设置**

Q3. 如何查询特定市场到达率与毛评点的关系，并制作到达率曲线？

计划报告基于过去一段时期的收听率效果，即所投放载体的平均收听率效果，采用统计方法预测未来投放期内的广告投放效果，即广告接触的听众规模。分析听众到达率数值与广告毛评点数值的变动关系，更便于用户了解广告投放计划可能实现的效果。InfosysPlusRadio 的计划报告还可以与到达率曲线报告相关联，从而针对计划报告的载体绘制到达率与毛评点关系的曲线。由此，用户可以直观地查询到投放计划中到达率与毛评点的变动关系。下面举例说明具体操作方法。

举例：依据 Q2 中的计划报告，绘制到达率曲线。

对于已计算过计划报告的模板，可以在报告成分中勾选“到达率曲线”报告并重新计算，如图 6.5.16；或直接在计划报告的工具栏中选择“到达率曲线”选项，如图 6.5.17。对于全新的模板，也可以同时勾选“计划”报告和“到达率曲线”报告，同时计算这两个报告。

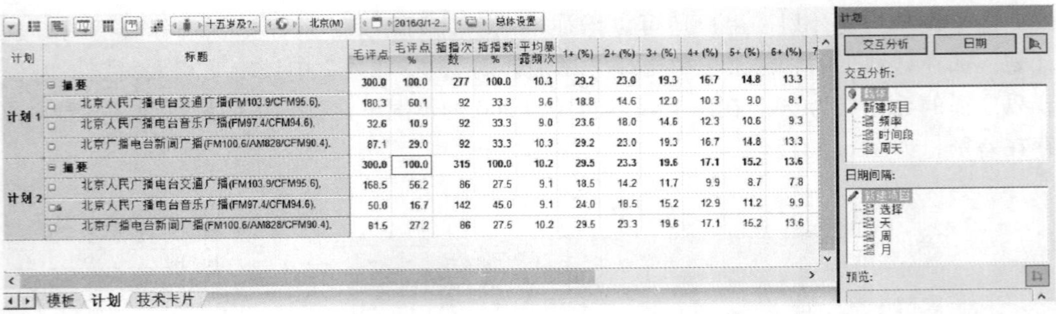

图 6.5.16　增加并调整计划的设置

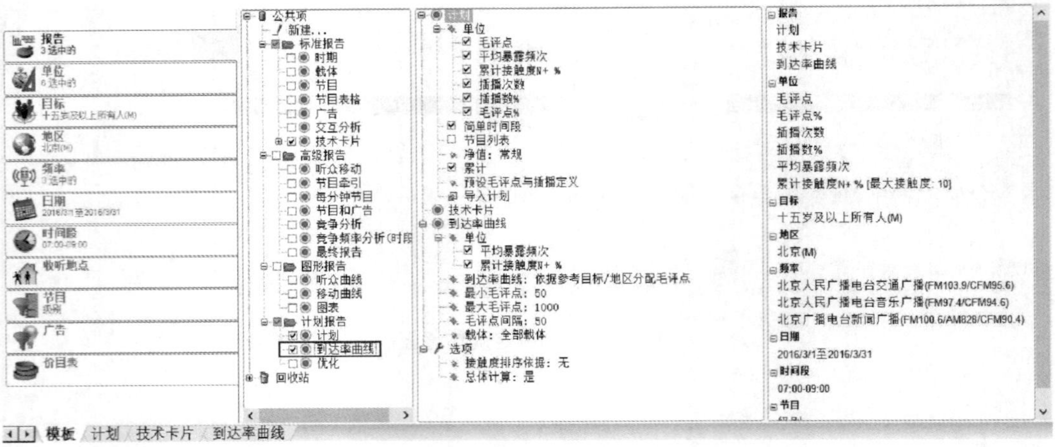

图 6.5.17　到达率曲线报告模板设置

计算模板，得到到达率曲线报告，如图 6.5.17。从报告结果中，用户可以查看基于模板中计划报告中的计划方案推算的到达率与毛评点的变动关系，以及二者的关系曲线图。Q2 中的计划报告计算了在 300 个毛评点的情况下，累计接触度 1 + ~10 + 的结果。而到达率曲线报告，则依据计划方案，推算了从最小毛评点 50 到最大毛评点 1000 的过程中，每增加 50 个毛评点，1 + ~10 + 的增长情况。

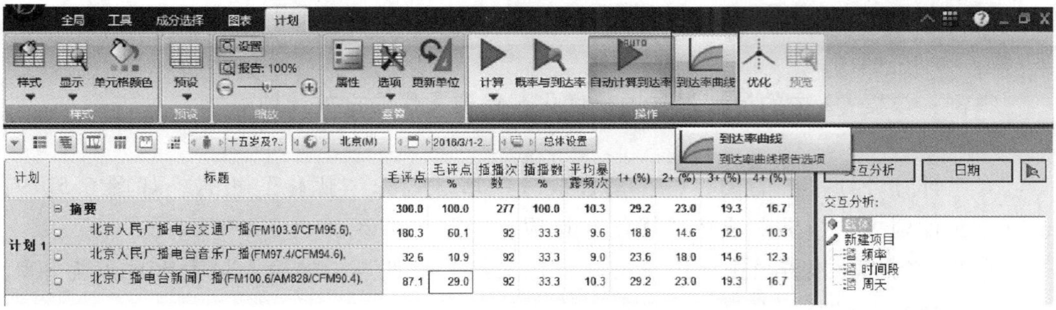

计划	标题	毛评点	毛评点%	插播次数	插播数%	平均暴露频次	1+ (%)	2+ (%)	3+ (%)	4+ (%)
计划 1	摘要	300.0	100.0	277	100.0	10.3	29.2	23.0	19.3	16.7
	北京人民广播电台交通广播(FM103.9/CFM95.6),	180.3	60.1	92	33.3	9.6	18.8	14.6	12.0	10.3
	北京人民广播电台音乐广播(FM97.4/CFM94.6),	32.6	10.9	92	33.3	9.0	23.6	18.0	14.6	12.3
	北京广播电台新闻广播(FM100.6/AM828/CFM90.4),	87.1	29.0	92	33.3	10.3	29.2	23.0	19.3	16.7

图 6.5.18　计划报告页中的到达率曲线选项

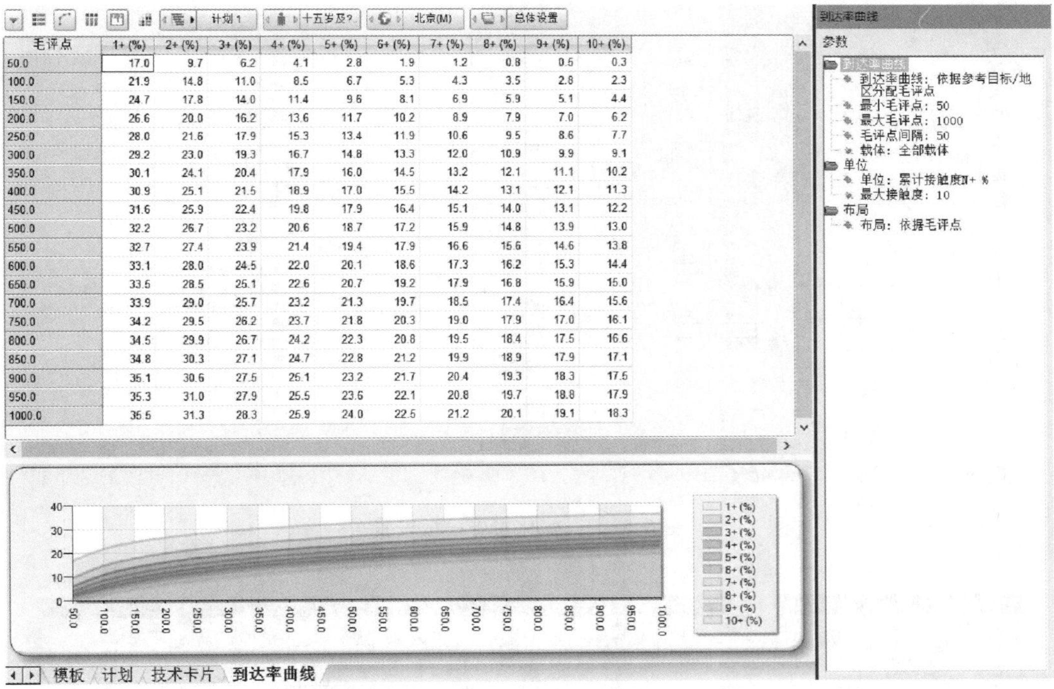

毛评点	1+ (%)	2+ (%)	3+ (%)	4+ (%)	5+ (%)	6+ (%)	7+ (%)	8+ (%)	9+ (%)	10+ (%)
50.0	17.0	9.7	6.2	4.1	2.8	1.9	1.2	0.8	0.5	0.3
100.0	21.9	14.8	11.0	8.5	6.7	5.3	4.3	3.5	2.8	2.3
150.0	24.7	17.8	14.0	11.4	9.6	8.1	6.9	5.9	5.1	4.4
200.0	26.6	20.0	16.2	13.6	11.7	10.2	8.9	7.9	7.0	6.2
250.0	28.0	21.6	17.9	15.3	13.4	11.9	10.6	9.5	8.6	7.7
300.0	29.2	23.0	19.3	16.7	14.8	13.3	12.0	10.9	9.9	9.1
350.0	30.1	24.1	20.4	17.9	16.0	14.5	13.2	12.1	11.1	10.2
400.0	30.9	25.1	21.5	18.9	17.0	15.5	14.2	13.1	12.1	11.3
450.0	31.6	25.9	22.4	19.8	17.9	16.4	15.1	14.0	13.1	12.2
500.0	32.2	26.7	23.2	20.6	18.7	17.2	15.9	14.8	13.9	13.0
550.0	32.7	27.4	23.9	21.4	19.4	17.9	16.6	15.6	14.6	13.8
600.0	33.1	28.0	24.5	22.0	20.1	18.6	17.3	16.2	15.3	14.4
650.0	33.5	28.5	25.1	22.6	20.7	19.2	17.9	16.8	15.9	15.0
700.0	33.9	29.0	25.7	23.2	21.3	19.7	18.5	17.4	16.4	15.6
750.0	34.2	29.5	26.2	23.7	21.8	20.3	19.0	17.9	17.0	16.1
800.0	34.5	29.9	26.7	24.2	22.3	20.8	19.5	18.4	17.5	16.6
850.0	34.8	30.3	27.1	24.7	22.8	21.2	19.9	18.9	17.9	17.1
900.0	35.1	30.6	27.5	25.1	23.2	21.7	20.4	19.3	18.3	17.5
950.0	35.3	31.0	27.9	25.5	23.6	22.1	20.8	19.7	18.8	17.9
1000.0	35.5	31.3	28.3	25.9	24.0	22.5	21.2	20.1	19.1	18.3

图 6.5.19　到达率曲线报告结果

Q4. 如何对已设定的投放计划进行优化，以得到最优的投放计划？

除了通过手动调整计划载体分布计算计划报告外，InfosysPlusRadio 还提供了工具自动计算最优的投放计划，即优化报告。使用优化报告，InfosysPlusRadio 在每次投放时，选择对整体计划的到达率贡献最大的载体进行投放，从而最终得到投放效果最佳的投放方案。

举例：依据 Q2 中的计划报告进行优化，找到最优的投放计划。

对已计算计划报告的模板，在模板成分中增加勾选“优化”报告，如图 6.5.19；也可以在计划报告结果中选择“优化”选项，如图 6.5.20。

在新增的优化报告页中，用户可以自定义最大毛评点，如输入最大毛评点为 300，并点击“优化”选项，如图 6.5.21。

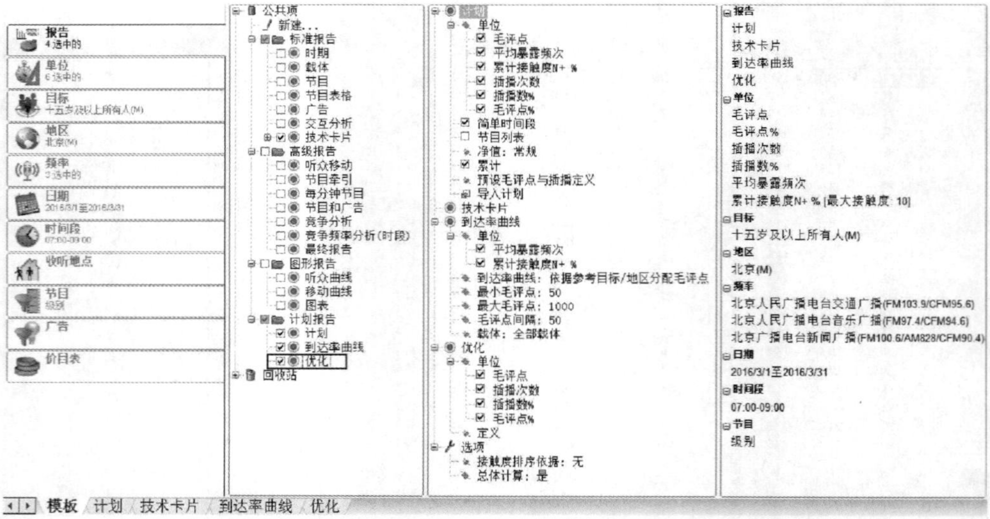

图 6.5.20 优化报告模板设置

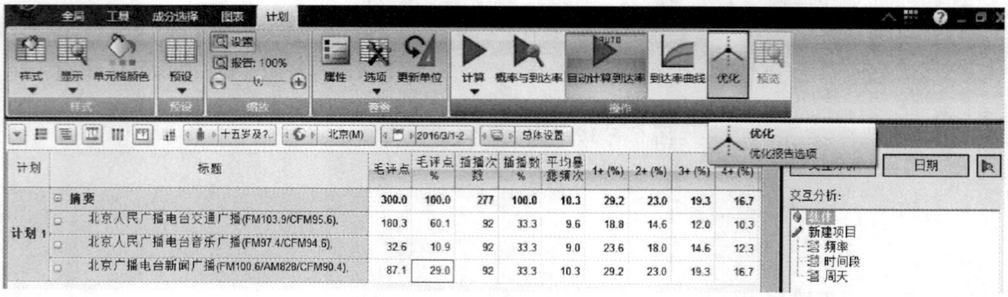

计划	标题	毛评点	毛评点%	插播次数	插播数%	平均暴露频次	1+ (%)	2+ (%)	3+ (%)	4+ (%)
计划 1	摘要	300.0	100.0	277	100.0	10.3	29.2	23.0	19.3	16.7
	北京人民广播电台交通广播(FM103.9/CFM95.6)	180.3	60.1	92	33.3	9.6	18.8	14.6	12.0	10.3
	北京人民广播电台音乐广播(FM97.4/CFM94.6)	32.6	10.9	92	33.3	9.0	23.6	18.0	14.6	12.3
	北京广播电台新闻广播(FM100.6/AM828/CFM90.4)	87.1	29.0	92	33.3	10.3	29.2	23.0	19.3	16.7

图 6.5.21 计划报告页中的优化选项

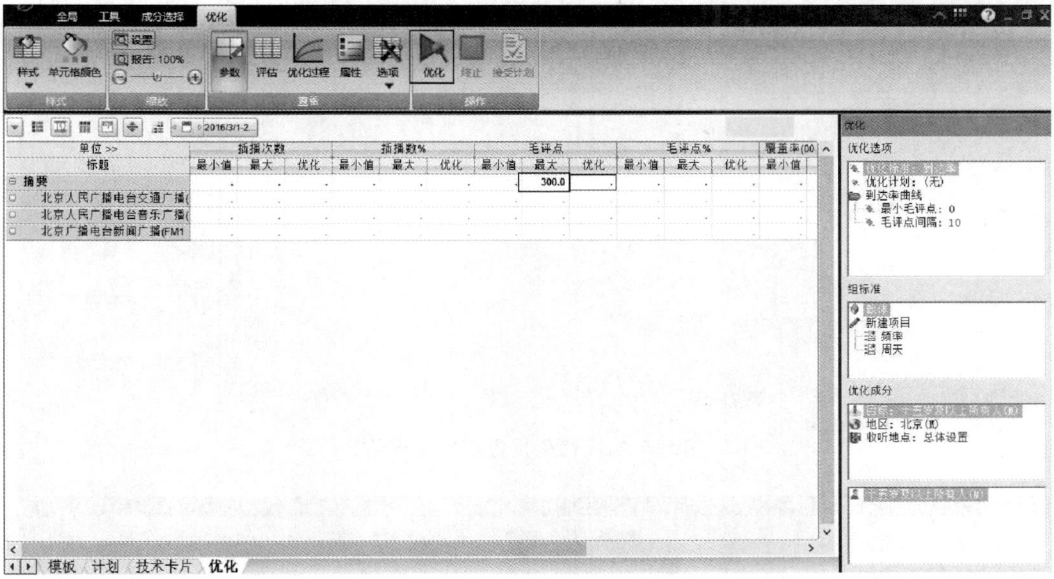

图 6.5.22 优化报告设置

计算后得到优化的报告结果，如图 6.5.23。从报告结果中可见，通过优化，计划总体毛评点最终达到 299.7，覆盖率% 经过优化达到了 29.6%。查看工具栏中的“评估”选项，可以看到优化计划的结果细节，包括毛评点、插播次数、平均暴露频次、累计接触度等数值，如图 6.5.24。查看工具栏中的“优化过程”选项，还可以看到优化工具进行优化的过程，即优化工具逐步选择哪些载体进行投放，如图 6.5.25。如果对优化报告的结果感到满意，可以选择“接受计划”。在计划报告中即可查看到增加的优化报告，如图 6.5.26，方便用户进一步对比不同计划方案的差异。

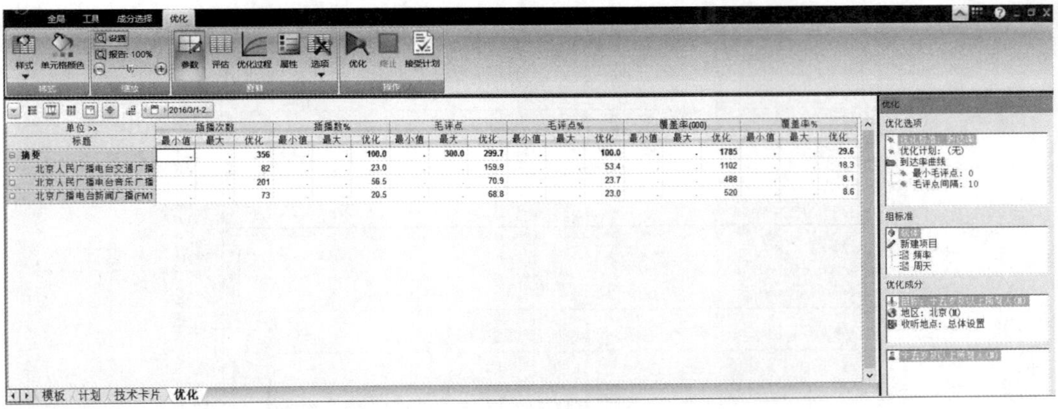

图 6.5.23 优化报告结果（参数）

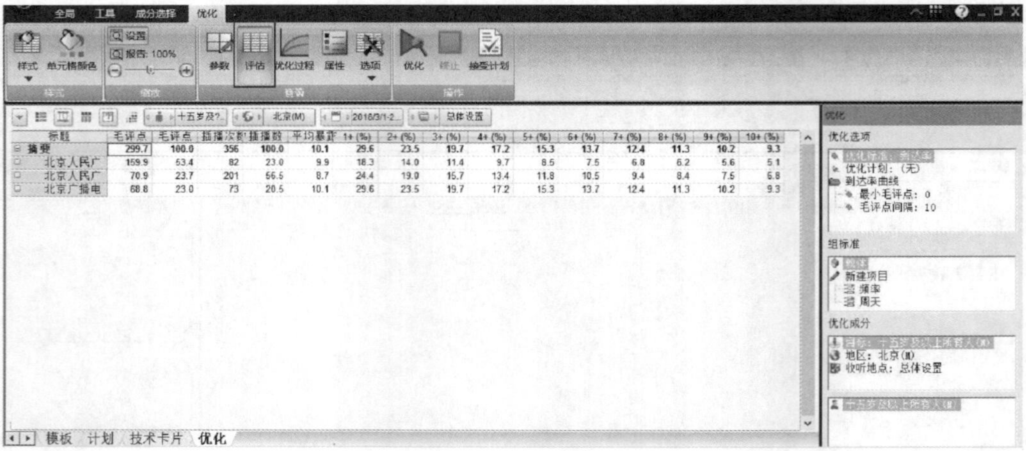

图 6.5.24　优化报告结果（评估）

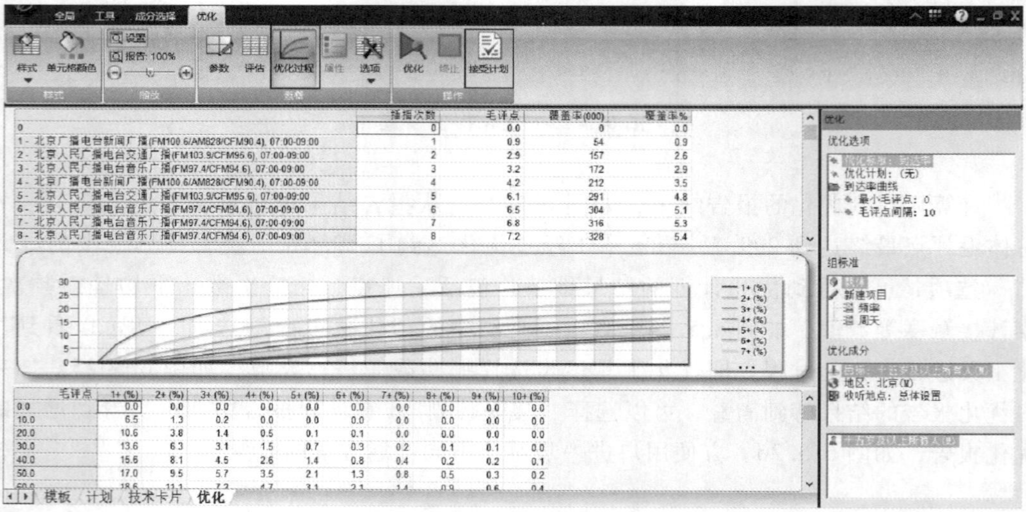

图 6.5.25　优化报告结果（优化过程）

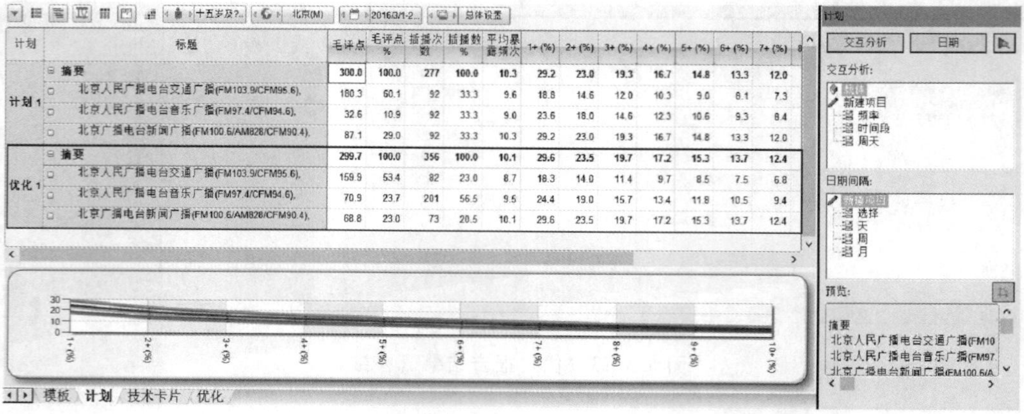

图 6.5.26　已接受的优化报告结果

Q5. 如何为广告投放计划建立价目表，并在广告投放预算有限的情况下制订投放计划？

在制订广告投放计划时，用户也可以将广告投放的成本信息考虑在投放计划中，以期用最小的成本实现广告投放效果的最大化。在 InfosysPlusRadio 中，广告投放的成本信息需要用户自定义价目表，并在计划模板中分配价目表时使用。

举例：为 Q2 中的计划建立 30 秒广告的价目表，计算广告投放计划，并以“到达率/预算”为条件进行优化。

在 Q2 原有计划的基础上，增加选择单位“预算”和“% 预算”，如图 6.5.27。在模板的“价目表”成分中，新建价目表，并分别针对不同频率、不同时段输入广告投放价格，如图 6.5.28。对于每个频率，用户可以定义多个价目表，且价目表可以依据不同单位定义。如在图 6.5.29 中，用户可以对每个频率分别定义 30 秒成本和 15 秒成本；在价目表的价格单位上，可以定义为单价、千人成本或毛评点成本。本例中，定义了北京人民广播电台交通广播、音乐广播、新闻广播的 30 秒广告单价。

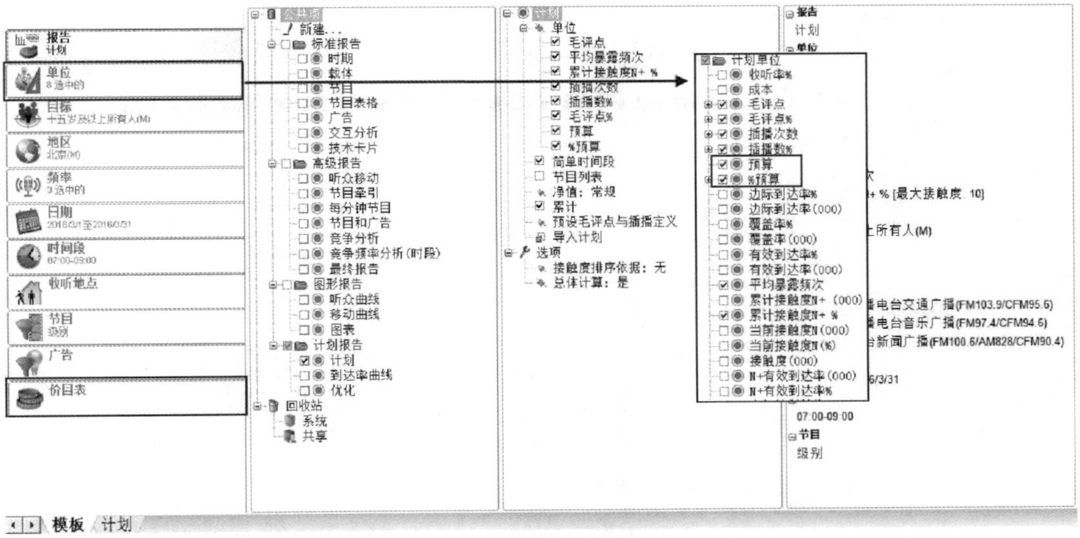

图 6.5.27　计划报告模板设置

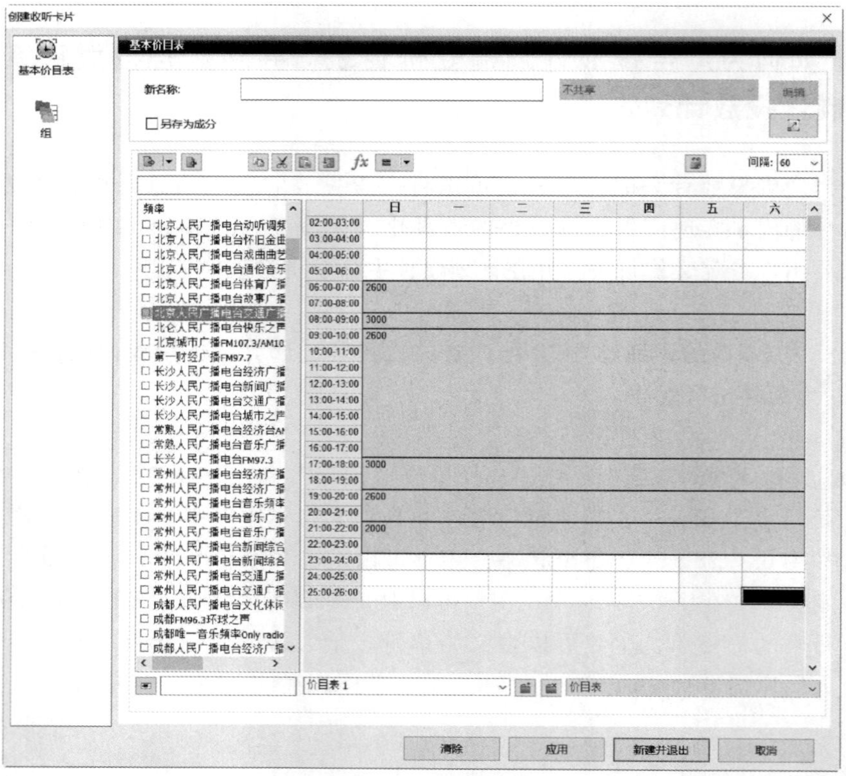

图 6.5.28　价目表的建立

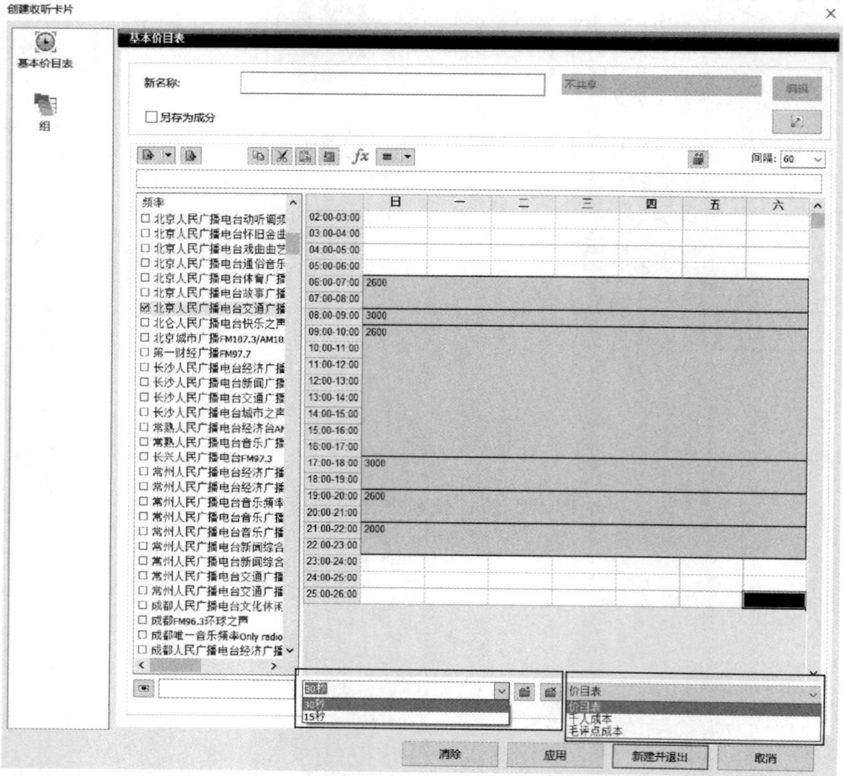

图 6.5.29　价目表中的具体设置

计算后，预算相关单位结果为0。用户需要选择计划后，点击右键菜单选择“分配价目表”，并依次选择刚刚建立的价目表中30秒广告的价目表，如图6.5.30。完成后，即可直接在计划报告结果中查看每个载体的成本预算信息，如图6.5.31。

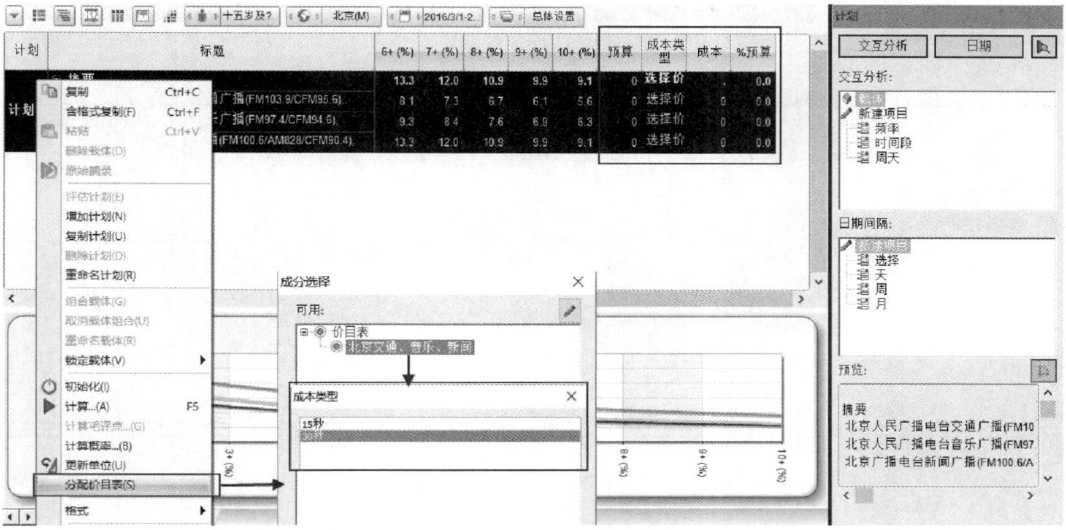

图6.5.30　**分配价目表**

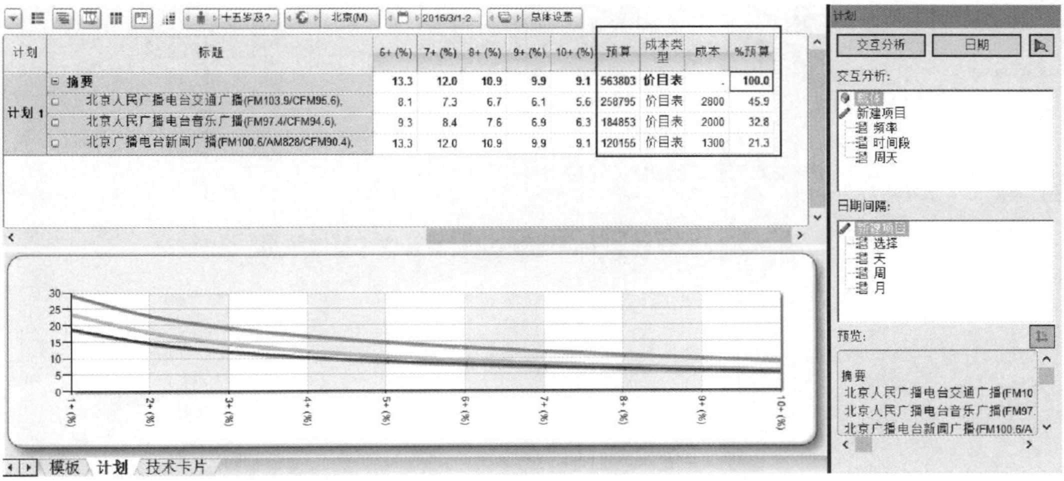

图6.5.31　**包含价目表的计划报告结果**

Q4已经介绍过如何按照到达率的标准进行优化，即InfosysPlusRadio以到达率最大化为目标进行优化。在本例中，将介绍如何按照“到达率/预算”的标准进行优化。在优化报告中，设置优化标准为“到达率/预算”，然后进行优化，如图6.5.32。InfosysPlusRadio每次投放时，都将选择对总体“到达率/预算”结果最优的载体进行投放，从而在考虑预算的情况下实现到达率最大的投放效果。优化完成后，选择接受计划。

在计划报告页中，可以对比原计划与优化计划的结果差异，如图 6.5.33。经过优化，整个广告投放计划的总预算有所减少，而为了节省预算，到达率（此处以 1 + 累计接触度% 为代表）也略有下降。

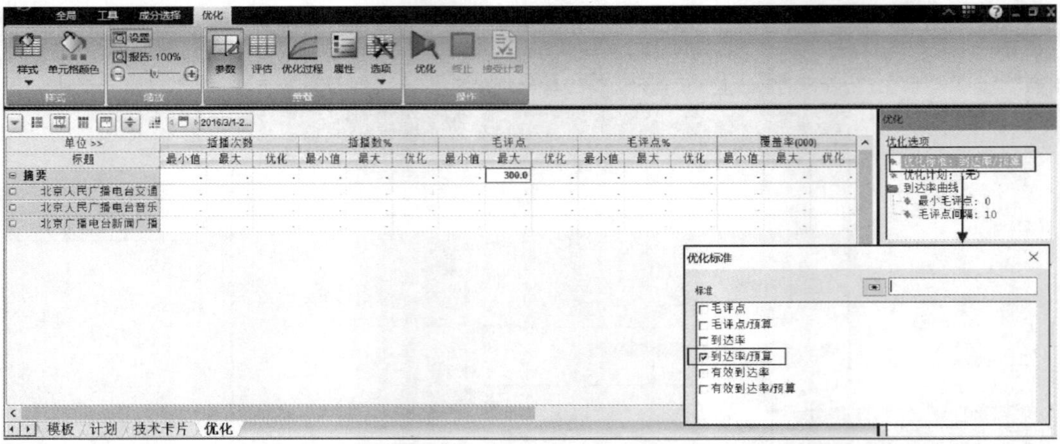

图 6.5.32　按照到达率/预算优化的设置

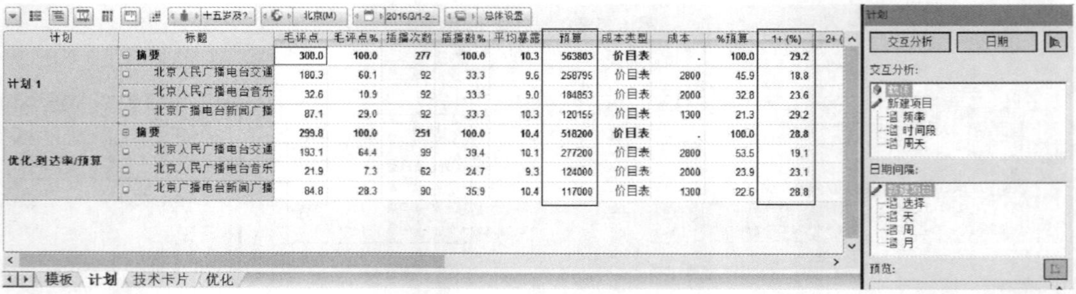

计划	标题	毛评点	毛评点%	插播次数	插播数%	平均暴露	预算	成本类型	成本	%预算	1+ (%)
计划 1	摘要	300.0	100.0	277	100.0	10.3	563803	价目表	.	100.0	29.2
	北京人民广播电台交通	180.3	60.1	92	33.3	9.6	258795	价目表	2800	45.9	18.8
	北京人民广播电台音乐	32.6	10.9	92	33.3	9.0	184853	价目表	2000	32.8	23.6
	北京广播电台新闻广播	87.1	29.0	92	33.3	10.3	120155	价目表	1300	21.3	29.2
优化-到达率/预算	摘要	299.8	100.0	251	100.0	10.4	518200	价目表	.	100.0	28.8
	北京人民广播电台交通	193.1	64.4	99	39.4	10.1	277200	价目表	2800	53.5	19.1
	北京人民广播电台音乐	21.9	7.3	62	24.7	9.3	124000	价目表	2000	23.9	23.1
	北京广播电台新闻广播	84.8	28.3	90	35.9	10.4	117000	价目表	1300	22.6	28.8

图 6.5.33　原计划与按照到达率/预算优化后的结果

第七章

Chapter Seven

收听率数据的应用

Applications for Audience Data

第七章

收听率数据的应用

在实际工作中，熟练掌握收听率数据分析与应用的一般思路与方法，对于挖掘收听率数据的价值，充分发挥收听率数据在节目编排、节目评估以及广告投放决策中的作用具有重要意义。本章将分别介绍收听率数据的四大应用领域，即收听率数据在收听市场分析中的应用、收听率数据在广播节目编排中的应用、收听率数据在广播节目评估中的应用以及收听率数据在广告投放中的应用，以期使读者详细了解在上述四大领域中收听率数据有何作用以及如何应用收听率数据。

第一节　收听率数据在收听市场分析中的应用

一、广播收听市场分析概述

1. 广播收听市场的定义及分类

任何一个市场都是由供求双方共同构成的，广播收听市场也不例外。从广播节目收听的供求关系出发，我们将在一定范围内覆盖的广播频率和它的听众共同组成的市场称为某个范围内的广播收听市场。

广播收听市场从不同的角度可以划分为多种类型。从地域空间角度来看，可以将广播收听市场划分为全国收听市场（能够在全国范围内覆盖的广播频率及其听众所组成的收听市场）和地方收听市场（能够在当地覆盖的广播频率及其听众所组成的收听市场）。地方收听市场又划分为省级收听市场（在全省覆盖的广播频率及其听众所组成的收听市场）和市级收听市场（在全市覆盖的广播频率及其听众所组成的收听市场）。从时段角度来看，可以将广播收听市场划分为黄金时段收听市场和非黄金时段收听市场或早间时段收听市场、午间时段收听市场、晚间时段收听市场等。从节目类型角度来看，广播收听市场可以划分为新闻/时事类节目收听市场、音乐类节目收听市场、生活服务类节目收听市场、文艺类节目收听市场、财经类节目收听市场、法治类节目收听市场、体育类节目收听市场、社教类节目收听市场、外语类节目收听市场和其他类节目收听市场等。

2. 广播收听市场分析的角度

正因为广播收听市场是由广播频率及其听众共同组成的，因此我们分析广播收听市场也要从传播者（即电台及其频率）和受传者（即听众）这两个角度来进行。从听众角度进行的分析主要是从听众的收听总量、结构以及二者的变化情况来分析听众收听行为；从传播者角度进行的分析主要是分析收听市场中各电台、频率、节目的竞争力和竞争格局（图 7.1.1）。

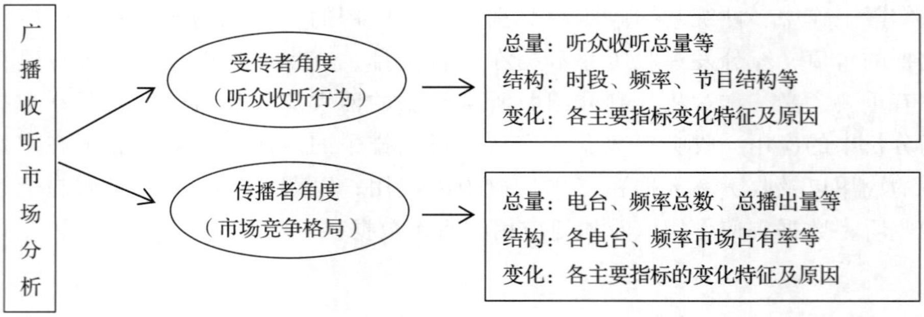

图 7.1.1　广播市场分析的角度

二、听众收听行为分析[①]

对广播听众收听行为的分析一般主要从以下几个方面进行：听众规模和听众收听总量（即有多少听众听广播、人均每天收听了多长时间的广播）、听众收听结构（听众收听时间在不同时期、时段、频率、节目的分布）以及听众流动情况（即听众在不同频率和节目之间如何流动）。

1. 听众规模和听众收听总量分析

听众规模和听众收听总量是反映一个广播收听市场大小的最基本指标。我们通常以到达率（到达率是指在一定时间段内，至少收听过一次某频率或某节目不同听众的

① 如无特别说明，考虑到数据的可比性，本部分涉及历年对比的数据采用 CSM 媒介研究 2014～2016 年四波调查能打通的 34 城市调查数据。34 个城市包括：北京、长春、长沙、成都、重庆、大连、佛山、福州、广州、邯郸、杭州、哈尔滨、合肥、济南、南昌、南京、南宁、宁波、青岛、清远、泉州、上海、沈阳、深圳、石家庄、苏州、太原、天津、乌鲁木齐、武汉、无锡、西安、厦门和郑州。涉及 2016 年的数据为 2016 年 36 城市四波调查数据。36 个城市包括：北京、长春、长沙、成都、重庆、大连、佛山、福州、广州、邯郸、杭州、哈尔滨、合肥、济南、昆明、南昌、南京、南宁、宁波、青岛、清远、泉州、上海、汕头、沈阳、深圳、石家庄、苏州、太原、天津、乌鲁木齐、武汉、无锡、西安、厦门和郑州。

人数占全体广播听众总数的百分比）这个指标来表示在某个时间段内收听某频率或某节目的听众规模。到达率高，听众规模大；到达率低，听众规模小。

分析听众收听总量时，我们通常会用到 InfosysPlus 中的人均收听分钟数这个指标。这个指标是指广播听众人均每天收听广播的分钟数。在分析听众收听总量时，通常选用一年的时期，选择代表全国的样本地区组以及在这个样本组内的所有频率进行分析，这样就可得出该年度全国广播听众人均每天收听广播的分钟数。近三年来，我国内地地区广播听众人均每天收听广播的时间在 70 分钟左右，且呈现逐年下降的趋势（图 7.1.2）。

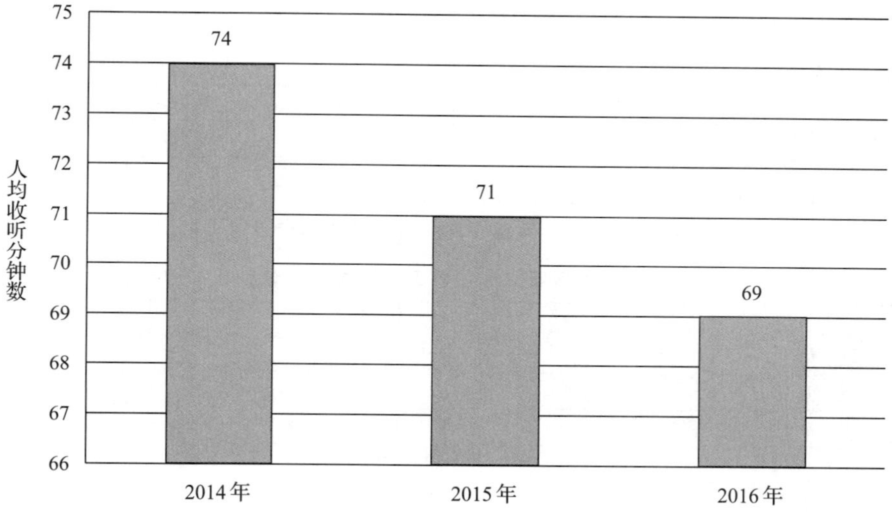

数据来源：CSM 媒介研究

图 7.1.2　2014～2016 年 34 城市听众人均每天收听时间（分钟）

同时，我们还可以进一步分析不同目标听众的人均收听时间，可以看出不同目标听众人均收听时间具有以下几个特点：第一，男性听众每天收听广播的时间略长于女性听众（表 7.1.1）；第二，随着年龄的增长，听众每天收听广播的时间增加（图 7.1.3）；第三，北方听众收听广播的时间普遍长于南方听众（表 7.1.2）。

表 7.1.1　2014～2016 年 34 城市不同性别听众人均每天收听时间（分钟）

目标听众	2014 年	2015 年	2016 年
男	76	73	71
女	71	69	67

数据来源：CSM 媒介研究

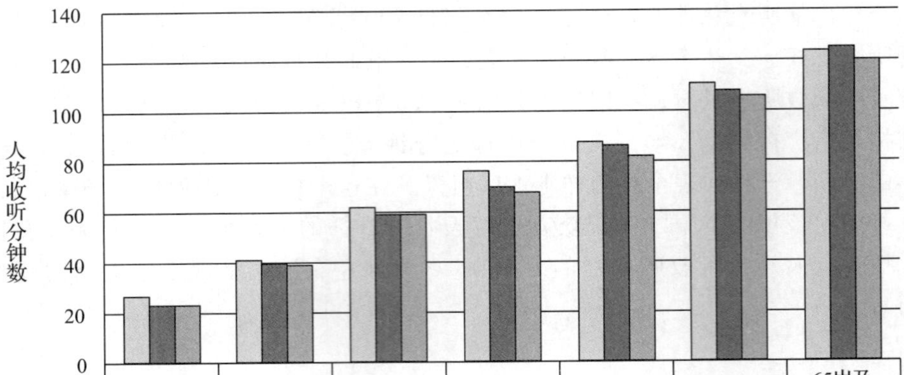

	10～14岁	15～24岁	25～34岁	35～44岁	45～54岁	55～64岁	65岁及以上
2014年	27	41	62	76	88	111	124
2015年	23	40	59	70	86	108	125
2016年	23	39	59	68	82	106	120

数据来源：CSM 媒介研究

图 7.1.3　2014～2016 年 34 城市不同年龄听众人均每天收听时间（分钟）

表 7.1.2　2015～2016 年全国七大行政区听众人均每天收听时间（分钟）

地区	2015 年	2016 年
华北	85	82
西北	106	104
东北	92	93
西南	52	48
华南	49	49
华中	45	45
华东	70	66

数据来源：CSM 媒介研究

2. 听众收听结构分析

在了解了有多少听众在收听广播，平均每天听多长时间的广播后，分析听众的收听时间如何在不同时期、不同时段、不同频率、不同节目中进行分配（即收听结构）的问题就凸现出来了。分析广播听众的收听结构特征一般主要从听众在全年不同时期的收听结构、听众在全天不同时段的收听结构、听众在不同频率的收听结构以及听众在不同节目的收听结构等几个角度来进行。

（1）听众在全年不同时期的收听结构①

分析听众在全年不同时期的收听结构，也即分析听众在全年不同时期的收听走势，

① 本部分分析使用 CSM 媒介研究 2016 年全年连续调查的 28 城市数据，28 城市包括：北京、长春、长沙、成都、重庆、大连、佛山、广州、邯郸、杭州、哈尔滨、合肥、济南、昆明、南昌、南京、南宁、宁波、上海、沈阳、深圳、石家庄、苏州、太原、乌鲁木齐、武汉、无锡和郑州。

可从不同性别、年龄、教育程度、收入的角度进行分析。图 7.1.4 反映的是 CSM 媒介研究 2016 年 28 个连续调查城市不同性别听众的全年收听率走势。从图中可以看出，男、女听众收听率走势趋同，春节长假期间收听率有明显下跌，其余时段相对平稳；整体来看，男性听众收听率高于女性，这是因为男性是移动收听的主力听众群体，具有收听优势。图 7.1.5 则是 2016 年 28 个连续调查城市不同年龄听众全年收听率走势。从中我们可以看出，不同年龄段人群表现出明显的时期特征，15 岁及以上听众春节长假期间收听率有明显下滑，10～14 岁人群则在暑假期间的收听水平高于平时；整体而言，24 岁及以下听众的收听率明显低于 25 岁及以上的听众，65 岁及以上听众的收听水平最高，14 岁及以下听众的收听水平最低。

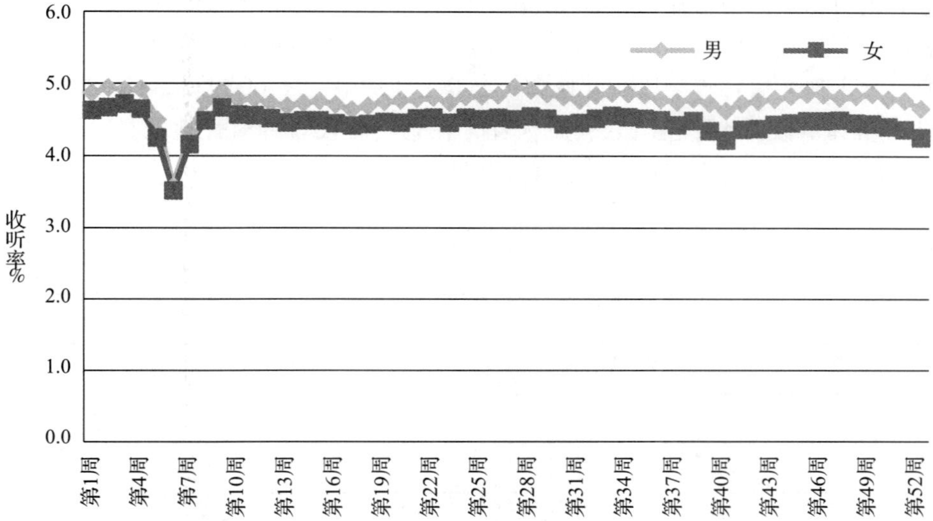

数据来源：CSM 媒介研究

图 7.1.4　2016 年 28 城市不同性别听众全年收听率走势

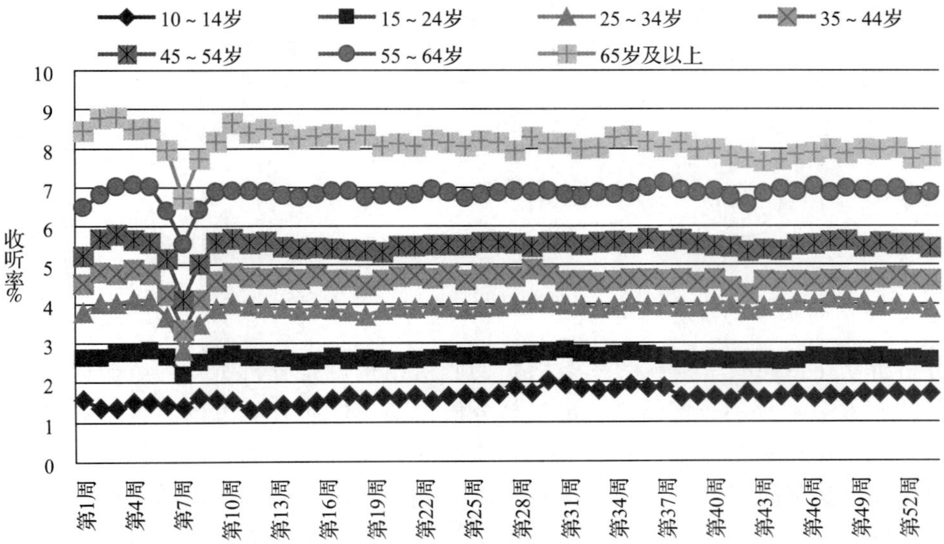

数据来源：CSM 媒介研究

图 7.1.5　2016 年 28 城市不同年龄听众收听率走势

(2) 听众在全天不同时段的收听结构

分析听众在全天不同时段的收听结构，即分析听众在全天不同时段的收听走势，也可从听众性别、年龄、文化程度等角度来分析。如图 7.1.6 反映的就是 2016 年 36 城市男性听众和女性听众全天不同时段的收听走势。从图中可以看出，无论是男性听众还是女性听众，在一天中都有早晨、中午和傍晚三个收听高峰，并且男性听众在早晚上下班高峰时段的收听率明显高于女性群体。这可能与男性听众在这两个时段有更多机会驾车或乘车，是移动收听的主力人群有关。图 7.1.7 反映的是 2016 年 36 城市不同年龄段听众的全天收听走势，可以看出，中老年听众群体构成了 2016 年我国广播收听市场上的主力受众。分析显示，45 岁及以上的中老年听众在早间 5:00 ~ 8:00 的收听高峰明显高于更年轻的听众，其中尤以 65 岁及以上人群的表现最甚，他们在 6:00 ~ 8:00 时段的收听表现高居各年龄段听众榜首。到晚间 19:30 ~ 21:00 时段，15 ~ 24 岁和 25 ~ 34 岁年轻群体的收听水平上升较快，因此，在这一时段有针对性地安排一些适合这些受众口味的节目，有助于广播时段竞争力的提升。

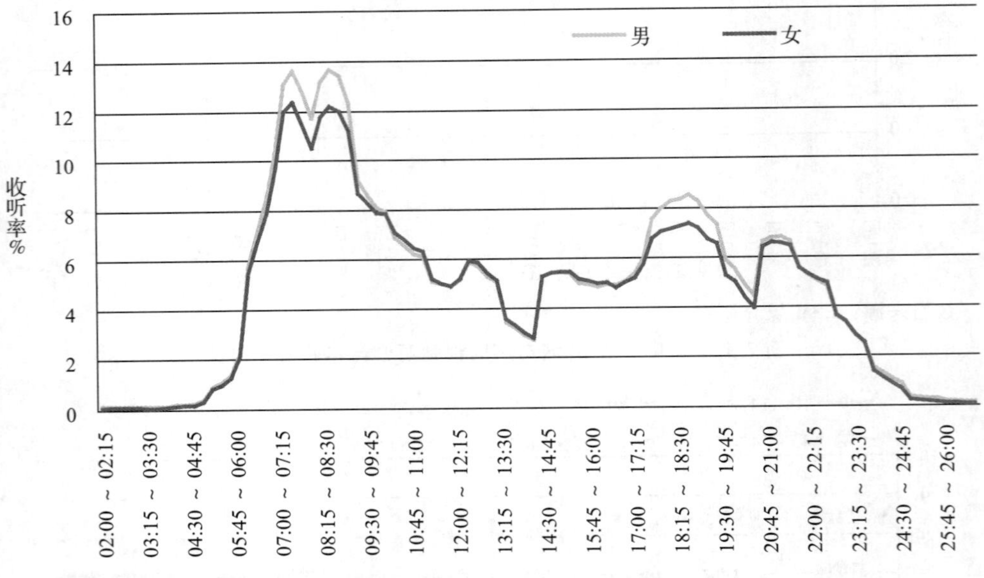

数据来源：CSM 媒介研究

图 7.1.6　2016 年 36 城市不同性别听众全天收听走势

(3) 听众在不同频率的收听结构

分析听众在不同频率（或频率类别）的收听结构就是分析听众的收听时间在不同频率（或频率类别）的分配结构，也就是分析在某一广播收听市场上各个频率（或频率类别）的市场份额情况。分析各目标听众在不同频率（或频率类别）的收听结构，一方面可以反映不同频率（或频率类别）在不同目标听众市场上的竞争状况，同时另一方面也可以反映某一频率（或频率类别）对不同目标听众的吸引情况。如表 7.1.3

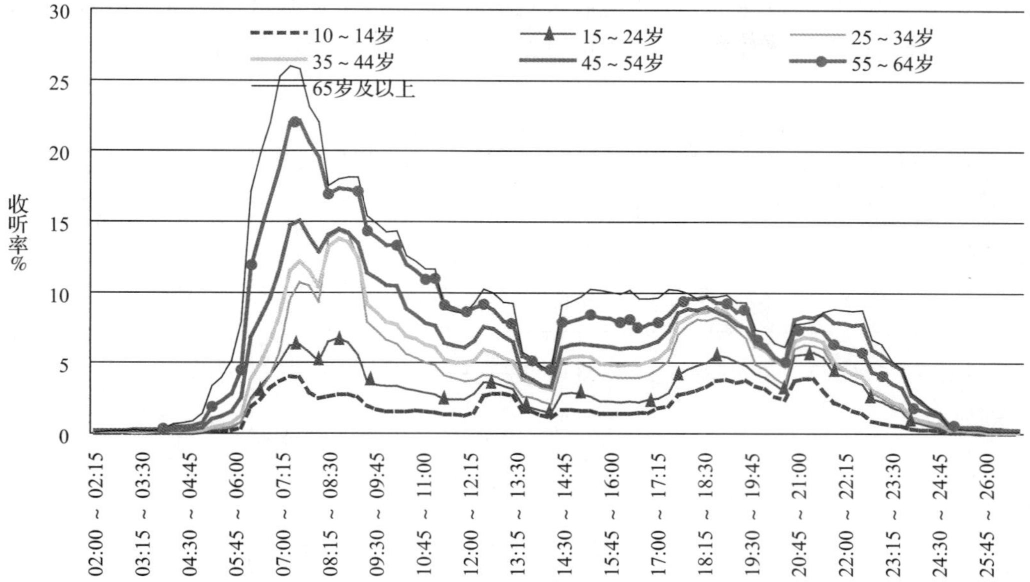

数据来源：CSM 媒介研究

图 7.1.7　2016 年 36 城市不同年龄段听众全天收听走势

就是2016 年在36 城市收听市场中不同目标听众对各类频率的收听结构。由此表可以看出，不论是不同性别、不同年龄、不同受教育程度、不同职业，还是不同收入水平的听众，在绝大多数目标听众中，收听省级电台频率的时间占其总收听时间中的比重都接近或超过二分之一，而收听市级电台频率的时间占其总收听时间中的比重为三分之一左右。这表明从全国收听市场的角度来看，省市级电台频率在各目标听众中均具有显著的竞争优势，而中央级电台频率的竞争力相比省市两级电台频率要弱，其他电台的竞争力几乎可以忽略不计。

在以性别为细分标准的收听市场上，同一级广播电台频率在不同性别听众中的市场份额差异不大，即性别因素对不同级别广播电台频率收听的影响不是特别显著。在以年龄为细分标准的收听市场上，中央级广播电台频率对 65 岁及以上老年听众的吸引力较强，以 12.96% 的市场份额位居各年龄段听众之首；省级广播电台频率对 55 ~ 64 岁目标人群的吸引力相对更高；市级电台频率对 35 ~ 44 岁的听众吸引力更强。

在以学历为细分标准的收听市场上，小学学历的听众对中央级广播电台频率的收听份额明显高于其他学历人群，大学及以上学历的听众对省级电台频率的收听份额较高，占 58.88%，接近 60%，中低学历听众则对市级电台频率的收听份额占优，显示出三类频率所汇集的重度听众受教育程度的分化和差异。

在以职业为细分标准的收听市场上，无业、学生和干部/管理人员三类听众对中央级广播电台频率的收听份额较高；同样是这三个职业类别的人群，对省级广播电台频率也表现出较高的收听份额；市级电台频率则对个体/私营企业人员的吸引力更强。

在以收入为细分标准的收听市场上，个人月收入在 1501 ~ 2000 元的听众对中央级电台频率的收听份额最高；而个人月收入在3001元及以上的听众则对省级电台频率的收听份额最高；市级电台频率更吸引的是个人月收入1500元及以下的听众。

表7.1.3　2016年36城市各级广播频率在不同目标听众中的市场份额（%）

目标听众	中央级频率	省级频率	市级频率	其他频率
10岁及以上所有人	9.27	56.37	34.13	0.23
男	9.44	56.15	34.16	0.25
女	9.09	56.63	34.07	0.21
10~14岁	11.29	52.29	36.37	0.05
15~24岁	8.27	56.66	34.84	0.23
25~34岁	8.03	55.57	36.10	0.30
35~44岁	8.16	54.58	36.93	0.33
45~54岁	7.99	57.53	34.18	0.30
55~64岁	10.56	57.71	31.59	0.14
65岁及以上	12.96	56.94	30.08	0.02
未受过正规教育	8.53	34.97	56.50	0.00
小学	11.25	44.44	43.86	0.45
初中	8.81	55.97	34.96	0.26
高中/中专/职高/技校	8.75	57.68	33.42	0.15
大学及以上	9.99	58.88	30.89	0.24
干部/管理人员	9.36	60.26	30.24	0.14
初级公务员/雇员	8.41	55.88	35.28	0.43
个体/私营企业人员	7.54	52.22	39.76	0.48
工人	7.61	56.06	36.23	0.10
学生	9.92	57.15	32.80	0.13
无业	11.45	58.37	30.10	0.08
其他	8.29	50.92	40.61	0.18
没有收入	9.43	54.78	35.61	0.18
1~1000元	9.77	41.13	48.76	0.34
1001~1500元	8.69	50.07	41.15	0.09
1501~2000元	10.84	54.94	34.21	0.01
2001~2500元	9.70	55.66	34.57	0.07
2501~3000元	8.95	56.02	34.70	0.33
3001~4000元	9.49	58.76	31.58	0.17
4001元及以上	8.65	58.51	32.51	0.33

数据来源：CSM媒介研究

(4) 听众对不同节目(节目类型)的收听结构[①]

听众对不同节目(节目类型)的收听结构主要是分析听众的收听时间在不同节目(节目类型)的分配结构。通过对各目标听众在不同节目(节目类型)收听投入时间的分析,可以了解各目标听众对某类或某几类节目的需求和偏好。如表 7.1.4 和表 7.1.5 反映的是 2016 年全年北京收听市场上,不同目标听众对不同类型节目所投入的收听时间状况。

从表 7.1.4 和表 7.1.5 可以看出,2016 年北京市场上,男性听众在生活服务、新闻/时事、文艺、音乐、社教和体育等节目上投入的时间相对更多,而女性听众在生活服务、文艺、新闻/时事、音乐、社教和财经类节目上投入的时间则相对更多;分不同年龄段来看,整体而言,生活服务、文艺、新闻/时事和音乐四类节目对听众的吸引力较大,不同年龄段又表现出属于本年龄段听众的收听喜好,如 15 ~ 24 岁年轻听众对音乐类节目情有独钟,而 55 岁及以上人群则对新闻/时事类节目青睐有加;从受教育程度来看,未受过正规教育的听众投入在新闻/时事、文艺、生活服务和音乐类节目上的时间较长,而小学及以上学历人群则对生活服务、新闻/时事、文艺和音乐类节目收听时间相对更长;从个人月收入水平来看,大部分听众的注意力都集中在生活服务、文艺和新闻/时事三类节目上,其中,个人月收入水平在 1501 ~ 2000 元的人群投入在生活服务类节目上的时间最多,个人月收入水平在 2001 ~ 2500 元的人群收听文艺和新闻/时事类节目时间较长。

表 7.1.4　2016 年全年北京市场不同性别和年龄的听众对于各类节目的人均收听总分钟数

节目类别	男	女	10 ~ 14 岁	15 ~ 24 岁	25 ~ 34 岁	35 ~ 44 岁	45 ~ 54 岁	55 ~ 64 岁	65 岁及以上
财经	567	998	83	241	310	815	1461	1499	1083
法制	77	73	0	22	61	57	116	137	124
社教	1429	1516	614	877	965	1317	2133	2385	2240
生活服务	6701	6039	2891	3520	6537	6666	8197	6910	8070
体育	611	193	36	382	260	180	835	274	797
外语	11	8	0	3	9	15	20	1	11
文艺	3618	4783	921	2299	2715	4288	6062	5815	7058
新闻/时事	4110	4649	1769	1914	2471	3111	4726	8881	11323
音乐	2499	2538	494	2125	2608	3533	2660	1495	2397
其他	4094	3962	1452	2147	3612	4261	5259	5051	5605

数据来源:CSM 媒介研究

① 北京是全年连续调查城市,本部分所用数据是 CSM 媒介研究 2016 年全年北京地区连续调查数据。

表 7.1.5　2016 年全年北京市场不同文化程度和收入的听众对于各类节目的人均收听总分钟数

节目类别	未受过正规教育	小学	初中	高中	大学及以上	1500 元及以下	1501 ~ 2000 元	2001 ~ 2500 元	2501 ~ 3000 元	3001 ~ 4000 元	4001 元及以上
财经	419	1716	845	415	889	357	283	2186	462	1066	724
法制	5	107	62	82	75	27	16	10	70	124	81
社教	283	1641	1606	1703	1306	1015	969	1040	1507	1984	1454
生活服务	1715	8539	6563	6398	6235	3534	8305	4533	7389	7427	7056
体育	69	451	337	649	309	425	704	602	767	455	219
外语	0	27	14	12	6	2	5	6	27	18	5
文艺	1948	4146	5966	4319	3484	2807	3690	6589	6577	5205	3389
新闻/时事	3456	8297	5656	4944	3367	2341	4359	6256	5505	5838	3951
音乐	687	2051	2557	2902	2355	2435	1995	2895	3282	2509	2348
其他	1555	4581	4491	4227	3750	2376	3445	4065	5077	4893	4087

数据来源：CSM 媒介研究

3. 听众流动分析

广播听众从一个节目流动到另一个节目，或从一个频率流动到另一个频率是广播听众收听行为的显著特征之一。对于某一时段的某一个节目而言，在什么时间有听众一直在听我们的节目？在什么时间有听众从别的频率流入我们的节目，又在什么时候有听众流出，流到了哪些频率？分析听众流动的这些特征，对于节目调整、编排具有重要意义。以北京人民广播电台交通广播（FM103.9/CFM95.6）《一路畅通》节目 8:00 ~ 9:00 时段为例，从表 7.1.6 可以看出，2016 年 12 月 18 ~ 24 日期间，在早间 8:00 ~ 9:00 时段，该节目的听众以从其他频率流入的听众为主，最高时可达 6.5 万人，平均为 2.6 万人，整体而言，听众流动净值整体相对比较稳定，显示了该栏目较好的吸引力。

表 7.1.6　2016 年 12 月 18 ~ 24 日北京人民广播电台交通广播（FM103.9/CFM95.6）《一路畅通》节目 8:00 ~ 9:00 时段听众流动净值

日期	听众流动净值（千人）
2016/12/18	65
2016/12/19	54
2016/12/20	50
2016/12/21	27
2016/12/22	-32
2016/12/23	42
2016/12/24	-25

数据来源：CSM 媒介研究

三、收听市场竞争格局分析

广播频率和节目是收听市场竞争的主体，因此对收听市场竞争格局的分析，我们可从频率竞争和节目竞争两个维度展开。频率之间的竞争，既体现为不同级别频率之间的竞争，又可以细化到单个广播频率之间的竞争。不同级别频率的竞争力在不同收听市场、全天不同时段、一周的不同周天、不同目标听众中以及不同的节目类型上不同，而单个频率之间的竞争同样在总体、不同时段、不同周天以及不同目标听众中呈现你强我弱的态势。对广播节目而言，节目同时具有相对固定的类型属性，以及较为鲜明的个性化特征，因此对节目竞争的分析可分别从类型和单个节目两方面入手。

（一）频率竞争格局分析

1. 不同级别频率的竞争格局分析

（1）分析不同市场的频率竞争格局

在我国广播收听市场上，各级广播频率所覆盖的范围依据自身行政级别而定，加之国土幅员辽阔、各地听众收听行为和喜好的差异，决定了各级频率在不同市场的竞争表现不同。所以在频率竞争格局分析时对市场加以区别，有助于我们更清晰地观察不同市场内各级频率的角逐态势。以 2016 年全国（36 城市）、北京和上海市场为例，在全国市场上，省级频率表现较为强势，占据 56.4% 的收听份额；在北京市场上，北京人民广播电台竞争实力最强，收听份额超过 75%，中央人民广播电台次之；在上海市场上，上海 SMG 占据市场绝对领先优势，收听份额超过 95%。

对于覆盖全国各级市场的国家级广播电台而言，横向比较各个市场的收听份额能够获知其在不同市场的竞争地位。以中央人民广播电台为例，其在北京的收听份额较上海的要高，说明中央人民广播电台在北京的竞争优势较之上海要强。

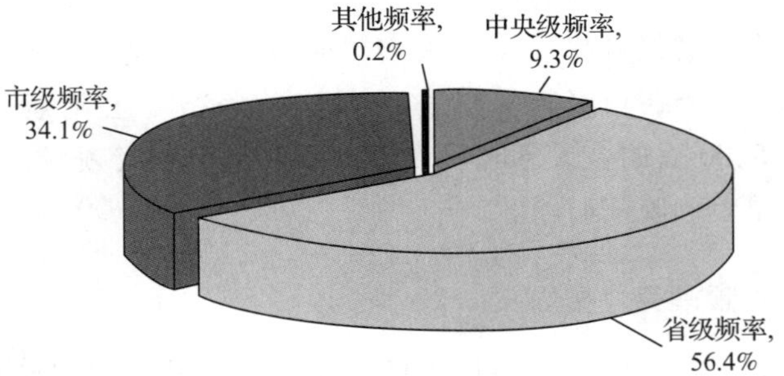

数据来源：CSM 媒介研究

图 7.1.8　2016 年 36 城市市场各类频率的收听份额（四波调查数据）

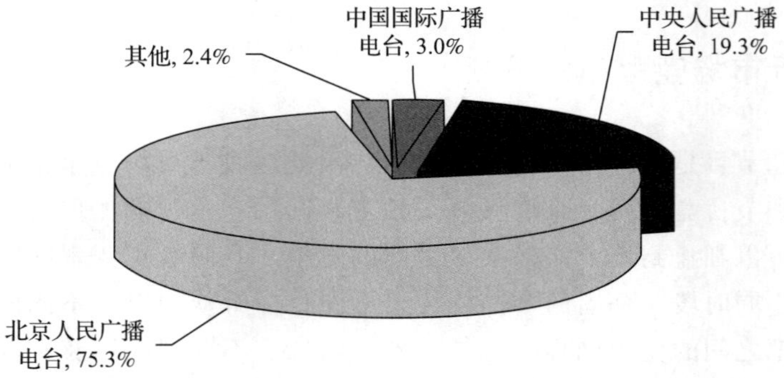

数据来源：CSM 媒介研究

图 7.1.9　2016 年北京市场各类频率的收听份额（%）

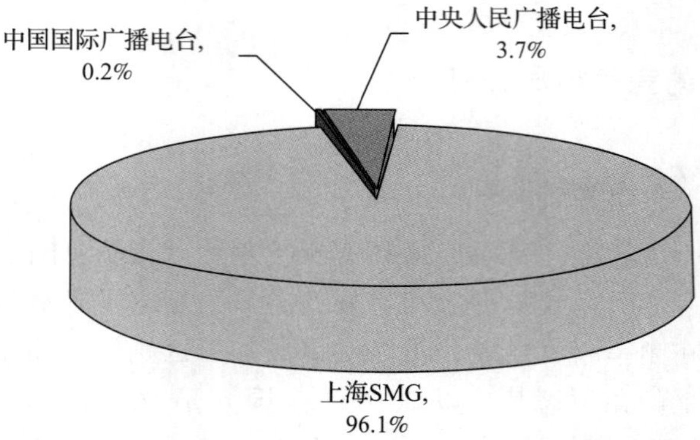

数据来源：CSM 媒介研究

图 7.1.10　2016 年上海市场各类频率的收听份额（%）

（2）分析全天不同时段的频率竞争格局

根据各级频率在全天不同时段的收听份额走势，我们可以发现不同级别频率基于节目编播和听众收听规律而形成的特有“优势”时段。如图 7.1.11 显示，在各级频率全天收听份额走势中，省级频率在全天大多数时段占据强势竞争地位，收听份额明显高于其他级别频率；此外，市级频率竞争实力也较为突出，在清晨 4:00 ~ 5:00 时段的收听份额最高，在 5:00 后的全天各时段收听份额仅次于省级频率；中央级频率的相对优势时段是凌晨、早上和晚间时段。

（3）分析不同周天的频率竞争格局

分析不同级别频率在一周内不同周天的收听份额变化，可以帮助我们了解一周内各级频率竞争力变化特点。如图 7.1.12 显示，各级频率在周一 ~ 周日的收听份额波动不大；相比之下，中央级频率在周末的收听份额略高于工作日；在一周当中，省级频率周三和周四的市场竞争力最强，市级频率周二的市场份额略高于其他周天。

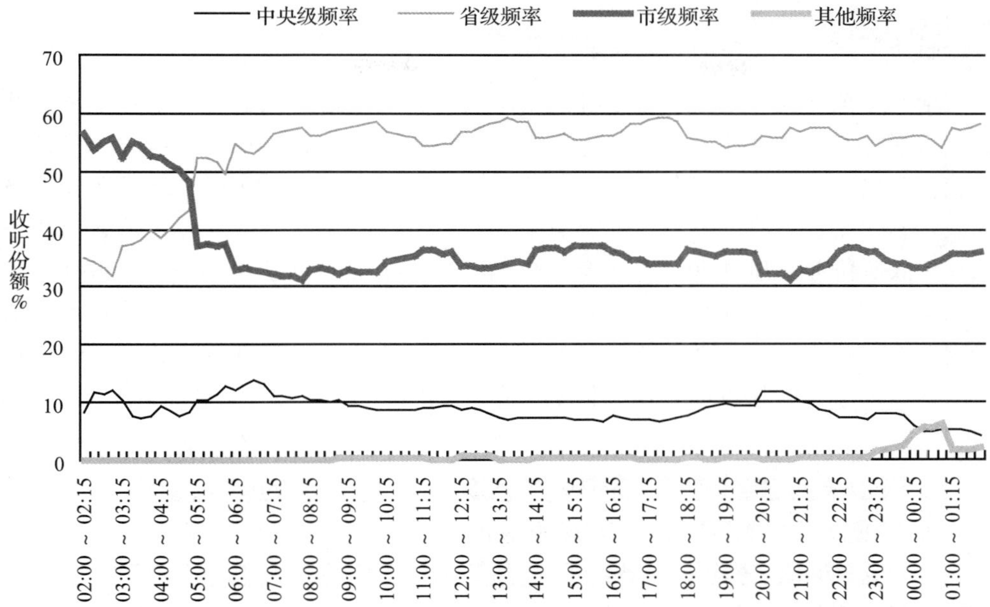

数据来源：CSM 媒介研究

图 7.1.11　2016 年 36 城市市场各类频率全天不同时段的收听份额走势（四波调查数据）

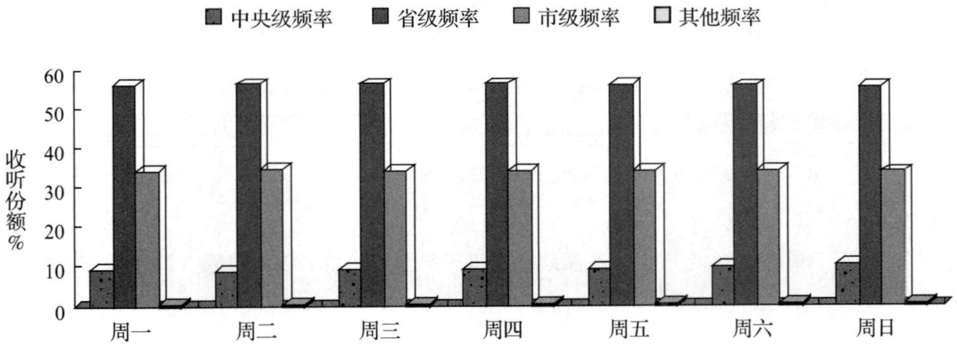

数据来源：CSM 媒介研究

图 7.1.12　2016 年 36 城市市场各类频率在不同周天的收听份额（四波调查数据）

(4) 分析不同目标听众中的频率竞争格局

上面的各种分析都是基于对所有目标听众组成的收听市场的分析，在实际工作中，针对不同细分收听群体中频率竞争格局的分析同样具有重要意义。听众的性别、年龄、受教育程度、职业和收入水平等都会对其广播媒体的选择和使用产生影响。通过比较不同细分听众群体对不同级别频率的收听份额，可以得到相对于所有听众而言的相对重度收听群体，为频率进一步向细分市场的扩展和渗透提供依据。由于相关内容在前面的听众收听行为中已有分析，这里就不再举例赘述。

(5) 分析不同类型节目中的频率竞争格局

广播频率配置的节目是听众收听的基本内容，听众对节目的收听反过来能够体现广播频率在各类节目中的竞争力。通过对不同级别频率在各类型节目中收听份额的分析，我们可以了解不同级别频率在各类型节目中的竞争力。从2016年36个城市市场中不同级别频率在各类节目中的收听份额来看，中央级频率在财经和外语节目市场中优势明显，收听份额都超过50%，在新闻/时事节目市场的收听份额也超过了40%，仅次于省级频率；省级频率在体育、法制、生活服务、文艺、音乐和社教类节目市场的收听份额最高；相比之下，市级频率在各类节目市场的竞争优势都不是特别突出，但在生活服务、外语、法制和文艺节目市场居亚军位置。

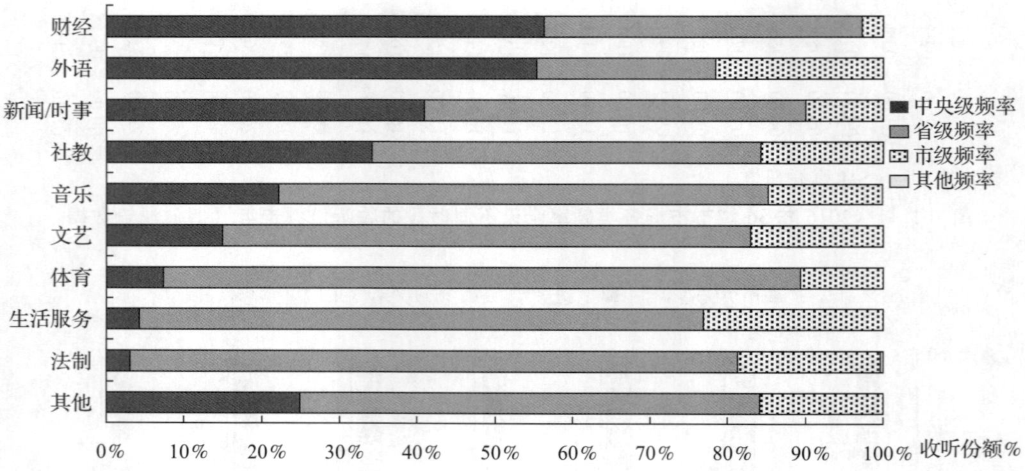

数据来源：CSM媒介研究

图7.1.13　2016年36城市市场各类频率在不同类型节目中的收听份额（四波调查数据）

2. 单个频率的竞争力分析

(1) 单个频率的整体市场份额

市场份额是展现单个频率市场竞争力的最基本指标，通过单个频率的市场份额我们可以了解单个频率在收听市场竞争中所处的位置，即频率获得受众资源的能力。在一定的市场和时段内，某个广播频率的市场份额越高，表明该频率拥有的听众数量越大、市场竞争力越强，在市场竞争中所处的位置越有利。根据表7.1.7，北京人民广播电台交通广播（FM103.9/CFM95.6）是2016年上半年北京地区竞争力最强的频率，市场份额高达27.9%，是北京地区市场份额唯一超过20%的广播频率，市场领先优势十分明显。

表 7.1.7　2016 年 1～6 月北京地区市场份额排名前 5 位的频率

排名	频率	市场份额%	收听率%
1	北京人民广播电台交通广播（FM103.9/CFM95.6）	27.9	1.4
2	北京人民广播电台文艺广播（FM87.6/CFM93.8）	15.4	0.8
3	北京人民广播电台新闻广播（FM100.6/AM828/CFM90.4）	9.3	0.5
4	北京人民广播电台音乐广播（FM97.4/CFM94.6）	8.7	0.4
5	中央人民广播电台第一套节目中国之声（FM106.1）	6.2	0.3

数据来源：CSM 媒介研究

（2）单个频率在全天不同时段的竞争力

在收听市场上全天领先的频率，不一定在全天的所有时段都处于领先水平，要想进行差异化的节目编排和竞争，对竞争频率不同时段的市场份额进行分析是必不可少的。通过计算全天不同时段不同频率的市场份额，可以帮助我们了解不同时段不同频率的竞争表现。从图 7.1.14 可知，在 2016 年上半年北京市场竞争力最强的两个频率中，交通广播虽然在多个时段处于领先地位，但文艺广播在 2：00～5：00、12：00～13：00、15：00～17：00、20：00～23：00 以及 25：00～26：00 等时段的竞争力更强。

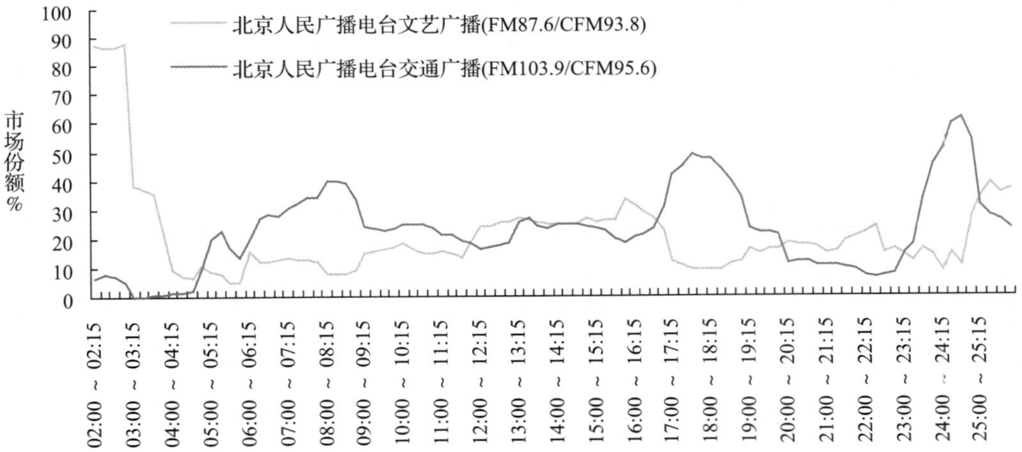

数据来源：CSM 媒介研究

图 7.1.14　2016 年 1～6 月北京市场两频率全天不同时段的市场份额（%）

（3）单个频率在不同周天的竞争力

单个频率的竞争力不仅在一天的不同时段间存在变化，在一周的不同周天间也会表现出一定的波动。这既与频率本身的节目编播有关，也与听众的收听和生活习惯相关联。以 2016 年上半年北京市场竞争力最强的两个广播频率为例，北京人民广播电台交通广播在周一～周五工作日的市场份额明显高于周末，这与听众在工作日更关注交通出行有很大关系。相反，文艺广播在周末的竞争力要强于工作日，这与听众周末放松的生活状态相关。

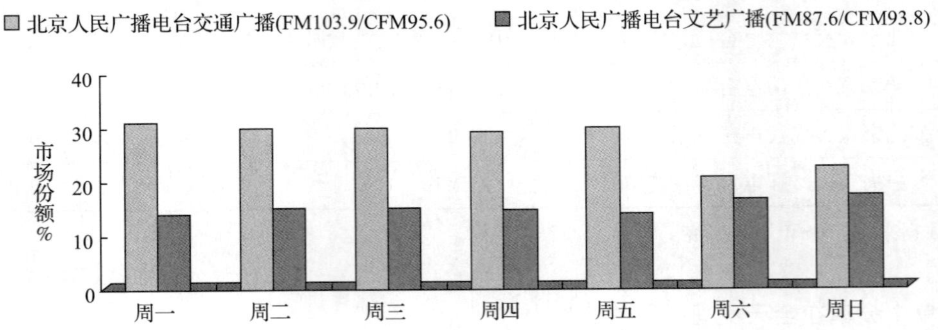

数据来源：CSM 媒介研究

图 7.1.15　2016 年 1～6 月北京市场两频率在不同周天的市场份额（%）

（4）单个频率在不同目标听众中的竞争力

广播频率因定位不同，播出内容也有所差异，吸引的听众群体必然出现分化。单个频率在不同目标听众中市场份额的分析，既是对细分听众频率选择的一种体现，也是表征单个频率竞争力的一种方法。如表 7.1.8 显示，2016 年 1～6 月北京市场上，交通广播在男性听众中的市场份额明显高于女性听众，而对于文艺广播来说，女性听众中的市场份额更高。不仅如此，两个广播频率在不同年龄、学历、职业和收入水平的听众中所获得的市场份额也不尽相同。

表 7.1.8　2016 年 1～6 月北京市场两频率在不同目标听众中的市场份额（%）

目标听众	北京人民广播电台交通广播（FM103.9/CFM95.6）	北京人民广播电台文艺广播（FM87.6/CFM93.8）
10 岁及以上所有人	27.9	15.4
男	31.5	12.4
女	24.1	18.5
10～14 岁	21.3	14.0
15～24 岁	25.7	15.2
25～34 岁	47.3	7.7
35～44 岁	32.8	15.5
45～54 岁	29.6	22.3
55～64 岁	19.0	15.3
65 岁及以上	9.7	15.5
未受过正规教育	8.3	16.1

续表

目标听众	北京人民广播电台交通广播（FM103.9/CFM95.6）	北京人民广播电台文艺广播（FM87.6/CFM93.8）
小学	5.4	10.2
初中	18.3	22.6
高中	26.0	16.9
大学及以上	36.6	11.5
干部/管理人员	49.2	10.8
初级公务员/雇员	38.2	11.6
个体/私营企业人员	34.7	15.4
工人	30.3	28.3
学生	18.0	11.6
无业（包括退休人员）	14.8	16.6
其他	0.0	16.5
没有收入	19.3	15.6
1~1000元	1.8	14.0
1001~1500元	8.1	28.2
1501~2000元	15.1	22.3
2001~2500元	10.3	19.9
2501~3000元	22.5	21.3
3001~4000元	27.8	16.3
4001元及以上	38.4	11.2

数据来源：CSM 媒介研究

(5) 从平均到达率与平均忠实度维度解析单个频率竞争力

市场份额是反映频率市场竞争力的一项基本指标，我们还可以从听众收听广播频率的广度和深度两个维度，来解析频率的市场竞争力。平均到达率反映的是听众收听广播频率的广度，平均忠实度则反映出听众收听广播频率的深度。同时拥有较高平均到达率和较高平均忠实度的频率，在听众收听广度和收听深度上均具有优势，是市场上的强势频率；相反，平均到达率和平均忠实度同时较低的频率属于弱势频率；平均忠实度高而到平均达率低的频率属于优势频率，平均到达率高而平均忠实度低的频率则属于问题频率。

从图 7.1.16 中我们可以发现，2016 年上半年北京地区市场份额排名前 20 的频率中，北京人民广播电台交通广播、北京人民广播电台文艺广播以及中央人民广播电台第一套节目中国之声三个频率在平均到达率和平均忠实度两个方面同时具有领先优势，是北京市场中的强势频率；结合各频率的市场份额排名，这三个频率也都排在前五名。北京人民广播电台新闻广播和北京人民广播电台音乐广播平均忠实度低于平均水平，但它们在平均到达率方面的优势使它们能在整体市场的竞争中名列前五。中国高速公路交通广播虽然平均忠实度很高，但在平均到达率上的不足使其在整体市场竞争中表现欠佳。

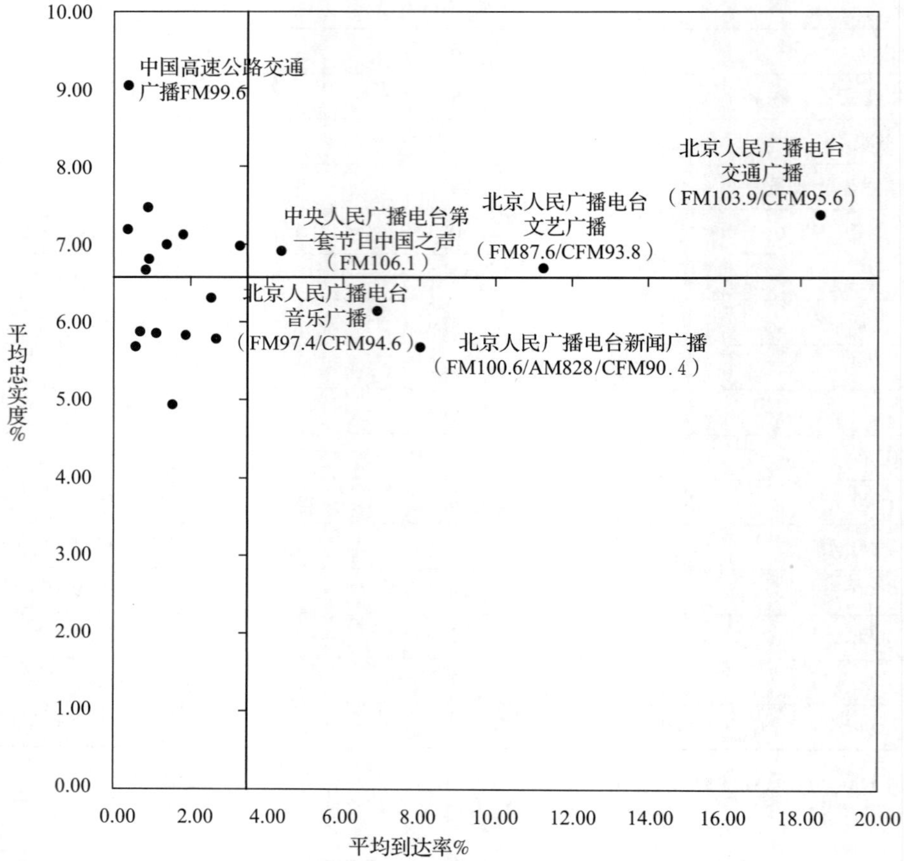

数据来源：CSM 媒介研究

图 7.1.16　2016 年 1～6 月北京地区市场份额前 20 个频率的平均到达率（%）与平均忠实度（%）

（二）节目竞争格局分析

1. 不同类型节目竞争力分析

(1) 分析各类节目的收听份额

广播媒体的竞争在很大程度上是广播节目内容的竞争，通过分析听众在不同类型节目上的收听份额，可以了解各类节目在收听市场上的竞争格局，有助于进一步合理分配节目资源。以 2016 年 1 ~6 月的北京市场为例，生活服务、新闻/时事和文艺类节目是北京市场竞争力最强的三类节目，生活服务类节目以 26.0% 的收听份额排名第一，新闻/时事类节目以 18.1% 的收听份额排名第二，文艺类节目以 17.2% 的收听份额位居第三。相对而言，外语和法制类节目的收听份额较小，收听份额均不超过 1% 。

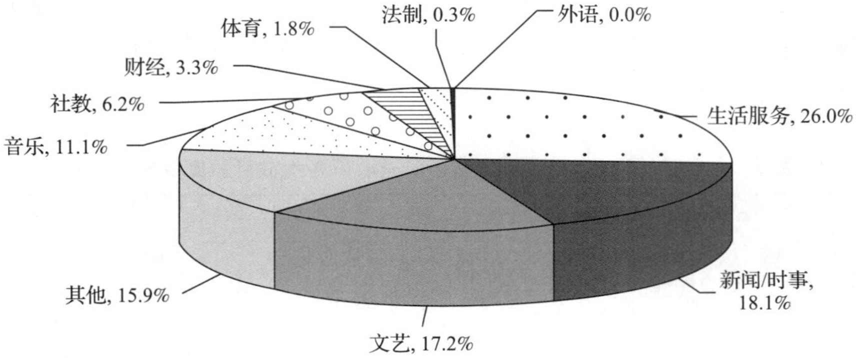

数据来源：CSM 媒介研究

图 7.1.17　2016 年 1 ~6 月北京市场各类节目的收听份额（%）

(2) 分析同类中不同属性节目的收听份额

专业化广播频率的节目内容往往体现着频率的定位，与频率定位相吻合的节目类型的播出比重通常都较大。对这些专业化节目中不同属性（小类）节目的收听份额作进一步分析，可以帮助我们更详细地了解不同属性节目的竞争力情况，为频率更有效地进行节目资源分配和编排提供依据。如图 7.1.18 显示，2016 年 1 ~6 月在北京市场的音乐频率中，音乐类节目共获得了 59.64% 的收听份额，文艺节目次之，占比接近 18%；而在音乐类节目中，基本由音乐专题和音乐其他类节目构成，二者的收听份额均在 30% 左右。

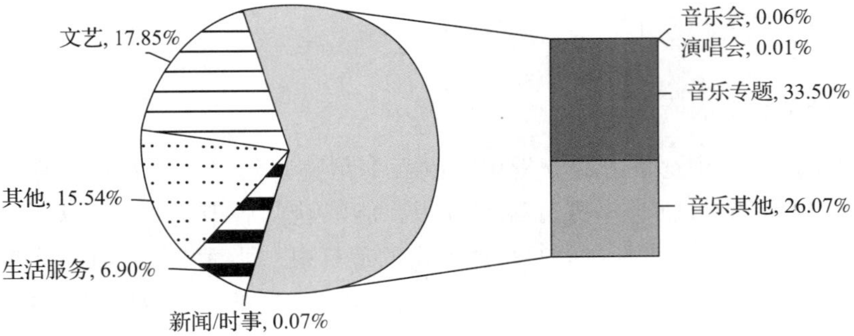

数据来源：CSM 媒介研究

图 7.1.18　2016 年 1 ~6 月北京市场音乐频率各类节目的收听份额（%）

(3) 分析各类节目不同目标听众的集中度

集中度通过比较目标听众收听率与所有听众平均收听率的差异，来反映听众的收听倾向。通过分析不同目标听众对各类节目的集中度，可以了解不同听众群体喜欢收听什么类型的广播节目，这也可从一个侧面反映某类节目对某类听众的竞争力。以2016年上半年北京市场为例，男性听众在法制、生活服务、体育类节目上表现出较强的收听兴趣；青少年对于各类广播节目都不太感兴趣，45～54岁和65岁及以上的听众各类节目的收听兴趣都很高。

表7.1.9　2016年1～6月北京市场不同性别、年龄听众收听各类节目的集中度（%）

节目类别	性别		年龄						
	男	女	10～14岁	15～24岁	25～34岁	35～44岁	45～54岁	55～64岁	65岁及以上
财经	73.8	127.4	18.4	29.9	35.9	85.6	216.1	181.5	154.9
法制	119.9	79.2	0.0	32.1	112.5	72.6	137.6	94.2	223.7
社教	94.7	105.5	17.2	59.2	60.7	87.3	160.7	152.4	159.9
生活服务	105.4	94.3	30.4	54.7	112.2	103.6	134.6	97.6	111.0
体育	145.6	52.3	2.1	102.2	72.4	43.0	147.8	72.5	255.3
外语	86.2	114.4	6.4	44.3	87.5	202.0	120.9	13.3	118.1
文艺	85.7	114.9	22.4	59.5	61.5	95.6	161.8	119.1	175.9
新闻/时事	98.6	101.4	40.4	40.0	59.3	71.6	105.8	196.5	270.0
音乐	100.5	99.5	16.0	91.3	98.8	139.5	107.2	46.9	108.0
其他	102.3	97.6	26.3	53.8	93.4	102.2	134.7	115.2	143.0

数据来源：CSM媒介研究

2. 单个节目的竞争力分析

(1) 分析单个节目的收听率排行

在对单个广播节目竞争力的分析中，收听率是直观体现节目在市场竞争表现的指标，对市场内所有节目收听率进行排行分析，能够获知各节目的市场竞争表现情况。例如，2016年10月北京市场所有频率所播出的节目中，北京人民广播电台交通广播播出的《交通新闻热线》是收听表现最佳的节目，以6.2%的平均收听率排在首位，排名前5位的节目均由北京人民广播电台交通广播的节目组成，可见该频率节目在北京市场的影响力。

表 7.1.10　2016 年 10 月北京市场所有频率节目收听率排行前 5 位

排名	节目名称	播出频率	收听率%
1	交通新闻热线	北京人民广播电台交通广播（FM103.9/CFM95.6）	6.2
2	交通路况预报	北京人民广播电台交通广播（FM103.9/CFM95.6）	5.4
3	专家聊天气	北京人民广播电台交通广播（FM103.9/CFM95.6）	4.8
4	一路畅通	北京人民广播电台交通广播（FM103.9/CFM95.6）	4.3
4	每日空气质量播报	北京人民广播电台交通广播（FM103.9/CFM95.6）	4.3

数据来源：CSM 媒介研究

(2) 分析节目的收听率变化趋势

节目收听率排行反映的是该节目在市场中与其他节目竞争表现的结果，对节目播出周期中不同时点收听率的分析则是对其纵向收听表现的考量。以 2016 年上半年北京市场平均收听率较高的《一路畅通》节目为例，其收听率在 2016 年 10 月各天之间存在一定的波动，且这种波动的周期性较为明显，周一～周五的工作日收听率较高，而到了双休日收听率则明显回落。

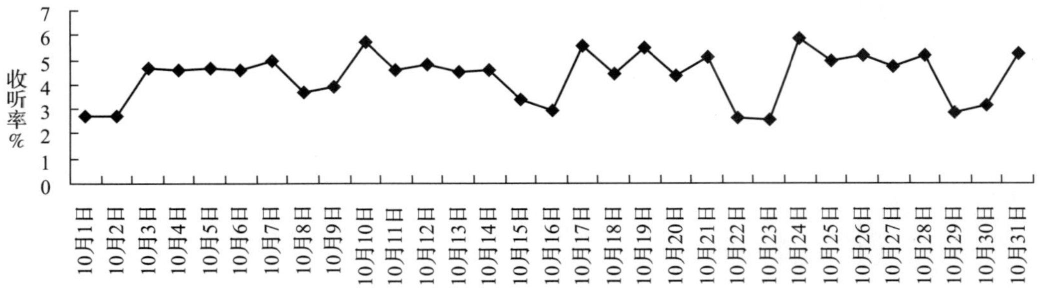

数据来源：CSM 媒介研究

图 7.1.19　2016 年 10 月北京人民广播电台交通广播《一路畅通》节目各天收听率（%）走势

对某一节目几年内的收听表现进行考察，方便我们从年度间的收听波动观察节目成长所处的阶段，是处于成长期、成熟期或是衰退期。以北京人民广播电台交通广播《一路畅通》节目为例，节目从 2013～2015 年各年上半年的收听率不断上升，而在 2016 年上半年则略有下滑，收听表现呈现成熟稳定的状态。

(3) 从到达率与忠实度的维度解析节目竞争力

收听率是到达率与平均忠实度的乘积，到达率高意味着听众规模大，忠实度高意味着听众收听时间长。同时具有较高到达率和较高忠实度的节目，收听率自然较高，是节目竞争中的强势节目；而只拥有较高到达率或较高忠实度的节目，则在某一方面具有优势但同时在另一方面存在着一定的问题。从北京人民广播电台交通广播 2016 年

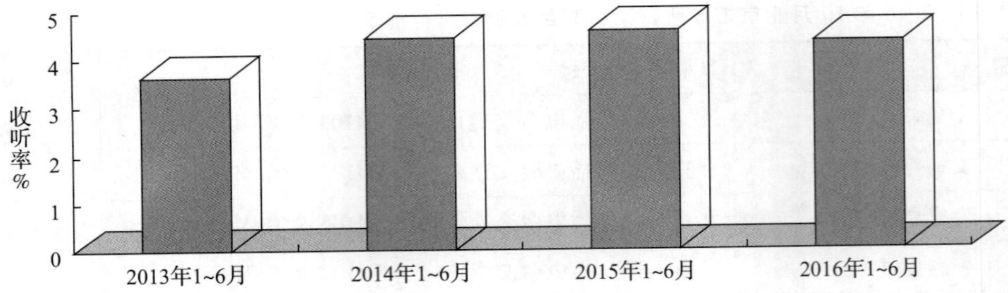

数据来源：CSM 媒介研究

图 7.1.20　2013～2016 年各年 1～6 月北京人民广播电台交通广播《一路畅通》节目收听率（%）变化

10 月各节目的平均忠实度与平均到达率的分析可以看出，《专家聊天气》《路况信息》《交通新闻》《交通路况预报》和《交通新闻热线》等节目同时拥有较高的平均到达率和平均忠实度，在听众收听广度和收听深度上均具有一定的优势，是交通广播具有优势的节目。《1039 天气早报》和《徐徐道来话北京》节目可以通过提升听众平均忠实度来提升竞争力，而《爱车全知道》《交通天气预报》等节目则可以通过提升听众平均到达率来提升竞争力。

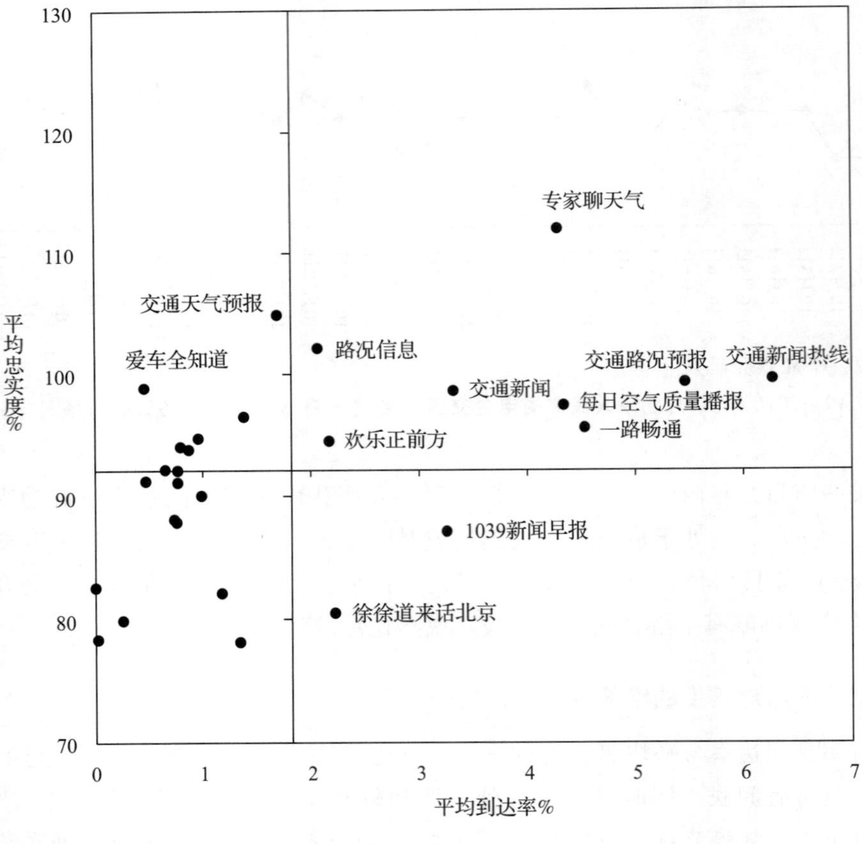

数据来源：CSM 媒介研究

图 7.1.21　2016 年 10 月北京人民广播电台交通广播主要节目的平均到达率和平均忠实度

第二节　收听率数据在广播节目编排中的应用

一、广播节目编排的意义及基本原则

对于不少广播从业人员而言，收听率数据的主要作用在于在广播节目播出之后对节目播出效果进行评估，以及基于收听率数据进行广告销售。由此可见，收听率更多地被用作事后评估的工具。而事实上，多年积累的收听率数据往往能反映出听众收听的客观规律和发展趋势，可以为广播电台的节目编排提供事前参考。在介绍利用收听率数据进行广播节目编排之前，需要对广播节目编排的意义与原则进行简要阐释。

（一）广播节目编排的意义

广播节目编排在广播传播和市场运作中到底扮演着什么样的角色？在对商业广播电视的运作行为进行了深入的历史性研究和长期的实地观察之后，美国学者苏珊·泰勒·伊斯特曼（Susan Tyler Eastman）等人对节目编排的过程特征和产品特征提出了强调，并认为节目编排是让广播电视媒体的技术和内容等硬件（Hardware）得以运作的软件（Software），突出节目编排对广播电视传播的必要性和重要性。

根据苏珊等人对于节目编排的理解，广播节目编排应该是一个“选择适合目标人群收听的节目内容”，“根据听众收听习惯对节目内容进行合理排期”，“对编排好的内容进行有效的整体宣传和营销”以及“对编排的收听效果进行评估”四个分步骤的、连续的、相互关联的过程。这个过程以满足听众需求为主要目标，以节目内容为主要承载物，是对“内容为王”理念的绝好体现。

广播节目编排作为一个关系到广播电台各个运作环节的复杂过程，直接影响着广播电台在收听市场的竞争效果。在充分了解市场供需状况和听众需求基础上制定的节目编排策略，可以帮助广播电台准确定位目标听众群体，并利用有限的资源实现目标听众规模最大化。在跨媒体竞争不断升级的当前媒体市场上，节目编排对于提升内容资源组合的效率和效果具有非常重要的意义。

（二）广播节目编排的基本原则

虽然随着媒介环境的变迁以及广播业自身的演进和发展，广播听众市场在不断变化，并由此引起了广播节目编排策略的不断演化和调整。但是，在广播节目编排中，依然有一些具有“普适性”的原则需要节目编排人员遵循，对处于任何市场竞争环境、采取任何频率定位和选择任何竞争策略的广播电台而言都具有适用性。主要有以下五个方面的原则。

- **兼容性原则**

兼容性原则强调广播电台的内容选择和节目排期需要与听众的日常生活轨迹相兼

容，这种兼容性表现为心理文化的兼容与收听时间的兼容两大方面。从心理文化兼容的角度来讲，不同时期、不同区域的广播听众市场上会有不同的文化偏好和潮流；兼容性原则要求广播电台在进行内容选择的时候，考虑播出内容与听众心理文化习惯的兼容性，保证听众对广播电台的认同。从收听时间兼容的角度来看，听众的日常生活会呈现出一些时期和时段的规律性；听众在不同时期和时段的行为安排，会影响到听众的媒体选择和内容选择；兼容性原则要求不论是大众性频率还是专业性频率，都需要尊重目标听众的收听时间规律，让自身的节目编排更好地与听众的日常生活习惯相融合，成为听众日常生活中习以为常的一部分。

- **习惯培养原则**

习惯培养原则要求通过比较规律的、严格的、可以预期的节目排期表来培养听众的收听习惯，使得听众能够在固定的时间调转频率，收听本频率的节目。早在20世纪30年代广播媒体发展初期，美国的广播节目编排者就发现部分听众会习惯性地在某个时间准时收听某个频率的品牌节目，就如同与节目之间有约会一样。而在新媒体不断发展、受众的渠道和内容选择日渐增多的情况下，拥有约会性收听行为的忠实听众往往又是广播电台的核心竞争力。鉴于习惯性收听在历史和现实竞争中的重要性，广播节目编排就必须在充分了解听众收听习惯的基础上，通过固定的节目编排——例如内容风格的固定和节目播出时间的固定等，来满足目标听众群体的期望和需求。

- **控制听众流原则**

在当前的媒体竞争环境中，受众拥有内容选择的自由。在受众消费某种媒体内容，尤其是诸如免费广播和电视这类不需要花费直接成本的内容时，时常会因为众多内外因素的刺激，而发生转台行为（Tuning）。由转台行为所导致的听众流失，与广播电台节目编排听众规模最大化的目标是相悖的；因此，广播电台节目编排需要遵循的另一个重要原则，就是要在了解听众转台行为发生机理的基础上，利用合适的编排策略，控制听众流动，保持本频率听众规模的最大化。要控制听众流动，一般可以从三个方面入手。首先是要实现本频率前后节目之间的听众顺流，防止前节目听众流失而导致后节目听众规模的下降；其次是要尽量从竞争对手处争取到听众入流，最大化竞争频率流入本频率的听众规模；最后是要尽量减少本频率听众向其他频率的溢流，最小化本频率因竞争而丧失的听众规模。

- **可持续利用节目资源原则**

虽然相对于电视业来说，广播业的内容制作成本相对较低，但整体来说，广播业作为内容产业的一部分，其内容资源同样具有高消耗的特征。广播电台最为倚重的节目类型包括生活服务、新闻资讯、音乐和文艺几大类，其中除音乐和文艺节目可多次重复利用之外，大部分的生活服务和新闻资讯节目都比较强调时效性和适用性，往往只能在短期内维持吸引力。与书籍或电影等媒介形态相比，广播业对内容的消耗算是相当迅速的。这一现实状况，与广播业发展已相对成熟、内容创新难度较大的情况相结合，使得任何广播媒体都很难单纯依靠频繁地制作新节目来吸引听众。这就要求广播节目编排遵循可持续利用节目资源的原则，在充分研究听众收听偏好的基础上，通过编排方法的创新，为重播广播节目寻求更好的理由，提高广播节目的利用效率。

- **拓宽听众诉求原则**

有研究者称，广播的听众竞争事实上还是一场关于听众规模的“数字游戏”。虽然目前广播听众市场呈现出碎片化和细分化的发展趋势，而广播频率也针对此情况采取了细分化和专业化的发展策略，但是无论是对以大众群体为目标听众的综合性广播频率而言，还是对以细分听众群体为目标听众的专业性广播频率而言，一定规模的听众依然是其回收成本和获取盈利的基础。广播台的“广播”和“窄播”策略既满足了现代人“归属于某个群体”的需要，又满足了现代人“保持个性独立”的需求。为保证对听众这两点需求的满足，广播频率在进行节目编排的时候，要遵循“拓宽听众诉求”的原则，既要考虑到目标听众作为一个特殊听众群体的特色化需求，又要考虑到目标听众群体对社会的认同，由此实现自身听众注意力规模的最大化。

二、广播节目编排的基本流程

广播节目编排工作实质上是一项由分析、设计和实施三大环节组成的、不断循环的工作。在第一步的分析过程中，广播频率首先要对自己现有的市场地位和节目编排进行评估。这类评估既涉及市场的整体状况、听众收听行为的具体变化、听众市场的构成情况、各类节目的收听状况以及不同广播频率的竞争状况等与收听率竞争直接相关的内容，也涉及诸如竞争者的技术条件、竞争对手的内容和主持人资源、本频率可以用于节目购买和节目编排的预算以及现有内容的盈利前景等内容。这种评估可以帮助节目编排者了解当前节目编排策略和模式的优劣，确定是否需要修改或者替换现有的节目编排方式，以及确定需要购买或者制作什么样的节目内容来支撑新的节目编排策略。

在对市场竞争情况和现有编排策略进行充分分析之后，广播节目编排者就进入了具体的编排策略设计流程。在设计过程中，广播频率首先需要根据市场分析判断市场机会，进而确定自身的目标听众群体；其次，需要对目标听众群体的收听行为进行深入的分析，把握其在时段和内容收听上的不同习惯；最后，广播频率需要基于自身的频率定位情况，选取适当的节目编排模式和策略，引导和控制听众流动，以追求听众规模的最大化。在进行节目编排设计的过程中，节目编排者除了要考虑为某个节目选择适当的播出时点之外，还需要考虑对前后节目以及本电台不同频率节目之间的编排协调，力求整合频率和电台的整体资源，实现听众注意力规模的最大化。

随后，节目编排进入实施阶段。在这个过程中，广播电台需要保证内容购买和制作对节目编排的支撑；需要严格遵守节目编排对于节目播出时间的设计，以培育听众的习惯性收听；需要随时监测收听率数据的变化，了解节目编排策略的实际效果。在实施过程中对于当前节目编排策略的总结和反思，会为未来的节目编排提供有益的参考，推动节目编排进入下一个分析阶段，进入节目编排的新一个循环。

三、广播节目编排的一般策略

我们可以从纵向与横向编排两个维度对常用的广播节目编排策略进行简要的分类。

（一）广播节目编排策略：纵向策略

广播节目的纵向编排策略一般是指，从频率自身或者节目自身的实力铸造为出发点，以提高竞争力为主要目的所进行的节目编排，这种编排策略的主要着眼点是对一个广播频率或者广播节目进行合理有序的排列，主要包括导入策略、带状策略、版块编排策略、吊床策略、搭帐篷策略和棋盘策略。①

导入策略（Lead-In）是指根据播出效果编排广播节目，把一个处于强势地位的节目安排在同类目标听众的弱势节目前。带状策略（Strip）是指在每天的同一个时间段安排相同的节目，从而达到培养听众收听习惯的编排方式。版块编排策略（Block）是指利用听众收听的沿袭效应，在大时段中连续安排几个相同品类节目的编排方式。吊床策略（Hammocking）是指将收听效果预期较低的节目，编排在两档较受欢迎的节目之间，用两端的两个强势节目把中间的弱势节目的收听率吊起来。由于听众喜欢吊床两端的强势节目，所以顺带也就把中间这个弱势节目也收听了。搭帐篷策略（Tent-Poling）是指将一个具有较好收听效果的节目，安排在两个影响较弱的节目之间，起到拉升前后节目传播效果的作用。棋盘策略（Checkerboard）是指每天在同一时段编排不同的节目。

在广播节目的实际编排应用中，“导入策略”“带状策略”“版块编排策略”应用较多，且常常配合使用，一方面可以利用广播听众的沿袭效应，增加其在节目之间的收听传承；另一方面，有助于加强节目品牌的曝光度，强化受众对节目的收听，从而提升相应时段的整体竞争力。

而后三种编排策略，“吊床策略”“搭帐篷策略”“棋盘策略”由于关注的是点状的节目，与上面三种策略相比，忽略了受众收听过程中行为的动态性和随意性，较难达到培养受众收听习惯的目的，因而在编排中使用得相对较少。②

（二）广播节目编排策略：横向策略

广播节目的横向编排策略一般是指，从频率自身或者节目自身之外的媒介环境出发，将竞争频率的节目播出、收听率、市场份额等指标的变化纳入到节目自身的编排参考框架之中，主要可以分为以下两大类型：

1. 两强对垒编排策略

两强对垒编排策略主要包括强棒出击策略、对抗性策略、锁式策略和阻挠策略。

① 张曼缔：《收视率分析与电视节目编排策略》，长沙：湖南大学，2007 年：P31.

② 陆洋：《电视节目编排策略研究》，上海：复旦大学，2011 年：P19.

强棒出击策略是指从黄金时段开始，安排强档节目出击。由于黄金时段第一个半小时的节目能否吸引听众，往往在很大程度上决定整个晚间节目的收听情况，因此，电台多半会以强档节目开始。对抗性策略是指在同一时段安排与竞争对手听众定位相近的节目。锁式策略一般是指在面对竞争媒体的强势节目时，刻意安排一个相当长度的节目，以始终吸附受众，防止受众的外流，从而达到封锁其他竞争频率的编排策略。阻挠策略是指打断正常的节目流程，停止播出原节目，安排高知名度的热门特别节目，以吸引竞争对手的听众“流入”本频率收听。这种策略因会打断对手听众的收听习惯而奏效，但通常是一次性的，过度使用不仅成本高，对自身的收听积累也并无太大助益。

2．迂回避让策略

迂回避让策略主要包括桥梁策略和无缝隙策略。桥梁策略是指在节目编排过程中，通过对竞争对手编排策略的分析，在势力相当或者相对薄弱的情况下，放弃竞争对手强势时段，寻找竞争对手相对薄弱的时段，安排自身相对强势节目，形成差异化竞争优势。无缝隙策略的主要宗旨是避免在两档节目之间留下明显“破口”，以便于将前节目的听众顺利导入后节目。主要做法是两档节目中间不插播任何广告或宣传，或者前节目结束后先播放后续节目的一些快节奏、吊人口味的情节以留住听众。[①]

四、收听率在节目编排中的应用案例

广播听众的收听行为与广播节目编排二者之间存在着互为影响的关系，一方面，广播节目编排会影响听众收听行为的取向；另一方面，听众收听行为的结果又反过来影响广播节目编排形式的确定。实现节目编排的科学化、合理化，实际上就是使节目播出流程最大限度地符合听众收听选择的规律。在前面章节分析的基础上，基于对受众收听行为的分析和理解，我们可以对广播节目编排的基本策略进行具体的案例分析。尽管上文对一些常见的节目编排策略进行了介绍，但在实际应用中，我们又可以从整体性节目编排策略和竞争性节目编排策略两个角度对这些编排策略进行展开分析。

（一）整体性节目编排策略

所谓整体性节目编排，是指对整个节目系统的编排和规划，作为一种固态的节目编排，它短期要考虑一天中不同时段里应该安排哪些与时段相适应的节目，长期来看要考虑一周、一月乃至一季度节目的总体设计与布局。

1．适位编排：合适的时间地点编排合适的节目

广播节目编排需要遵循兼容性原则，而兼容性原则最重要的要求之一，就是广播节目编排要与听众的日常生活行为相融合。通过适合听众日常生活节奏的节目编排，

① 张曼缔：《收视率分析与电视节目编排策略》，长沙：湖南大学，2007 年：P31.

使收听成为融入其日常生活中的惯有行为，有助于广播节目编排吸引并维持听众。收听率调查通过对广播听众收听行为的多年追踪，得出一系列有关广播听众收听时间和地点分布的规律性结论，为广播节目编排推行兼容性原则提供参考。

（1）时段规律分析：了解重点编排时段

在各类大众媒体中，广播作为伴随性媒体的消费优势比较明显，这就使得广播收听的时段走势与普通的“室内”媒体有明显的差异，这一差异会影响到广播在各个时段的收听存量，进而影响到不同时段广播市场的开发潜力。把握当地听众收听的时段规律，可为广播频率确定收听优势时段，并为制定相应的节目编排策略提供依据。

以2016年不同城市市场四波调查收听表现较好的几个交通类频率为例，大部分交通广播每天收听高峰都出现在早晨上班高峰期间，晚间下班时分是全天另一个收听高峰。从节目播出内容上来看，该时段的节目基本上都是路况和新闻播报，如北京人民广播电台交通广播在07:30～09:30期间播出的《一路畅通》，湖南交通广播07:00～08:00时段的《新闻快报》以及随时插播的路况信息，青岛交通广播07:00～08:30时段的《动感青岛》，长春交通之声07:00～08:30时段的《新闻早高峰》等。而早间的这些节目，在晚间高峰时段会相互呼应进行播出，相同的节目不同的内容，贴近生活，时更时新。新疆地区受其地理位置的影响，日出晚，上班时间也晚于其他省份，体现在交通广播的收听走势上，早晚高峰时段都比其他地区延后了2个小时左右，且晚高峰持续时间长。早晨的节目编排也是新闻+路况的合集，8:30的《新闻快车道》快速拉升收听率，至9点播出《开心路路通》的时候达到全天的收听高峰（图7.2.1）。

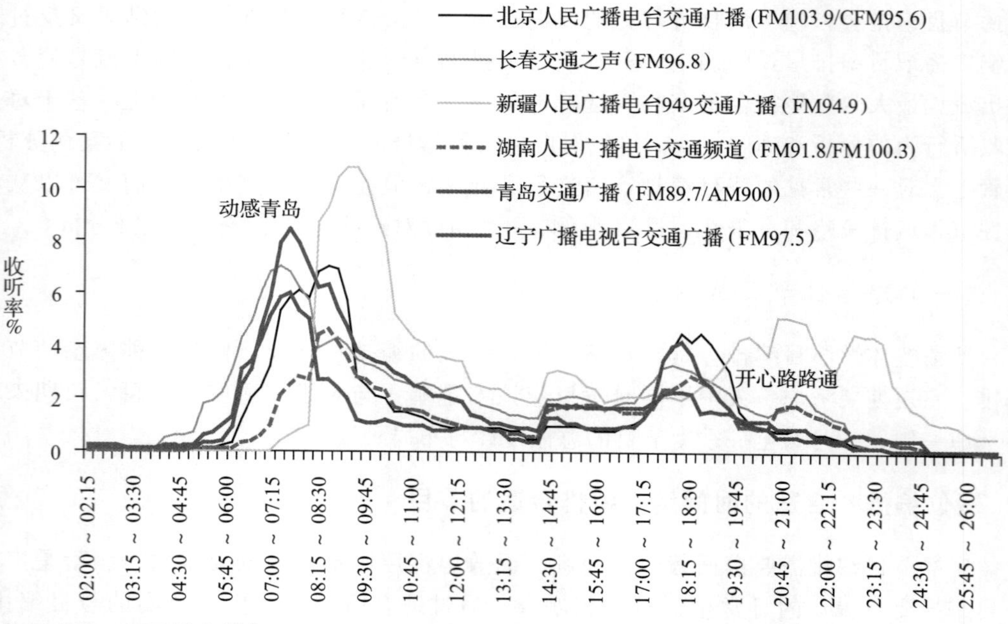

数据来源：CSM媒介研究

图7.2.1 收听表现排名前列的广播频率全天收听走势（2016年四波调查数据，本地或省会）

（2）收听地点规律分析：了解听众收听状态，寻找合适节目内容

与电视和报纸等其他大众媒体相比，广播媒体在移动收听和伴随收听上的优势比较明显，这就使得广播内容可以在多种地点和多种状态下被听众消费。不同地点和不同状态下，听众的信息接收环境不同、信息接收状态不同，需要广播频率选择和编排不同的节目内容以适应听众的需要。例如，当听众在开车的时候收听广播时，他们一方面对交通和气象信息比较敏感，另一方面则对音乐等不需要过多大脑涉入的内容有相对较多的需求；又如听众在工作或学习的时候收听广播，主要是为了寻求一种工作/学习状态中的背景声音，这个时候音乐类节目比较符合听众的需要。

以近年来多城市开设的“私家车广播”为例，这类频率独立于交通广播，在内容和形式上更具针对性，主要面向私家车车主进行服务，定位更加明确。福建 987 私家车广播的节目编排具有一定的代表性。该频率主打快乐牌，着重营造轻松、欢快的频率风格，彰显频率的青春活力，如风格欢快的《越生活越快乐》《今晚哪里 HIGH》等娱乐类主体节目。而早上的《快乐早 8 点》、傍晚的《速度生活》，也为听众互动搭建了宽松平台，增加听众的依赖性。由于该频率的车上收听占主体，所以通过合理编排适宜的广播节目内容，该频率多档节目均获得了不俗的收听表现（图 7.2.2）。

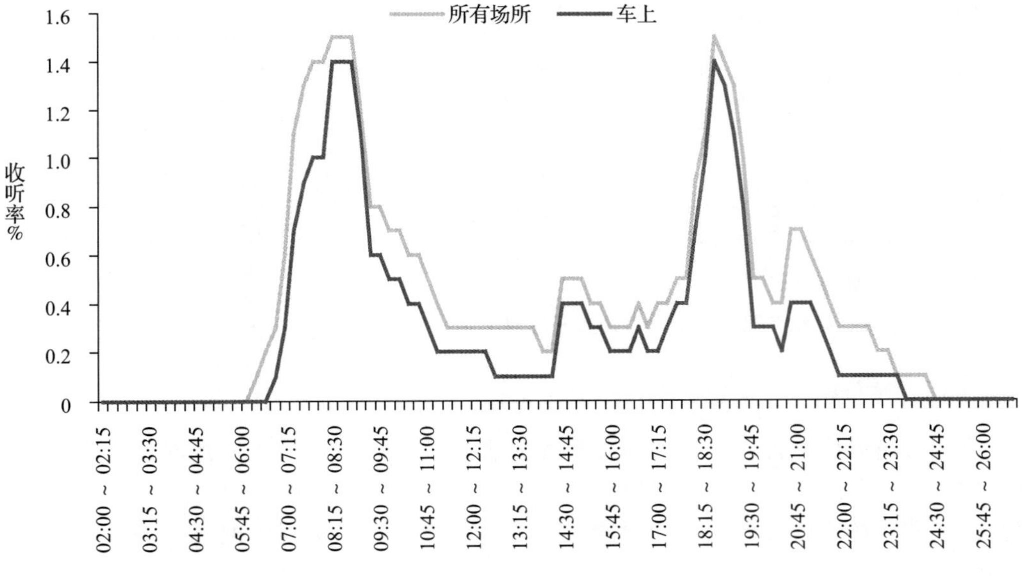

数据来源：CSM 媒介研究

图 7.2.2　福建 987 私家车广播（FM98.7）全天收听走势（2016 年四波调查数据，福州）

（3）周天规律分析：了解重点编排周天

作为一种拥有近一个世纪发展历史的大众媒介，广播已经与人们的日常生活有了很好的融合和兼容。听众在不同周天的工作和生活习惯，会对其对广播媒体的消费量产生影响，这同样值得节目编排者注意。例如，在大多数城市市场上，广播作为伴随

性收听媒体的特征比较显著，因此，在听众出行较多的工作日，广播的收听水平要较周日为高；而在不同的工作周天，由于听众的信息需求和出行规律呈现不同的特征，广播的收听规模也存在着差异。正因为如此，广播节目编排者应该将更多优质的节目集中在听众收听规模较大的工作日播出；与此同时，编排者还应该考虑到听众在不同周天的工作、生活和出行习惯，而选择不同的内容以适应听众的需求。

以 CSM 媒介研究 2016 年 36 城市一～三波收听调查中经济类频率工作日和周末的收听为例，结合不同收听场所的分析，可以看到，经济类广播频率周末收听率明显低于工作日的原因：经济类广播周末收听率的降低，主要是 06:30～09:00 时段和 17:00～18:30 时段车上收听大幅度降低所致（图 7.2.3）。在实际节目编排中，就可以针对这种听众不同周天和不同场所收听习惯的差异，编排适宜的节目内容，以获得更为有效的收听。

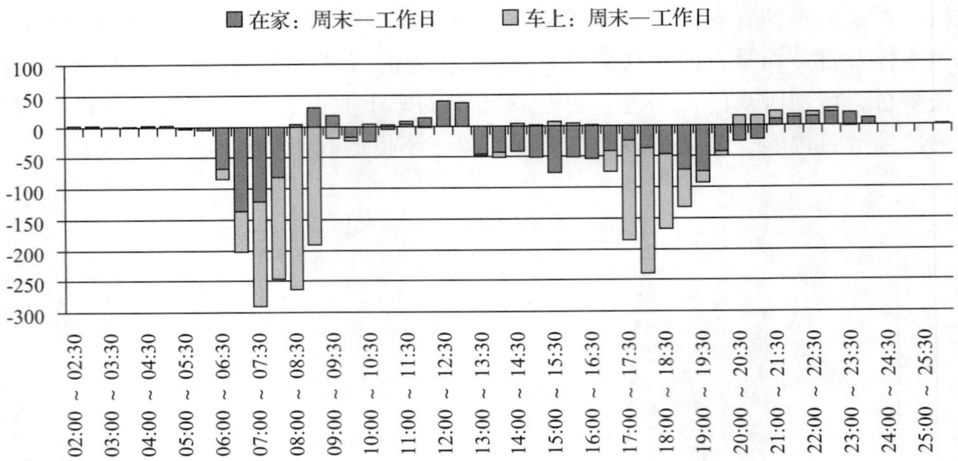

数据来源：CSM 媒介研究

图 7.2.3　经济类广播频率周末和工作日的收听率（000）差异（2016 年一～三波调查数据，36 城市）

（4）时期规律分析：了解重点编排时期

收听时期规律分析，可以帮助节目编排者了解在一年之中不同的时期，听众收听行为的变化。受到节假日和重要事件等的影响，广播听众的收听行为也会长期存在规律性的波动；在广播人均收听分钟数整体走低的趋势下，不同时期听众的收听规模存在高低差异。

一般情况下，与电视等媒体的受众消费明显受节假日和特殊事件推动的情况不同，在节假日和奥运会等重大事件期间，广播听众的收听规模一般受影响较小。节假日和重大事件等受众注意力规模整体上升的时期，并非广播与其他媒体争夺受众注意力的最佳战场。但对于一些专业性较强的广播频率，在与频率本身相关性较强的重大事件发生时，通过合理地分配节目资源，有针对性地追踪事件报道，在一定程度上能很好地提升频率和节目的影响力。

以上海第一财经为例，第一财经（AM1422/FM97.7）是全国知名的专业财经特色广播频率，是上海市场最具影响力的财经视听媒体之一。2015 年是中国证券市场历史上引人注目的一年，沪深 300 指数收盘价从 2015 年 1 月 9 日的 3546.72 点暴涨至 2015 年 6 月 12 日的 5335.12 点，涨幅达到惊人的 50.42%；此后股灾发生，该指数收盘价从最高点暴跌到 2016 年 1 月 29 日的 2946.09 点，自高点的跌幅为 44.78%，投资者陷入恐慌，监管部门疲于应付。为了避免系统性金融风险，政府还不得不入市干涉。[①] 第一财经的市场份额走势与沪深 300 指数收盘价的走势的对比明显地反映了广播听众的收听需求。在沪深 300 指数收盘价从年初快速上涨的同时，第一财经的市场份额温和而缓慢地爬升。沪深 300 指数收盘价在 7 月 3 日一周暴跌结束，熊市开始，第一财经的市场份额开始急剧增长，从 12% 增长到 9 月 11 日之前的 14% 以上。期间第一财经听众的焦虑、绝望及投机心理，以及通过收听广播获得对市场趋势确定性预判的渴望，在这些数据中都可能得到窥视和解读（图 7.2.4）。

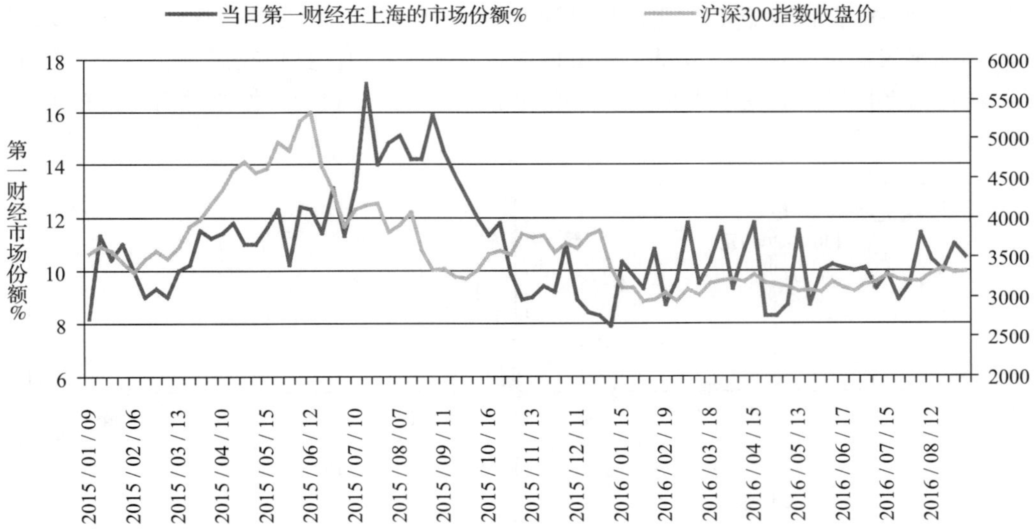

数据来源：CSM 媒介研究

图 7.2.4　第一财经在上海的市场份额走势（07:00～21:00）及沪深 300 指数收盘价

2. 适群编排：确定目标听众，明确节目编排方向

在当前多种媒介融合发展的时代，消费者的媒体选择不断增多，媒体消费的个性化日趋明显，广播业由大众化、综合性的“广播”走向小众化、专业化的“窄播”乃大势所趋。“窄播”的推行除了需要开辟专业化的频率之外，更重要的是要求广播节目编排者对听众收听偏好和收听习惯有更细致的把握，准确定位自身的目标听众群体，并有针对性地进行节目选择和编排。

① http://news.sohu.com/20150807/n418373444.shtml

(1) 确定目标听众人群，指导内容选择和编排

对广播目标听众群体的分析，可以采取听众市场构成分析方法。通过对本频率历史上所拥有的，或与本频率有相似内容定位的频率所拥有的听众构成、听众收听集中度等进行分析，以初步描绘出本频率目标听众的轮廓。不过，收听率数据对于听众构成和行为进行分析的能力还不限于此，对于收听率数据进行更深层次的解构，可以帮助广播频率更清楚地把握住自己的目标听众群。

根据不同听众群体的到达率、忠实度与整体听众平均水平之间的关系，我们可以将听众群体分为四类。到达率和忠实度均高于平均水平的听众为重度听众，这个群体中，收听特定频率的人比较多，且收听时间也比较长；到达率高于平均水平但忠实度低于平均水平的听众称为游离听众，这个群体中有很多人会收听特定频率，但频率内容对其吸引力不大，听众很快就会转换频率或者关机；到达率低于平均水平但忠实度高于平均水平的群体为稳定听众，尽管这个群体中收听特定频率的听众人数不多，但收听者都比较喜欢该频率的节目，收听的时间比较长；到达率和忠实度均低于平均水平的群体为轻度听众，这个群体中，收听特定频率的人数较少，停留时间也比较短。

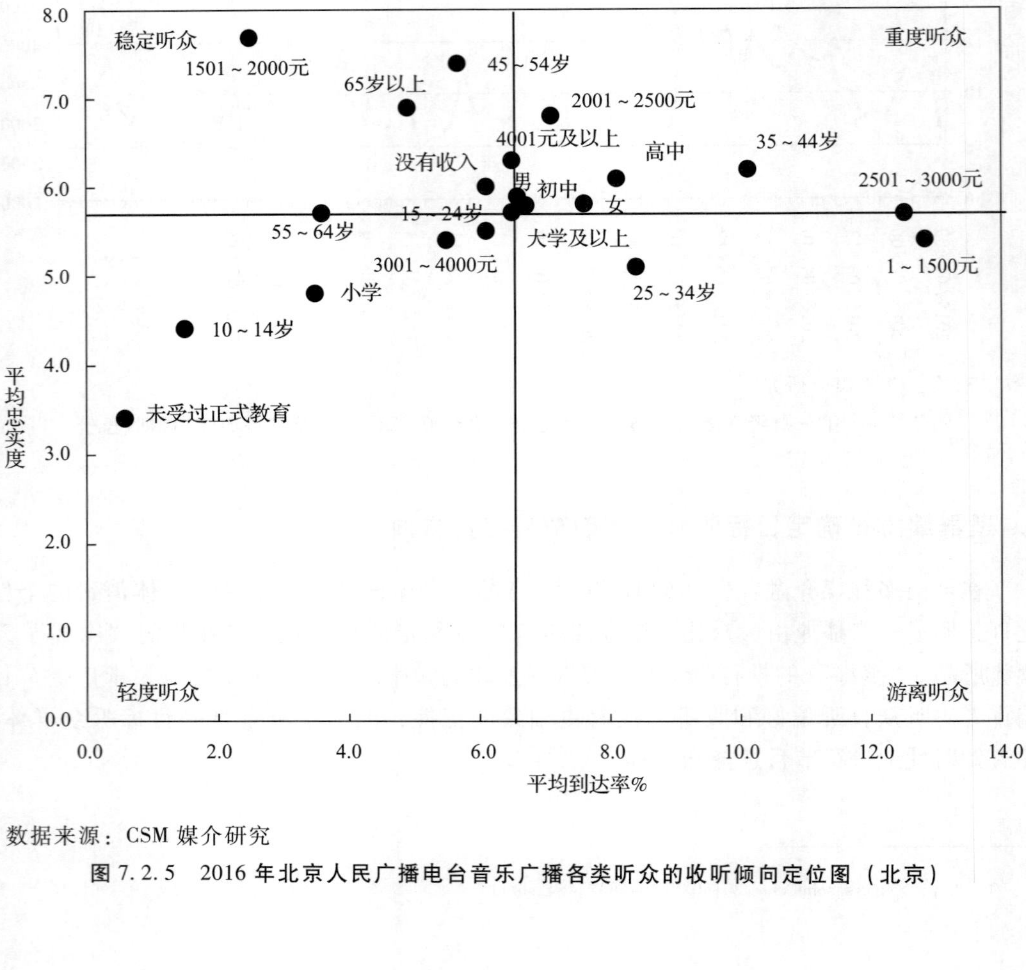

数据来源：CSM 媒介研究

图 7.2.5　2016 年北京人民广播电台音乐广播各类听众的收听倾向定位图（北京）

对于节目编排者而言，首先需要在节目选择和编排上满足重度听众群体的需要；同时，通过推广宣传等方法，改善频率在稳定听众群体中的知名度和到达率，力争将稳定听众转变为频率的重度听众；对于本频率的游离和轻度听众则暂时可以不作为频率节目选择和编排的考虑重点。以2016年北京人民广播电台音乐广播为例，通过对该音乐频率听众收听行为的深入分析，我们可以发现，该频率的重度听众中有35～44岁的中青年群体，也有个人月收入在2001～3000元之间的中等收入群体，节目编排者需要根据这些年龄、收入群体的不同的时段收听习惯，选择在适当的时间播放特定听众群体喜欢的节目（图7.2.5）。除了上述重度群体之外，中低收入群体、老年群体对该频率的收听比较稳定，该频率可以通过对这些人群进行编排推广和宣传，吸引更多此类群体的关注。通常而言，分析所得出的重度听众和稳定听众就是频率需要注重考虑的目标听众。相比上述群体而言，其他群体对该频率的收听稳定度较低，在普通节目编排中一般不用优先考虑。

（2）分析目标听众群体收听习惯，明确节目排期策略

虽然频率专业化在我国已经推行了数年，但受到广播频率资源以及市场整体规模的影响，目前多数广播频率在目标听众群体细分上都没有做得很彻底，一个频率的目标听众往往可能是具有收听偏好差异性的不同听众群体。面对这种情况，频率在确定目标听众群体以后，需要对每一个目标听众群体的收听习惯进行更深入的分析，了解不同听众群体的收听习惯、收听偏好和价值取向，并在合适的时段向特定的听众播放合适的节目。

在对目标听众群体收听习惯的分析中，最重要的莫过于对其收听时段规律的分析。以2016年1～10月上海专业戏曲频率分时段不同目标听众收听走势为例，上海戏剧曲艺广播在上海的收听率高峰出现在14:00～15:00时段，明显区别于整体广播媒体收听率高峰出现在6:00～9:00时段的情况，其听众以55岁及以上人群为主，65岁及以上人群占绝大多数，说明上海戏剧曲艺广播听众集中地出现于在家的午间时段，此类听

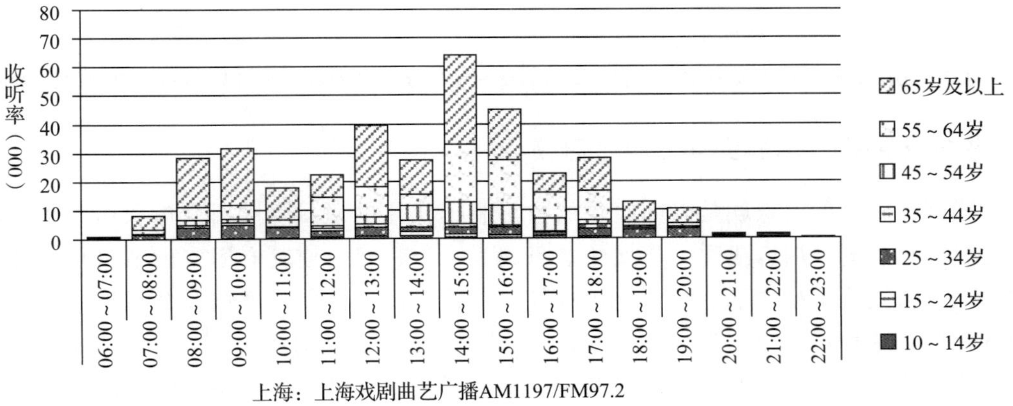

数据来源：CSM媒介研究

图7.2.6　2016年1～10月上海戏剧曲艺广播分时段不同年龄段听众收听率走势

众通常是老年闲暇人群（图 7.2.6）。以此为依据进行节目编排能更有针对性地俘获听众的收听关注，事半功倍。

2016 年 36 城市新闻综合类频率收听场所与各目标人群对应性分析表明，听众的身份和工作生活习惯等属性与收听场所高度契合。女性、中老年人和中低收入人群有更多的闲暇时间待在家里，因此他们更喜好于在家收听新闻综合类频率；白天大部分时间都在上班的中等收入、中青年听众更偏好于在工作/学习场所收听该类频率；偏好于在车上收听新闻综合类频率人群的身份特征则更为鲜明，主要是一些高学历、高收入和年轻人群，这几类人群开车和坐车的几率均相对高于其他类别人群，因此决定了他们更倾向于在车上收听广播（图 7.2.7）。

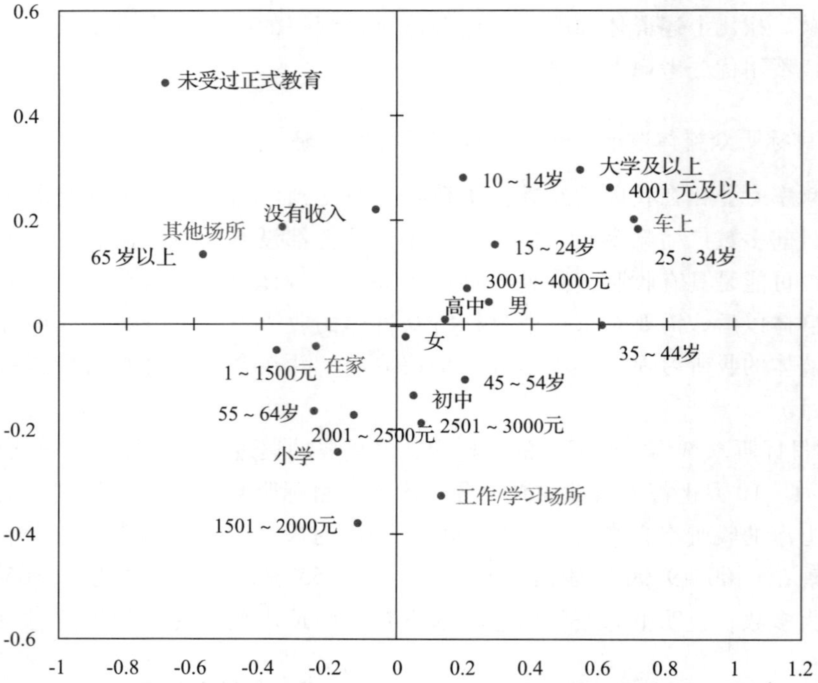

数据来源：CSM 媒介研究

图 7.2.7　2016 年新闻综合类频率不同目标听众群体与收听场所的对应分析（36 城市，四波调查数据）

3. 模式化编排：培养受众的收听习惯

模式化编排的要点就是以固定化的播出和模式化的栏目培养听众的收听习惯，其核心是将反映同一内容或同一类型的节目归为一个栏目，使其有固定的节目构成和播出时间。模式化编排之下栏目的播出周期、播出时间、播出长度以及节目形态都是相对固定的，这种规律会使听众无形中形成“约会意识”，按时收听。

模式化编排的具体方式主要有两种。一是版块式编排，即在整块的时间里连续安排两个或多个对听众有相似吸引力的系列节目，上文在纵向节目编排策略中已提及。二是全盘式编排，主要利用听众每天的固定收听习惯，把一定的节目安排在每天同一时段播出，如上文提及的带状策略。

以陕西都市广播的主打节目《秦岭夜话》为例，该节目是一档以解决情感、婚姻、家庭问题为主的都市夜话节目，主持人金荣以认真专业的态度以及过硬的分析问题、解决问题的能力在每天 90 分钟的时间里给很多受到各种心理困扰的听众解开心里的迷结。从西安地区 2016 年前三季度全天收听率走势来看，大多频率处在胶着状态，多数时段收听率表现处在 2% 以下。陕西都市广播白天时段收听表现也比较平稳，与其他频率相比并不突出，从晚间 21 点开始拉高收听，21:35 左右《秦岭夜话》节目播出时段达到全天峰值 7.65%，直至节目 23 点结束开始回落，节目带动的晚高峰对自身频率乃至整个晚间收听市场都有不可磨灭的突出贡献（图 7.2.8）。

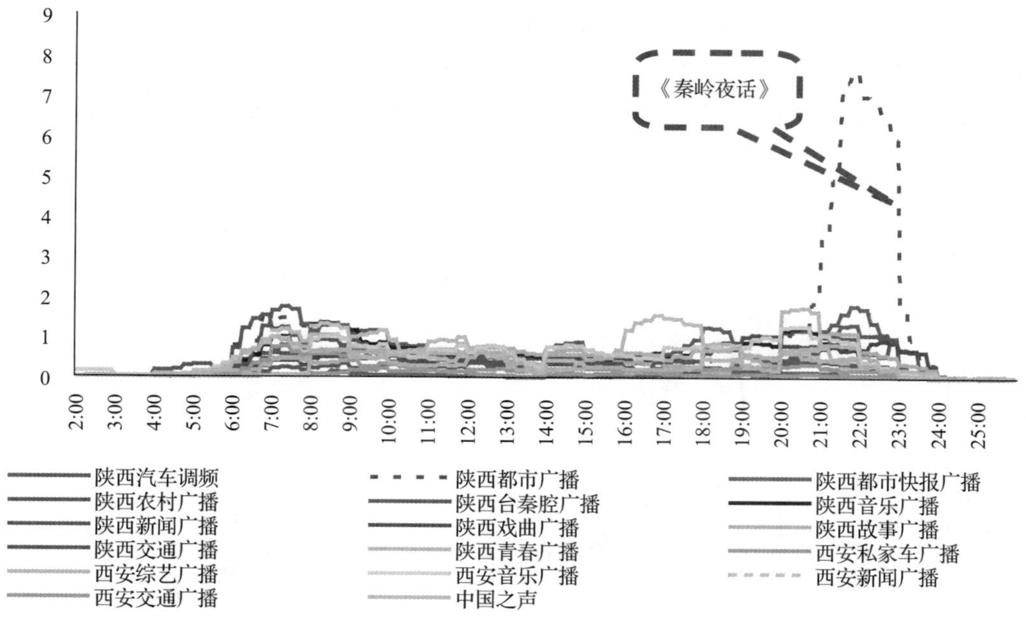

数据来源：CSM 媒介研究

图 7.2.8　2016 年前三季度西安市场各频率全天收听率表现

不难看出，节目播出时间的固定化与栏目形态的模式化，可以培养听众的收听习惯，规范节目的编播，培养听众的收听行为；与此同时，这种编排方式在为受众提供方便的同时，也为广播电台带来相应的影响力和品牌效益。

（二）竞争性节目编排策略

CSM 媒介研究多年的收听率调查数据显示，目前在我国大多数城市市场上，听众收听总量都存在着衰减的情况；而与此同时，伴随着频率专业化的进程，以及广播数字化发展的推进，参与市场竞争的频率数量越来越多。市场蛋糕整体变小的趋势与竞争者日趋增多的趋势相结合，使得广播收听市场的份额竞争趋于白热化。面对着众多或同质或异质的竞争频率对于听众注意力的争夺，广播频率在进行节目编排之前，还需要对本地市场频率竞争的状况有清晰的把握，以明确竞争对手，选择有的放矢的编排策略。

1．反向性节目编排

反向性节目编排，如上文提及的迂回避让策略，是指节目编排者争取一批与竞争对手目标听众群不同的受众而采取的一种编排策略。在竞争对手已经拥有一定影响力的品牌节目占据了某一时段的收听主动权的情况下，在自身频率无法保证播出的节目能够胜出的情况下，选择避重就轻地在同一时段中安排一个内容风格差异化、受众定位区隔化的节目，开发这一时段不同价值的听众。

以北京广播收听市场2016年12月在早高峰收听水平差距不大的两个频率为例。北京人民广播电台新闻广播在早高峰期间编排的是综合新闻和新闻资讯类节目《北京新闻》《新闻大视野》《资讯早8点》，北京人民广播电台文艺广播以差异化的编排方式，编排的是两档文艺节目《空中笑林》和《我们出发吧》，差异化的编排方式，使两个频率均获得了不俗的收听水平（图7.2.9）。

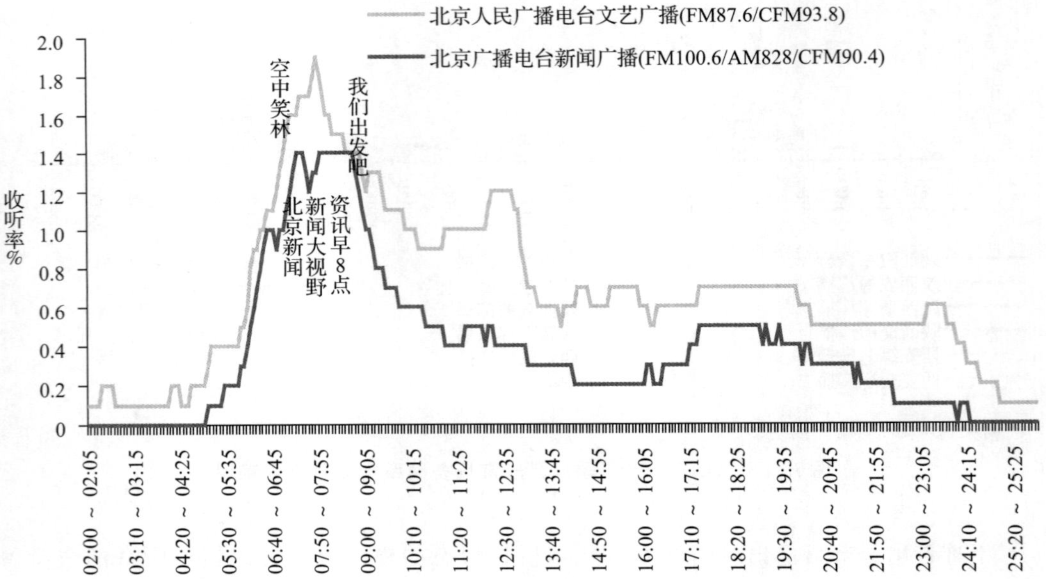

数据来源：CSM 媒介研究

图 7.2.9　2016 年 12 月北京两频率全天收听率表现

2．挑战性节目编排

在节目受众定位较窄，且竞争对手多头的情况下，反向性编排策略显然不是一个最佳选择，挑战性的节目编排成为此时的选择。这种编排方式属于硬碰硬的编排手法，正如前文所提及的对抗性策略，为了争夺同一拨目标听众，与竞争对手都以强势节目相竞争。当然，这种编排策略的前提是对本频率要播出的节目有很强的信心，同时这种编排方式也面临着一定的风险。

以 2016 年 12 月北京市场中央台和北京台两个音乐频率早间～上午时段的编排为例。同为专业的音乐类广播频率，北京人民广播电台音乐广播和中央人民广播电台第三套节目音乐之声，针对相似的目标听众，播出相近的节目内容，因此在编排上采取的就是挑战性节目编排。由图 7.2.10 可以看出，两个频率在不同时段各有胜出，在 9:00前时段，北京人民广播电台音乐广播编排的《早安音乐秀》收听率更高一筹；在 9:00后时段，中央人民广播电台第三套节目音乐之声凭借《自在音乐》获得了高于北京人民广播电台音乐广播的竞争优势（图 7.2.10）。

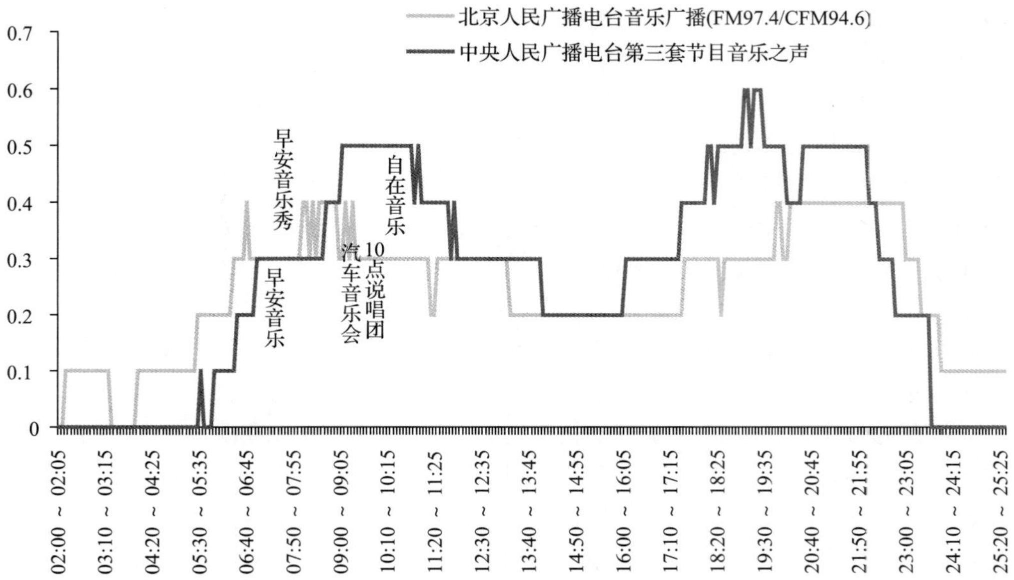

数据来源：CSM 媒介研究

图 7.2.10　2016 年 12 月北京与中央台两频率全天收听率表现

3. 重型打击编排策略

重型打击编排策略是指用一个强势的、时间较长的节目与竞争对手时长较短的节目进行对抗，且节目要在竞争对手节目版块尚未开始之前就抢先播出，以尽早抓住受众的收听注意力，保证他们对本频率节目注意的同时，削弱对手节目的听众占有率。如前文所说的阻挠策略，停止播出原有节目，编排知名度较高的热门特别节目吸引竞争对手的听众“流入”本频率进行收听。这种方法在实际编排中并不多见，且通常为一次性使用，此处就不再举例说明。

第三节　收听率数据在广播节目评价中的应用

节目评价是指为保证和提高节目质量及其传播效果，由媒体自身或委托有关机构，按一定的原则、标准和程序，运用科学的方法，对节目的质量及其产生的社会效益和经济效益进行评判。节目价值是社会价值和经济价值的结合，所以节目评价通常也涉及这两个方面。在广播节目评价体系中的听众满意度、专家打分、领导意见等指标，主要反映节目的社会价值，而节目收听率、广告收入及投入产出比等指标则能很好地衡量节目的经济价值。

一、收听率数据在广播节目评价中的重要性

收听率数据在广播节目评价中处于重要地位。收听率数据作为广播收听市场中重要的数量指标，客观地反映了人们的收听行为及习惯，包括什么人在什么时段收听什么频率的什么节目，它反映了听众节目选择情况。收听率数据还可从一个侧面反映出节目制作及编排方面的问题，对节目的编排和播后评价具有重要的作用，运用收听率数据中的一些指标还可以评价听众对节目的喜好和满意程度。收听率数据也是市场化的指标，是广告商进行科学广告投放和广告投放后评价的重要依据。通过它可以指导广告商用多少钱、在什么时段及什么节目进行某种产品广告的投放，了解广告播出后的收听效果以及某种产品与目标消费者之间的契合度，从效益方面对广播节目进行评价。

收听率数据是广播节目评价的重要指标，但并不是唯一指标。广播电台虽然是国家的事业单位，但它同时兼顾社会效益和经济效益两方面的压力，不可能完全市场化运作，必须综合考虑国家舆论导向及相关的社会效益。收听率数据主要反映节目的市场状况，更多地体现了经济效益，但对节目的思想性、艺术性等方面社会效益的评价作用较小，所以在很多广播电台节目评价中，除了使用收听率数据外，还加上了听众满意度、领导和业界意见等方面的评价，除此之外还有一项指标在节目评价中也相当重要，即节目的广告创收能力，在目前的经济社会中，此项指标更显突出。

二、几个重要收听指标在广播节目评价中的应用

在运用收听率指标体系对广播节目进行评价时，并不是指标用得越多越好，实际上我们更倾向于指标少而精，灵活运用。使用收听率指标体系对节目进行评价时，应用最多的几个指标是收听率、市场份额、到达率、忠实度、听众构成和集中度，这几个指标反映了广播节目的听众数量、听众稳定性、什么人在收听、什么人喜欢收听以及节目的竞争力如何等。

1. 收听率和市场份额的应用

收听率是指在某一特定的时段里，收听某一特定频率或某一特定节目的人数占总体推及人数的百分比。市场份额也叫市场占有率，是指在某一特定的时段，收听某一特定频率或者某一特定节目的人数占总体收听人数的百分比。就同一市场同一时段（频率）而言，二者的差异就在于百分比的分母部分，收听率的分母是该市场的总体推及人口，既包括已有收听行为的群体，也包括未发生收听行为的其他人口；市场份额

的分母则只包括在该时段有收听行为的人群。因此，从数值上看，市场份额的数值往往大于收听率。市场份额可以看作收听率的派生指标，它实际上是某一时段某频率（节目）的收听率与同时段总收听率的比值，反映了该频率（节目）在当时市场上的竞争力。

以2016年10月北京市场为例，收听率排名前20位的节目主要集中在北京人民广播电台的3个频率中，新闻广播有4个，交通广播有11个，文艺广播有5个。单从收听率的高低而言，北京台交通广播的《交通新闻热线》《交通路况预报》和《专家聊天气》节目依次占据前三位。

由于不同节目的播出时间不同，播出的时长不同，同时段的竞争强度有所差异。收听率的高低虽然能反映出收听人数占总体推及人数的比例，但并不能反映出节目的竞争力强弱，而市场份额则正好可以反映其竞争力。以收听率排名第7位的北京人民广播电台新闻广播《北京新闻》节目和排名第14位的北京人民广播电台文艺广播《小说连播》节目为例。《北京新闻》在早间7:00开播，时长为30分钟，收听率是3.91%，市场份额是24.92%。《小说连播》则在午间12:00~12:30播出，2.13%的收听率虽远低于《北京新闻》，但36.74%的市场份额却远远高于前者，也就是说，在其播出的时段内，听广播的听众中有超过三分之一的听众在收听这个节目。很明显，文艺广播的《小说连播》的节目竞争力要高于新闻广播的《北京新闻》。

表7.3.1　2016年10月北京市场节目收听率排名前20位

排名	节目/频率	收听率%	市场份额%
1	交通新闻热线/北京人民广播电台交通广播（FM103.9/CFM95.6）	6.24	37.45
2	交通路况预报/北京人民广播电台交通广播（FM103.9/CFM95.6）	5.43	38.93
3	专家聊天气/北京人民广播电台交通广播（FM103.9/CFM95.6）	4.79	40.91
4	一路畅通/北京人民广播电台交通广播（FM103.9/CFM95.6）	4.33	41.25
5	每日空气质量播报/北京人民广播电台交通广播（FM103.9/CFM95.6）	4.25	39.35
6	今日交通/北京人民广播电台交通广播（FM103.9/CFM95.6）	4.25	32.32
7	北京新闻/北京人民广播电台新闻广播（FM100.6/AM828/CFM90.4）	3.91	24.92
8	新闻大视野/北京人民广播电台新闻广播（FM100.6/AM828/CFM90.4）	3.52	23.56
9	交通新闻/北京人民广播电台交通广播（FM103.9/CFM95.6）	3.27	31.65
10	1039新闻早报/北京人民广播电台交通广播（FM103.9/CFM95.6）	2.84	27.68
11	转播中央人民广播电台新闻和报纸摘要节目/北京人民广播电台文艺广播（FM87.6/CFM93.8）	2.40	23.28
12	转播中央人民广播电台新闻和报纸摘要节目/北京广播电台新闻广播（FM100.6/AM828/CFM90.4）	2.33	22.60
13	新闻热线/北京人民广播电台新闻广播（FM100.6/AM828/CFM90.4）	2.27	21.16
14	小说连播/北京人民广播电台文艺广播（FM87.6/CFM93.8）	2.13	36.74

续表

排名	节目/频率	收听率%	市场份额%
15	评书连播（午间版）/北京人民广播电台文艺广播（FM87.6/CFM93.8）	2.12	37.08
16	路况信息/北京人民广播电台交通广播（FM103.9/CFM95.6）	2.12	31.41
17	欢乐正前方/北京人民广播电台交通广播（FM103.9/CFM95.6）	2.06	26.64
18	2016北京榜样本周人物榜/北京人民广播电台交通广播（FM103.9/CFM95.6）	2.04	26.81
19	空中笑林/北京人民广播电台文艺广播（FM87.6/CFM93.8）	1.91	12.40
20	评书连播（早间版）/北京人民广播电台文艺广播（FM87.6/CFM93.8）	1.84	26.86

数据来源：CSM媒介研究

2. 到达率和忠实度的应用

到达率是指在特定的时段内，接触过（收听过）某一频率（节目）的不重复的听众人数或其占听众总人数的百分比；忠实度是收听率与到达率的比值，其值在0～100之间，值越高，则该频率（节目）聚合受众的能力越强。到达率与忠实度可以视为某一频率（节目）收听评价的两个维度，到达率反映了某一频率（节目）的听众收听规模，即有多少不同的受众“接触过”该频率（节目），反映了收听的广度；而忠实率则表征着收听的深度，反映了某一频率（节目）到达的受众中有多大比例从始至终收听了某一频率（时段）。到达率与忠实度的乘积就是收听率，即收听率=到达率×忠实度。

了解节目收听率在两个维度上的不同表现是进行广播节目总体评价的重要方面。

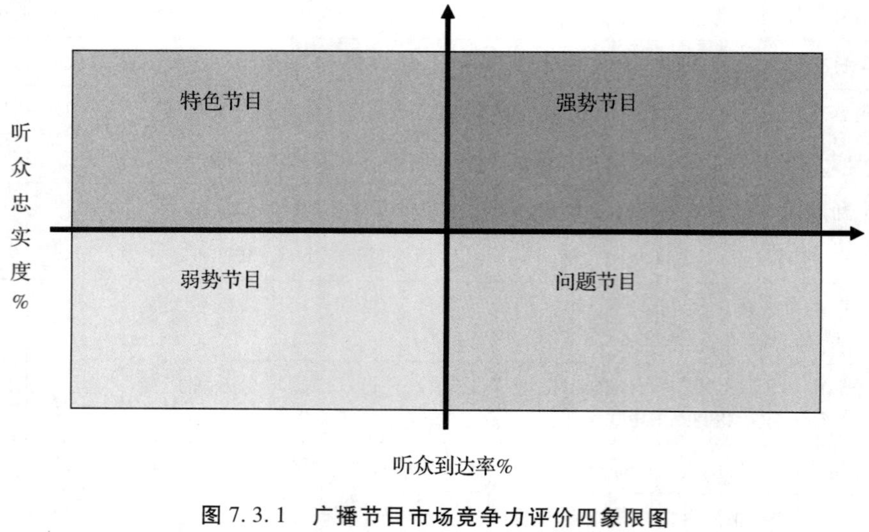

图7.3.1　广播节目市场竞争力评价四象限图

有的节目到达率高，忠实度也高；有的节目到达率高，但忠实度低；有的节目到达率低，而忠实度高；有的节目到达率低，忠实度也低。这样四种组合类型的区分，非常有助于我们对节目的市场表现进行优劣势判断，找到改进节目市场表现的有效途径。

上述考虑可以用广播节目市场竞争力评价四象限图来表示（图 7.3.1），落入第 I 象限的节目，有高的听众到达率和高的听众忠实度，是最具竞争力的强势节目；落入第 II 象限的节目听众到达率低但忠实度高，是留得住听众的特色节目；落入第 III 象限的节目，其听众到达率和听众忠实度均较低，是竞争力较差的弱势节目；落入第 IV 象限的节目听众到达率高但忠实度低，听众流动性强，形不成相对稳定的听众群，是问题节目。

以 2016 年 10 月北京人民广播电台文艺频率播出的节目为例，从四象限图（图 7.3.2）中我们可以看出，落入第 I 象限的节目，如《小说连播》，平均到达率和平均忠实度都比较高，在文艺频率的节目中属于“强势节目”；落入第 II 象限的节目，听众到达率低但忠实度高，如《我爱原声带》，平均到达率不是很高，但具有很高的平均忠实度，属于具有固定听众群的小众“特色节目”；落入第 III 象限的节目，如《午夜拍案惊奇》，由于播放时间的原因，其听众平均到达率和平均忠实度均很低，是竞争力较差的“弱势节目”；落入第 IV 象限的节目，如《转播中央人民广播电台新闻和报纸摘要节目》，听众平均到达率高但平均忠实度低，属于“问题节目”。

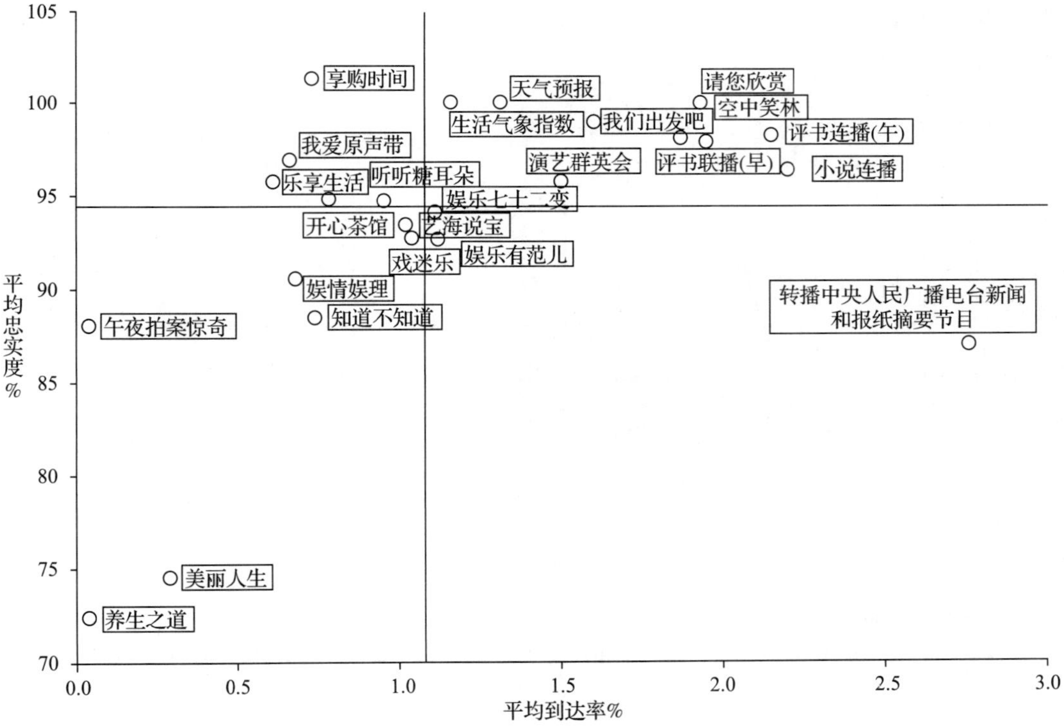

数据来源：CSM 媒介研究

图 7.3.2　2016 年 10 月北京人民广播电台文艺频率节目评价四象限图

3．听众构成和听众集中度的应用

听众构成是指特定节目（时段）目标听众的收听量在该节目（时段）总收听人口的总收听量中的比例，反映了该节目（时段）的收听听众的结构；听众集中度则是目标听众的收听率与该节目（时段）所有听众的平均收听率的比值，描述了目标听众收听行为与总体听众收听行为的差异。两个指标都是对目标听众收听行为的刻画，区别就在于，听众构成是对特定节目（时段）的听众结构的客观描绘，回答“什么人在收听这个节目”的问题；而听众集中度则是通过比较目标听众收听率与所有听众平均收听水平的差异，来推断目标听众的收听倾向性，听众集中度本身是一个指数，值大于100%，表示该类目标听众的收听倾向高于平均水平，回答“什么人更爱听这个节目”的问题。

以北京人民广播电台文艺频率收听率较高的《小说连播》节目为例，2016 年 10 月的听众特征如下：性别上，女性听众比例高于男性听众；年龄上，45～54 岁中年人和 65 岁以上老年人占比较高；学历上，高中/中专/职高/技校听众占比十分突出；职业上，无业人员（包括离退休人员）比重大；个人月收入方面，月收入 2001～3000 元的听众的比重最大。从听众喜好上看：性别上，女性听众喜好度略高于男性；年龄上，45 岁以上的中老年群体喜好度高于平均水平；学历上，高中/中专/职高/技校、小学学历人群喜好度较高；职业上，除了无业人员有较高的喜好度外，干部/管理人员、工人群体也表现出较高的喜好度；在个人月收入方面，收入在 1001～4000 元之间的听众喜好度均高于平均水平（图 7.3.3）。

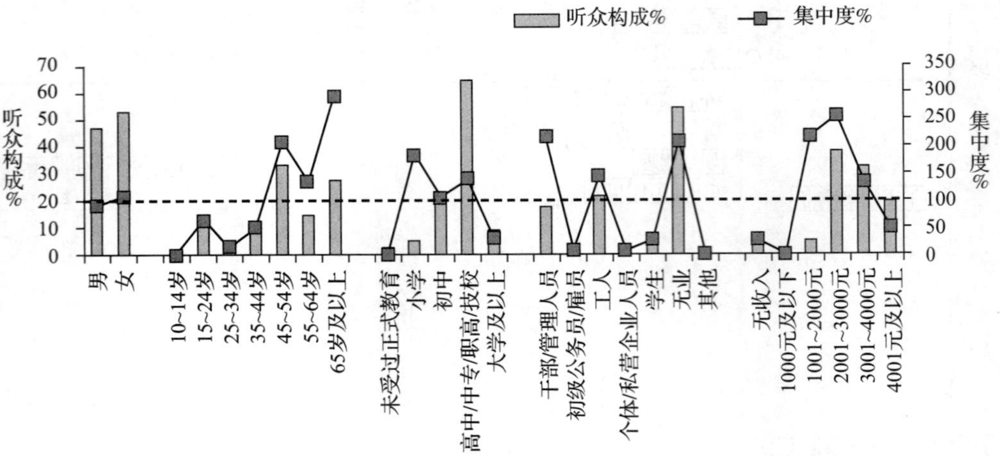

数据来源：CSM 媒介研究

图 7.3.3　2016 年 10 月北京人民广播电台文艺频率《小说连播》节目的听众构成和集中度

三、广播节目评价体系的建立

广播节目评价体系是围绕广播节目评价工作而形成的包含评价指标体系、评价方法体系、评价操作体系、评价分析体系、评价应用体系等子体系在内的总体系（图7.3.4）。评价指标体系规定了评价的对象、内容和标准，是整个评价体系的基础和核心部分；评价方法体系规定了评价的方式、方法和技术，评价操作体系规定了评价的机构、人员和流程，评价分析体系规定了评价的结果及成因的检验、剖析和定论，评价应用体系规定了对评价结果的管理、使用和研究。下面重点对广播节目评价指标体系进行分析。

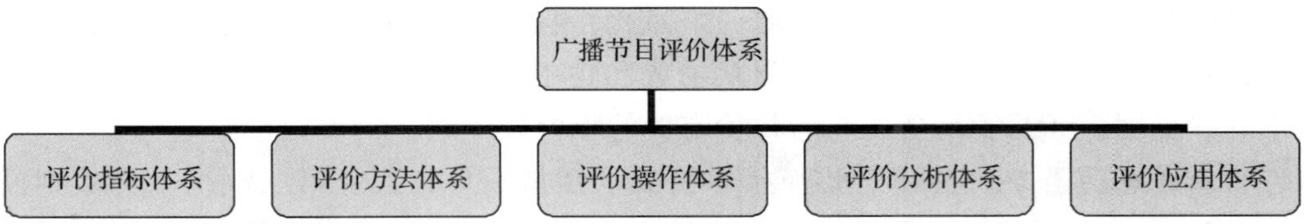

资料来源：周步恒，《衡量广播媒体实力之杠杆——论节目评估体系》，《2003 中国传播学论坛暨 CAC/CCA 中华传播学术研讨会论文》，2003 年。

图 7.3.4　广播节目评价体系基本构成

广播节目评价指标体系应该从两个方面考虑，即社会效益和经济效益。在广播节目评价指标体系中引入领导打分、专家打分和听众满意度等指标，主要是反映节目的社会效益；节目收听率、广告收入等指标则能够很好地衡量节目的经济效益。从另一个角度看，广播节目评价指标体系主要由客观评价指标、主观评价指标和投入产出比指标三大部分构成（图 7.3.5）。客观评价指标主要由收听率和满意度构成，主观评价指标则由领导打分、专家打分构成，投入产出比指标则由制作成本和广告收入两项指标构成。

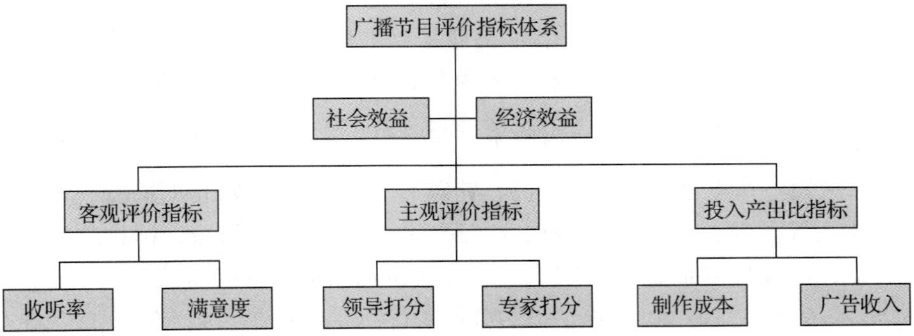

图 7.3.5　广播节目评价指标体系

根据广播节目评价指标体系的设定，可以设定节目评价得分的计算公式如下（公式中 X1、X2、X3 分别为各指标的权重）：

节目得分 = X1 × 客观评价指标 + X2 × 主观评价指标 + X3 × 投入产出比指标

1. 客观评价指标

客观评价指标由收听率和听众满意度两项指标构成，节目客观评价指标就是这两项指标的加权平均数，即：

客观评价指标 = A1 × 收听率 + A2 × 听众满意度（A1 和 A2 为各指标的权重）

收听率指标是最基本的节目评价指标。从狭义上讲，收听率就是一个百分比，它表示的是收听某一个时段或某一个节目的人数占所有听众的比例。从广义上讲，收听率就是听众对广播节目和广告消费的一组量化指标，它包括与节目评价有关的像收听率、市场份额、到达率、忠实度、听众构成和集中度等指标，也包括像点成本、千人成本、接触度、SOV/SOS 等与广告评价有关的指标。

听众满意度调查和收听率调查相辅相成，互相不可替代。第二次世界大战期间，英国 BBC 开始进行广播节目的欣赏指数调查，节目欣赏指数又称为听众满意度。满意度和收听率都将听众作为广播节目的中心，二者为广播经营管理工作提供了可靠的依据。听众满意度反映的是节目在听众心目中的质量和特点，反映的是节目的“质”；收听率是反映收听节目的听众的人数的多少，反映的是节目的“量”。

对广播节目的收听评价有一点非常重要，就是如何让不同时段、不同类型的节目具有可比性。对于这个问题，可以有两种解决办法，一是假定其他条件都是一样的，即简单比较各节目收听率的高低或其他重要的收听指标，就像我们现在经常看到的节目收听率排行榜；还有一种办法就是采取一定的方法将时段、节目类型等因素的影响去掉，再对各节目的收听状况进行比较。

为消除播出时段、节目类型等因素对收听率的影响，可以分别计算时段、节目类型的权重，然后利用这些权重对收听率进行标准化。时段的权重一般来自于开机率，每天的平均开机率与各时段的开机率之间的比值就可作为这个时段的权重。节目类型的权重可以将所有节目平均收听率和这类节目的收听率的比值作为权重。

按照实际收听率和播出时段、节目类型等权重可以对节目的收听率进行调整，使其具有可比性，我们称最终得到的收听率为“标准化收听率”，它的计算方法如下：

标准化收听率 = 收听率 × 时段权重 × 节目类型权重

以北京人民广播电台文艺频率为例，针对 2016 年 10 月收听率前 10 位的节目进行评价（由于天气预报、876 路况信息、生活气象指数节目时间短，被排除在本案例之外）。前 10 位的节目主要集中于文艺、新闻/时事和生活服务三类节目，主要播出时段集中在早间 6:30 ~ 10:00，中午 12:00 ~ 13:00，下午 14:00 ~ 15:00，晚间 20:00 ~ 21:00。

表 7.3.2　2016 年 10 月北京人民广播电台文艺频率收听率排名前 10 位的节目

排名	名称	类型	播出时间	收听率%
1	转播中央人民广播电台新闻和报纸摘要节目	新闻/时事	6:30 ~ 7:00	2.40
2	小说连播	文艺	12:00 ~ 12:30	2.13
3	评书连播（午间版）	文艺	12:30 ~ 13:00	2.12
4	空中笑林	文艺	7:00 ~ 8:00	1.91
5	评书连播（早间版）	文艺	6:00 ~ 6:30	1.84
6	我们出发吧	文艺	8:00 ~ 9:30	1.58
7	演艺群英会	文艺	20:00 ~ 21:00	1.54
8	吃喝玩乐大搜索	生活服务	17:00 ~ 19:00	1.15
9	娱乐七十二变	文艺	14:00 ~ 15:00	1.05
10	娱乐有范儿	文艺	9:30 ~ 10:00	1.04

数据来源：CSM 媒介研究

时段权重来自于开机率，我们可以用所有频率的收听率来等同于开机率，由于时段权重是各时段的平均开机率与每一时段开机率之间的比值，所以哪个时段的开机率高，它的时段权重反而低。

时段权重 ＝ 全天开机率 / 节目所在时段开机率

表 7.3.3　2016 年 10 月北京广播收听市场各时段权重

时间段	开机率%	时段权重	时间段	开机率%	时段权重
02:00 ~ 02:30	0.02	238.00	14:00 ~ 14:30	4.72	1.01
02:30 ~ 03:00	0.02	238.00	14:30 ~ 15:00	4.58	1.04
03:00 ~ 03:30	0.32	14.88	15:00 ~ 15:30	4.30	1.11
03:30 ~ 04:00	0.33	14.42	15:30 ~ 16:00	3.90	1.22
04:00 ~ 04:30	0.31	15.35	16:00 ~ 16:30	3.29	1.45
04:30 ~ 05:00	0.32	14.88	16:30 ~ 17:00	3.68	1.29
05:00 ~ 05:30	0.53	8.98	17:00 ~ 17:30	6.93	0.69
05:30 ~ 06:00	1.09	4.37	17:30 ~ 18:00	7.15	0.67
06:00 ~ 06:30	6.94	0.69	18:00 ~ 18:30	8.28	0.57
06:30 ~ 07:00	10.37	0.46	18:30 ~ 19:00	8.35	0.57
07:00 ~ 07:30	15.74	0.30	19:00 ~ 19:30	6.13	0.78
07:30 ~ 08:00	14.98	0.32	19:30 ~ 20:00	4.91	0.97

续表

时间段	开机率%	时段权重	时间段	开机率%	时段权重
08:00 ~ 08:30	15.46	0.31	20:00 ~ 20:30	7.24	0.66
08:30 ~ 09:00	15.00	0.32	20:30 ~ 21:00	7.24	0.66
09:00 ~ 09:30	9.69	0.49	21:00 ~ 21:30	5.54	0.86
09:30 ~ 10:00	7.81	0.61	21:30 ~ 22:00	4.52	1.05
10:00 ~ 10:30	4.92	0.97	22:00 ~ 22:30	2.77	1.72
10:30 ~ 11:00	4.47	1.06	22:30 ~ 23:00	1.80	2.64
11:00 ~ 11:30	3.53	1.35	23:00 ~ 23:30	0.49	9.71
11:30 ~ 12:00	3.55	1.34	23:30 ~ 24:00	0.27	17.63
12:00 ~ 12:30	5.79	0.82	24:00 ~ 24:30	0.04	119.00
12:30 ~ 13:00	5.71	0.83	24:30 ~ 25:00	0.03	158.67
13:00 ~ 13:30	3.14	1.52	25:00 ~ 25:30	0.00	N/A
13:30 ~ 14:00	2.44	1.95	25:30 ~ 26:00	0.01	476.00
			全天	4.76	1.00

数据来源：CSM 媒介研究

节目类型权重来自于各类节目的收听率，是所有节目平均收听率与这类节目收听率的比值，本类节目的收听率越高，权重反而越低。

节目类型权重 = 所有节目平均收听率/此类节目的收听率

表 7.3.4　2016 年 10 月北京广播收听市场各类节目权重

节目类型	收听率%	节目类型权重
新闻/时事	0.55	0.58
生活服务	0.48	0.67
文艺	0.35	0.91
法制	0.24	1.33
社教	0.22	1.45
体育	0.21	1.52
财经	0.17	1.88
音乐	0.14	2.29
外语	0.03	10.67
其他	0.31	1.03
所有节目	0.32	1.00

数据来源：CSM 媒介研究

各节目的收听率经过时段权重、节目类型权重处理后，得到标准化收听率，这样不同时段、节目类型的节目就具有了可比性。在对北京人民广播电台文艺频率收听率前10位节目收听率标准化后，发现原有的次序有了很大的变化，在标准化后的排名中，原来排名榜首的《转播中央人民广播电台新闻和报纸摘要节目》只获得了第六位的成绩，而12:30～13:00播出的《评书连播》午间版则高居榜首。

表7.3.5　2016年10月北京人民广播电台文艺频率收听率前10位节目标准化后的收听率

排名	节目名称	实际收听率%	时段权重	节目类型权重	标准化收听率%
1	转播中央人民广播电台新闻和报纸摘要节目	2.40	0.46	0.58	0.64
2	小说连播	2.13	0.82	0.91	1.59
3	评书连播（午间版）	2.12	0.83	0.91	1.60
4	空中笑林	1.91	0.31	0.91	0.54
5	评书连播（早间版）	1.84	0.69	0.91	1.16
6	我们出发吧	1.58	0.37	0.91	0.53
7	演艺群英会	1.54	0.66	0.91	0.92
8	吃喝玩乐大搜索	1.15	0.62	0.67	0.48
9	娱乐七十二变	1.05	1.02	0.91	0.97
10	娱乐有范儿	1.04	0.61	0.91	0.58

数据来源：CSM媒介研究

2. 主观评价指标

主观评价指标由领导打分和专家打分构成，主观评价指标也就是领导打分和专家打分的加权平均数，即：

主观评价指标 = B1 × 领导打分 + B2 × 专家打分（B1、B2为各指标的权重）

其中：领导打分 = 本节目所有领导打分之和/领导人数

专家打分 = 本节目所有专家打分之和/专家人数

广播电台领导是频率整体战略的操控者，它包括台领导、频率领导、各节目中心领导、总编室和广告部的领导等。一方面，他们往往是节目的审查者，对节目的舆论导向负责；另一方面，他们对播出市场非常了解，也很熟悉广告市场的变化，对节目有很好的敏感度，所以他们对节目的评价是节目定性评价的重要指标之一。

专家学者是电台的智囊团，请他们给节目打分，是电台通常的做法。专家学者往往有较强的专业代表性，对指导节目制作、编排都有着重要的作用，被邀请的学者应该有合理的构成，例如，应该有新闻传播、节目制作、社会学、心理学、经济学等各方面的专家学者。专家评分能较好地体现对节目的思想性、艺术性、导向性以及技术方面的要求，具有较好的权威性。

3. 投入产出比指标

投入产出比指标由制作成本和广告收入两项指标构成，具体计算公式如下：

投入产出比指标 =节目广告收入/节目制作成本

投入产出比指标直接体现了节目的经济效益。降低成本，提高广告收入对每个节目有着重要的意义，但广播节目并不完全是商品，它有其特殊性，特别是在中国，很多节目的舆论导向作用很强但并不一定有好的广告收入。节目成本指标对于节目评价具有重要作用，一是可以增强节目的成本意识，加强节目的成本核算，从而提高节目的经济效益；二是在评价中，具有有效的排位调整作用，通过减少节目的成本来改善自己在节目评价排名中的位置，以避免被警告或淘汰。

四、广播节目评价中需要注意的几个问题

1. 指标选择问题

不同广播电台对评价指标的选择不尽相同，如何选择具体评价指标，应该依据电台自身情况而定。在各项指标体系中，收听率和市场份额是广播电台工作中最常使用的两项指标，而到达率、忠实度、听众构成和集中度等则分别从不同角度对节目评价起辅助作用。评价体系中并不是指标越多越好，比如有些电台会简化评价体系，以最简单的市场份额作为评价指标，同样取得了很好的效果。他们以上一年本频率在此时段的市场份额作为基数，给予一定百分比的上调，然后在此基础上可以有一定的上下浮动，高出此标准进行奖励，否则进行惩处。

2. 数据获取问题

选择了评价指标后，应当着手于相关指标的数据收集。数据的获取要注重两个方面，一是数据的准确性，二是数据的有效性。数据的准确性指的是如何获得正确的数据，一些评价指标的数据获取方法已经很成熟，比如说收听率数据和满意度数据的调查获取，而有些数据则带有较高的主观色彩。数据的有效性则是指在正确收集数据后，此数据能否有可重复的操作性，对于这一点，电台应当与资质好的媒介调研公司建立长期合作，通过连续数据来检验所使用数据的有效性。

在媒介融合时代，对于新媒体平台上播出的广播节目，其用户行为数据对于节目的评价也具有相当的参考价值。然而，苦于不同平台的数据难以以统一的标准进行考评，数据的质量和真实性难以保证；同时，广播电台在数据的应用上仍未形成完善的体系，因此，对广播节目在新媒体平台上的表现和竞争力进行的评价仍较为混沌，实际工作中困难重重。

3. 指标权重分配问题

一般的电台对节目评价多采用加权评价法。在选定评价指标后，重点工作就应在指标权重的分配上，那么在节目评价体系中各指标具体应该占有多大的权重？对于大多数电台而言，权重多数是凭经验估算出来的，比如在节目评价体系中客观指标、主观指标和投入产出比指标分别占有的权重是50%、40%和10%。其实，对于权重的分配各电台也不尽相同，部分广播电台在实际工作中对指标权重的分配采取了更为简化的做法，即在权重难以确定的情况下，对每部分指标进行独立的考评，以避免权重分配的不准确导致最终评估数据的失真。

4. 末位淘汰问题

建立相关奖惩机制是节目评价体系不可或缺的一个组成部分，当前很多电台在节目评价中都推行了末位淘汰制，一般规定连续三次评价结果排在末位的节目将被淘汰。末位淘汰制本身正确且有必要，但在评价指标体系不完整的情况下，评价结果可能并不能全面代表节目的价值，所以在进行末位淘汰之前还应当对节目进行更加全面的综合考虑。部分广播电台在建立节目淘汰机制时，从节目的收听成绩、广告效益及宣传价值对其进行综合的评定，避免了因其中部分表现的欠缺而淘汰一档节目的弊端。

第四节　收听率数据在广告投放中的应用

尽管目前国内对于收听率在传统线性播出的广播广告（硬广告）方面的应用还不像收视率在电视广告中的应用那样深入和普遍，但收听率数据在广播广告投放中的重要作用越来越得到业内人士的认同。收听率数据是对听众收听行为的实时记录，能够反映每个时段广播媒体所传播信息的听众数量，以及听众人口结构属性。对于搭载在广播节目中的硬广告来说，收听率数据能够真实反映广告的传播效果，从而能更好地为广告主、广告公司提供广告投放整套流程的决策依据。这套流程包括：要在投放前对媒介市场、媒体特性和听众特点进行分析；要制定购买策略；投放完成后，要对播后效果进行评估等，收听率数据在这些环节中都具有非常重要的作用。本节将详细阐述收听率数据在广告投放各个环节中的具体应用。

一、收听率数据在广告投放前的应用

1. 评估市场

广告主和广播媒体在广告交易前，需要了解目标市场的广告花费池有多大、多深，对应的听众群体总量有多少；各个频率在收听市场中的竞争地位、占有份额，在整体广告池中的贡献度等。这就需要通过收听率数据及广告相关数据对一个目标市场进行分析，做出准确的评估。我们可通过分析频率收听份额和广告份额的对应关系，帮助交易双方建立起较为清晰的交易平台，从而为挑选合适的媒体进行广告投放奠定必要的基础。

一个理想的广告市场状态为均衡状态，即一个广播频率所获得的收听市场份额与其获得的广告市场份额基本相近，这个市场中的频率听众音量与其广告音量相匹配。这样才能保证频率获取听众的能力转化为吸纳广告收益的能力。

然而在现实的收听市场中，频率的收听份额与其广告份额往往鲜有完全匹配的情况，多数情况下频率对广告主所关心的目标听众群体的吸纳水平与其对广告的吸纳结果相悖。我们通过收听率数据和广告数据可以比较清晰地分析其匹配程度、差距和未来各自的努力方向。

图 7.4.1 是模拟的坐标图，其中 X 轴是收听市场份额，Y 轴是广告投放份额，中间 45 度的直线代表 Y/X =1，即说明在这条线上任何一点 P 上，频率的收听市场份额等于其广告份额。然而在现实市场中，一般鲜有频率的收听市场份额与其广告份额完全相等的情况，它们往往位于斜线的上方或者下方，如图中的 A 点和 B 点。其中 A 点在斜线下方，它所代表的是收听市场份额大于广告市场份额，即 X/Y >1；B 点在斜线上方，代表的广告市场份额大于收听市场份额，即 Y /X >1。如果频率位于 A 点所在的区域，则说明该频率占有相对较大的收听市场份额，但是在广告收益上并没有获得与之匹配的份额，即没有体现出广告收入份额与收听份额的对等关系。对于该频率本身来说，要努力做好广告营销，推广频率价值，争取吸纳更多的广告或者提高广告售价来实现广告份额的增加。比如：北京人民广播电台交通广播在 2016 年早高峰时段，在北京市场占有超过三分之一的收听份额，但是却没能实现占有同等份额的广告投放额，其早间广告段已经没有更多的承载空间，只有提高售卖价格才能实现广告收益的增加。对于广告主来说，认知并发掘频率深层价值，获得物有所值甚至物超所值的广告时段，这样双方才能共同实现收听效果向广告效益的转化，进而趋近于收听市场占有和广告市场占有的平衡。如果频率位于 B 点所在区域，则说明该频率在广告市场上

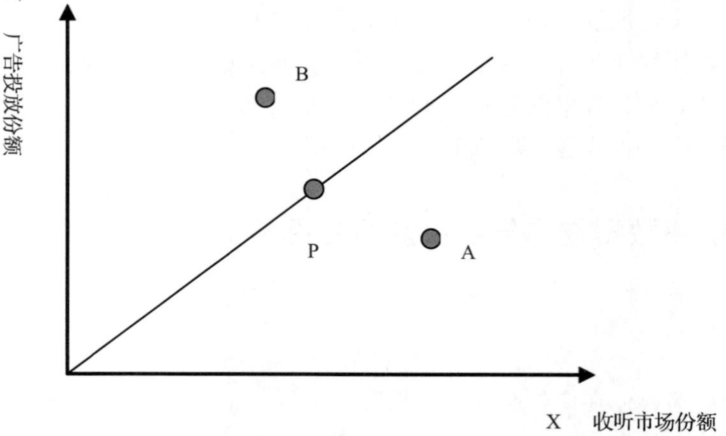

图 7.4.1 频率收听份额与广告份额匹配度示意图

有较强的吸纳能力，一方面说明其广告营销能力强，但收听市场竞争力弱，广告主购买的听众量少而蒙受广告投资损失；另一方面，可能该频率听众的规模不大，但是听众含金量很高，广告主愿意为高价值的潜在消费者埋单。国际台的轻松和劲曲调频收听市场占有份额较小，但是广告市场份额较高。

当然，频率占有收听市场的份额和其占有广告市场的份额受到诸多因素的影响。但是投放广告的目的是购买目标听众的注意力，一个频率在一个市场中的收听份额和广告份额彼此平衡反映出注意力的基本价值，对其价值的高或低的买卖则反映出注意力的深层次价值。所以尽管一个市场中频率的收听与广告的关系不一定完全均衡，但是通过收听率数据和广告数据，可以使得交易的双方清晰地了解目标市场的整体轮廓，了解和认知彼此的优劣及各自的需要，达成交易，实现双赢。

2. 了解媒体

广告主在某个产品广告投放前，除了了解市场的基本情况，还要对各种媒体有所了解，什么样的媒体适合于自己的产品，什么媒体的核心受众是自己产品的目标消费者等。比如，针对广播媒体来说，应了解相关频率的定位、频率的听众群体特征、频率的核心竞争力等。广告主（广告代理）结合产品的特点，了解其目标消费者是否与频率的核心听众群具有相同的共性，目的就是要发现目标听众与目标消费者是否具有一致性。

以北京人民广播电台交通广播为例。CSM 媒介研究的数据显示，北京人民广播电台交通广播一直以来雄踞北京收听市场的榜首，尤其是车载收听，更是占有北京车载收听市场 70% 左右的份额。全天时段的收听率都以车载收听为主（图 7.4.2），图中清晰地显示了北京人民广播电台交通广播在不同收听地点的全天收听状况，可以帮助广告主找出优势时段。北京人民广播电台交通广播的核心听众群体是男性、25～54 岁的社会活跃人群，受教育程度为高中、大专及以上。这些受众群体的收听偏好程度也大多很强，这些信息可帮助广告主找出核心听众群体（表 7.4.1）。

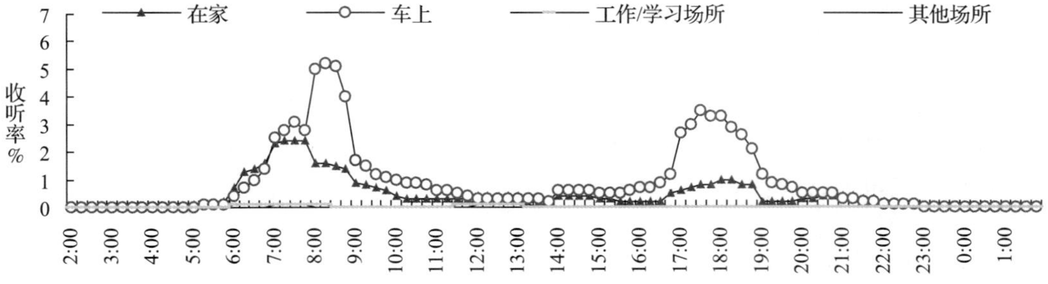

数据来源：CSM 媒介研究

图 7.4.2　2016 年北京人民广播电台交通广播在不同收听地点的全天收听率走势

表 7.4.1　2016 年北京人民广播电台交通广播听众构成（%）及集中度（%）

目标听众	听众构成（%）	集中度（%）
10 岁及以上所有人	100.0	100.0
男	58.0	113.5
女	42.0	85.9
10～14 岁	0.9	41.8
15～24 岁	9.8	53.3
25～34 岁	27.5	116.3
35～44 岁	22.2	114.8
45～54 岁	21.4	133.6
55～64 岁	10.8	98.9
65 岁及以上	7.3	77.7
未受过正规教育	0.1	15.0
小学	1.4	46.4
初中	18.0	93.5
高中/中专/职高/技校	27.7	103.8
大专	20.2	112.2
大学本科	27.7	103.4
大学本科以上	4.9	88.9

数据来源：CSM 媒介研究

3. 与产品的媒介目标结合

在明确了北京人民广播电台交通广播在车载收听市场的竞争优势和它的核心听众群体后，对其投放产品也就有了相应的依据。但要进行广告投放，还必须要结合产品的媒介目标。不同的媒介目标有不同的要求，比如：

以扩大认知为目的？——高到达率、高频次（新产品）；

以巩固品牌为目的？——高到达率、低频次（成熟产品）；

以传播新功能为目的？——高频次、信息清晰（化妆品，电器）；

以树立品牌形象为目的？——媒介形象吻合；

以推广促销信息为目的？——时效性强（手机）；

以建立保持偏好度为目的？——媒介与受众相关性高（饮料）；

以维持记忆为目的？——媒介成本效益突出（成熟产品）；

以应对竞争为目的？——广告音量；

……

如果选择在 2016 年 8 月北京人民广播电台交通广播早间 8:15～8:30 时段投放一个月（30 次）的广告，利用收听率数据评估的结果显示，北京在 8 月份收听过该时段广告的听众到达率高达 23.1%，即 190 万人（北京广播人口 820.8 万，CSM 媒介研究 2015 年基础研究数据），听过 5 次以上（假定为有效到达率）的有 119 万人，占 14.5%，平均暴露频次为 9.2 次。广告主的媒介目标如果是以“扩大认知为主要目的”，则选择这个高到达和高频次的时段是合适的。

4. 了解竞争对手

如果产品的策略以竞争为目的，那就要对竞争对手的广告投放策略进行分析，分析竞争对手的投放次数、投放位置、播出比重、SOS（share of spending，媒体投资比重或广告花费比重）、SOV（share of voice，媒体占有比重或广告音量）、点成本等，以便制定相应的对抗策略。以××交通广播为例，如果新的一家银行的信用卡要争夺××交通广播核心听众的话，它必然需要了解竞争对手的投放情况（表 7.4.2），综合考虑介入进去的风险和竞争策略。表中显示 20××年×月份有大量的银行卡产品投放××交通广播，共有来自 10 家银行的 15 种银行卡，各个银行卡的投放次数、投放时间比重、SOS、SOV、点成本、广告花费等一目了然。对于同类产品的竞争性分析，可以了解对手的广告投放预算、投放力度，从而推测对手的销售业绩，为下一阶段的竞争提前做好准备。

运用同样的方法，还可以对本产品的历史投放进行梳理，评估历次投放的效果以及带来的销售业绩，从而为销售策略、宣传推广策略（包括广告投放策略）的制定和调整提供充实的数据依据。

表 7.4.2　20××年×月××交通广播银行卡广告投放情况

广告名称	插播数	播出比重	SOS	SOV	点成本（元）	千人成本（元）	成本（元）
北京农村商业银行凤凰卡	18	5.23	5.44	6.29	1069.9	17	65340
广东发展银行广发卡	29	8.49	6.46	5.15	1551	25	77550
广东发展银行信用卡	95	28.08	19.34	22.02	1085.7	17	232260
上海浦东发展银行轻松理财卡	23	6.81	8.97	10.46	1059.3	17	107640
中国工商银行牡丹交通卡	31	9.15	11.63	11.02	1303.2	21	139580
中国工商银行牡丹灵通卡 E 时代借记卡	31	9.07	12.04	12.54	1186.4	19	144580
中国工商银行牡丹中油国际卡	12	3.53	3.63	4.88	919.5	15	43560
中国建设银行龙卡信用卡	7	2.05	2.12	1.64	1593.6	25	25410
中国民生银行钻石信用卡	21	6.17	8.19	5.90	1715.4	27	98280
中国农业银行金穗贷记卡	10	2.95	2.50	1.06	2901	46	30000
中国农业银行金穗环保卡	4	1.17	0.79	0.33	2930.1	47	9480
中国银行信用卡	5	2.93	2.92	0.75	4833.8	77	35100
中国银行信用卡 & 必胜客	6	1.78	2.13	1.57	1672.6	27	25580
中汽南方沃尔沃汽车销售服务有限公司 & 招商银行信用卡	1	0.20	0.24	0.14	2163.6	35	2840
中信银行香卡	42	12.41	13.61	16.25	1035.5	17	163460

说明：表中涉及的有关成本项按 CTR 监测的刊例价计算。

数据来源：CSM 媒介研究，央视市场研究（CTR）

二、收听率数据在广告投放策略制定中的应用

（一）广告投放的简单流程

广告投放必须有计划性，如果仅仅只是花钱做广告，那么很可能最后一无所获。为了避免这种情况的发生，需要明确以下几个问题：首先，必须明确做广告的目标是什么；其次，投资于广告的资金有效，即广告有助于我们接近既定目标；最后，必须能够有办法衡量是否达到了既定的目标。我们将一般的广告投放过程简单地概括如下（图 7.4.3）：

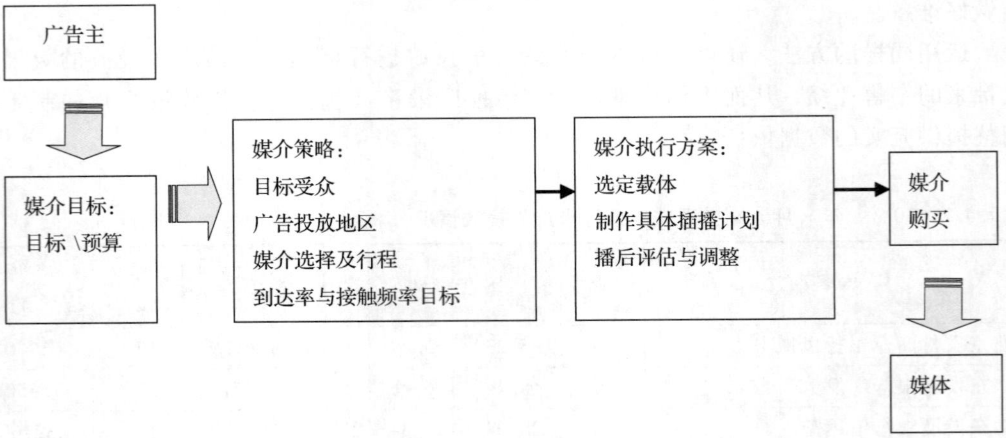

图 7.4.3　广告投放简要流程

1. 确立媒介目标

广告投放行为是出于营销目的，为实现营销目的，需要一定的媒介目标来实现。不同的营销目标需要不同的媒介目标。

构建媒介目标的关键在于产生冲击力，具体内容包括使人们知晓广告产品，并为产品树立良好的品牌形象，改变人们的观念（在观念上对产品重新定位或更正偏见），巩固市场地位，鼓励消费者尝试使用，引发大众及经销商的热情等。例如某银行卡品牌的媒介目标可能是：

- 在不同的目标市场建立品牌知名度以促进销售；
- 最大限度地加强品牌印象以提升品牌忠诚度及对品牌价值的认知；
- 扩大市场占有率。

广告投入是否实现了媒介目标不容易量化，但是广告花费却是非常明显的，因而制定预算也是广告主必须要考虑的问题之一，制定广告预算通常有以下几种方法：

(1) 支出可能法

是从广告主出发决定预算的方法，广告支出只能量力而行，当广告主只能够提供有限的广告费用时，即使从其他方面上考虑应该增加预算，广告主也无能为力。

(2) 销售百分比法

是指广告预算是通过一年销售收入乘以一个给定的百分比得出的，因此，广告预算的数量直接建立在品牌销售业绩之上。

(3) 竞争对抗法

是指用媒体占有比重（Share of Voice）与市场占有率（Share of Market）的比值来确定自己的预算，根据竞争对手的广告支出来确定自己的广告支出。使用这种方法的前提是竞争者很明白他们在做什么，同时各品牌的竞争环境基本一致。

(4) 目标达成法

是指根据广告目标，确定广告方案，然后再推算成本，从而制定出达到目标所需要的预算的方法。

除此之外，边际回报法、市场营销模型法等也都是非常重要的确定预算的方法。还有另外一种综合法也被广泛应用于确定广告预算之中——人们试图将影响广告资金投入的所有因素都考虑进去，需要综合考虑的因素包括：过去的销售量，预计销售额及利润，生产能力，市场环境（竞争者、经济情况、相关政策），产品性能（产品供给、产品质量等），销售队伍的能力，分销的能力及存在的问题，季节性因素，地区性因素，可用媒体及媒体花费成本的效率及市场动向等。

2. 制定媒介策略

媒介策略主要解决的问题包括：广告对象是谁，即谁是我们的目标受众？在哪些地区投放？选择什么时间投放广告？这三个问题的答案是媒介策划过程中三个重要因素，即目标受众的选择、媒介预算地区分配和媒体行程的选择。只有通过对营销和媒介数据的分析，再结合媒介策划人员的判断和主观评估，才能够找到比较准确、可靠的答案。

目标受众常常需要在一个或多个人口统计特性（如性别、年龄）的基础上来确定。能够为确定目标受众提供依据的有企业的产品用户数据库、市场调查机构的消费者行为调查结果等。在这些数据的基础上能够勾勒出目标消费群的特征，为进一步细分消费者群体结构奠定坚实的基础。另外，生活形态调查的结果数据也可以帮助揭示目标受众的某些特征。

媒体在投资地区上的选定及各地区的预算分配是由各市场的获利能力所决定的。那么，如何有效地评估各市场的获利能力呢？通常需要考虑以下因素：

(1) 品类发展指数（CDI/Category Development Index）与品牌发展指数（BDI/

Brand development Index）。品牌在积极的营销态势下追求的是市场扩张，在此情况下，CDI 的重要性高于 BDI，即在品类发展较具优势的市场中扩大本品牌的影响；品牌在保守的营销态势下追求的是固守既有市场，因此会考虑在品牌发展优势较大的地区保持这种优势，忽略品类发展较好而品牌发展不佳的地区；

（2）品牌铺货状况及进展。通常市场具有完整的铺货才具备媒体投资的条件，但是具备完整铺货的市场不一定需要媒体投资；

（3）对象阶层人口数量；

（4）经济发展状况；

（5）销售成长趋势；

（6）品牌占有率及获利经验；

（7）品牌广泛传播所积累的资产；

（8）市场对传播的反应；

（9）媒体投资效率；

（10）竞争状况，即竞争品牌的媒体干扰度。

媒体行程的选择与投放广告的时间有关。由于所有广告效果的建立都来自于消费者对广告讯息的理解与记忆，不同产品的广告及不同类型的广告都会对广告讯息的理解与记忆产生影响。除此之外，营销策略和竞争品牌的媒体行程模式也是需要考虑的重要因素。同时，预算大小和媒体特性也无疑会影响媒体行程的选择。

确定了以上三个因素之后，选择适当的媒体载具，确定到达率与接触频率目标（相关的具体内容将在下面阐述），媒介策略的任务至此才算基本完成。

3. 提出媒介执行方案并实施

媒介目标和策略仅仅提供了广告投放的总体方向，不能直接用于执行。因此在确定了媒介策略以后，需要以此为基础制定出具体的执行方案。制定执行方案，首先需要了解目标消费群的媒介接触习惯。通过对媒介调查数据的深入分析可以很方便地找到目标消费群相对集中的媒体载具；其次，需要对各种媒体进行评估，包括覆盖率、受众组合、媒体千人成本评估等；最后，根据策略优先顺序，以渐进方式逐渐投入媒体预算，直到预算满额。

制定媒介执行方案时，通常会提出几个不同的方案以供选择，媒体分析软件也有对执行方案进行自动优化的功能，即对几个方案进行多方比较，最终选择最有效果的一种方案并付诸实施。

除了制定可以测量的广告目标之外，还需要对广告支出是否具有价值作出判断。然而，广告播出后的到达率、接触度等收听数据可以揭示广告的投放效果，却不能回答关于支出是否有价值的问题，即是否值得投放，因为投放广告的最终目的还是促进销售。即使在今天我们也很难对广告效果进行绝对精确的度量，尤其是广告对销售的影响。有人曾经指出，“广告只是影响销售量的许多变量中的一个。一个广告变量本身就被四个附属变量所影响，即传递信息的内容、投入资金的数量、媒体的选择以及竞争性活动的数量”。因此，广告的真正效果在这个阶段还很难看到，但是与广告投放决策有关的流程到此已经结束。

（一）收听率数据在制定媒介策略中的应用

媒介策略的制定为整个广告投放决策确定了大方向，因而是广告投放决策最重要的一个环节。“知己知彼，方能百战百胜”，与制定预算时一样，把握竞争对手的动向是制定媒介策略时需要先了解的内容。不需要商业间谍，广告监播数据就可以将对方的所有秘密呈现在我们面前。

借助媒介调查公司提供的分析工具，我们可以直接了解竞争对手在什么时间、选择什么媒体播出了什么样的广告，以及广告投放的效果如何（如表 7.4.3 中包含了关于竞争对手媒介策略的大部分数据），通过分析，我们可以发现他们的媒体行程安排，并且通过他们选择投放广告的节目类型应该能够勾画出其目标消费群的轮廓。在这样的基础上我们可以有针对性地制定自己的策略，更好地达成媒介目标。

表 7.4.3　竞争对手的媒介策略

	播出次数	累计时长（秒）	累计成本（元）	累计毛评点	累计接触人次（000）	平均接触频次	覆盖率（%）	1+（%）	2+（%）	3+（%）
总体	7562	141203	17875585	8297	518035	115.8	71.6	71.6	67.3	63.6
品牌名称										
品牌 1	3301	50746	7545005	2897.7	181044	51.8	55.9	55.9	51.4	47.3
品牌 2	75	1344	244810	149.8	9364	6.2	24.2	24.2	17.1	13.7
品牌 3	374	7455	1266795	660.2	41263	15.8	41.7	41.7	33.8	28.5
品牌 4	29	436	102540	89.4	5587	5.3	16.9	16.9	13.8	10.4
品牌 5	193	3270	180470	103.2	6341	6.8	15.0	15.0	10.2	8.4
…	…	…	…	…	…	…	…	…	…	…
播出频率										
频率 1	1522	37890	1023610	595.8	37182	30.8	19.3	19.3	14.5	11.3
频率 2	1065	19687	5287590	3654.2	228127	76.2	47.9	47.9	42.7	38.9
频率 3	757	10569	1121950	1475.2	92112	54.9	26.8	26.8	21.7	19.9
频率 4	19	292	8680	0.9	59	1.5	0.6	0.6	0.2	0.1
…	…	…	…	…	…	…	…	…	…	…

数据来源：CSM 媒介研究

在一份专业的媒体策划书（表 7.4.4）中，第三部分内容与收听数据的关系最为密切。选择载体是一项复杂的工作，因为载体只要存在就必定有一定的功能和价值。不同的载体传达的信息不同，送达的听众也存在着区别，只有在对目标地区进行了详细的媒体环境分析之后才能根据特定的目标听众群，选取最有效的载体。在媒介策略中选择载体的部分通常只对载体进行“质”的考虑，对载体进行具体评估并真正选出所要使用的媒体类别与载体则属于媒体执行方案作业内容。

表 7.4.4　媒介策划书示例

1. 目标定义	2. 地区分配	3. 覆盖/传播目标
以某银行产品的媒介策略为例。 广告目标为未来一年内有购买金融理财产品意向的人群。以调查公司的调研数据为基础，广告目标人群为男性，年龄在 25～44 岁之间，主要目标消费人群具有以下特点： ·男性，25～44 岁（同年龄层次的女性将作为主要影响对象） ·家庭收入中高以上，拥有私家车 ·受过良好教育 ·政府官员/经商者/专业人员	根据每个市场 X 金融理财产品的现有销售量、竞争状况，同时考虑品牌发展指数及未来销售目标，将整个市场分成四类地区，分配不同比例的媒介费用。 A 类市场：保护并投资的市场，保持该品牌的平均投放比重； B 类市场：开拓型市场，采用占有绝对优势的投放比重； C 类市场：应该进军的市场，积极开拓，满足本身扩张的需要； D 类市场：准备进军的市场，仅选择个别市场作试点，为全面进军作准备；	使用媒介载体——以交通广播电台广告为主，辅以平面和户外；不同的市场设定不同的总收听点和有效到达率； A 类市场：4＋到达率 30%，总收听点不低于 700 GRPs； B 类市场：4＋到达率 30%，总收听点不低于 500 GRPs； C 类市场：4＋到达率 20%，总收听点不低于 300 GRPs； （具体含意为在 A 类市场的 25～44岁男性中提供至少 700 个 GRP，至少暴露 4 次的 25～44 岁男性在投放后的到达率在 30% 以上）。以三个月为周期，根据季度销量分布来分配不同时期的媒介预算。

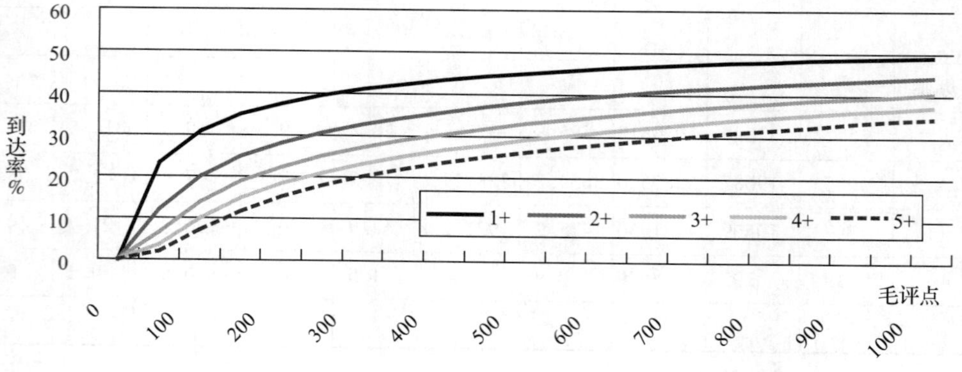

数据来源：CSM 媒介研究

图 7.4.4　25～44 岁男性到达率曲线

在选定要使用媒体之后的下一步工作是设定到达率和接触频次。图 7.4.4 是利用收听率分析软件制作的到达率曲线。由于到达率具有这样的特点：在广告投放初期增长速度较快，之后增长速度逐渐减慢，因此，在单一媒体投放获得较高的到达率是不容易实现的。如果希望获得更高的到达率，则需要借助媒体组合来完成。

图中的 N + 到达率也证实了到达率在毛评点增加的开始阶段比较容易获得，之后会变得越来越困难，因为获得一个新的 N + 到达率的单位成本会大大增加。并且对于同样 30% 的到达率水平，定义到达的接触频次设置值越高，显然需要的预算就越多。

最好的到达率水平是通过研究以前使用的水平来确定的，因此媒介策划中的到达率设定更多是建立在经验和判断基础之上。如果某品牌在过去以给定的到达率成功地实现了市场目标，那么在制定媒介策略的时候可以使用同样的水平或按比例进行调整。

对于不同的产品，媒介策略中的有效接触频次和与之相对应的有效到达率水平的设定也不同。从理论上讲，有效接触频次应该是这样一个数值 n，听众听过广告 n 次，并且这 n 次广告对听众产生的影响达到了广告投放的预期效果。考虑到成本因素，这个 n 是能够满足上述需要的最小值。较可行的做法是将各种可能影响有效接触频次的因素列出来，根据具体情况给各因素评分，在考虑各因素的权重后最终得出一个综合评定分数，然后把这个分数与依照经验值作出的范围区间相比，确定相应的有效接触频次。表 7.4.5 即为某广告公司制作的有效接触频次预估表。

表 7.4.5　×公司银行卡产品的有效接触频次预估表

品牌：××银行卡	目标人群：25～44岁							媒体：广播
			分数 低←→高					
		各因素权重	1	2	3	4	5	
品牌因素								
品牌周期	已建立的品牌	1			√			新品牌
品牌目标	维持占有率	1					√	扩大占有率
广告历史	最近	1				√		非最近
品牌忠诚度	忠诚	1					√	模糊
易沟通目标人群	易沟通	1				√		难沟通
品类的关心度	高关心度	1	√					低关心度
市场媒体因素								
竞争态势	低竞争度	1					√	高竞争度
媒介干扰	低干扰	1					√	高干扰度
传播因素								
广告周期	高知名度广告	1					√	低知名度广告

续表

品牌：XX 银行卡		目标人群：25～44 岁						媒体：广播
			分数 低←——→高					
		各因素权重	1	2	3	4	5	
传播因素								
信息传递	简单	1	√					复杂
广告角色	增加认知	1					√	改变认知
广告长度	15 秒以上	1			√			10/15 秒
广告讯息	高表现度	1				√		低表现度
执行方案	简单	1			√			复杂
综合分数		53	2	0	9	12	30	
综合分数与有效接触频次的经验对应范围：	14～20＝1＋；21～34＝2＋；35～48＝3＋；49～62＝4＋；63＋＝5＋ 低　　　　　　中等　　　　　　高							

本案例中综合分数为 53 分，根据表中综合分数与有效接触频次的经验对应范围，可以得出×银行卡产品此次媒介投放的有效接触频次应该为 4＋。

制定媒介策划时的 GRP 值一般是由有效接触频次和到达率决定的，遵循的规律是通过大量的媒体市场分析总结出来的经验值。由于各地的媒体环境不同，达到一定有效到达率所需要的 GRP 值也不同。

竞争对手在相同地区的广告投放量和媒体行程安排也是在媒介策划时需要参考的因素。如图 7.4.6 表明所有的品牌都将投放集中在 5、6 月份，品牌 2 在 8 月份的投放就显得非常突出。与相应的促销行为结合，如果能在其他品牌的“音量”都较小的时候（如 7 月份）投放自己的广告，也许会有事半功倍的效果。

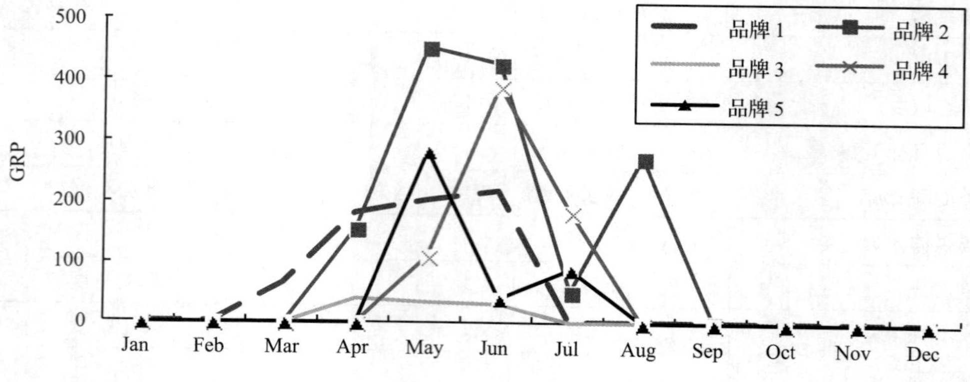

资料来源：央视市场研究（CTR）

图 7.4.6　各月份不同品牌投放的 GRP 值

（二）收听率数据在确定媒介执行方案中的应用

媒介执行方案通常是以相关时期的历史数据为依据制定出来的。一般的做法是选取具有参考价值的四周以上的数据，以此为依据进行广告投放。选取数据的时候可以考虑销售季节、具体事件等影响。如在做重大体育赛事期间的广告投放计划时，通常使用上一次类似的赛事期间的数据作为参考；在节假日期间针对特殊节目进行广告投放时，可以考虑使用去年同期的数据；进行平常时期的投放时，可以考虑选择参考刚刚过去的一个月或两个月的数据来制定具体执行方案。

CSM 媒介研究的收听率分析软件（InfosysPlusRadio）可以代替手工进行大量复杂的媒介数据运算，计划人员可以在此基础上完成媒介计划过程。通常同一组载体在计划时有多种不同的插播方式可供选择，对几组计划进行评估比较，以选出比较理想的一组。分析软件同时提供了对媒介执行方案进行自动优化的功能，根据计划人员给定的条件，如规定预算内获得最大 GRP、规定预算内获得最大到达率或有效到达率、指定最低要到达的平均接触频次等，优化排期通过复杂的数学模型和算法，经过大量计算后提出“最优”方案。尽管优化排期始终不可能替代媒介策划人员完成制定媒介执行方案的任务，但至少可以给相关人员提出一些比较有参考价值的建议。

表 7.4.6 是一个媒体排期的示例：根据对载具进行评估的结果，最终选择三个频率早间和晚间的几个时段进行广告投放。首先可以自己定制计划，按照需要手动设置每一个载具的具体插播数并进行评估。之后可以利用 InfosysPlusRadio 分析软件的优化功能按照不同的要求对计划进行调整。

表 7.4.6　媒体排期示例表

天	频率	开始	结束	成本	毛评点	总毛评点	计划1	计划2	优化3	优化4	优化5	优化6
周日	频率 1	7:00	7:15	1200	7.22	14.43	2	2	2	2	1	1
周日	频率 2	8:30	8:45	1200	1.99	0.00	1	0	1	0	1	1
周日	频率 2	8:45	9:00	1100	2.57	5.14	1	2	1	0	1	1
周日	频率 2	9:00	9:15	800	3.09	6.19	1	2	1	1	1	1
周日	频率 3	9:45	10:00	500	0.22	0.44	2	2	1	0	1	1
周一	频率 1	9:00			7.96	0.00	2	0	2	2	1	1
周二	频率 2	10:30			3.33	3.33	1	1	1	0	1	1
周三	频率 2	10:00			5.37	10.73	1	2	1	0	1	1
周四	频率 3	11:45			7.07	14.14	2	2	1	1	1	1
周五	频率 1	19:00	19:15	1100	8.94	26.81	1	3	2	2	1	1
周五	频率 1	19:15	19:30	1000	7.94	7.94	2	1	2	2	3	3
周五	频率 2	20:30	20:45	1500	2.56	0.00	1	0	1	0	1	1
周五	频率 3	21:45	22:00	500	0.47	0.47	2	1	1	7	5	5
周六	频率 2	20:30	20:45	1500	1.82	5.45	2	3	1	0	1	1
周六	频率 3	21:45	22:00	500	0.50	1.00	1	2	1	0	1	2

数据来源：CSM 媒介研究

表 7.4.7　载具的优化方案

推及人口（000）=1480 样本人数=161	计划 1	计划 2	优化 3	优化 4	优化 5	优化 6
插播数	41.0	42.0	39.0	55.0	48.0	47.0
预算	151000.0	154000.0	152000.0	159000.0	156000.0	146000.0
毛评点	216.8	199.3	206.1	204.9	171.6	177.7
成本/毛评点	449.9	476.8	453.6	447.5	407.7	429.0
到达率%	44.6	43.0	44.0	44.1	42.7	43.1
有效到达率%	24.6	23.0	24.0	24.1	22.7	23.1
平均暴露频次	8.0	7.8	7.8	7.8	7.3	7.3
接触度（000）	175.0	104.0	209.0	190.0	172.0	167.0
成本/（000）接触度	28.9	27.0	30.6	37.0	29.3	30.1
到达率（000）	590.0	526.0	541.0	543.0	520.0	527.0
有效到达率（000）	350.0	326.0	341.0	343.0	320.0	327.0

数据来源：CSM 媒介研究

确定后的媒介执行方案仅仅提供了在投放时期内星期几的某个广告段插播了几条广告，还需要加上具体日期，以表 7.4.8 的格式最终送达媒体进行投放。

表 7.4.8　送达媒体的广告投放表示例

频率	广告时间段	节目名称	长度	广告刊例价	9月																10月														广告次数
					15	16	17	18	19	20	21	22	23	24	25	26	27	28	29	30	1	2	3	4	5	6	7	8	9	10	11	12	13	14	
1	××:××	××新闻/中	15	51500				1	1	1		1					1	1	1	1		1	1	1	1				1	1	1	1		1	17
2	××:××	今日交通/前	15	33200	1	1	1	1	1	1	1	1	1	1	1	1	1	1		1			1	1	1			1	1	1	1	1	1	1	25
	××:××	路况信息/前	15	38200		1	1	1	1	1			1	1	1	1	1			1	1	1	1	1			1	1	1	1	1			1	21
3	××:××	体育专题/中	15	12480															1		1		1			1	1	1							6
4	××:××	金曲排行/前	15	22800						1							1							1											3
	××:××	××音乐/前	15	16800	1	1	1	1	1			1	1	1	1	1			1	1	1	1	1			1			1	1		1			19
	××:××	×节目标版广告	5	9000	1	1	1	1	1			1	1	1	1	1										1	1	1	1	1					15
总计					3	4	4	5	5	4	1	4	4	4	4	4	4	2	3	4	3	3	5	4	2	3	3	4	5	5	3	3	1	3	106
				广告费总计																															

三、收听率数据在广告播后效果评估中的应用

由于进行媒介计划时使用的是历史数据，与真正播出时的收听数据必定会存在着差异，而且广告播出的实际情况与计划相比也可能有一些变化。因此对广告效果的评估只有在真正的投放开始以后才能进行。

计划是为了让操作过程更有目的性，条理更清晰，但不是一定不能改变。媒介购买人员不一定能够按照表格预期买到所有的广告段，因此也许会改变一些插播点的位置；由于某些突发事件的影响，电台可能会临时改变节目安排，打乱原有播出计划，这些都属于被动地改变原计划。

在播出过程中保持计划的灵活性需要有最新收听数据作支持。对于广播收听率日记卡调查这种方式，由于数据滞后近两周左右，而我们的执行计划通常只有四周，因此调整难度较大。采用测量仪的方法调查数据能够解决这一难题。

播出过程中的评估与最终整体评估的考虑因素基本一致，区别只在于伴随着播出过程的评估仅仅能够了解计划中目前为止已经实施部分的效果，通常不注重总体量的大小。而整体评估需要概括出一次投放过后的整体效果，并且需要与预先设定的目标进行比较。

对广告的投放进行播后分析需要使用广告监播数据和收听数据。通过广告监播数据可得到广告实际播出状况（表 7.4.9），通过与媒介排期表对比，就可以发现广告实际播出与排期的差异。

表 7.4.9　广告实际播出情况

		9 月	10 月
日期/时间变化：（与计划时间相差 30 分钟以上的插播点所占比例）		0%	4%
实际插播位置：（在不同位置播出的插播点所占比例）	前 3/倒 3	87%	82%
	前 5/倒 5	90%	88%
实际节目位置：（在各类节目中播出的插播点所占比例）	新闻	55%	75%
	资讯	30%	10%
	音乐	15%	0%
	体育	0%	15%
	专栏	0%	0%

数据来源：CSM 媒介研究，央视市场研究（CTR）

表 7.4.10　用 GRP 和到达率检验计划执行效果

目标听众	插播数	播出天数	累计毛评点	累计成本	1 +（%）	2 +（%）	3 +（%）	4 +（%）
25 ~ 44 岁	96	31	335.3	150080	42.8	32.6	27.5	21.5

数据来源：CSM 媒介研究，央视市场研究（CTR）

通过播后的 GRP 和到达率等收听指标可以检验计划的执行效果。从表 7.4.9 中可以看到，尽管实际播出的插播点数比原计划（表 7.4.8）点数少，但是经计算，这 30 天的投放获得的总毛评点数和 1 + 到达率基本接近计划，4 + 到达率不理想，累计成本则低于原预算。

在制定下一次投放执行方案时，上述结果极具参考价值。只有对每次广告投放的实际效果进行及时评估，并不断改进，才能保证取得最佳的广告效果。

四、收听率数据在广告时段交易中的应用

广告时间销售存在着“折扣”现象，这并不是广告段促销的好办法，因为节约成本不能以牺牲媒体目标为代价。只要是合理定价的广告段，都会因为“物有所值”而成为广告投放时的选择目标。通常收听率高的广告时段市场需求较大，要价也较高，这是因为广告投放时考虑的不是单独的广告成本，而是千人成本或 GRP 点成本。

因此，合理定价确实是电台可以使用并且确实能够影响广告投放决策的有效工具。产品的价格是由价值决定的，受其他因素影响，价格会在一定范围内波动。而广告时段的价值就在于将广告送达了多少听众以及收听了广告以后能确立品牌形象并最终导致购买行为的听众数量。

在此，我们试图将广告价值归纳为一些可以被量化的收听率指标，这样可以便于评估：

- 送达的听众数量即听众规模价值，可以用到达率来衡量；
- 广告对听众的影响会随着暴露频次的增加而不断加深，而单一节目多次播出的暴露频次与节目的忠实度有关，这是听众的忠诚价值；
- 听众听到广告并最终导致购买行为，这与听众的消费力有关，影响消费力的因素比较多，我们最终选择了听众的月平均收入作为参考项，并称之为听众的消费力价值；

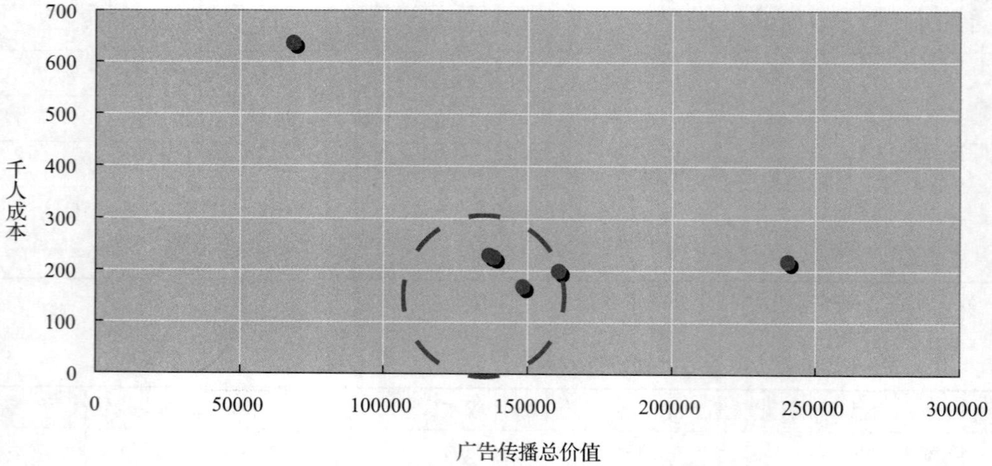

图 7.4.7　××地区不同频率广告传播价值分析

于是广告传播的总价值就被归纳为：到达千人 × 人均收入 × 忠实度

图 7.4.7 是结合千人成本制作的某地区某时段各主要频率的广告传播价值分析图。如果按照各个频率的广告刊例价格计算，则该时段在该地区“频率一”的广告传播价值最大而千人成本较低；“频率六”的广告传播价值最小而千人成本最高。

我们可通过一个四象限图来揭示媒体广告定价与交易的原则。图 7.4.8 中的纵坐标轴为广告的千人成本，横坐标轴表示的是广告传播价值。基于广告的千人成本及广告传播价值可以划分为四个象限，对于落于不同象限的媒体可采取不同的定价策略。落在第 I、III 象限媒体的广告成本与所获得的传播价值相对应，可以采用“适价策略”，这是广告商和媒体主要追求的目标，双方容易达成一致。落在第 II 象限媒体的广告成本高，但广告传播价值低，这时可采用“低价策略”。落在第 IV 象限媒体的广告成本低，但广告传播价值高，这时可采用“高价策略”。

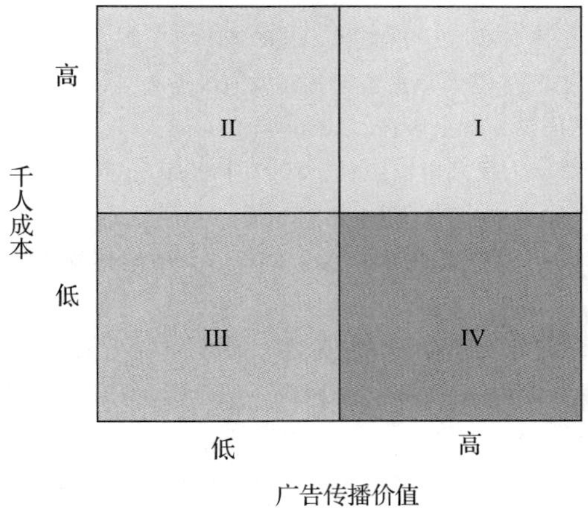

媒体广告定价策略

I 和 III：适价策略（频率三，频率四，频率五和频率二）

II：低价策略（频率六）

IV：高价策略（频率一）

图 7.4.8　媒体千人成本、传播价值及定价策略

当价格落到市场合理的区间内，广告交易的双方基于共同的认识，交易的结果将是双赢的局面，这时候，收听数据就成为交易双方的“通用货币”。

除了上面列出的各种收听数据以外，市场环境、销售情况、客户反应等其他因素也都会影响到广告时段的价格。没有一个固定的条例可以检验定价是否合理，但是市场会对价格进行检验，而与本身价值相符的定价无疑会帮助电台和广告商之间顺利完成更多广告时段的交易。

除了上述应用领域外，收听率数据在广播电台广告招商和宣传推广方面也具有非常实用的价值，对于帮助广告主认识广播频率的优势、了解目标听众的收听行为、广告时段的传播价值等，都具有非常重要的意义。

主要参考文献

1. 北京中企联企业管理顾问有限责任公司编著:《质量总监》,机械工业出版社,2006年1月。
2. 丁爱军:《控制中的控制》,《收视中国》,1999年第1期。
3. 丁爱军:《ISO9000标准及体系审核简介》,《收视中国》,2000年第4-第7期。
4. 李学方编著:《服务组织质量管理体系建立、实施和改进》,中国标准出版社,2003年10月。
5. 陆洋:《电视节目编排策略研究》,复旦大学硕士学位论文,2011年。
6. 王兰柱主编:《聚焦收视率》,北京广播学院出版社,2002年。
7. 王兰柱主编:《中国广播收听年鉴(2007)》,中国传媒大学出版社,2007年。
8. 王兰柱主编:《中国广播收听年鉴(2008)》,中国传媒大学出版社,2008年。
9. 王兰柱主编:《收视率调查与应用手册》,中国传媒大学出版社,2006年。
10. 王兰会编著:《质量管理部规范化管理工具箱》,人民邮电出版社,2007年9月。
11. 王辛远:《广播收听率调查的原理与方法》,《收视中国》,2004年第5期。
12. 王辛远:《CSM收听率调查的流程与方法》,《中国广播收听年鉴(2005)》,中国传媒大学出版社,2005年版。
13. 王辛远:《广播收听率调查方法及改进研究》,北京大学硕士学位论文,2007年。
14. 吴东,陈晓洲:《收听率在节目编排和评估中的应用》,《中国广播收听年鉴(2006)》,中国传媒大学出版社,2006年。
15. 吴东:《收视率数据在节目评价中的应用》,《收视率调查与应用手册》,中国传媒大学出版社,2006年。
16. 徐立军主编:《中国广播收听年鉴(2016)》,中国传媒大学出版社,2016年。
17. 徐立军主编:《中国电视收视年鉴(2016)》,中国传媒大学出版社,2016年。
18. 〔美〕詹姆斯G. 韦伯斯特,帕特西亚F·法伦,劳伦斯W·里奇著,王兰柱,苑京燕译:《视听率分析》,华夏出版社,2004年。
19. 张公绪,孙静主编:《质量工程师手册》,企业管理出版社,2006年9月。
20. 张曼缔:《收视率分析与电视节目编排策略》,湖南大学硕士学位论文,2007年。
21. 左瀚颖,曾静平:《收听率数据在广播节目编排和广告投放决策中的应用》,《中国广播收听年鉴(2005)》,中国传媒大学出版社,2005年。
22. 周步恒:《衡量广播媒体实力之杠杆——论节目评估体系》,《2003中国传播学论坛暨CAC/CCA中华传播学术研讨会论文集》,2003年。
23. CSM媒介研究:《收听率调查现场执行作业指导书》。
24. CSM媒介研究:《数据采集(日记卡)日常工作作业指导书》。
25. CSM媒介研究:《定量(入户)调查现场执行质量检查作业指导书》。
26. CSM媒介研究:《定量(入户)调查现场执行作业指导书》。
27. CSM媒介研究:《个案(定量)编码录入及数据清理作业指导书》。
28. Arbitron Inc. 21 Century Measurement 21st Century Media. 2003, http://www. arbitron. com